■2025年度中学受験用

武蔵中学校

10年間(＋3年間HP掲載)スーパー過去問

●収録内容一覧

入試問題と解説・解答の収録内容

2024年度(令和６年度)	算数・社会・理科・国語　実物解答用紙DL
2023年度(令和５年度)	算数・社会・理科・国語　実物解答用紙DL
2022年度(令和４年度)	算数・社会・理科・国語　実物解答用紙DL
2021年度(令和３年度)	算数・社会・理科・国語
2020年度(令和２年度)	算数・社会・理科・国語
2019年度(平成31年度)	算数・社会・理科・国語
2018年度(平成30年度)	算数・社会・理科・国語
平成29年度	算数・社会・理科・国語
平成28年度	算数・社会・理科・国語
平成27年度	算数・社会・理科・国語
平成26～24年度(HP掲載) 「カコ過去問」 （ユーザー名）koe （パスワード）w8ga5a1o	問題・解答用紙・解説解答DL **◇著作権の都合により国語と一部の問題を削除しております。** ◇一部解答のみ（解説なし）となります。 ◇９月下旬までに全校アップロード予定です。 ◇掲載期限以降は予告なく削除される場合があります。

～本書ご利用上の注意～　以下の点について，あらかじめご了承ください。

★別冊解答用紙は巻末にございます。実物解答用紙は，弊社サイトの各校商品情報ページより，一部または全部をダウンロードできます。
★編集の都合上，学校実施のすべての試験を掲載していない場合がございます。
★当問題集のバックナンバーは，弊社には在庫がございません（ネット書店などに一部在庫あり）。
★本書の内容を無断転載することを禁じます。また，本書のコピー，スキャン，デジタル化等の無断複製は著作権法上での例外を除き禁じられています。

JN049237

合格を勝ち取るための
『スーパー過去問』の使い方

本書に掲載されている過去問をご覧になって，「難しそう」と感じたかもしれません。でも，多くの受験生が同じように感じているはずです。なぜなら，中学入試で出題される問題は，小学校で習う内容よりも高度なものが多く，たくさんの知識や解き方のコツを身につけることも必要だからです。ですから，初めて本書に取り組むさいには，点数を気にしすぎないようにしましょう。本番でしっかり点数を取れることが大事なのです。

過去問で重要なのは「まちがえること」です。自分の弱点を知るために，過去問に取り組むのです。当然，まちがえた問題をそのままにしておいては意味がありません。

本書には，長年にわたって中学入試にたずさわっているスタッフによるていねいな解説がついています。まちがえた問題はしっかりと解説を読み，できるようになるまで何度も解き直しをしてください。理解できていないと感じた分野については，参考書や資料集などを活用し，改めて整理しておきましょう。

このページも参考にしてみましょう！

◆どの年度から解こうかな　「入試問題と解説・解答の収録内容一覧」

本書のはじめには収録内容が掲載されていますので，収録年度や収録されている入試回などを確認できます。

※著作権上の都合によって掲載できない問題が収録されている場合は，最新年度の問題の前に，ピンク色の紙を差しこんでご案内しています。

◆学校の情報を知ろう!!　「学校紹介ページ」

このページのあとに，各学校の基本情報などを掲載しています。問題を解くのに疲れたら息ぬきに読んで，志望校合格への気持ちを新たにし，再び過去問に挑戦してみるのもよいでしょう。なお，最新の情報につきましては，学校のホームページなどでご確認ください。

◆入試に向けてどんな対策をしよう？　「出題傾向＆対策」

「学校紹介ページ」に続いて，「出題傾向＆対策」ページがあります。過去にどのような分野の問題が出題され，どのように対策すればよいかをアドバイスしていますので，参考にしてください。

◇別冊　「入試問題解答用紙編」

本書の巻末には，ぬき取って使える別冊の解答用紙が収録してあります。解答用紙が非公表の場合などを除き，（注）が記載されたページの指定倍率にしたがって拡大コピーをとれば，実際の入試問題とほぼ同じ解答欄の大きさで，何度でも過去問に取り組むことができます。このように，入試本番に近い条件で練習できるのも，本書の強みです。また，データが公表されている学校は別冊の１ページ目に過去の「入試結果表」を掲載しています。合格に必要な得点の目安として活用してください。

本書がみなさんの志望校合格の助けとなることを，心より願っています。

株式会社　声の教育社　編集部

武蔵中学校

所在地 〒176-8535 東京都練馬区豊玉上1-26-1
電　話 03-5984-3741
ホームページ https://www.musashi.ed.jp/
交通案内 西武池袋線「江古田駅」南口，西武有楽町線「新桜台駅」2番出口，都営大江戸線「新江古田駅」A2出口より徒歩約5～7分

くわしい情報は ホームページへ

トピックス
★2019年度入試より，インターネット出願になりました。
★入試当日は，大講堂を付添者の控室として開放(参考：昨年度)。

創立年 大正11年
男子校
高校募集 なし

応募状況

年度	募集数	応募数	受験数	合格数	倍率
2024	160名	546名	530名	177名	3.0倍
2023	160名	601名	579名	186名	3.1倍
2022	160名	640名	626名	178名	3.5倍
2021	160名	584名	574名	183名	3.1倍
2020	160名	601名	580名	188名	3.1倍
2019	160名	579名	569名	186名	3.1倍
2018	160名	548名	541名	185名	2.9倍
2017	160名	592名	577名	187名	3.1倍
2016	160名	608名	590名	183名	3.2倍
2015	160名	531名	519名	185名	2.8倍

入試情報（参考：昨年度）

・出願期間：2024年１月10日午前11時
　　　　　　～2024年１月20日午後３時
　　　　　　〔インターネット出願〕
・試 験 日：2024年２月１日
　　　　　　午前８時までに集合
・試験科目：国語，算数(各50分・100点満点)，
　　　　　　理科，社会(各40分・ 60点満点)
・合格発表：2024年２月３日午前９時
　　　　　　〔インターネット〕
・入学手続：2024年２月３日午前９時
　　　　　　～2024年２月４日正午

本校の授業の特徴

１．少人数で学ぶ

　１学年の人数が少ないため，きめ細かい授業を実践できます。多くの科目で１つのクラスを少人数に分けた分割授業を行っており，各自のペースで学ぶことができます。

２．本物に触れ，本物を体験する

　多彩な実験や資料の読みこなし，自然との触れ合いなど，さまざまな分野で本物に触れる機会があります。自分の目で見て手で確かめることで感性をみがき，視野を広げます。

３．自ら調べ，自ら考える

　さまざまな分野に触れ，学びの型を身につけながら興味の幅を広げます。自分で考え，本質にたどり着こうと努力する中で，本当に打ちこめるものを発見します。

４．創造する力を養う

　ひとに伝える力を養います。この力が，ひとの考えに耳を澄ます力を育み，個性と個性が刺激し合い，新たな創造を生み出します。

2023年度の主な大学合格実績

＜国公立大学・大学校＞

東京大，京都大，東京工業大，一橋大，東北大，北海道大，筑波大，千葉大，横浜国立大，東京医科歯科大，電気通信大，防衛医科大，東京都立大

＜私立大学＞

慶應義塾大，早稲田大，上智大，国際基督教大，東京理科大，明治大，青山学院大，立教大，中央大，法政大，昭和大

編集部注一本書の内容は2024年3月現在のものであり，変更されている場合があります。正式な情報は，学校のホームページ等で必ずご確認ください。

算数 出題傾向&対策

◆基本データ(2024年度)

試験時間/満点	50分/100点
問題構成	・大問数…4題 応用小問1題(2問)/応用問題3題 ・小問数…13問
解答形式	すべての問題に対して，解答だけでなく式や考え方を書くスペースが，広く設けられている。また，単位も記入する必要がある。
実際の問題用紙	B4サイズ
実際の解答用紙	問題用紙に書きこむ形式

◆過去10年間の出題率トップ5

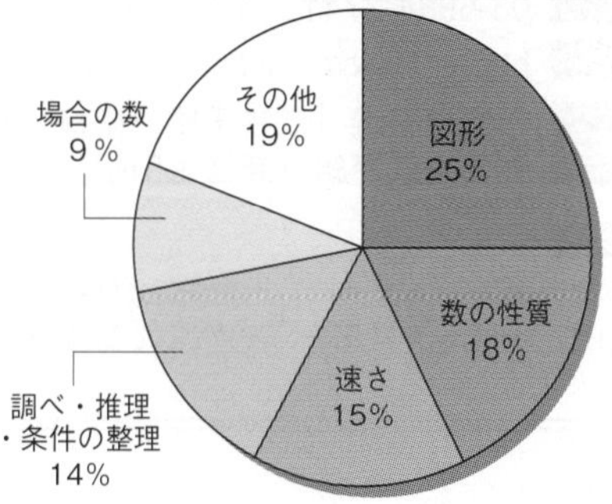

※　配点(推定ふくむ)をもとに算出

◆近年の出題内容

【 2024年度 】			【 2023年度 】		
大問	1	整数の性質，集まり，仕事算，つるかめ算	大問	1	整数の性質，計算のくふう，場合の数
	2	平面図形－相似		2	つるかめ算
	3	旅人算，数の性質		3	平面図形－相似，面積
	4	場合の数，条件の整理		4	条件の整理

◆出題傾向と内容

一見すると，とっつきにくそうに見えますが，実際に解いてみると各分野の基本的な考え方を組み合わせ，よく練り上げた問題であることに気づきます。難問というより，推理力・思考力・判断力を重視する応用問題であるといえそうです。しかし，最終的な解答を出させる前にいくつかの式がからんでいて混乱しがちな問題や，解き方そのものが高度で，どのように解いてよいのか見当のつかない問題が多いことも事実で，その意味では注意が必要です。

分野別では，単純な計算問題はなく，数の性質，割合，図形，速さなどの各分野からはば広く出されています。数の性質からは，数の範囲，分数の性質などに，新傾向の問題が登場しています。図形では，図形の性質と面積・相似比などを組み合わせた問題が目立ちますが，レベルは標準的といってよいでしょう。

◆対策～合格点を取るには？～

本校の算数は**すべて応用問題で，しかも新傾向のものもふくまれている**ことに特ちょうがあります。しかし，だからといって特別な考え方があるわけではなく，やはり基本的な問題から始めるべきでしょう。**まず，各分野ごとに基本的な問題をくり返しやること**です。そのさいに，**式や計算はきちんとノートに書くようにする**ことをお忘れなく。また，計算については**速さと正確さの2点をつねに念頭において練習**をくり返してみてください。

それができたら，**なるべく総合的な応用問題を選んで，あせらず自分一人の力で解いてみてください**。わからないからといってすぐ人に聞いたり，答えを見たりしていては，いくら問題をやっても力はつきません。それに似た問題はなかったか，応用できる考え方はないかをよく考えてみて，自分のできるところまでノートに書きながら解いてみましょう。次にヒントを見て，それでも解けなかったら最後に答えを見るのです。そして，**答えだけでなく，その答えにいたるまでの考え方**を自分のノートと比べて検討してください。**さらに別の解き方がないかを考えてみること**も重要です。こうしたやり方で，**一問一問を大事にして，じっくり考える力を養う**のがいちばん大切なことです。

算数 出題分野分析表

分野		2024	2023	2022	2021	2020	2019	2018	2017	2016	2015
計算	四則計算・逆算				○						
	計算のくふう		○								
	単位の計算										
和と差	和差算・分配算										
	消去算			○							
	つるかめ算	○	○			○		○			○
	平均とのべ										
	過不足算・差集め算										○
	集まり	○									
	年齢算										
割合と比	割合と比										
	正比例と反比例										
	還元算・相当算										
	比の性質				○						
	倍数算										
	売買損益							○			
	濃度							○		○	
	仕事算	○									
	ニュートン算										
速さ	速さ			○							
	旅人算	○			○				○		○
	通過算							○			
	流水算										
	時計算										○
	速さと比				○				○	○	
図形	角度・面積・長さ		○	○	○		○		◎	○	○
	辺の比と面積の比・相似	○	○	○	○	○	◎		○	○	○
	体積・表面積										
	水の深さと体積										
	展開図				○						
	構成・分割										
	図形・点の移動			○			○				
表とグラフ											
数の性質	約数と倍数										
	N進数										
	約束記号・文字式										
	整数・小数・分数の性質	◎	○	○		○	○	◎	◎	○	○
規則性	植木算										
	周期算					○					
	数列										
	方陣算										
	図形と規則										
場合の数		○	○	○			○				○
調べ・推理・条件の整理		○	○		○	○		○	◎	○	○
その他											

※　○印はその分野の問題が１題，◎印は２題，●印は３題以上出題されたことをしめします。

社会　出題傾向＆対策

◆基本データ(2024年度)

試験時間／満点	40分／60点
問　題　構　成	・大問数…１題 ・小問数…７問
解　答　形　式	用語の記入と記述問題から構成されており，記号選択は見られない。記述問題に字数の制限はなく，大きめの解答らんに自由に書かせるものとなっている。
実際の問題用紙	Ｂ４サイズ
実際の解答用紙	問題用紙に書きこむ形式

◆過去10年間の分野別出題率

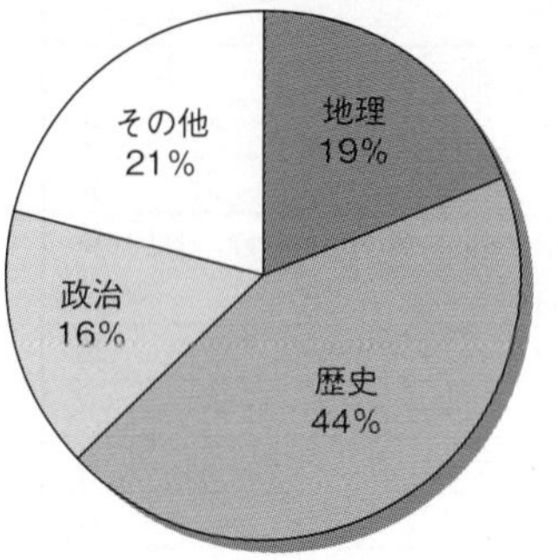

※　配点(推定ふくむ)をもとに算出

◆近年の出題内容

【 2024年度 】	【 2023年度 】
〔**総合**〕働くことを題材とした問題	〔**総合**〕上下水道の整備を題材とした問題

◆出題傾向と内容

出題は大問１題のみで，内容は，ある一つの分野のテーマにしぼり，それについてさまざまな角度から考察させ，その結果を記述させるという，他校では類を見ないものです。出題者が受験生に要求していること，試そうとしている能力もほかの多くの私立中学とはかなりちがうことがうかがえます。

出題例をあげると，産業をテーマに歴史的背景や現代の問題点などが問われたり，宗教に関するさまざまな問題を考えさせたりするものが出されました。また，地図や統計・グラフ，図や写真などの資料がふんだんに用いられていることも特ちょうの一つで，資料を読み取る力と，読み取ったことがらを頭の中で整理して書くことが要求されています。さらに，地理・歴史・政治の分野にとどまらない，社会的な問題に関心を持っているか，また，それについて自分の考えをまとめ，表現できるかも試されているので注意が必要です。

いずれにせよ，知識の量よりも思考力・記述力を重視した問題で，一つのテーマにしぼって出題している点に本校の特色があるといえるでしょう。

◆対策～合格点を取るには？～

本校の試験対策としては，**断片的な細かい知識を一つずつ覚えるだけでなく，それらの流れや関連性をつかむ**ことが重要です。

ことがらの流れや関連性をつかむためには，たとえば，歴史分野ならば，**時代ごとに覚えた知識をいろいろな分野(政治，外交，戦争，文化，産業など)に分類して，たての流れの中で整理**して位置づけてみましょう。そして，その流れがどう変化していったか，歴史の大きな流れをつかむのです。また，地理分野ならば，工業がさかんな都市を取り上げて，工業都市となった理由を**地形や歴史との関係の中で考えてみる**といったことが一つの方法としてあげられます。

さらに，上でも述べたように，問題文をふまえて自分の意見を答えさせるものもよく見られます。このような問題は，身の回りのことがらにからめて出題されることが多いので，**ふだんから身近な問題に目を向け，新聞やテレビ・雑誌などを通じて入ってくるニュースなどにも関心を持ち，親や先生，友人などと考えを述べあう**といった習慣をつけておくとよいでしょう。時事問題対策としても有効です。もちろん，ただ話すだけで終わらせずに，ノートに書き出すことで表現力をみがくのもお忘れなく。

社会 出題分野分析表

分野		年度	2024	2023	2022	2021	2020	2019	2018	2017	2016	2015
日本の地理		地図の見方								○		
		国土・自然・気候	○	○	○		○	○	○	○		
		資源							○			
		農林水産業		○					○			
		工業	○							○		
		交通・通信・貿易							○	○		○
		人口・生活・文化										
		各地方の特色										
		地理総合										
世界の地理												
日本の歴史	時代	原始～古代	○									
		中世～近世	○	○	○	○	○	○	○	○		
		近代～現代	○	○	○	○	○	○	○	○	○	
	テーマ	政治・法律史										
		産業・経済史							○			○
		文化・宗教史										
		外交・戦争史						○				
		歴史総合										
世界の歴史												
政治		憲法									○	
		国会・内閣・裁判所									○	
		地方自治										
		経済							○			
		生活と福祉	○				○					
		国際関係・国際政治						○				
		政治総合										
環境問題							○			○		
時事問題								○				
世界遺産												
複数分野総合			★	★	★	★	★	★	★	★	★	★

※ 原始～古代…平安時代以前，中世～近世…鎌倉時代～江戸時代，近代～現代…明治時代以降
※ ★印は大問の中心となる分野をしめします。

理科　出題傾向＆対策

◆基本データ（2024年度）

試験時間／満点	40分／60点
問　題　構　成	・大問数…３題 ・小問数…11問
解　答　形　式	記号選択や記述問題，グラフの完成など解答形式は多彩である。記述問題では，理由を説明させるものが多いが，実物を観察して説明させるものも見られる。
実際の問題用紙	Ｂ４サイズ
実際の解答用紙	問題用紙に書きこむ形式

◆過去10年間の分野別出題率

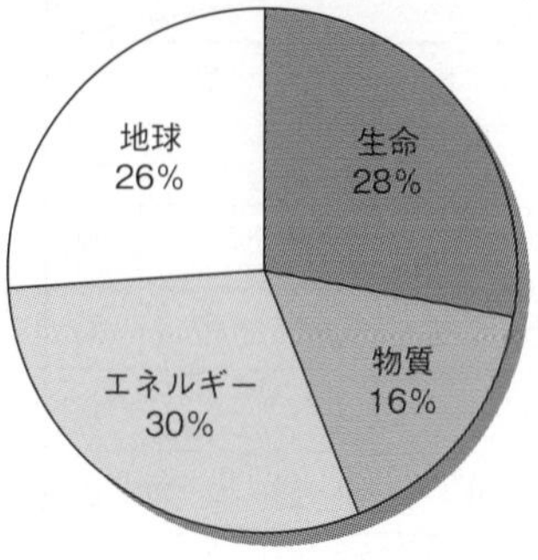

※　配点（推定ふくむ）をもとに算出

◆近年の出題内容

【 2024年度 】			【 2023年度 】		
大問	1	**〔地球〕**火山	大問	1	**〔エネルギー／地球〕**光と音，望遠鏡
	2	**〔物質〕**「とける」現象について		2	**〔生命〕**ブナ科の植物
	3	**〔観察〕**くり出し式容器		3	**〔観察／エネルギー〕**カラビナのしくみ

◆出題傾向と内容

全体的に，観察力・思考力・分析力に重点をおいた試験です。単純な知識力のみならず，長文で説明するたしかな記述力・表現力まで求められます。

●**生命**…植物・動物の基本的な知識を記号選択や用語記入で答えるものと，実験・観察のデータから結果が異なった理由などを記述形式で説明させるものが出されます。

●**物質**…物質のすがたや燃焼のしくみなどについて，ある現象がなぜ起こるのかを文章で説明する力が試されます。また，知識事項がよく問われるものは，気体や水溶液の性質，実験器具です。

●**エネルギー**…おもな問題は，試験場で配られる“実物”を観察して，その動きやしくみを文章や図でまとめる形式です。実際に“実物”を動かして，観察をしていく必要があります。

●**地球**…火山や地層，気象，天体などが取り上げられており，図のようすから環境や現象などを推定する力と，それに関連する基本的な知識の定着を試す問題です。

◆対策〜合格点を取るには？〜

「生命」は，特別な知識が要求されることはほとんどありません。実験結果などを比較してちがいや共通点を述べたり，あることがらに関する理由を述べることが多いので，**簡潔に文章でまとめて，説明する力**を養うこと。

「物質」は，**物質のすがた**や**燃焼のしくみ**などについて，**現象の変化に加えて，実験中の手順や注意**もあわせて学習してください。そうすれば，実験器具の知識や気体の性質も覚えられます。

「エネルギー」は，**実験や観察を行い，その結果を正確にとらえて分析し，文章や図でしっかりと説明する力**をつけること。まずは，学校での実験や観察に真剣に取り組み，自分で実際に観察したり操作したりするのが大切です。結果は，ノートに整理して書き，気付いたことや考えられたことをまとめます。そのような作業をくり返し，**分析力と記述力**を養いましょう。また，理科に関する本や新聞・テレビを見ることで，知識や考え方のはばを広げることができます。すぐに成果の得られる勉強法ではありませんが，根気よく楽しみながら続けていけば，力がついてくるはずです。

「地球」は，**天体**や**火山**，**地層**などの**基本知識**をしっかりと定着させてください。分野にあまりかたよりが出ない学習を心がけましょう。

理科 出題分野分析表

分野	年度	2024	2023	2022	2021	2020	2019	2018	2017	2016	2015
生命	植物		★	○			○	○			
	動物			○	○	★	○	○		○	
	人体					○					
	生物と環境						○	★		○	
	季節と生物										
	生命総合			★			★				
物質	物質のすがた	○							★		
	気体の性質			○							
	水溶液の性質			○		○	○	★			★
	ものの溶け方	○									
	金属の性質	○									
	ものの燃え方										
	物質総合	★									○
エネルギー	てこ・滑車・輪軸									★	
	ばねののび方										
	ふりこ・物体の運動				○						
	浮力と密度・圧力				★			★			
	光の進み方		○								
	ものの温まり方										
	音の伝わり方		○								
	電気回路										
	磁石・電磁石			○		○					
	エネルギー総合		★								
地球	地球・月・太陽系						○				
	星と星座		○		○					★	
	風・雲と天候			○		○					★
	気温・地温・湿度		○		○	○					
	流水のはたらき・地層と岩石			○	○	○			★		
	火山・地震	★									
	地球総合		★			○					
実験器具				○							
観察		★	★	★	★	★	★	★	★	★	★
環境問題											
時事問題											
複数分野総合				★	★	★	★				

※　★印は大問の中心となる分野をしめします。

国語　出題傾向＆対策

◆基本データ(2024年度)

試験時間／満点	50分／100点
問　題　構　成	・大問数…２題 　文章読解題１題／知識問題１題 ・小問数…14問
解　答　形　式	記号選択と字数制限のない記述問題からなり，書きぬきは見られない。漢字の書き取りは８問出題されている。
実際の問題用紙	Ｂ４サイズ
実際の解答用紙	問題用紙に書きこむ形式

◆過去10年間の分野別出題率

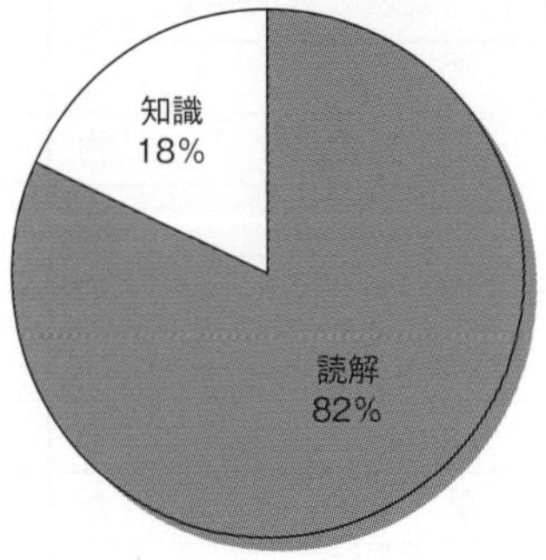

※　配点(推定ふくむ)をもとに算出

◆近年の出題内容

【 2024年度 】			【 2023年度 】		
大問	一	**〔小説〕** 島木健作『随筆と小品』(約7600字)	大問	一	**〔説明文〕** 中島岳志『思いがけず利他』(約7500字)
	二	**〔知識〕** 漢字の書き取り		二	**〔知識〕** 漢字の書き取り

◆出題傾向と内容

●**文章読解題**…出題文は小説・物語文がよく取り上げられますが，近年は随筆や説明文・論説文も見られます。文章は問題用紙４～６枚と非常に長く，中学入試問題の中でも，もっとも長い部類といえます。試験時間内に読み返すのは難しいので，１回読み通しただけで内容をはあくしなくてはなりません。また，文章の内容も高度で，中学生程度の読解力を必要とするものばかりです。

設問数はそれほど多くありませんが，小説・物語文では登場人物の心情や言動，説明文・論説文では文章の細部について「なぜ……したか」「……とはどういうことか」と問い，記述させる問題が大多数をしめています。また，字数制限がなく，解答用紙にそれぞれ100字以上は書けると思われる余白が作られていて，そこに自由に書かせるようになっているのも特ちょうです。

●**知識問題**…漢字の読みや書き取りはほぼ毎年，５～８問程度の出題となっています。ほかには熟語，敬語やことわざ・慣用句，文法などの知識を問うものがまれに顔を見せる程度です。

◆対策～合格点を取るには？～

まず，本校で問われる思考力は，物事を考えるさいに欠かせない根本的な要素であるといっておきましょう。国語というわくにとどまらず，ほかの教科でも自分の頭でしっかりと考えることができるかどうかが問われています。このような思考力は，**みずから考えて生活する習慣**を身につけ，**いつも「なぜ，どうして？」といった目でものを見る**，そういった態度からはぐくまれます。

では，本校のメインである文章読解題への具体的な対策を述べることにします。

まず，**読む力**をつけるために，**小説・物語・新聞・青少年向けの新書**などなんでもよいですから，自分の読みたいと思うものをどんどん読んでいってください。そして，どんな人物が出てきたか，どこがおもしろかったか，どんなことを感じたかなどを整理して書き出してみましょう。

そして，**書く力**をつけるために，書き出した内容をもとに**感想文**を書いたり，**あらすじ**をまとめたりするとよいと思います。ただ，本校の場合はつっこんだ設問が多いので，適切に答えるには相当な表現力が求められます。まず文脈や心情の流れをしっかりつかみ，次に自分の考えや感想をふまえて全体を整理し，その上で文章を書くことが大切です。うまく書く必要はありませんが，自分の頭でまとめたことがらを**文章で正確に表現する**ことを意識しましょう。

国語　出題分野分析表

分野 ＼ 年度			2024	2023	2022	2021	2020	2019	2018	2017	2016	2015
読解	文章の種類	説明文・論説文		★	★	★			★			★
		小説・物語・伝記	★				★	★		★	★	
		随筆・紀行・日記										
		会話・戯曲										
		詩										
		短歌・俳句										
	内容の分類	主題・要旨										
		内容理解	○	○	○	○	○	○	○	○	○	○
		文脈・段落構成										
		指示語・接続語		○					○			
		その他										
知識	漢字	漢字の読み			○	○			○			○
		漢字の書き取り	★	★	○	○	○	○	○	○	○	○
		部首・画数・筆順										
	語句	語句の意味	○									
		かなづかい										
		熟語							○			○
		慣用句・ことわざ					○			○		
	文法	文の組み立て										
		品詞・用法										
		敬語										
	形式・技法											
	文学作品の知識											
	その他											
	知識総合											
表現	作文											
	短文記述											
	その他											
放送問題												

※　★印は大問の中心となる分野をしめします。

カコを追いかけ
ミライをつかめ
「今の説明、もう一回」を何度でも
web過去問
ストリーミング配信による入試問題の解説動画
もっと古いカコモンないの?
カコ過去問
「さらにカコの」過去問をHPに掲載(DL)
声の教育社
詳しくはこちらから

2024年度 武蔵中学校

【算　数】（50分）〈満点：100点〉

1 次の□にあてはまる数を書き入れなさい。

(1) 1以上176以下の整数のうち，176との最大公約数が1である整数は□個あります。

(2) 3台のポンプA，B，Cがあります。ある水そうの水を全部くみ出すのに，AとBを使うと3時間40分，BとCを使うと3時間18分，CとAを使うと3時間かかります。

(ア) A，B，Cをすべて使うと，この水そうの水を全部くみ出すのに□時間□分かかります。

(イ) 最初Bだけを使ってくみ出し，途《と》中からAとCだけを使ってくみ出したところ，この水そうの水を全部くみ出すのに，全体で4時間59分かかりました。このとき，Bを使った時間は□時間□分です。

2 右の図のような角Bが直角である四角形ABCDがあり，AE＝FD＝4cm，ED＝DC＝3cm，AD＝FC＝5cmで，角AEDと角FDCは直角です。

次の問に答えなさい。（式や考え方も書きなさい）

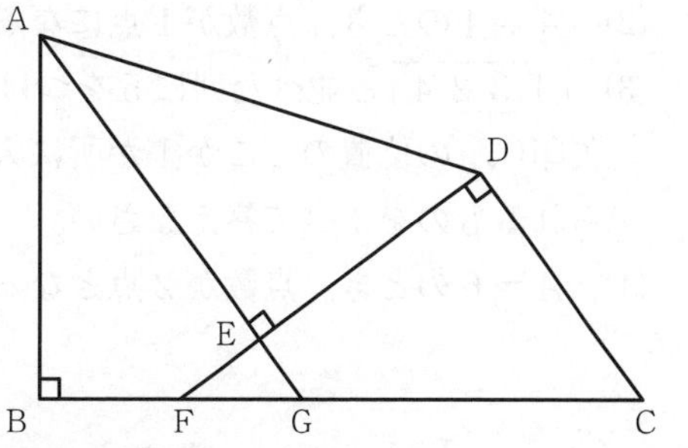

(1) EGの長さを求めなさい。

(2) ABの長さを求めなさい。

(3) 辺ADと辺BCをそれぞれ延長して交わる点をHとするとき，CHの長さを求めなさい。

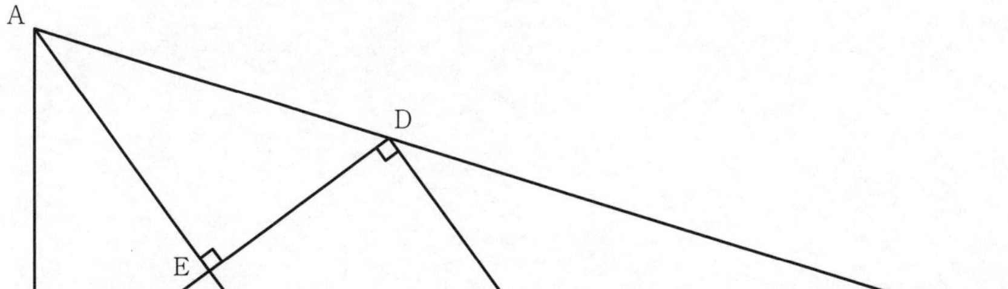

3 図のように，S地点でつながっている大小2つの円形のコースがあり，大コースは1周1200mです。A，B，Cの3人は，S地点を同時に出発して，次のようにコースを回ります。

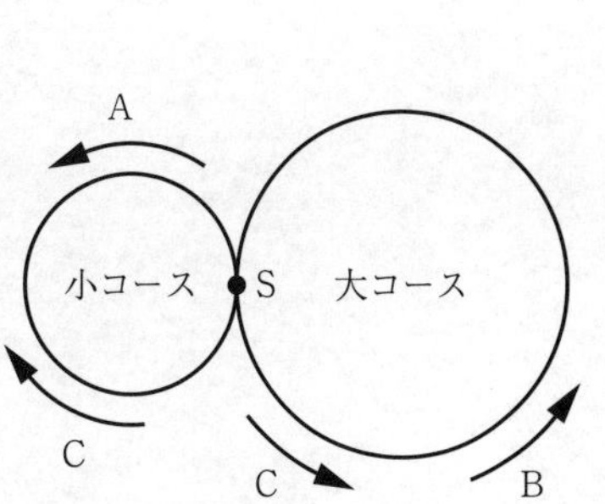

- Aは分速80mで反時計回りに小コースだけを回り続ける。
- Bは分速120mで反時計回りに大コースだけを回り続ける。
- Cは分速240mで，「時計回りに小コースを1周したあと，反時計回りに大コースを1周する」ということをくり返す。

出発してから1分30秒後に初めてAとCは出会いました。

次の問に答えなさい。(式や考え方も書きなさい)

(1) 小コースは1周何mですか。

(2) 出発したあと，初めてCがBに追いつくのは，出発してから何分後ですか。

(3) 2回目にAとCが出会うのは，出発してから何分後ですか。また，2回目にCがBに追いつくのは，出発してから何分後ですか。

(4) 出発してから95分の間で，3人のうち2人以上が同時にS地点にいるのは，出発してから何分後ですか。考えられるものをすべて答えなさい。

4 1からAまでのA個の整数を1つずつ並べて数の列を作ります。このとき，以下の〔ルール〕で，その列の点数を決めます。

〔ルール〕 隣《とな》り合う2つの数の大小を比べて，右側の数が左側の数より大きくなっているとき1点，小さくなっているとき0点とし，この合計をその列の点数とする。

例えば，$A=5$のときの［3 5 1 2 4］と並べた列の点数は，$3<5$，$5>1$，$1<2$，$2<4$なので3点です。次の問に答えなさい。

(1) $A=3$のとき，点数が1点となる列は何通りありますか。

(2) $A=4$のとき，点数が1点になる列と，点数が2点になる列はそれぞれ何通りありますか。

(3) ［1 3 2 4］と並べた列に5をつけ加えて新しい列を作ります。ただし，5は［↓1↓3↓2↓4↓］の，矢印(↓)の位置のどこか1か所に入れるものとします。このように作った列の点数として考えられるものをすべて答えなさい。

(4) $A=6$のとき，点数が2点となる列は何通りありますか。

【社　会】(40分)〈満点：60点〉

学校で勉強する立場のためまだ社会に出ていない人たちにとって，働くということはあまり身近なことではないかも知れません。日本国憲法では，働くことについて(憲法では「勤労」と呼んでいます)「すべて国民は，勤労の権利を有し，義務を負う」と定めています。では，人はなぜ働くのでしょう。「生きがいを求めて」などの答えもあるでしょうが，たいていは「生活のために」という答えが返ってくるのではないでしょうか。実際，ごく限られた裕福《ゆうふく》な人をのぞいて，世の中の人びとにとっては自分や家族の生活を成り立たせるために，働くことが必要です。今日は，働くこと(ここからは，「労働」という表現も使います)にまつわるさまざまな問題について考えてみましょう。

〈近代以前の生業と労働〉

自然界から食料を獲得《かくとく》するために行われた動物の捕獲《ほかく》や植物の採取は，労働の最初のあり方でもありました。その後，農業が行われるようになると，より多くの人びとが協力しあって働くことが一般的になりました。経済の発達とともに，農業だけでなく，さまざまな製品を作る手工業や，作物・製品を取り引きする商業も発達し，それらをいとなむ職人たちや商人たちも現れました。このようにして人びとがさまざまな職業に分かれながら労働を行い，またお互いに関係しあうことで，社会が発達していきました。そしてその職業によって，社会における身分が決まることもありました。多くの職業に分かれた社会においても，農業の占《し》める割合は非常に大きいままでした。

〈賃金労働の広がり〉

近代以前の農民や職人たちは，労働によって生産した作物や製品の一部を自分自身のものにすることができました。それが大きく変わったのが近代になってからで，工場で機械を使って製品を大量に生産するような工業が発達する中で，それまでの職人にかわって多くの労働者が工場で製品を作るようになりました。工場労働者は工場を経営する企業《きぎょう》に雇《やと》われて労働に従事しましたが，みずからの労働により生産された製品を自分自身のものとすることはできず，そのかわりに企業から賃金を受け取る存在になったのです。工業がさらに発達していくにつれ，企業の数も多くなり大規模な企業も出てくるようになりました。こうした企業の発展の中で，企業活動に必要な事務の仕事に従事する労働者(いわゆるサラリーマン)も次第に多くなっていきました。また明治時代以降は中央・地方の行政制度が整備されたために，中央省庁や地方の役所で働く公務員も現れました。こうして工場労働者だけでなく，サラリーマンや公務員のような事務労働者も社会の中で重要になっていきました。工業が発達する中でも農業はまだまだ大きな割合を占め続けており，農業従事者も多数を占めていましたが，第２次世界大戦後，特に高度経済成長期になると農業従事者の割合は急速に低下していきました。その反対に，工業労働者や事務労働者の割合が大きくなり，さらには小売業などに従事する労働者も増加しました。こうして現代では，働いている人のほとんどが賃金労働者になっています。この間，賃金は順調に増加していましたが，近年はほとんど増えておらず，長期間の雇用《こよう》が保障されない非正規雇用の増加や事務労働者の時間外労働も問題とされるようになりました。

〈労働における性別の問題〉

かつて経済の中心にあった農業では，一家総出で農作業を行っていたため，女性も男性と同じように働いていました。近代に入り工業が発達し始めた頃にも，工場労働者として多くの女性が雇われていました。企業にとっては，男性よりも低い賃金で雇い長時間働かせることのできる女性労働者は大変都合のよい存在だったのです。しかしその後，労働者の待遇《たいぐう》を改善したり地位を向上させたりする動きが進んだことで女性の労働力は扱いづらいものになっていきました。同時に，「男性が外で働いて稼《かせ》ぎ，女性が家を守る」という考え方が定着したため，賃金労働は基本的に男性が行うべきものと考えられるようになりました。学業を終えて社会人になる場合も，男性の多くは企業などに就職するのに対して，女性は就職する人が男性ほど多数ではなく，就職しても数年後には結婚《けっこん》を機に退職する場合が多かったのです。企業等の現場でも「女性のすべき仕事，女性向きの仕事」がいつの間にか決められている中で，女性には補助的な役割しか与えられず，男性と対等に働くことができませんでした。こうしたあり方が社会的に問題とされるようになり，1985年に男女雇用機会均等法が制定され，その後２回改正されて現在に至っています。こうして形式的には労働における性別による格差は是正《ぜせい》されたはずですが，実際には賃金や行う仕事の種類，雇われ方（正規雇用か非正規雇用か）などの面で格差が解消されたとはとても言えない状態が続いています。

〈「支払われない労働」〉

ところで，経済が円滑《えんかつ》に動き社会が安定するために欠かせないにもかかわらず，それを行った人が賃金を受け取ることのない労働も存在します。こうした労働はしばしば「支払われない労働」などと呼ばれますが，これに費やされる時間や労力は，賃金を受け取る労働と比べても決して小さくはありません。しかも，「支払われない労働」においても性別による偏《かたよ》りが存在しています。具体的には，こうした労働は女性によって担われていることが非常に多いのです。なぜそうなのかという理由はさまざまありますが，こうした状況を改善するためには男性の働き方についても考え直す必要があるでしょう。

〈労働のあり方を変える〉

近年では，「働き方改革」という言葉がよく言われており，実際に働き方を変えていこうという動きも見られます。これは，これまでの日本における労働のあり方が経済や社会に対してよくない影響を与えており，それを変えていくことがよりよい未来のために必要であるとの考えから出てきたものです。これから社会に出た後に充実した生き方をしていくためにも，今日学んだことを機に働くことについてもっと考えてみてはいかがでしょうか。

図１

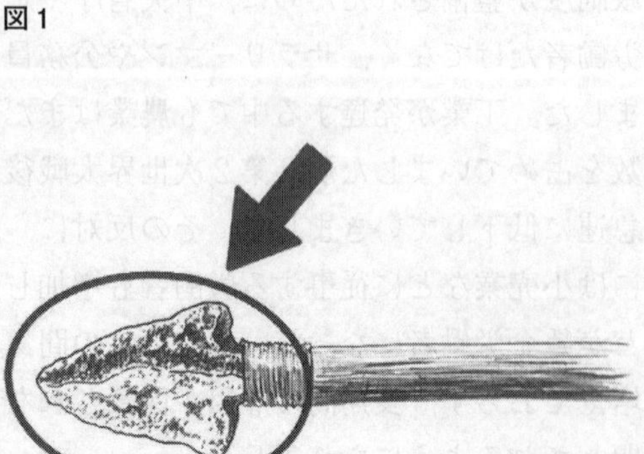

図２

（十字状のもので土器を固定しています。）

図３　年齢《れい》ごとの労働力人口比率と正規雇用比率(2021年，男女別)

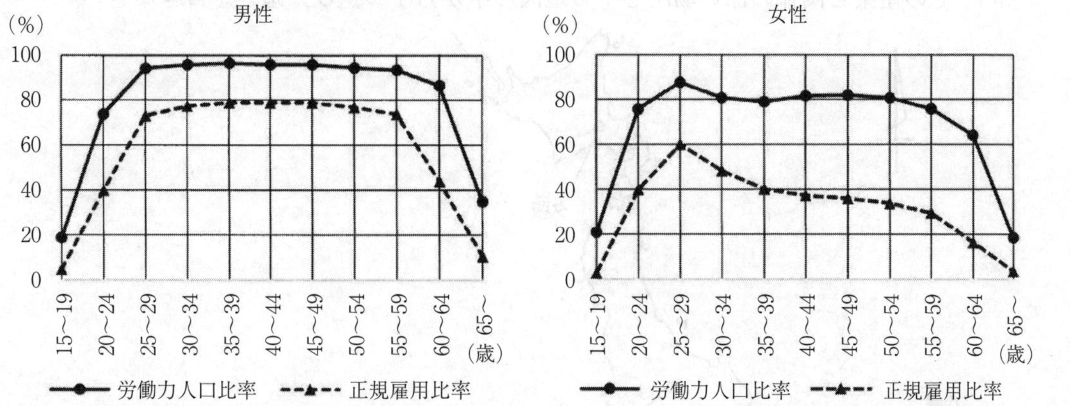

(労働力人口比率，正規雇用比率とも，分母はその年齢の全人口。労働力人口に専業主婦・専業主夫は含まれない。)

(総務省「労働力調査」より作成)

図４　仕事(賃金労働)等の時間と家事・育児・介護の時間の平均(１日あたり平均，男女別)

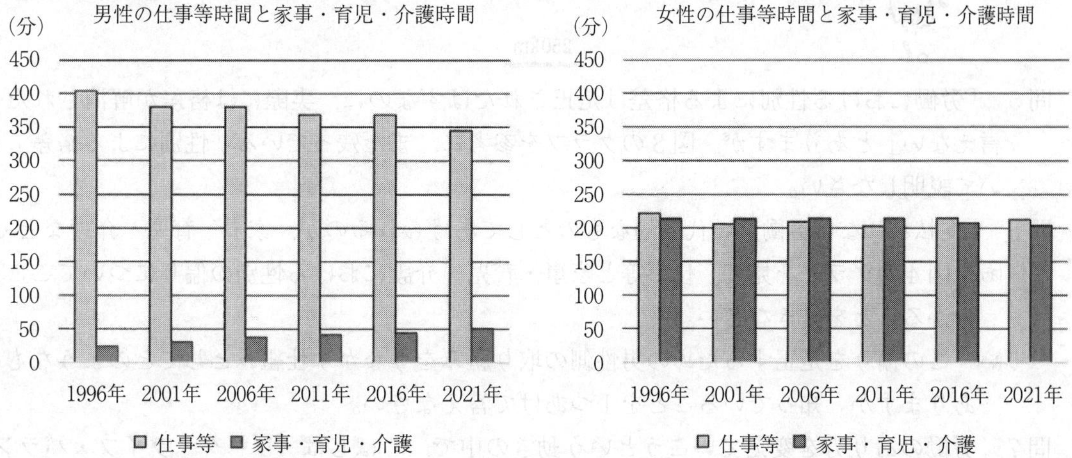

(総務省「社会生活基本調査」より作成)

問１　図１・２は，縄文《じょうもん》時代から使われ始めた道具です。これらを見て，つぎの問い(あ)・(い)に答えなさい。

(あ)　図１は食料となる動物の捕獲で使用されていたものですが，これは何ですか。

(い)　図２は土器です。何のために使用されていましたか。

問２　一般的に，農業に従事する江戸《えど》時代の人びとが属した身分は何ですか。

問３　高度経済成長期を中心に賃金が順調に増加したため，賃金労働者の世帯ではこれまであまり見られなかった物を購入・消費しながら豊かな生活をいとなむようになりました。購入・消費されるようになった物を１つあげて，どのように生活が豊かになったのかについて書きなさい。

問４　(あ)　工業が発達し始めた頃に多くの女性労働者が働いていた，代表的な産業は何ですか。

(い)　その産業と関係の深い場所を下の地図の中から１つ選び，地名を書きなさい。

問５　「労働における性別による格差は是正されたはずなのに，実際には格差が解消されたとは言えない」とありますが，図３のグラフを参考に，まだ残っている「性別による格差」について説明しなさい。

問６　「支払われない労働」の代表的なものとしてあげられるのが，家事・育児・介護などです。

(あ)　図４のグラフを見て，仕事等と家事・育児・介護における性別の偏りについてここから分かることを書きなさい。

(い)　この偏りを是正するための男性側の取り組みをうながす仕組みとしてどのようなものがありますか。知っていることを１つあげて答えなさい。

問７　労働のあり方を変えていこうという動きの中で，しばしば「ワーク・ライフ・バランス」（労働と生活の適度なつり合い）という言葉が強調されています。この言葉には，これまでの労働のあり方が大きな問題を抱《かか》えていることと，個人の生活や家族との関わりを大事にすることがよりよい社会を築くために欠かせない，という考え方が反映されています。ワーク・ライフ・バランスを保つことが，現代社会が抱えるさまざまな課題の改善にどう結びつくのか，それらの課題のうちの１つをあげて説明しなさい。

【理　科】（40分）〈満点：60点〉

1　日本は，世界でも有数の火山国です。活火山は「概《おおむ》ね過去１万年以内に噴《ふん》火した火山及《およ》び現在活発な噴気活動のある火山」と定義され，世界の活火山の約１割が日本にあります。火山は美しい景色をつくり出し，温泉や地熱発電などに利用されますが，噴火に伴《ともな》って災害をもたらすこともあります。ここでは火山の噴火によって変化した土地の様子や，溶《よう》岩や火山灰など噴出したものについて考えてみましょう。

問１　右の図は，火山の噴火でできた地層から採取したものを水でよく洗い流し，残った粒《つぶ》を写したものです。図中の白い太線は１mm を表しています。図の粒の特徴《ちょう》としてふさわしいものを，次のア～キの中からすべて選び，記号で答えなさい。

ア．含《ふく》まれる粒は１種類のみである
イ．ガラスのような粒は火山由来ではない
ウ．粒は角ばったものが多い
エ．粒の大きさは２mm 以下である
オ．泥《どろ》や礫《れき》が含まれている
カ．粒はやわらかく壊《こわ》れやすい
キ．黒っぽい粒は噴火で焦《こ》げたものである

問２　東京から約1000km 南に「西之《の》島」があります。ここでは，元々《もともと》あった島の近くで，2013年11月の噴火によって新しい島ができ，現在も断続的に噴火が続いています。下の図は2013年11月21日～2014年９月17日までの西之島の地形の記録です。この図からわかる事がらを次のア～カの中からすべて選び，記号で答えなさい。

ア．第１火口の位置は変わらない
イ．元々あった島に新しい島が移動してぶつかり，隆《りゅう》起して大きな島ができた
ウ．元々あった島と新しい島がつながるまでに半年以上かかった
エ．第７火口から噴出した溶岩は，第６火口から噴出した溶岩に比べ量が多い
オ．元々あった島は新しく噴出した溶岩によって完全に覆《おお》い尽《つ》くされた
カ．噴出した溶岩が冷えて島の面積が３km^2 以上になった

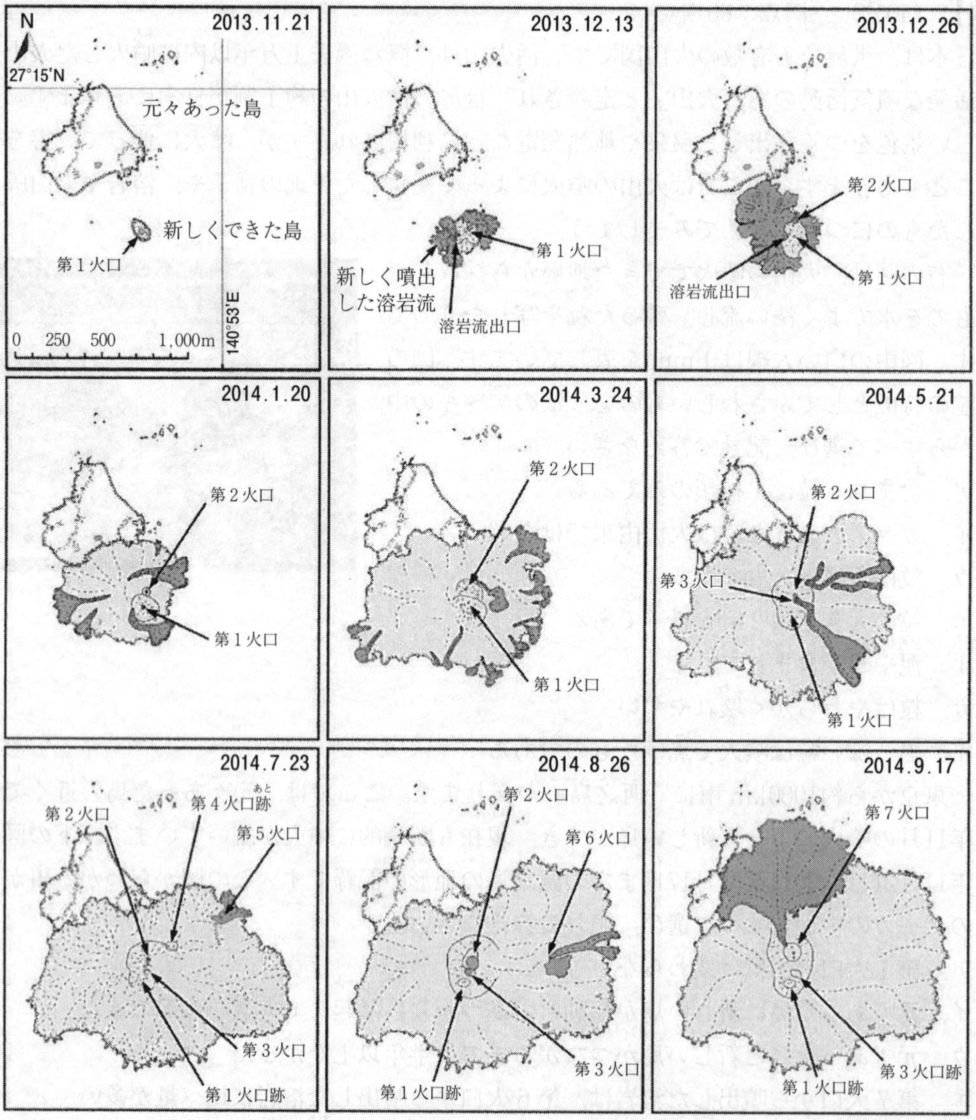

海上保安庁「海域火山データベース」より改変

問３　富士山が最後に大きな噴《ふん》火をしたのは1707年の宝永噴火です。右の図は，そのときに積もった火山灰の分布を表しています。図中の線は，積もった火山灰の厚さが等しいところを結んだもので，数値はその厚さです。

⑴　図中のＡ～Ｇの地点のうち，宝永噴火によって火山灰が３番目に多く積もった地点を記号で答えなさい。

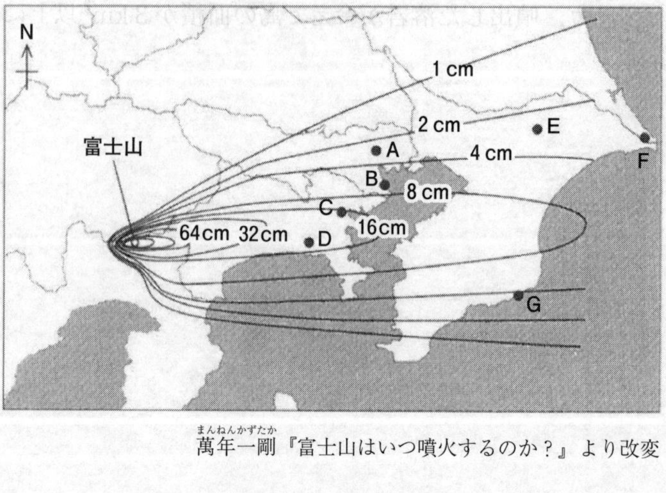

萬年一剛《まんねんかずたか》『富士山はいつ噴火するのか？』より改変

(2)　この噴火で積もった火山灰の分布にはどのような特徴《ちょう》がありますか。図からわかることを，次のア～キの中からすべて選び，記号で答えなさい。

ア．富士山の東では火口に近いほど厚い

イ．線で結ばれた内側では厚さが同じである

ウ．富士山の東では火口から遠いほど厚い

エ．富士山の真東の方向にとくに多く積もっている

オ．富士山から噴出した火山灰は海に降らない

カ．富士山の西にはまったく積もっていない

キ．富士山からの距離《きょり》が同じでも厚さの異なる地点がある

問４　図１に示した「福徳岡ノ場」は東京から約1400km 南にある海底火山で，2021年８月13日に噴火しました。噴出物は火口付近に厚く堆《たい》積して新たに島をつくり，その周辺の海面には図２のような穴の空いた白っぽい石（軽石）が大量に浮《ふ》遊していました。約２ヶ月後にそれらの軽石が沖縄本島沿岸で大量に見つかり，船の運航や漁業に支障が出ました。さらに約１ヶ月後には房《ぼう》総半島などでその軽石がごく少量見つかりました。

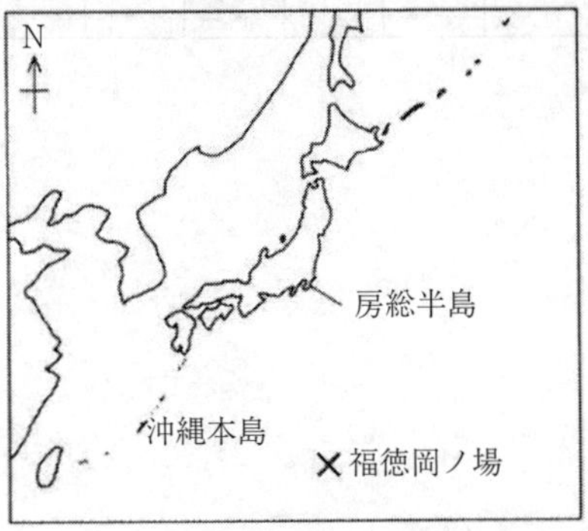

図１　福徳岡ノ場の位置

図２　軽石の表面の様子

(1)　軽石の穴はどのようにしてできましたか。

(2)　軽石と同じ物質でできている溶《よう》岩は水に沈《しず》むのに，軽石が水に浮《う》くのはなぜですか。

(3)　文章中の下線部について，軽石が見つかったことから考えられることを書きなさい。

2　身の回りにはいろいろな「とける」現象があります。ここでは「とける」について考えてみます。

問１　氷がとけた，食塩が水にとけた，アルミニウムが塩酸にとけた。この３つに共通して，「とけた」と判断できるのはどうなったときですか。

問２　①氷がとけた水，②食塩がとけた水，③アルミニウムがとけた塩酸。これら３つから水をすべて蒸発させた結果，③だけが①，②と異なる点は何ですか。

問３　20℃では水100ｇに食塩を36ｇまで溶《と》かすことができ，この限界まで食塩を溶かした水溶《よう》液を飽《ほう》和食塩水といいます。次の(1)(2)に答えなさい。計算結果が小数になる場合は，小数第１位を四捨五入して整数にしなさい。

(1)　20℃の200ｇの飽和食塩水から水をすべて蒸発させました。残った食塩は何ｇですか。

(2) 20℃の水100gに対して，入れる食塩の量を10g，20g，40g，60gと変えて，よくかき混ぜて食塩水を作りました。右のグラフの点(●)にならってそれぞれの食塩水の濃《のう》度を表す点を打ちなさい。それをもとに，食塩の量と食塩水の濃度の関係を表す折れ線グラフを完成させなさい。

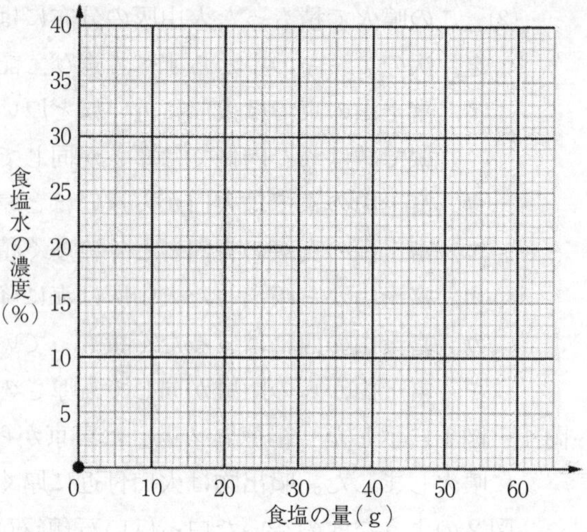

問4　アルミニウム2.0gに塩酸を加える実験をしました。右下の表は，加えた塩酸の量と溶けずに残ったアルミニウムの重さの結果を表しています。表を参考にして，加えた塩酸の量と溶けたアルミニウムの重さの関係を表す折れ線グラフを完成させなさい。

加えた塩酸の量(mL)	0	10	20	40	60	80
残ったアルミニウムの重さ(g)	2.0	1.6	1.2	0.4	0.0	0.0

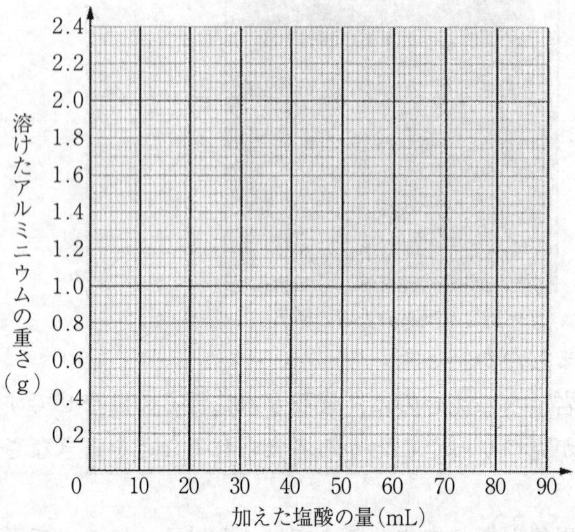

問5　問3の折れ線グラフと問4の折れ線グラフには，形に違《ちが》いがあります。問3のグラフの形をA，問4のグラフの形をBとします。次のア～オについて，横軸《じく》に時間，縦軸に下線部をとった折れ線グラフをかいたとき，AとBにもっとも近いものをそれぞれ1つずつ選び，記号で答えなさい。

ア．冬のよく晴れた日の，日の出から日の入りまでの気温

イ．12を指した時計の秒針がその位置から動いた角度

ウ．少量の湯に一度に大量の氷を入れた後の水温

エ．絶えず一定量の水をビーカーに注ぎ続けたときの，ビーカー中の水の量

オ．絶えず一定量の水を紙コップに注ぎ続けたときの，底から水面までの高さ

3 袋《ふくろ》の中に，一部に色のついた透明《とうめい》なプラスティック容器が入っています。これは「くり出し式容器」と呼ばれるもので，スティックのりやリップクリームなどに利用されています。この容器は右のような４つの部品でできています。この容器の台の動きについて考えてみましょう。ただし，回転軸《じく》は筒《つつ》からはずれません。また，台がはずれたら戻《もど》し方によっては台が動かなくなりますが，そのまま観察しなさい。(容器の交換《かん》はできません。試験が終わったら，容器は袋に入れて持ち帰りなさい。)

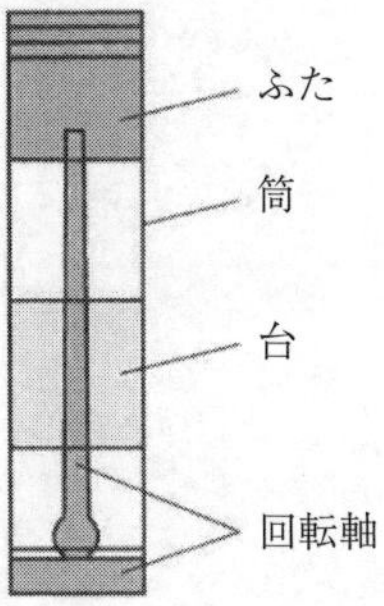

問１　ふた以外の部品について，台を上下に動かすときに必要となるそれぞれの部品の形や構造の特徴《ちょう》をかきなさい。図をかいてはいけません。

部品の名前	部品の形や構造の特徴
筒	
台	
回転軸	

問２　問１にあげた特徴をふまえて，回転軸を回したときに台が上下するしくみについて，問１の部品名をすべて使って説明しなさい。図をかいてはいけません。ただし回転軸を回す向きについて考える必要はありません。

<配られた容器の写真>

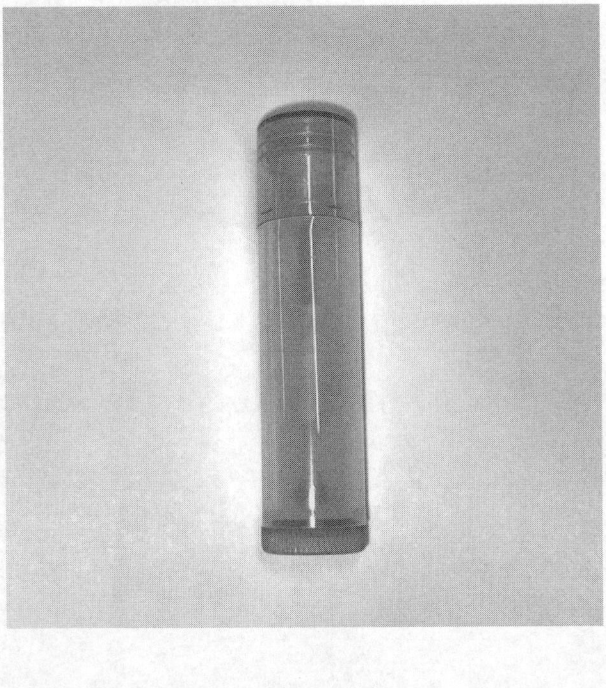

二

次の各文のカタカナを漢字に直しなさい。

① 毎年キョウリに帰る。
② かろうじてメイミャクを保った。
③ ジュウオウに飛び回る。
④ こまめに水分をホキュウする。
⑤ ジュンシンな気持ちを持ち続ける。
⑥ 雑草がムラがって生えている。
⑦ 紛争《ふんそう》のチョウテイに乗り出す。
⑧ 経験豊かな監督《かんとく》のロウレンな指揮。

*女生…女子生徒。
*伴侶《はんりょ》…仲間。つれ。
*喧噪《けんそう》…人の声や物音がやかましいこと。
*師範《しはん》…教員養成学校。
*耽読《たんどく》…夢中になって読みふけること。
*寡婦《かふ》…夫と死別して再婚《さいこん》しないでいる婦人。
*庁立…北海道庁立。
*怜悧《れいり》…利口なこと。
*教生《きょうせい》…教育実習生。
*知らしめたくて…知らせたくて。
*才はじけた…利口な様子が表れた。
*風体《ふうてい》…身なり。姿。
*にこにこ絣《がすり》…安物の布地。
*副食物たり得る…おかずとなることができる。
*綴《つづ》り方《かた》…作文の授業。
*生《い》けるが如《ごと》く…生きているかのように。
*後生大事《ごしょうだいじ》…とても大切なものとすること。
*寒念仏《かんねんぶつ》…真冬の夜に念仏を唱えて寺にお参りすること。
*臨画…手本を見てかいた絵。
*自由画…題材も手法も自由に選んでかく絵。
*舶来《はくらい》…外国から来た物。
*稚拙《ちせつ》…子供っぽくて劣《おと》っていること。
*唱道…言い出すこと。
*発揮せしめた…発揮させた。
*敵愾心《てきがいしん》…敵と張り合い、倒《たお》そうとする闘志《とうし》。敵対心。

問一「師範《しはん》の附属《ふぞく》小学校というのは町の多くの小学校のなかにあって特別な色彩《しきさい》を持っていた」とあるが、「特別な色彩《しきさい》」とはどのようなものですか。

問二「私は今までにも増しておとなしい子になり、よく勉強した」とあるが、それはなぜですか。

問三「私は羞《は》じて、自分の顔が赤くなって行くのがわかった」とあるが、桜田を見て「私」がはずかしくなったのはなぜですか。

問四 二重傍線部《ぼうせんぶ》A～Cの語句の本文中での意味として最もふさわしいものを、それぞれ(ア)～(エ)から一つ選び、記号で答えなさい。

A「兜《かぶと》を脱《ぬ》いだ」
(ア) 驚《おどろ》いた
(イ) 感心した
(ウ) 警戒心《けいかいしん》が薄《うす》れた
(エ) 降参した

B「顔色《がんしょく》がなかった」
(ア) 思いどおりにいかず不機嫌《ふきげん》になった
(イ) 力を見せつけられて元気がなくなった
(ウ) 見向きもされない平凡《へいぼん》な存在になった
(エ) 自分に関係がないと無関心をよそおった

C「味噌《みそ》をつければいい」
(ア) 喧嘩《けんか》をしかけてくればいい
(イ) 失敗して恥《はじ》をかけばいい
(ウ) 自分の負けを認めればいい
(エ) 得意になっていればいい

問五「私は一ぺんで王座から転げ落《お》とされてしまった」とあるが、どういうことですか。

問六「敵愾心《てきがいしん》を燃やしながらも、彼女《かのじょ》に対して拍手《はくしゅ》を送らずにはいられぬ気持《きもち》を始終経験した」とあるが、どういうことですか。

桜田はその写生画に於《お》て最も遺憾《いかん》なくその才能を発揮した。五色か六色の安っぽい色鉛筆《いろえんぴつ》を使って、素朴《そぼく》な自分自身の眼《め》でとらえた自然を、これも安っぽい、ペラペラな画用紙の上に再現した。＊稚拙《ちせつ》で破格で、荒削《あらけず》りで、新鮮《しんせん》で、何ともいえぬ魅力《みりょく》があった。同じ色でも彼女《かのじょ》が使うと私達《たち》とはその色沢《しきたく》がまるでちがって来るみずみずしさだった。＊舶来《はくらい》の、十五色一組の色鉛筆《いろえんぴつ》に、画用紙も生意気にもワットマン紙などを使って、臨画の時だけはどうにか器用にやってのけていた生徒などは全くB顔色《がんしょく》がなかった。丁度＊自由画の説が＊唱道されはじめていた頃《ころ》で、その説の熱心な共鳴者であったのであろう、長山先生はすっかり興奮してしまい、あそこへもここへも機会あるごとに桜田の作品を持って出かけ、彼女《かのじょ》の天才を称《しょう》し、その天才を＊発揮せしめた自分の図画教育上の確信を述べたのだった。彼女《かのじょ》の図画作品は、私達《たち》の教室には勿論《もちろん》、教員室にも、児童作品展覧室にも飾《かざ》られた。それは教育上の参考資料として遠く東京にまで送られ、何かの雑誌の口絵《くちえ》に載《の》ったとも云《い》われた。師範《しはん》学校の生徒達《たち》の同好者の集《あつま》り、ポプラ画会が、町で公開の展覧会を開いた時には、特に彼女《かのじょ》の色鉛筆《いろえんぴつ》作品も三四点掲《かか》げられた。

すべてのなかで、一番みじめなことになったのは、勿論《もちろん》私であった。この汚《きた》ならしい、虱《しらみ》たかりの小娘《こむすめ》のために、私は一ぺんで王座から転げ落《おと》されてしまった。二人の新入生を見た時、私が直感した競争相手というのは、実はこの小娘《こむすめ》の方であったのだ。教授の息子《むすこ》、高山武《たけ》雄《お》の如《ごと》きはものの数でもないことが次第《しだい》に明らかになって行った。同時に、時が経《た》てば経《た》つほど、桜田もいは恐《おそ》るべきで、到底《とうてい》太刀《たち》打《う》ち出《で》来《き》ぬ相手であるということも明らかになって行った。彼女《かのじょ》は綴《つづ》り方《かた》と図画のみならず、ほかの学科だってみな人並以上なのだ。ただ授業時間中に、「わかっている人」と先生に訊《き》かれて、ほかの者達《たち》のように、「ハイ、ハイ、ハイ」と、金切声《かなきりごえ》で叫《さけ》んで手を挙げることをしないというだけなのだ。

桜田が女だということは、私にとってはむしろ幸いであったろう。もしも彼《かれ》が男であったならば、私はもっとたまらなく切ない競争心と＊敵愾心《てきがいしん》に、胸を焼いたに違《ちが》いないのだ。私の負けることの口惜《くや》しさは、女なんぞに負けて、ということとは違《ちが》っていた。むしろ私は、次《し》第《だい》に諦《あきら》めて、男生では私、女生では桜田、という気持《きもち》に落ち着こうとしているのだった。

桜田が有名になるにつれて、彼女《かのじょ》についての色々な噂《うわさ》が私の耳にも入って来るようになった。彼女《かのじょ》は私達《たち》の学校の在る区域に隣接《りんせつ》した村の百姓家《ひゃくしょうや》の娘《むすめ》であるということだったが、これは曾《か》つて彼女《かのじょ》の髪《かみ》の上に見た藁屑《わらくず》と、彼女《かのじょ》の綴《つづ》り方《かた》が描《えが》き出《だ》す世界からも知れることである。彼女《かのじょ》が附属《ふぞく》小学校の編入試験を受けた時、試験官の先生も思わず小首《こくび》をひねったということだった。口頭試問に呼び出して見ると、甚《はなは》だしい家の貧しさが身なりの上にまで余りに露骨《ろこつ》なので、この学校の性質から、彼女《かのじょ》自身のためにもどうかと思案させられたのである。しかし学科がいかにもよく出来《でき》るので、どうしても落《おと》すわけにはいかなかった。

私は桜田に対して、複雑な気持《きもち》を持ち続けた。敵愾心《てきがいしん》を燃やしながらも、彼女《かのじょ》に対して拍手《はくしゅ》を送らずにはいられぬ気持《きもち》を始終経験した。彼女《かのじょ》が何かでC味噌《みそ》をつければいいなどと考えたことは一度だってなかった。誰《だれ》よりも私こそ彼女《かのじょ》の仲良しになれる、またならねばならぬのだということを、感じていた。彼女《かのじょ》を傷つけず、しかし私は彼女《かのじょ》を追《お》い抜《ぬ》きたかったのだ。私は素直《すなお》な蟠《わだかま》りのない気持《きもち》で、まっすぐ彼《かの》女《じょ》の顔を見ることが出来《でき》なかった。物心ついて初めて味わった苦しみだった。

（島木健作《しまきけんさく》『随筆《ずいひつ》と小品』昭和十四年刊による。かなづかいと漢字表記は改めたが、表現については原文を尊重した。）

を見ているのだった。その家の境遇《きょうぐう》から云《い》うならば、私達《たち》は教室内での二人の異端者《いたんしゃ》として特に目立っていた。――私の彼女《かのじょ》に対することの気持《きもち》は、やがてもっと複雑なものに深まって行かねばならなかった。

新学期になってから二度目の＊綴《つづ》り方《かた》の時間だった。前週、私達《たち》が書いた作品に対してその日は先生の講評がある。入って来た先生の手に私達《たち》の作品の包みを見ると、私の胸はもう軽く躍《おど》った。青木先生は綴《つづ》り方《かた》には特別熱心な先生だった。そして私は綴《つづ》り方《かた》と図画とが大好きであり、またよく出来《でき》る生徒とされていた。教室内での私の派手な存在は、主としてその事に依《よ》ってさえいた。綴《つづ》り方《かた》の時間に私の作品が皆《みな》の前で読まれ、図画の時間に私の作品が、後《うしろ》の壁《かべ》のラシャ紙の上に貼《は》られるということは、これまで殆《ほとん》ど一度も外れっこなしのことだった。

先生はにこにこしながら、今度のみんなの綴《つづ》り方《かた》には非常にいい文があったと云《い》った。それを読みましょうと云《い》って、何枚も重ねてある一番上のを手にとった。何時《いつ》ものことながら私の胸は躍《おど》らずにはいなかった。今度の「冬の夜」という課題作文は、私には特に自信があったから。

「もらい湯」と、先生は先《ま》ずその文の題を読んだ。

もらい湯？　もらい湯とは何だろう。私はまずその題に驚《おどろ》かされた。課題はたしかに冬の夜であった。もらい湯などというのではなかった。が、それは兎《と》も角《かく》、最優秀作として読み上げられる作が、私のでないことだけは今や明らかだった。私の胸は忽《たちま》ち今迄《まで》とは違《ちが》った高鳴りをして、顔がほてって来た。しかし先生は委細かまわず読み進んで行った。誰《だれ》の作だろう？　内容なんぞはどうでもよくて、私はただそれだけが知りたかったが、先生はまた作者など誰《だれ》でもいいと云《い》ったふうに、いかにも惚《ほ》れぼれとした顔と声とで読んで行くのだった。もらい湯などと云《い》っても何のことだか知らぬものが、この教室には多かったことだろう。一日の労働を終えた百姓達《ひゃくしょうたち》の、冬の夜の、もらい湯の姿がそこには描《えが》かれていた。まこと、それは＊生《い》けるが如《ごと》くに描《えが》かれていた。暗い、凍《こお》るような夜、提灯《ちょうちん》を下げて、かなり離《はな》れている隣《となり》の家までもらい湯に行く。途中《とちゅう》で提灯《ちょうちん》が消え、かじかむ手に息を吹《ふ》きかけながらマッチを擦《す》る。その家へ行って、さきに湯に入っている者の上《あが》るのを待ちながら休んでいる。湯につかって、いい気持《きもち》になっている者と、外に待つ者との話声《はなしごえ》までが耳に聞《きこ》えるようだ。「家へ帰って見ると、肩《かた》にかけた手拭《てぬぐ》いが凍《こお》ってかたくなっていて、まるで棒鱈《ぼうだら》のようだった。」――その一句で先生はその文を読み終えた。それから、ゆっくりと、「これは、桜田もいさんの文です。」と云《い》った。

一瞬《いっしゅん》、全教室はあッと息を呑《の》んだ。少《すく》くとも私にはそう思われた。何かしきりにほめ言葉を云《い》っている先生の声など、私の耳にはもう入らなかった。しかし私の熱した頭には、今読み聞かされた文の世界が、眼《め》に見えるような生き生きとした姿で残っていた。どんなに口惜《くや》しくても自分がこの文の作者に及《およ》ばないことを私は認めないわけにはいかなかった。冬の夜、という課題に囚《とら》われることなく、平気でもらい湯とつけて、しかも誰《だれ》よりもよく冬の夜の情景を生かしている、その自在さに先《ま》ずA兜《かぶと》を脱《ぬ》いだ。私などは冬の夜と云《い》われれば＊後生《ごしょう》大事とどこまでも冬の夜で、＊寒念仏《かんねんぶつ》の声とか夜鳴きうどんの声とか、鼠《ねずみ》が台所でガタリと云《い》ったというような、せいぜい寒そうな材料を取《と》り揃《そろ》える以外に能はないのだ。

しかし、それから間もなく、桜田もいが絵に於《おい》て、作文に於《おい》てよりも優《すぐ》れた才能を示し、作文では追いつけもしようが、絵では到底《とうてい》比較《ひかく》にも何にもならぬということを知らされては、私はただ茫然《ぼうぜん》とするよりほかにはないのだった。

その頃《ころ》はまだクレヨンというものはなくただの色鉛筆《いろえんぴつ》だった。新しい教生《きょうせい》先生の長山先生は＊臨画よりは写生画に力を入れた。そして白さだけがへんに新しかった。顔はでこぼこの感じで醜《みにく》く、眼《め》がやや釣《つ》り上《あが》っていた。全体が寒さにかじかんで、伸《の》び切れずにいるというふうだった。彼女《かのじょ》は戸《と》まどいしたもののように、間違《まちが》った所に引き出されでもしたもののように、そこにそうして立っていた。

私は羞《は》じて、自分の顔が赤くなって行くのがわかった。桜田はどうして転学して来たか？ 私自身の場合と同じ理由からであろうことを、私だけが感じたのである。

新入生の桜田は、それから暫《しばら》くの間、陰《かげ》でいろんなことを言われねばならなかった。第一に彼女《かのじょ》の名前がおかしかった。「桜田」という、美しいとも云《い》える名字の下に続く名が「もい」というのだった。桜田もい、ではなんとなく姓名《せいめい》として筋が通らぬと思われた。それに「子」をつけて、もい子、と呼んだならば一層おかしくはないか。すぐに腕白《わんぱく》な連中が、肩《かた》と肩《かた》とを組んで、「もい子！ もい子！」と怒《ど》鳴《な》りながら彼女《かのじょ》の前まで押《お》して行って、そこでわーッと叫《さけ》んで逃《に》げる、というようなことをやるようになった。

ある日、昼の弁当を開く時間だった。お湯が配られてしばらくして、しんとなった時、最も茶目《ちゃめ》な一人が、突然《とつぜん》、自分の食べている箸《はし》を頭の上に高くかざして、

「いも子！」と、大きな声で叫《さけ》んだ。びっくりして皆《みな》が見ると、その箸《はし》の先には、円い大きな芋《いも》の子が一つ、ぷっつり突《つ》き刺《さ》さっていた。

わッとばかり、笑い声やら怒鳴《どな》る声やらがあたりに起《おこ》った。喜んで、箸《はし》で弁当の縁《ふち》を叩《たた》き出すものもあった。物音は次第《しだい》に広く大きく高まって行って暫《しばら》くは鎮《しず》まらなかった。わあわあ笑う声のなかに、「芋《いも》子！ 芋子《いもこ》」の声があった。みんなあるいはずけずけと、あるいは盗《ぬす》み見《み》するように、桜田もいの方を見た。桜田は、左手で食べかけの弁当に蓋《ふた》をして、右手に箸《はし》を持ったまま、赤くなってしばしうつむいていた。

その日以後、意地わるの子達《たち》は、今度は、昼毎《ごと》に桜田の弁当のおかずをのぞき込《こ》むことを楽しみにするようになった。彼女《かのじょ》自身が弁当のおかずに芋《いも》の子を持って来たのを見つけたならばさぞやおかしかろう。その時は容易に来なかったが、しかしその観察は無駄《むだ》ではなかった。彼等《かれら》は日々の桜田の弁当のおかずについて、眼《め》を輝《かがや》かせ声をひそめて語りあった。漬《つけ》もの以外を報告することが出来《でき》る日は稀《まれ》であった。生味噌《みそ》がそのままの形で飯の＊副食物たり得るということの発見は、彼《かれ》等《ら》にとっては一つの驚異《きょうい》だった。

私は彼等《かれら》の仲間には入らなかった。しかしある朝の運動場での発見の如《ごと》きは、さすがの私といえど、ひとり自分だけの胸に秘《ひ》めておくということは到底《とうてい》出来《でき》なかった。朝礼に列《なら》んだ時、桜田は私の隣《とな》りの列で、私のすぐ前にいた。私は彼女《かのじょ》の背中をぼんやり眺《なが》めていた。私は彼女《かのじょ》から発散する一種のにおいに顔をしかめた。それは垢《あか》で黒く光っているような、不潔な衣類からのにおいだった。それは同級の誰彼《だれかれ》にいつも云《い》われて、彼女《かのじょ》が嫌《きら》われ、憎《にく》まれることの原因の一つになっているものだった。お下《さ》げにした赤ちゃけた髪《かみ》には一筋の藁《わら》の切れっぱしのようなものがくっついている……と、私はあるものを見つけて思わず眼《め》を見張った。彼女《かのじょ》の襟《えり》のところに、灰色の、米粒《こめつぶ》の小さいようなものが附着《ふちゃく》していて、どうやらそれがもぞもぞと動いているらしいのを見た時、私はぞっとした。私は虱《しらみ》というものをまだ見たことがなかったが、今それがその虫に違《ちが》いないと断定しないわけにはいかなかった。

桜田はひとりぼっちで、無口だった。ふだんはそうおどおどしている風もなく、人を正面からじいっと見詰《みつ》めるというような癖《くせ》があった。私は彼女《かのじょ》を見る時いつも苛立《いらだ》たしさやもどかしさを感じた。またいじらしいような親しさと、憎《にく》らしさとを同時に感じた。それらは自分にも分《わか》らぬもやもやした妙《みょう》な気持《きもち》であった。私は彼女《かのじょ》の上に自分の半面

の子の立身出世物語を＊耽読《たんどく》しながら、そのなかに、口では云《い》い現わせぬ嘘《うそ》のあることを、ぼんやり感じ取っていた。物語の事実そのものは信用しながら、それらを取《と》り扱《あつか》う大人の記者の、誇張《こちょう》、余計な感情というものを、子供心にも感じていた。

このような学校に私がいるということは間違《まちが》いであったか？　そうとはいえなかった。貧しい＊寡婦《かふ》の一人息子《むすこ》である私が、その学校へ途中《とちゅう》から転じて来たのにはわけがあった。ほかの小学校へ入って、丁度一年たったある日、私は母と話をした。――「おっ母《か》さん、附属《ふぞく》は、授業料がいらんのだって。」「授業料がいらんて？　附属《ふぞく》が。どうしてまた、そりゃ。」「どうしてか知らんけど、裏の佐々木《ささき》の春雄《はるお》さんがそう云《い》ってたよ。」「附属《ふぞく》は、お前、お金持《かねもち》の子供の学校だよ。先生もたくさんで、何から何まで行き届いたもんだそうな。すりゃ、ほかより授業料が高くたって、安い筈《はず》なんぞありゃしないよ。」――その矛盾《むじゅん》している理由は私には答えられなかった。＊庁立と市立との違《ちが》いから来るのだということは、私には答えられなかったが、それが事実とわかっては、母も私の転校を熱心に望まないわけにはいかなかった。毎月の終《おわ》りに、小さな袋《ふくろ》に入れて、十銭を持って行かねばならぬ定めは私には苦痛だった。時によっては先生は、教壇《きょうだん》の上から、後《おく》れてまだ授業料を納めぬ二三《にさん》の者のことを、意地わるく名ざして云《い》った。私の名は何時《いつ》だってそのなかにあった。しかし学校から帰って、そのことを母に云《い》うことも私には出来《でき》なかった。

首尾《しゅび》よく試験が受かって転学を許されると、私は今までにも増しておとなしい子になり、よく勉強した。新しい学校の子供達《たち》は、美しくて＊怜悧《れいり》だった。多くのことにおいて私は引け目を感じなければならなかった。私は勉強して彼等《かれら》に勝つのほかはないのだった。学業成績の上で彼等《かれら》を引《ひ》き離《はな》して行くことは、思って見ただけで、心臓の血が一時に止まりまた激しく流れ出す、復讐《ふくしゅう》にも似たような興奮だった。

――教室中がにわかにしーんとなった。靴音《くつおと》がして、先生方が入って来たのである。

生徒は私の号令で、起立し、一礼し、席についた。

受持《うけも》ちの青木先生は、新学期の挨拶《あいさつ》をし、二人の新しい「＊教生《きょうせい》先生」を皆《みな》に紹介《しょうかい》した。師範《しはん》学校の四年生である教生《きょうせい》先生は、一学期毎《ごと》に交代する。それがすむと、青木先生は、誰《だれ》かを探すような眼《め》で教室の一方を見やって、

「高山に桜田、こっちへ来て。」と言った。すぐに列のなかから男生と女生が一人ずつ出て、教壇《きょうだん》の下の所に立った。先生は、新学年からの新しい友としてその二人を紹介《しょうかい》し、「仲良くしてよく勉強するように」と繰《く》り返《かえ》して云《い》った。

先生の話している間中、赤くなって、うつむいて、もじもじしていた二人が、席へ戻《もど》ってからも、私達《たち》は激しい好奇心《こうきしん》で彼等《かれら》をじろじろ見ていた。とくに私は強く注意を惹《ひ》かれた。彼等《かれら》の一人に私は本能的に競争者を感じた。私は教室内での私の特別な存在を彼等《かれら》に＊知らしめたくてうずうずしてい、さっき号令をかけた時なども声がふるえそうだった。私が競争者を感じたのは、男生の高山武雄《たけお》の方にだった。彼《かれ》のような洋服の小学生というものはその頃《ころ》はまだ珍《めず》らしかった。彼《かれ》が＊才はじけた少年であることは一目で知れた。それに私は、一週間ほど前の新聞で、新《あらた》にこの地に赴任《ふにん》した大学教授の高山氏について知っている。

一方女生の桜田は又《また》、高山とは別な意味で、何という特別な存在であったことだろう。高山と桜田とが並んで立っている間、私達《たち》はその異様な対照に思わず眼《め》を見張らせられた。彼女《かのじょ》の＊風体《ふうてい》は私よりももっとみじめだった。どんなに貧しくても私は袴《はかま》をつけていたが、彼《かの》女《じょ》にはなかった。＊にこにこ絣《がすり》の着物は垢《あか》で光っていた。脛《すね》がまる出しの着物は、なんぼ子供でも余りに短かすぎ、帯にはさんだ手拭《てぬぐ》いの

2024年度 武蔵中学校

【国　語】（五〇分）〈満点：一〇〇点〉

一　次の文章は大正時代の北海道を舞台《ぶたい》にした小説です。これを読んであとの質問に答えなさい。

私達《たち》の附属《ふぞく》小学校は、その頃《ころ》はまだ生徒の数が少《すくな》くて、四年生まで男女一つ教室だった。烏帽子《えぼし》の上を折って、その折った先をわきで止めて、そこに毛糸の房《ふさ》を垂らしたような学帽《がくぼう》が、私達《たち》と市内のほかの小学校の生徒とを一目区別していた。その毛糸の房《ふさ》が、四年生までは赤で、五年生からは白に変《かわ》った。同時に教室は男生徒ばかりになった。四年生になると、同じ教室の半分を占《し》めている女生徒の列が、急に自分達《たち》の注意を惹《ひ》きはじめて来たことを、私達《たち》はうすうす感じていた。

四月の新学期の第一日、私達《たち》は朝礼の運動場から、長い廊下《ろうか》を、教室に向《むか》って帰って来た。私達《たち》の心も、外の世界も、すべてが一変して新しかった。先頭が、廊下《ろうか》に向《むか》って展《ひら》いている、新しい教室の窓のあたりにさしかかると、自然、皆《みな》の足は早くなって、一時に列が乱れ出すのを誰《だれ》もどうすることは出来《でき》なかった。戸が開くと同時に、わッという歓声《かんせい》が誰《だれ》からともなくあがった。どやどやと雪崩《なだ》れるように一《ひ》とかたまりになって部屋のなかに駆《か》け込《こ》んだ。てんでに、新しくきまった自分達《たち》の席について、机の上蓋《うわぶた》をガタガタ云《い》わせたり、椅子《いす》にかけたり立ったり繰《く》り返《かえ》してみながら、物珍《めず》らしそうに口々に何か云《い》っていた。後ろの方がいいとか、前の方がいいとか、そういうことを云《い》い合っていた。汚《よご》れた机の上に、ナイフの尖《さき》で彫《ほ》った文字やものの形を見つけ出して、興《きょう》がっているのもいた。そうかと思うと、小さな机をさかさまにして、なかのゴミなどを払《はら》い、いち早く掃除《そうじ》にかかっているものもあった。＊女生のなかにそういうのが多く見られた。今日から一年間、わが＊伴侶《はんりょ》となるそのものへの愛着が、もう彼等《かれら》のうちに兆《きざ》し始めていることが、微笑《ほほえ》ましくわきから眺《なが》められるのだった。

それらのなかにあって、私はひとりきわめて物静かだった。今度の席も私にとっては新しくて新しくなかった。それは、教壇《きょうだん》に向《むか》って一番左の列の、一番後ろにあたっていた。そして私はこの前の教室にいた時からずっとそこにきまっていた。私は、その古くて新しい席について、黙《だま》って室内の＊喧噪《けんそう》を見廻《みまわ》しながら、充分《じゅうぶん》満足であることが出来《でき》た。級長というものは常にこうでなければならない、と云《い》ったような構えた心でいたわけではない。私は一体に普段《ふだん》から、おとなしい物静かな生徒であったのだ。

私の表面のおとなしさ、物静かさというものは次のことからも来ていた。大抵《たいてい》の地方に於《おい》てそうであるように、その北国の町でも、＊師《し》範《はん》の附属《ふぞく》小学校というのは町の多くの小学校のなかにあって特別な色彩《さい》を持っていた。役人や学者や物持ちや、町での上層階級の子供を最も多く集めているという特色である。毎年の中等学校の入学者の率が一番いいとか、春秋の二期に催《もよお》される学芸会がほかとは比較《ひかく》にならぬ派手やかさであるとか、他府県の展覧会に出品する児童代表は大抵《たいてい》この学校から選ばれるとか、そういったような目立ったことは、すべて右の特色から来ていた。子供の私がひそかに考えていたところによれば、いいとこの家の子達《たち》は、総体としてはやはり出来《でき》がよかった。大《たい》抵《てい》の先生は、どっちかといえばいいとこの子達《たち》に多く目をかけ勝《が》ちだったが、概《がい》して彼等《かれら》の方が貧しい家の子よりもいい成績をあげているのは、あながち先生の依怙贔屓《えこひいき》のためばかりではないことを、公平に見て、彼等《かれら》の反対物である私自身認めなければならなかった。そしてそれはまことにその筈《はず》なのであった。——私は少年雑誌の、貧しい家

2024年度

武蔵中学校 ▶解説と解答

算数 (50分) ＜満点：100点＞

解答

1 (1) 80個 (2) (ア) 2時間12分 (イ) 3時間7分 2 (1) $\frac{3}{4}$cm (2) $3\frac{4}{5}$cm (3) $6\frac{3}{7}$cm 3 (1) 480m (2) 4分後 (3) **AとCが出会う**…$8\frac{1}{4}$分後，**CがBに追いつく**…26分後 (4) 30，42，60，70，72，84，90分後 4 (1) 4通り (2) **1点**…11通り，**2点**…11通り (3) 2点，3点 (4) 302通り

解説

1 整数の性質，集まり，仕事算，つるかめ算

(1) 176を素数の積で表すと，176＝2×2×2×2×11となるから，176との最大公約数が1である整数は，2の倍数でも11の倍数でもない整数である。176÷2＝88，176÷11＝16より，1から176までに2の倍数は88個，11の倍数は16個あることがわかる。また，2と11の最小公倍数は，2×11＝22だから，176÷22＝8より，公倍数の個数は8個とわかり，下の図1のように表すことができる。したがって，2または11の倍数の個数は，88＋16－8＝96(個)なので，2の倍数でも11の倍数でもない整数の個数は，176－96＝80(個)と求められる。

図1

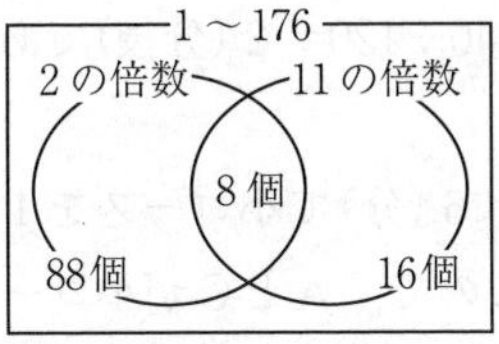

図2

Ⓐ＋Ⓑ＝1÷$3\frac{40}{60}$＝$\frac{3}{11}$
Ⓑ＋Ⓒ＝1÷$3\frac{18}{60}$＝$\frac{10}{33}$
Ⓐ＋Ⓒ＝1÷3＝$\frac{1}{3}$

図3

Bだけ（1時間に$\frac{4}{33}$）
AとC（1時間に$\frac{1}{3}$）
合わせて4時間59分で1

(2) (ア) 水そうに入っている水の量を1とする。また，A，B，Cが1時間にくみ出す水の量をそれぞれⒶ，Ⓑ，Ⓒとすると，上の図2の3つの式を作ることができる。これらをすべて加えてから2で割ると，Ⓐ＋Ⓑ＋Ⓒ＝$\left(\frac{3}{11}+\frac{10}{33}+\frac{1}{3}\right)\div 2=\frac{5}{11}$となるから，A，B，Cをすべて使うときにかかる時間は，$1\div\frac{5}{11}=2\frac{1}{5}$(時間)と求められる。$60\times\frac{1}{5}=12$(分)より，これは2時間12分となる。

(イ) Ⓑ＝$\frac{5}{11}-\frac{1}{3}=\frac{4}{33}$なので，上の図3のようにまとめることができる。AとCを使って4時間59分くみ出したとすると，$\frac{1}{3}\times 4\frac{59}{60}=\frac{299}{180}$くみ出すから，実際にくみ出した量よりも，$\frac{299}{180}-1=\frac{119}{180}$多くなる。AとCを使うかわりにBだけを使うと，くみ出す量は1時間あたり，$\frac{1}{3}-\frac{4}{33}=\frac{7}{33}$少なくなるので，Bだけを使った時間は，$\frac{119}{180}\div\frac{7}{33}=3\frac{7}{60}$(時間)と求められる。$60\times\frac{7}{60}=7$(分)より，これは3時間7分となる。

2 平面図形―相似

(1) 下の図1で，三角形AEDと三角形FDCは3辺の長さが等しいから合同である。また，角AED

と角EDCの大きさが等しいので，AGとDCは平行である。よって，同じ印をつけた角の大きさはそれぞれ等しくなるから，三角形DFCと三角形EFGは相似とわかる。さらに，三角形DFCの３辺の長さの比は３：４：５なので，EG：EF＝３：４となり，EG＝$1\times\frac{3}{4}=\frac{3}{4}$(cm)とわかる。

図１

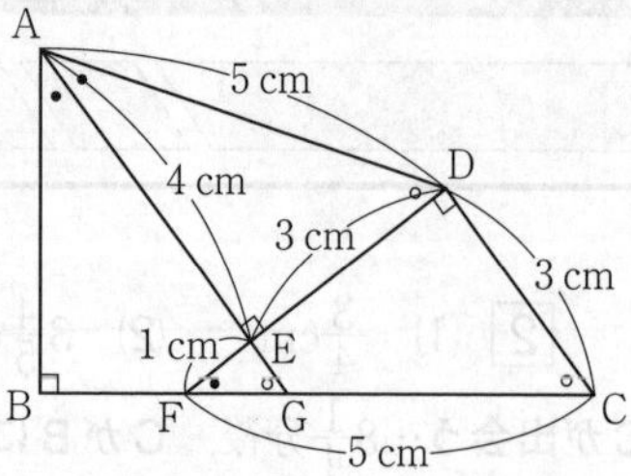

図２

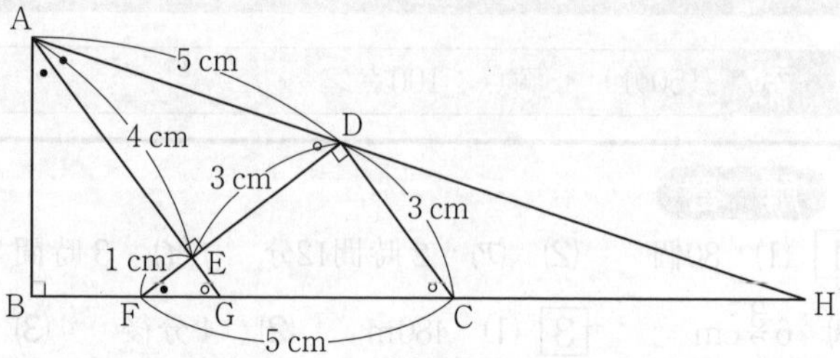

⑵　三角形DFCと三角形BAGも相似だから，AB：AG＝４：５である。また，AG＝$4+\frac{3}{4}=4\frac{3}{4}$(cm)なので，AB＝$4\frac{3}{4}\times\frac{4}{5}=\frac{19}{5}=3\frac{4}{5}$(cm)と求められる。

⑶　上の図２で，三角形AGHと三角形DCHは相似である。このとき，相似比は，AG：DC＝$4\frac{3}{4}$：３＝19：12だから，GC：CH＝(19－12)：12＝７：12となる。また，FG＝$1\times\frac{5}{4}=\frac{5}{4}$(cm)より，GC＝$5-\frac{5}{4}=\frac{15}{4}$(cm)とわかるので，CH＝$\frac{15}{4}\times\frac{12}{7}=\frac{45}{7}=6\frac{3}{7}$(cm)と求められる。

3　旅人算，数の性質

⑴　出発してから１分30秒後にAとCが初めて出会ったから，小コース１周の長さは，(80＋240)×$1\frac{30}{60}$＝480(m)とわかる。

⑵　Cが小コースを１周して初めてS地点にもどるのは，480÷240＝２(分後)である。このときまでにBは，120×２＝240(m)進んでおり，CはBよりも１分間に，240－120＝120(m)多く進む。よって，初めてCがBに追いつくのは，CがS地点にもどってから，240÷120＝２(分後)である。これは出発してから，２＋２＝４(分後)とわかる。

⑶　AとCが出会うのは小コース上である。ここで，Aは，480÷80＝６(分)で小コースを１周し，Cは２分で小コースを１周，1200÷240＝５(分)で大コースを１周するので，AとCが小コースを進むようすをグラフに表すと，下の図１のようになる。図１で，かげをつけた三角形は相似であり，相似比は，(12－７)：(９－６)＝５：３だから，ア：イ＝５：３となる。また，この和が，９－７＝２(分)なので，アにかかる時間は，$2\times\frac{5}{5+3}=1\frac{1}{4}$(分)となり，２回目にAとCが出会うのは，$7+1\frac{1}{4}=8\frac{1}{4}$(分後)と求められる。同様に，CがBに追いつくのは大コース上であり，Bは，1200÷120＝10(分)で大コースを１周するから，BとCが大コースを進むようすをグラフに表すと，下の図２のようになる。図２で，かげをつけた三角形は相似であり，相似比は，(30－28)：(23－20)

図１

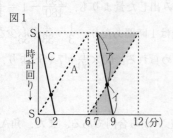

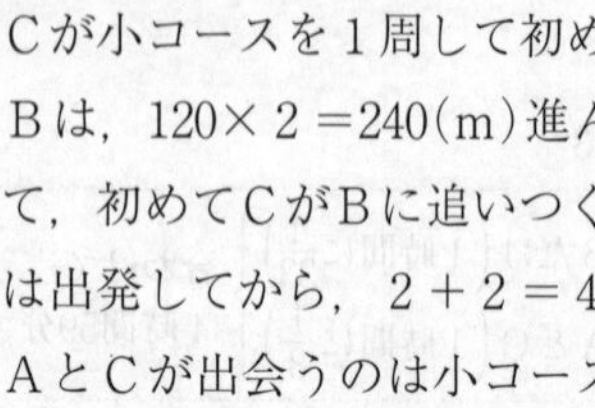

図２

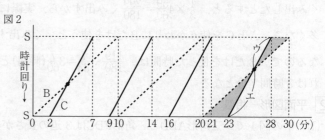

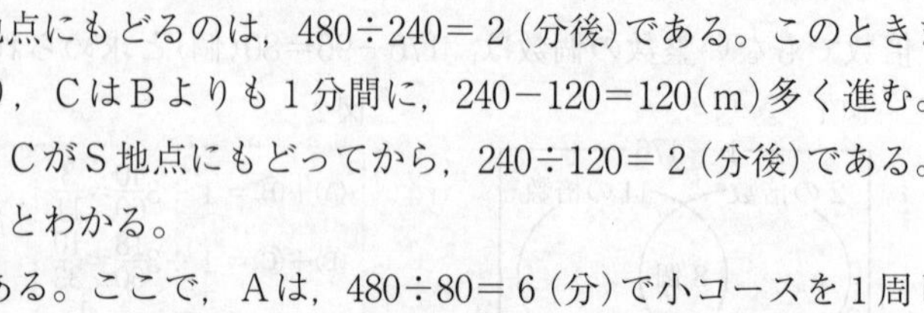

＝2：3なので，ウ：エ＝2：3となる。また，この和が，28－23＝5(分)だから，エにかかる時間は，$5\times\frac{3}{2+3}=3$(分)となり，2回目にCがBに追いつくのは，23＋3＝26(分後)と求められる。

(4)　Aは6分ごと，Bは10分ごとにS地点にいる。ここで，6と10の最小公倍数は30だから，AとBは30の倍数である，30分後，60分後，90分後に同時にS地点にいる。また，Cは7分ごとに同じ動きをくり返すので，小コースを1周してS地点にいるのは{2，9，16，23，30，…}分後である。このうち最小の6の倍数は30であり，6と7の最小公倍数は42なので，AとCが同時にS地点にいるのは，30分後，72分後とわかる。同様に，最小の10の倍数は30であり，10と7の最小公倍数は70だから，BとCが同時にS地点にいるのは30分後だけである。次に，Cが大コースを1周してS地点にいるのは{7，14，21，…}分後である。これは7の倍数なので，このうちAとCが同時にS地点にいるのは6と7の公倍数である，42分後，84分後，BとCが同時にS地点にいるのは10と7の公倍数である70分後とわかる。よって，2人以上が同時にS地点にいるのは，30分後，42分後，60分後，70分後，72分後，84分後，90分後である。

4　場合の数，条件の整理

(1)　$A=3$のときの並べ方は，3×2×1＝6(通り)あり，それぞれの点数は右の図1のようになる。よって，1点となる列は4通りある。

図1

1 2 3→2点，	1 3 2→1点
2 1 3→1点，	2 3 1→1点
3 1 2→1点，	3 2 1→0点

(2)　0点になる列は[4 3 2 1]であり，この左右の並び方を逆にした[1 2 3 4]は3点になる。また，たとえば[1 4 3 2]は1点であり，この左右の並び方を逆にした[2 3 4 1]は2点になる。ほかの列についても同様だから，0点の列と3点の列は1通りずつあり，1点の列と2点の列は同じ数ずつあることがわかる。さらに，$A=4$のときの並べ方は全部で，4×3×2×1＝24(通り)あるので，1点の列と2点の列は，(24－1×2)÷2＝11(通り)ずつあることがわかる。

(3)　右の図2で，もとの[1 3 2 4]はイ，エの部分で加点して2点になる。ここへ5をつけ加えるとき，ア，イ，エに加える場合は点数に変化がなく，ウ，オに加える場合は1点増える。よって，考えられる点数は2点と3点である。

図2

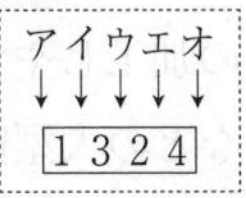

(4)　(3)から，$A=4$の状態に5をつけ加えるとき，「左端《ひだりはし》」と「すでに加点した部分」に加える場合は点数が変化せず，「まだ加点していない部分」と「右端」に加える場合は1点増えることがわかる。$A=5$の状態に6をつけ加える場合も同様だから，これを利用して求める。はじめに，$A=4$の状態からの点数の変化の仕方は右の図3の4通りある。Ⅰの場合，$A=4$で0点の列は[4 3 2 1]だけである。ここへ5をつけ加えるとき，1点増えるのは↓の位置に加える場合である。また，たとえば[4 5 3 2 1]に6をつけ加えるとき，1点増えるのは⬇の位置に加える場合である。よって，Ⅰの場合は全部で，4×4＝16(通り)とわかる。次に，Ⅱの場合，$A=4$で1点の列はたとえば[1 4 3 2]のように11通りある。ここへ5をつけ加えるとき，点数が変化しないのは↓の位置に加

図3

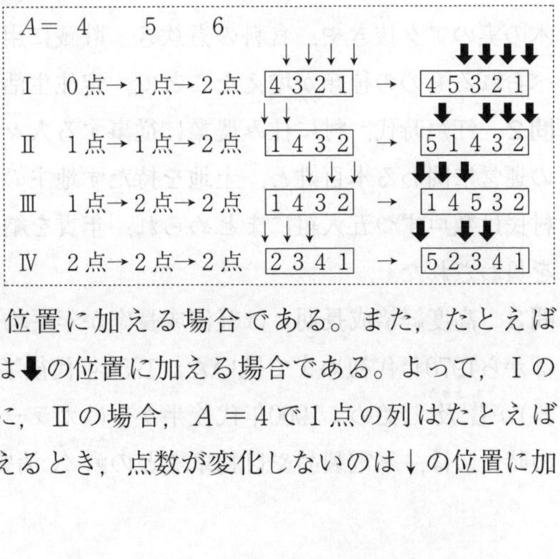

える場合である。さらに，たとえば 5 1 4 3 2 に6をつけ加えるとき，1点増えるのは⬇の位置に加える場合である。したがって，Ⅱの場合は全部で，11×2×4＝88(通り)とわかる。同様に考えると，Ⅲ，Ⅳの場合はどちらも，11×3×3＝99(通り)となるので，全部で，16＋88＋99＋99＝302(通り)と求められる。

社 会 (40分) ＜満点：60点＞

解 答

問1 (あ) 矢じり (い) (例) 木の実のアク抜きをしたり，食べ物を煮炊きしたりするため。 **問2** 百姓 **問3** (例) 核家族化により家事の担い手が減ったが，電気洗濯機などによって家事労働の時間を減らすことができるようになり，生活の余暇が増大した。 **問4** (あ) せんい産業 (い) 富岡 **問5** (例) 20歳代後半以降は労働力人口比率と正規雇用比率でともに女性が男性よりも低い。これは結婚や出産，育児などで離職するのが女性であることや，離職後に正規雇用で復職することが難しいことを示している。 **問6** (あ) (例) 男性はほとんどの時間を仕事等に使っているが，女性は仕事等と同じだけの時間を家事・育児・介護に使っており，支払われない労働が女性に偏っていることがわかる。 (い) (例) 育児介護休業制度により，育児や介護のために休暇をとることができる。 **問7** (例) 現代社会が抱える課題の1つに少子化がある。仕事を続けながら出産や育児をすることを難しいと考えて出産をあきらめる女性がいた場合，パートナーが積極的に育児や家事に参加することで，出産に前向きになる可能性がある。そのため，ワーク・ライフ・バランスを保つことが少子化の解消に役立つとも考えられる。

解 説

働くことを題材にした総合問題

問1 (あ) 図1は縄文時代から使われるようになった矢じり(石鏃《せきぞく》)である。黒曜石やサヌカイトなどの加工しやすい固い石を材料とした石器で，弓矢の先端に付けられた。ナウマンゾウやオオツノジカなどの大型動物を獲物《えもの》としていた旧石器時代とは異なり，縄文時代はシカやイノシシなど，より小型で動きのすばやい動物を狩りの対象としていたため，そうした獲物を仕留めるために弓矢が用いられるようになった。 (い) 図2は縄文土器である。こうした土器は，主にドングリやトチノミなどの木の実のアク抜《ぬ》きや，食料の煮炊《にた》き・貯蔵に用いられたと考えられている。特に，煮炊きによって食べられるものの種類が増えたことで，定住生活が可能となったとされている。

問2 江戸時代，村に住み農業に従事する人々は百姓《ひゃくしょう》と呼ばれた。百姓には，土地や屋敷《やしき》を持ち村の運営に関わる本百姓と，土地を持たず地主のもとで小作を営む水呑《みずのみ》百姓という区別があった。また，村民は数戸ずつ五人組にまとめられ，年貢を納めたり，犯罪を防止したりすることに対して連帯責任を負わされた。

問3 高度経済成長期とは経済成長率が年平均10％前後の経済成長をとげた時期を指し，1950年代半ばから1970年代初めまで続いた。1950年代後半には白黒テレビ・電気冷蔵庫・電気洗濯《せんたく》機(三種の神器)が普及《ふきゅう》し始め，1960年代後半からはカラーテレビ・自動車・クーラー(3C)が普及し始めた。この時代には，家電製品や自動車などの耐久《たいきゅう》消費財と呼ばれる製品を購入《こうにゅう》することが生活の豊かさを象徴《しょうちょう》していたと考えられる。また，〈賃金労働の広がり〉に「特に高度経済成長期になると農業従事者の割合は急速に低下し」，「その反対に，工業労働者や事務労働者の割合が大きく」なったとある。これは地方から大都市に人口が流出したことを示しており，人口が流入した都市部では核家族化が進んだ。電気洗濯機や電気冷蔵庫などの普及は家事労働の時間を減らすことにつながり，核家族世帯の生活を支えたと考えられる。

問４　**(あ)**　日本で近代的な工業が発達し始めたのは明治時代である。この時期に多くの女性労働者が働いていたのは，製糸業や紡績《ぼうせき》業を中心としたせんい産業である。特に，製品の生糸が昭和時代前半まで日本の輸出品の中心であった製糸業においては，「製糸工女」や「女工」などと呼ばれた多くの女性労働者たちが工場で働いていた。せんい産業で多くの女性が働いていた理由としては，農家の子女など工場に勤めることのできる女性の労働力が豊富にあったことや，女性が外で働く機会が少なかったこと，男性よりも安い賃金で雇《やと》うことができたことなどが考えられる。　**(い)**　せんい産業，特に製糸業と関係が深いのは富岡製糸場がある群馬県富岡市である。明治時代初期，フランスから技術を導入し，技師を招いて設立された官営の富岡製糸場は，その後，各地に建てられた製糸工場の模範《もはん》となった。なお，地図中にある「夕張《ゆうばり》」は炭鉱があった場所，「八幡《やはた》」は官営の製鉄所が設立された場所である。

問５　図３からわかることは，まず，20歳《さい》代後半から50歳代後半まで労働力人口比率が男性では90％台後半を維持しているのに対して，女性の場合は80％前後にとどまっていることである。これは，男性はいったん社会に出れば働き続けるのが当たり前になっているが，女性の場合は結婚や出産を機に仕事を辞めるケースや，仕事に復帰したくても難しいケースが少なくないことを意味している。さらに差が大きいのが正規雇用《こよう》比率であり，男性の場合，20歳代後半から50歳代後半まで80％前後を維持しているが，女性においては20歳代後半の60％前後を頂点に年齢が上がるとさらに下がる傾向《けいこう》にある。これは，女性の場合，パートタイマーやアルバイト，派遣労働といった非正規雇用での就労が多いことを示しており，それはそのまま収入の差につながり，「性別による格差」が解消されない大きな理由となっていることがわかる。

問６　**(あ)**　図４を見ると，男性の場合，仕事等の時間は1996年以降，少しずつ減少しているが，2021年においても１日あたり350分近くあるのに対して，家事・育児・介護《かいご》の時間は，わずかに増える傾向にあるものの，2021年においても50分前後にとどまっている。一方，女性は1996年から2021年にいたるまで，仕事等の時間も家事・育児・介護の時間もともに１日あたり200分前後で変化していない。以上のことからわかるのは，男性は仕事等の時間に比べて家事・育児・介護の時間が非常に短いこと，女性は家事・育児・介護に要する時間が長いために，仕事等にあてることのできる時間が限られていると思われること，そして，家事・育児・介護については，圧倒《あっとう》的に女性の側に大きな負担が課せられているということである。　**(い)**　家事・育児・介護において負担が女性に偏《かたよ》っているという現実に対して，これを是正《ぜせい》するために，1991年に「育児休業法」が制定された。これにより，それまで女性だけに認められていた育児休業を男性も取得できるようになった。さらに同法は1995年に改正されて「育児・介護休業法」となり，家族の介護のために仕事を休む介護休業が認められるようになった。

問７　解答例の他に，国の歳出で最も大きな割合を占《し》める社会保障関係費を減らすために，ワーク・ライフ・バランスを保つことが役立つと考えられる。例えば，日ごろから運動を行い，働きすぎによる疲《つか》れをためず，リフレッシュする時間を設けることで一人一人の健康増進につながり，社会保障関係費の１つである医療費を減らすことに結びつくと考えられる。

理　科　（40分）＜満点：60点＞

解　答

1　**問１**　ウ，エ　　**問２**　ア，エ　　**問３**　⑴　Ｂ　　⑵　ア，エ，キ　　**問４**　⑴　(例)　マグマが冷えるとき，含まれていた水蒸気などの気体成分がぬけてできた。　⑵　(例)　軽石は内部にすき間が多く，同じ体積の水よりも軽くなっているから。　⑶　(例)　福徳岡ノ場から沖縄本島付近を通り，房総半島に向かう海流があること。また，軽石はもろく，海流で流される間にぶつかりあって小さくなり，内部のすき間に水が入って沈んだものもあったこと。

2　**問１**　(例)　固体が見えなくなったとき。　**問２**　(例)　もとの物質とは別の物質が残る点。　**問３**　⑴　53ｇ　⑵　解説の図Ⅰを参照のこと。　**問４**　解説の図Ⅱを参照のこと。　**問５**　**Ａ**　オ　**Ｂ**　エ

3　**問１**　(例)　**筒**…透明な円筒形で，筒の内側の向かい合った位置に上から下まで２本の出っ張りがある。　**台**…筒の直径と同じくらいの大きさで，中心に穴があいている。穴の内側はねじ状の溝がある。外側には筒の出っ張りに合うように，向かい合う位置に溝が２本ある。　**回転軸**…中央の軸と底の部分は固定されていて，底の部分を回すと，回転軸が回るようになっている。中央の軸に，台の溝とかみ合うようにねじ状の出っ張りがある。　**問２**　(例)　回転軸の出っ張りと，台の内側の溝がかみ合うことで，回転軸の下の部分を回すと筒にそって台が上下する。このとき，筒の内側の出っ張りと台の外側の溝とがかみ合っているため台は回転せず，ねじのかみ合う動きが上下方向の動きになっている。

解　説

1　火山とその活動についての問題

問１　図に見られる粒《つぶ》は，火山の噴火《ふんか》で噴出したものなので，ほとんど流水のはたらきを受けておらず，いずれも角ばっている。また，図にあるいずれの鉱物も２mmより小さくなっている。図にある鉱物は洗い流しても残っていたものなので固く，いずれも火山由来のもので，様々な色の鉱物があることから，複数の種類の粒があることがわかる。

問２　ア　すべての図で，元々あった島の位置が一定なので，どの記録も固定された位置から見た図で，第１火口(跡《あと》)も同じ位置にある。　イ　図から，西之島《にしのしま》は火山の噴火によって新しくできた島から流れ出た溶岩《ようがん》流によって，元々あった島とつながり，大きな島になったとわかる。
ウ　新しい島と元々あった島は2013年12月26日にはつながっている。よって，島同士がつながったのは同年11月の噴火によって新しく島ができた約１か月後と考えられる。　エ　2014年８月26日の図と2014年９月17日の図を比べると，第７火口からの溶岩流が島を覆《おお》った面積の方が，第６火口から噴出した溶岩流の面積より大きい。島のまわりの海岸付近における海底の深さはほぼ同じと考えられるので，溶岩流の広がりが大きい方が溶岩の量も多いと考えられる。　オ　2014年９月17日の図でも，元々あった島の一部は新しく噴出した溶岩に覆われていない。　カ　縮尺の1000ｍ(＝１km)の長さを用いると，面積が最大となった島の南北方向の距離は約1.4km，東西方向の距

離は約1.5kmなので，1.4×1.5＝2.1より，島の面積は３km²より小さい。

問３　⑴　火山灰の分布の図より，分布の内側の方が火山灰が多く積もったことがわかるので，３番目に多く積もったのはＢ地点だとわかる。　⑵　図で，火山灰の厚さが等しい線は富士山から真東方向にのびていて，富士山の東では火口に近いほど厚くなっている。また，富士山からの距離《きょり》が同じでも，東側は多くの火山灰が降り積もっているにも関わらず，西側にはあまり積もっていない。なお，線で囲まれた範囲《はんい》でも，火口に近い方が積もっている火山灰の層は厚くなる。

問４　⑴　軽石の穴は，マグマが冷え固まるときに，含《ふく》まれていた水蒸気などの気体成分がぬけてできた穴である。　⑵　軽石は穴が多く，内部にも細かいすき間が多いため，同じ体積あたりの重さは溶岩よりも軽い。また，内部のすき間や小さな穴には空気が入っていて水が入りにくく，水中での同じ体積あたりの重さが水よりも軽くなるため，水に浮《う》く。　⑶　軽石は海水に浮くため，大量の軽石は主に海流によって運ばれたと考えられる。福徳岡ノ場の海底火山の噴火で生じた大量の軽石は，黒潮反流という海流に乗って西へ進み沖縄本島まで流され，沖縄あたりで黒潮に乗って北上し，房総《ぼうそう》半島に達したとされている。さらに，房総半島にまで達した軽石はごく少量だったことから，軽石は海流で運ばれる間に波のはたらきや軽石同士がぶつかることで小さくなり，内部のすき間に水が入ることで沈《しず》んだものが多くあったと考えられる。

２　身の回りの物質のとける現象についての問題

問１　いずれの場合も，「とけた」と判断できるのは，もとの固体が目に見えなくなったときである。なお，氷が「とける」と，固体から液体に状態が変化し，食塩が水に「とける」と，食塩の粒が目に見えないくらい細かくなって水と混ざる。アルミニウムが塩酸に「とける」と，水に溶《と》けやすい塩化アルミニウムに変わり，目に見えなくなる。

問２　氷がとけると水になるため，水をすべて蒸発させると，あとには何も残らない。また，食塩がとけた水から水をすべて蒸発させると，あとには食塩が残る。アルミニウムが塩酸にとけたものから水を蒸発させると，あとには塩化アルミニウムが残る。よって，③のみ，はじめの物質(塩酸にとけていた塩化水素やアルミニウム)とは異なる物質が残ることがわかる。

問３　⑴　食塩は20℃の水100ｇに36ｇまで溶けるので，飽和《ほうわ》食塩水，100＋36＝136(ｇ)には食塩が36ｇ溶けている。したがって，20℃の飽和食塩水200ｇ中には，$36\times\frac{200}{136}=52.9\cdots$より，53ｇの食塩が溶けている。　⑵　20℃の水100ｇに食塩を入れてできた食塩水の濃度《のうど》は，食塩が10ｇの場合が，10÷(100＋10)×100＝9.0…より，９％，20ｇの場合が，20÷(100＋20)×100＝16.6…より，17％である。ここで，20℃の水100ｇに食塩は36ｇまでしか溶けないので，入れた食塩の重さが36ｇより多い場合の食塩水の濃度は，36÷136×100＝26.4…より，26％で一定になる。このことに注意して，折れ線グラフをかくと右上の図Ｉのようになる。

図Ｉ

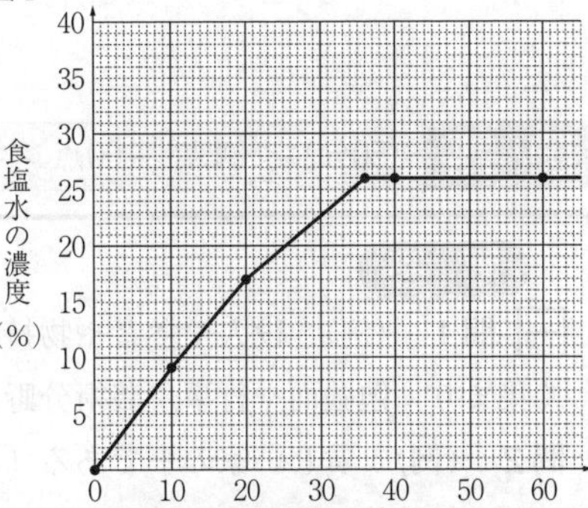

問４　溶けたアルミニウムの重さは，加えた塩酸の量が０mLのときは０ｇ，10mLのときは，2.0－1.6＝0.4(ｇ)である。同様に考えると，20mLのときは0.8ｇ，40mLのときは1.6ｇ，60mLおよび80mLのときは2.0ｇとなる。よって，表から，溶けたアルミニウムがちょうど2.0ｇになるまでは，

加えた塩酸の量と残ったアルミニウムの重さが比例していることがわかり，アルミニウム2.0 gとちょうど反応する塩酸の量は，$10\times\frac{2.0}{0.4}=50$(mL)になる。これらをもとにグラフをかくと右の図Ⅱのようになる。

図Ⅱ

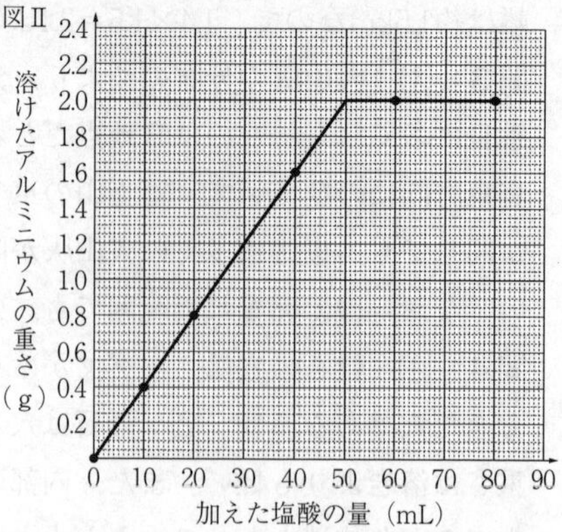

問5　**A**　問3のグラフは，横軸《じく》の値が大きくなるにつれて縦軸の値も大きくなっているが，縦軸の値の増え方がしだいに小さくなっていき，あるところからは増えなくなっている。これと同じようなグラフになるのはオのグラフである。紙コップは底の方がせまく口の方は広いので，一定の割合で水を注いでいくと，底から水面までの高さは，はじめは大きく増えるが，口の方に近づくにつれて増え方が小さくなる。コップが水で満たされるとそれ以上高さは増えない。　**B**　問4のグラフは，あるところまで横軸の値と縦軸の値が比例していて，あるところからは増えなくなっている。エで，一定の量の水を注ぎ続けると，ビーカー中の水の量は，時間とともに一定の割合で増えていき，ビーカーに水が満たされるとそれ以上は水があふれてビーカー中の水の量が増えず，一定となる。よって，問4のグラフと似た形になるのはエのグラフである。

3 くり出し式容器についての問題

問1　それぞれの部品に溝《みぞ》や出っ張りがあり，接する部品とかみ合うようになっていることに注目して，特徴《とくちょう》をかくとよい。

問2　回転軸の下の部分を回す動きが，台の上下方向の動きに変わるしくみをとらえる。筒《つつ》がなければ底部を回転させると台も回転してしまうが，筒があり，筒の出っ張りと台の溝がかみ合うことで，台が回転しないようになっている。これと，台の内側の溝と回転軸のねじ状の出っ張りがかみ合うことによって，回転軸の回転の動きが，上下方向の動きに変わるしくみになっている。このようにして，回転部の下の部分を回すことで台の上の部分に入れた物質(のりやリップクリームなど)を出し入れしている。

国　語　(50分) ＜満点：100点＞

解　答

一　**問1**　(例)　役人や学者や物持ちなど，町において上層階級の，出来のよい子供達が最も多く集まり，勉強面や行事，芸術分野など多方面で目立った活躍をみせている，というもの。

問2　(例)　貧しい家の子である「私」は，美しくて怜悧なお金持ちの子供達に引け目を感じ，勉強して彼等に勝つほかはないと考えたから。　**問3**　(例)　貧しさを感じさせる桜田の風体より，彼女が自分同様，貧困のために転学してきたのだろうと思うと，その姿に自分のみすぼらしいさまが映し出されているように感じられたから。　**問4**　**A**　(エ)　**B**　(イ)　**C**　(イ)

問5　(例)　綴り方と図画を好み，得意としていた「私」は，ほかの生徒にぬきんでた存在として認められていたが，桜田もいに圧倒的な才能の差を見せつけられ，よく出来る生徒としての立場を失ってしまったということ。　**問6**　(例)　桜田もいに勝ちたいと思う気持ちがある一方で，貧しい身の上の彼女が，勉強でも綴り方や図画においても遺憾なく才能を発揮していいとこの家の子達を圧倒するさまを称賛する気持ちもあり，仲良くなりたいと思いながらも追いぬきたくもあるという，相反する感情を抱き続けたということ。

二 下記を参照のこと。

●漢字の書き取り

三 ①　**郷里**　②　**命脈**　③　**縦横**　④　**補給**　⑤　**純真**　⑥　**群(がって)**　⑦　**調停**　⑧　**老練**

解　説

一 **出典：島木健作《しまきけんさく》『随筆《ずいひつ》と小品』**。師範《しはん》学校附属《ふぞく》小学校に通う「私」の学校生活がつづられている。

問1　「毎年の中等学校の入学者の率が一番」よかったり，「春秋の二期に催《もよお》される学芸会がほかとは比較《ひかく》にならぬ派手やかさ」だったり，「他府県の展覧会に出品する児童代表」がたくさん選ばれたりと，「いいとこの家の子達」の多い「私」の通う「師範の附属小学校」が，さまざまな点において「目立っ」ていたことをおさえる。この附属小学校は，「役人や学者や物持ちや，町での上層階級の」，「出来が」よい「子供を最も多く集めて」いたのだから，「町において上層階級に位置する役人や学者や物持ちなどの，出来のよい子供達を最も多く集め，学業面や芸術面などで特に目立っていた，というもの」のようにまとめる。

問2　「お金持の子供」が多く通うこの附属小学校において，「私」が「貧しい寡婦《かふ》の一人息子《むすこ》」で「彼等《かれら》の反対物」であった点をおさえる。続く部分にあるとおり，「美しくて怜悧《れいり》」な子供達が多いこの学び舎《や》で「多くのこと」に「引け目を感じなければならなかった」「私」は，出自などとは違《ちが》い，自力でどうにかすることのできる「勉強」で彼等に勝つことでしか，自分の存在意義を見出《みいだ》せなかったのである。これをもとに，「新しい学校の子供達は美しく，また利口で，多くのことにおいて引け目を感じざるを得なかった『私』は，勉学で彼らに勝つほかはなかったから」のようにまとめる。

問3　「新学年からの新しい友」として受持《うけも》ちの青木先生から紹介《しょうかい》された，桜田もいのみじめな風体を見て，「私」ははずかしさから顔を赤らめている。続く部分で，桜田の転校は自分と同じ理由によるものだろうと考えているとおり，「私」は自らの境遇《きょうぐう》を彼女《かのじょ》に重ね，目に映るその姿が，あたかもみすぼらしくあわれな自分自身の姿を映し出しているようにも思えて，強く「羞《は》じ」たと想像できる。これをふまえ，「桜田が転校してきたのは，附属小学校には授業料がいらないという経済的な貧しさからきたものであろうと思い，あらためて自分も同様に貧しい状況であることをはずかしく感じたから」のようにまとめる。

問4　**A**　「兜《かぶと》を脱《ぬ》ぐ」は“負けを認める”，“降参する”という意味の慣用句。「どんなに口惜《くや》しくても自分がこの文の作者に及《およ》ばないことを私は認めないわけにはいかなかった」とあるとおり，「冬の夜」を課題作文とされれば，「後生大事とどこまでも冬の夜」とし，「せいぜい寒そうな材料」をもとに書くことしかできない自分に対し，「冬の夜，という課題に囚《とら》われることなく，平気でもらい湯とつけて，しかも誰《だれ》よりもよく冬の夜の情景を生かし」た桜田もいの「自在さ」に，「私」はとうてい勝てないと思ったのだから，(エ)があてはまる。　**B**　「顔色がない」は，相手に圧倒《あっとう》されて元気をなくすさま。「安っぽい色鉛筆《えんぴつ》を使って」「ペラペラな画用紙」に描《か》いた桜田もいの写生画が，「舶来《はくらい》の，十五色一組の色鉛筆」や「ワットマン紙などを使って」描いた生徒達の絵よりもはるかに魅力《みりょく》があったことに，（いいとこの家の）生徒達は意気消沈《しょうちん》したのだから，(イ)が合う。

C　「味噌《みそ》をつける」は“失敗してはじをかく”，“面目を失う”という意味。「私」は桜田もいに対し「敵愾《てきがい》心を燃《も》やしながらも」，その圧倒《あっとう》的な才能に「拍手《はくしゅ》」さえ送りたいような気持ちを抱《いだ》いているので，失敗してはじをかけばいいなどとは思わなかったはずである。よって，(イ)がふさわしい。

問5　「私」は「綴《つづ》り方と図画」をひじょうに好み，「よく出来る生徒」として教室内で「派手な存在」だった。しかし，「新学期になってから二度目の綴り方の時間」では，「もらい湯」という題のついた桜田もいの作文が「最優秀《ゆうしゅう》作」とされただけでなく，彼女は図画においても，みずみずしく魅力《みりょく》的な写生画を描き出し，雑誌の口絵になったり展覧会にも飾《かざ》られたりするなど，「遺憾《いかん》なくその才能を発揮した」のである。「綴り方と図画」において，桜田もいに太刀《たち》打ちできないほどの才能の差を見せつけられ，教室内で最も「よく出来る生徒」としての立場から引きずり降ろされてしまった「私」のようすが「王座から転げ落され」たと表現されていることをおさえ，「『私』が周囲から優秀と認められる分野であった綴り方と図画の両方で，桜田もいが自分よりもはるかに優れた才能を発揮したことで，教室内で最もよく出来る生徒としての立場がたちまち失われてしまったということ」のようにまとめる。

問6　「教室内での二人の異端《いたん》者として」，「私」がともに貧しく似た境遇にある「彼女の上に自分の半面を見て」（自分自身を彼女に重ねて）いたことをおさえておく。これまで「よく出来る生徒」とされていた「綴り方と図画」において「私」は，「王座」を奪《うば》われたばかりか，「勉強」においても桜田もいに「到底《とうてい》太刀打ち」できないことを思い知らされた。そんな「私」は，桜田もいに勝ちたいという「敵愾心」を持つ一方で，（「私」の「半面」ともいえる）彼女がほかの「美しくて怜悧」な「いいとこの家の子達」を圧倒していくことに対しては，つねづね自分が「学業成績の上で彼等を引き離して行くこと」に「心臓の血が一時に止まりまた激しく流れ出す，復讐《ふくしゅう》にも似たような興奮」を覚えていたこともあって，「拍手を送らずにはいられぬ」ほどの称賛《しょうさん》の念を抱《いだ》いたのである。こうした，自分こそ誰よりも「彼女の仲良しになれる，またならねばなら」ないが，同時に「彼女を傷つけず」に「追い抜き」たいという相反する感情のなかに「私」がいた点をおさえ，「桜田に対して勝ちたいと思う気持ちがある一方で，貧しい身の上である桜田もいが勉強でも綴り方や図画においてもいいとこの家の子供達を圧倒するような才能を発揮することに称賛するような気持ちもあり，仲良くなりたいという思いと追いぬきたいという思いをあわせもった複雑な感情を持ち続けたということ」のようにまとめる。

二　漢字の書き取り

①　生まれ育った土地。ふるさと。　②　いのちのつながり。　③　たてとよこ。ここでは，“あらゆる方面に”という意味。　④　不足したものをおぎなうこと。　⑤　心がすなおで，けがれのないようす。　⑥　音読みは「グン」で，「大群」などの熟語がある。　⑦　対立する両者の間に入って争いをやめさせるようにとりなすこと。　⑧　長い間経験を積み，そのことに慣れて上手であること。

2023年度 武蔵中学校

【算　数】（50分）〈満点：100点〉

1　次の□にあてはまる数を書き入れなさい。

(1)　2023は２つの素数A，Bを用いて，$A \times B \times B = 2023$と表せます。このとき$A =$□，$B =$□です。また，2023の約数のうち，$A$の倍数である数すべての和は□です。

(2)　６人が，松，竹，梅の３つの部屋に２人ずつ泊《と》まります。ただし，兄弟は同じ部屋には泊まらないものとします。６人が２組の３人兄弟のとき，泊まり方は□通りあります。また，６人が３組の２人兄弟のとき，泊まり方は□通りあります。

2　ある野球場には10か所の窓口があり，そのうち４か所では前売券を，残りの６か所では当日券を受け付けています。１か所の窓口で１分間に受け付けることができる人数は，前売券の窓口では８人，当日券の窓口では２人です。ある日の試合では，窓口が開く12時には全部で1240人が並んでいて，その後は前売券の人が毎分30人ずつ列に加わっていき，当日券の人が列に加わることはありませんでした。途《と》中で当日券の人がいなくなったので，その後は10か所すべての窓口で前売券を受け付けたところ，12時50分に窓口に並ぶ人はいなくなり，窓口を閉めました。この日，当日券で入場した人は何人ですか。（式や考え方も書きなさい）

3　図において，２つの四角形ABCDとEBFGはどちらも正方形で，CF＝３cm，HG＝1.8cmです。下の問に答えなさい。（式や考え方も書きなさい）

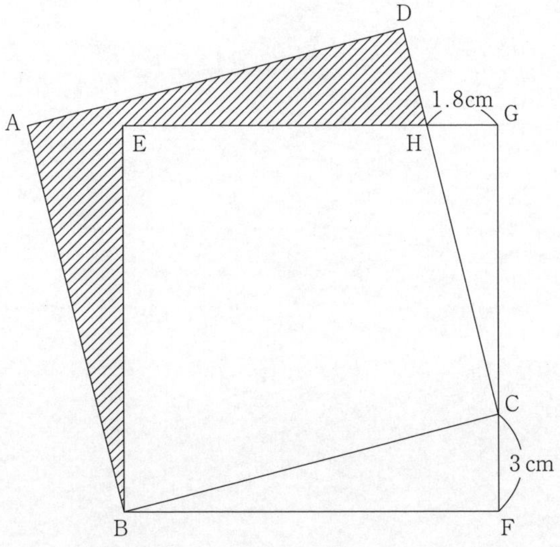

(1)　BFの長さを求めなさい。

(2)　図の斜《しゃ》線部分の面積を求めなさい。

4 サッカーのシュート練習では，ボールを蹴《け》る人をキッカー，ゴールを守る人をキーパーと言います。□人のキッカー(①，②，③，…)と２人のキーパー(A，B)が練習を行うことにしました。キッカーは順に１球ずつ蹴り，最後の人が蹴ったら，また最初の人に戻《もど》ってこれをくり返します。キーパーはA，Bが△球ずつ交代で入ります。ただし，△は□より小さい数とします。

【例】 □＝４，△＝２のとき

キッカー	①	②	③	④
１回目	A	A	B	B
２回目	A	A	B	B
⋮				

□＝５，△＝４のとき

キッカー	①	②	③	④	⑤
１回目	A	A	A	A	B
２回目	B	B	B	A	A
３回目	A	A	B	B	B
⋮					

このとき，次の問に答えなさい。(考え方も書きなさい)

(1) □＝４，△＝２のとき，①，②はずっとAと，③，④はずっとBと当たることになってしまいますが，□＝５，△＝４のときはすべてのキッカーがA，Bの両方と当たります。

□＝８のとき，すべてのキッカーがA，Bの両方と当たるためには，△をいくつにすればよいですか。あてはまるものをすべて答えなさい。

(2) この練習を，すべてのキッカーが同じ回数ずつ蹴り，どのキッカーもA，Bと同じ回数ずつ当たったところで終わりにします。しかし，例えば□＝４，△＝３とすると，この練習は終わらないことになります。

(I) 練習が終わらないことになるものを，次の㋐～㋓の中からすべて選び記号で答えなさい。

㋐ □＝３，△＝１　　㋑ □＝４，△＝１

㋒ □＝７，△＝２　　㋓ □＝８，△＝３

(II) 次の㋐，㋑の場合について，この練習が終わるためには△をいくつにすればよいですか。あてはまるものをすべて答えなさい。

㋐ □＝６のとき

㋑ □＝12のとき

【社　会】（40分）〈満点：60点〉

多くの人が生活する都市は，働いたり，ものを買ったり，勉強したりするさまざまな機会や場所があります。生活に便利なことが多いのでいっそう人が集まり，住宅などが密集して市街地が形成されるようになります。しかし市街地が形成されると，それを維持《いじ》するために新しい工夫が必要になったり，他の地域とのつながりや関係が重要になったりします。今日は，江戸《えど》時代が始まって以来急速に人口が増加した江戸，そして明治以降の東京という大都市を題材に，生活のためにどうしても必要な上水の確保と下水処理の問題，そしてそれらが周辺地域へ及《およ》ぼした影響《えいきょう》について考えてみましょう。

江戸は，18世紀には日本で一番人口が多い都市になったと考えられています。人が比較《ひかく》的離《はな》れて住んでいる農村地域では，上水は近くの川や井戸《いど》でまかなうことができました。しかし市街地が形成されると，それに応じた大量の上水が必要になります。江戸の町の中には，上水網《もう》が整備されていきますが，初めは周辺の小さな河川を水源とする小規模な用水路しかありませんでした。人口増加につれて，17世紀半ばには江戸から離れた多摩《たま》川からたくさんの水を引く玉川《たまがわ》上水が開削《かいさく》されました。また江戸の中でも隅田《すみだ》川の東側の本所《ほんじょ》や深川《ふかがわ》という地域などでは，井戸や上水が利用しにくく，水を販売《はんばい》する「水売り」がまわっていました。

江戸は，明治時代に東京と名前が変わり，以後ますます多くの人びとが集まるようになりました。市街地が拡大するにつれて，さらに水需要《じゅよう》は高まりました。そうした中で，きれいでない飲用水が原因とされる健康被害《ひがい》がたびたび生じたこともあって，費用のかかる新しい上水道の整備が行われるようになりました。また，より多くの水を確保するために東京以外の地域にも水源を求める必要が生じました。明治時代後半，当時の東京府は山梨《やまなし》県の山林を水源林として購入《こうにゅう》し，現在に至ります。また第二次世界大戦後，多摩川や利根《とね》川，荒《あら》川の上流に大規模なダムが建設されました。そこに貯《た》められた水が，東京の水道水として利用されています。

次に，下水についてはどうでしょうか。上水同様，農村地域では下水や排泄《はいせつ》物の処理も容易でした。しかし住宅などが密集する地域においては，地域の中で処理が完結できなくなります。江戸の町から出る排泄物については，近郊《きんこう》の農村と結びついて処理する仕組みができあがりました。しかし，江戸時代の排泄物処理の仕組みは次第に縮小します。その大きな理由として，排泄物の使用目的について，大正時代以降に代替《だいたい》品が普及《ふきゅう》し始めたことがあげられます。結果として引き取り手のいない排泄物が余るようになり，その処理はなかば公営化して行政が費用を負担せざるを得なくなります。余った排泄物のかなりの部分は，東京湾《わん》の沖《おき》に海洋投棄《とうき》されるようになりました。第二次世界大戦が激しくなると排泄物の収集も滞《とどこお》り，人びとは自宅の庭に埋《う》めたり，近くの川に捨てたりしたこともあったそうです。行政が主導して下水道が造られた地域もありますが，その範囲《はんい》は限定されていました。

排泄物処理に加えて，市街地では雨水の排水《はいすい》の問題も深刻になりました。大正時代の東京を歩き回った永井荷風《ながいかふう》という作家は，以下のようなことを書いています。

「東京を流れる溝川《どぶかわ》（小さな水流）には美しい名前がついているものがあり，かつては清流であったかもしれないが，今は下水に過ぎない。小さな下水は合流して道に沿い坂の麓《ふもと》を流れる内に広くなる。下流では船を浮《う》かべるほどの川になるものもある。下水や溝川が流れている低い場所は，梅雨や秋の長雨の大雨の度に，高い場所にある住宅地から滝《たき》のように落ちてくる濁《にごり》水《みず》が集まって氾濫《はんらん》する。川沿いには貧しい人びとが多く住んでおり，家ごと水につかり家財も流されるなど被害は大きい。」

戦後の市街地のさらなる拡大に伴《ともな》い，排泄物の処理と雨水の排水の両方を担う下水道が整備され，その稼動《かどう》地域は広げられていきました。下水道の建設費用節約のため，荷風の言う溝川やかつての農業用水路などを掘《ほ》り下げて蓋《ふた》をし，下水道に転用することも行われました。

以上のように，江戸・東京に人口が集中して市街地が拡大するにつれ，都市生活に必須《ひっす》の施設や設備は，次第に公共的サービスとして整備拡充《かくじゅう》されていきました。とはいえ，公共の施《し》設《せつ》や設備は，その建造だけでなく維持管理のための費用が必要です。また大都市では，周辺地域の資源を利用する必要も生じます。都市に暮らすことは便利で快適かもしれません。しかし，多くの人が集まって生活するための技術・工夫について考え，そのためにかかる費用の総計についても検討することは必要ではないでしょうか。

資料　江戸周辺の河川と上水

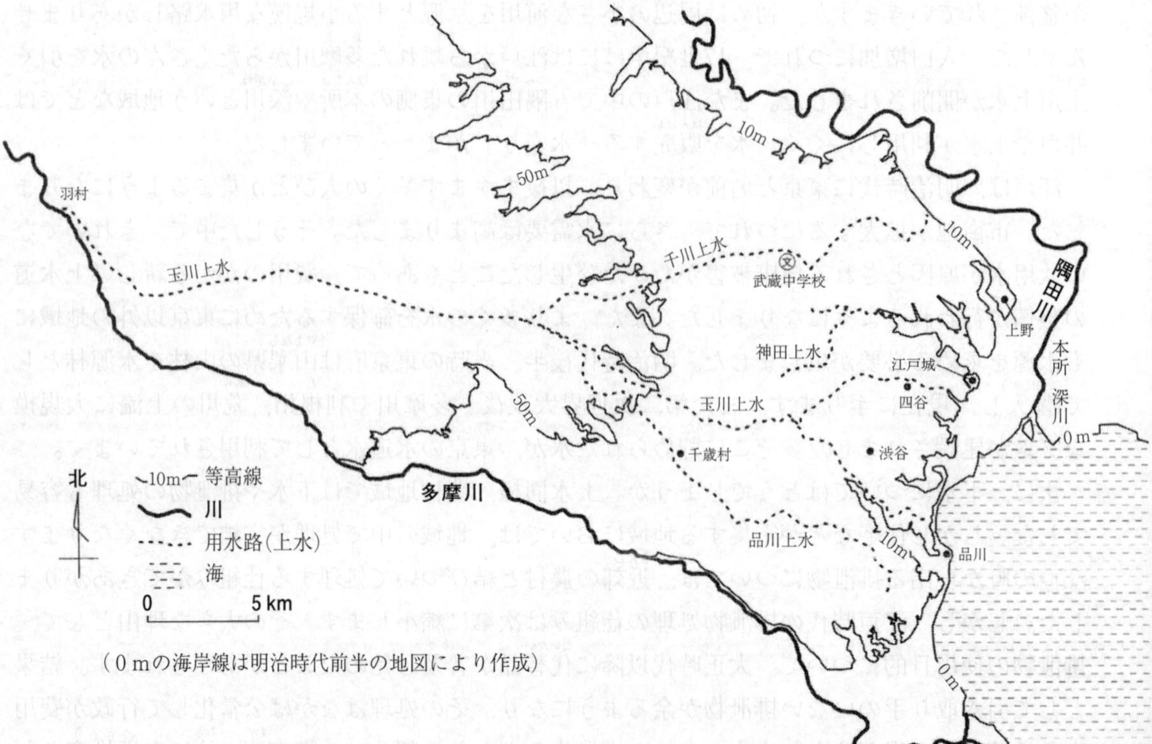

（０mの海岸線は明治時代前半の地図により作成）

問１　江戸時代に三都と呼ばれた都市のうち，江戸以外の二つを答えなさい。

問２　本所や深川で，上水や井戸水が利用しにくかった理由は何ですか。資料の図も見ながら説明しなさい。

問３　明治時代にたびたび起こった健康被害は，当時の世界各地で発生し日本にもおよんできたものですが，このような健康被害は一般《いっぱん》に何と呼ばれますか。漢字３字で答えなさい。

問４　(あ)　江戸時代の排泄物処理の仕組みとはどんなものですか。説明しなさい。

(い)　大正時代に普及し始めた代替品とは何ですか。

問５　下の文章は，東京府北多摩郡千歳《ちとせ》村（現在の東京都世田谷区西部）に住んでいた徳冨蘆花《とくとみろか》という作家が1912（大正元）年に書きました（分かりやすく内容を要約しています）。人口が集中する大都市周辺の農村で，栽培《さいばい》される作物が変わってきたという内容です。なぜ変わったのか，その理由を説明しなさい。

「東京がだいぶ攻《せ》め寄《よ》せて来た。ここは東京の西方10km ほどにあるため，東京の200万の人口の影響が村に及ぶのは自然のことである。もともとは畑で麦が多く作られていたが，それをつぶして竹林にしてタケノコをとったり，大麦小麦よりキャベツや白菜に力を入れたりする様になったり，要するにむかしの純農村は都会附《ふ》属《ぞく》の菜園になりつつある。」

問６　永井荷風が指摘《してき》していることは，近年の気候の傾向《けいこう》の変化によってあらためて都市における大きな問題となっています。その問題について説明しなさい。

問７　都市部に人口が集中することにより，経済的・社会的負担が発生している事例を，「大規模な上下水道の整備が必要となる」以外に考えて，どのような負担があるかを含《ふく》めて説明しなさい。

【理　科】（40分）〈満点：60点〉

1　北の夜空を見上げると北極星を見つけることができますが，地球からの距離《きょり》は光の速さで430年もかかる距離にあります。そんな遠いところのものが肉眼でも見えるのです。もちろん，天体望遠鏡を使えば，もっと遠くのものを見ることができます。ところが，海の中は，わずか数千メートルの海の底すら見ることができません。

私たちの住む中緯《い》度の海は，プランクトンが多く水があまり澄《す》んでいませんが，①低緯度の熱帯の海ではプランクトンが少ないため澄んでいて，観測機器を船から下ろすと水深40メートルくらいまで船上から見ることができます。この数字は昔世界一の透《とう》明度を誇《ほこ》った北海道の摩《ま》周湖と同じ透明度です。しかし，その熱帯の海や摩周湖のように水が澄んでいても，たった40メートル程度しか見えないのです。太陽の光の大部分は海水で吸収されてしまうため，深い海は太陽の光が届かない暗黒の世界となり，②光を使う観測においては，海は宇宙よりはるかに観測が難しいのです。

では，海の中を調べるにはどうすれば良いでしょうか。一つの手段は音を使うことです。水は音波を通しやすいのです。この性質は，潜《せん》水艦《かん》のソナーや漁船の魚群探知機に利用されています。水の中では音波が伝わる速さは１秒あたり約1500メートルと，空気中を伝わる速さの４倍以上です。クジラが何千キロメートルもの彼方《かなた》から他のクジラと音波で通信することができるのは，水が音を伝えやすいからなのです。

（柏野祐二『海の教科書』をもとに作成）

問１　光の説明として**誤っているもの**をすべて選び，記号で答えなさい。すべて正しい場合は解答欄《らん》に〇を書きなさい。

ア．木もれ日を見ると日光がまっすぐ進んでいることがわかる。

イ．大きな虫眼鏡《めがね》をつかうと，よりたくさんの光を集めることができる。

ウ．線香の煙《けむり》をためた水槽《そう》の中に光を通すと，水槽を通過してきた光は暗くなる。

エ．懐《かい》中電灯の光は広がるので，遠くまで届く光は弱くなる。

オ．２枚の鏡ではね返した光を重ねても，１枚のときと明るさは変わらない。

問２　下線部①について，熱帯の海ではプランクトン（水中を漂《ただよ》う小さな生きもの）が少ないのはなぜですか。理由として**最もふさわしいもの**を１つ選び，記号で答えなさい。

ア．太陽の光で海水が温められるので，小さな生きものには過酷《こく》な環《かん》境だから。

イ．クジラなどの回遊する大型の生きものが食べ尽《つ》くしてしまうから。

ウ．海水の流れが速いので，小さな生きものは流されてしまうから。

エ．海水の蒸発が少ないので，海水の塩分濃《のう》度が高くなるから。

オ．中緯度の海に比べて，海水中の栄養分が少ないから。

カ．酸性雨が多く降ることにより，海水がわずかに酸性となるから。

問３　音の説明として**誤っているもの**をすべて選び，記号で答えなさい。すべて正しい場合は解答欄に〇を書きなさい。

ア．糸電話の糸をたるませて話をすると，相手の声は聞こえない。

イ．糸電話にトライアングルをつないで叩《たた》くと，紙コップ側でその音が聞こえる。

ウ．離《はな》れた所から打ち上げ花火を見ると，花火が広がってしばらくしてから音が聞こえる。

エ．ついたての向こうにいる人が見えなくても，相手の話し声は聞こえる。

オ．太鼓《こ》を打つ強さを変えても，音の高さや大きさは変わらずに聞こえる。

カ．鉄棒の端《はし》に耳を当てて，もう一方の端を叩いても何も聞こえない。

問４　クジラは，自ら発した音波が陸地で反射して戻《もど》ってくるのを聞き分けて，地形を調べながら泳いでいます。海水中では，音波は１秒間に1500mという一定の速さで伝わります。陸地に向かって１秒間に10mの速さで泳いでいるクジラが音波を発してから，３秒後にその音波が陸地から戻ってきました。クジラが音波を発したとき，陸地から何m離れた所にいましたか。整数で答えなさい。

問５　すばる望遠鏡は世界最大級の望遠鏡で，雲が発生するよりも高い位置にあるハワイ島マウナケア山頂に設置されています。同じ性能の望遠鏡を東京の都心部に設置したとすると，星を観測する上で不都合なことがあります。例にならい２つ説明しなさい。

（例）　東京は天候に左右されやすいため，観測できる日数が制限されてしまうこと。

問６　天体望遠鏡を使って観測するとき，目を痛めてしまうため太陽の表面を直接観測してはいけませんが，月の表面は直接観測することができます。それはなぜですか。太陽と月の光の強さと，その違《ちが》いが生じる原因に触《ふ》れながら説明しなさい。

問７　下線部②について，「光を使う観測においては，海は宇宙よりはるかに観測が難しい」のはなぜですか。これまでの内容をふまえて書きなさい。

2　ブナ科の植物は秋にドングリをつけます。ドングリは種子が固い殻《から》で覆《おお》われた木の実で，土の中で発芽して樹木に成長します。腐《くさ》りにくく栄養の豊富なドングリは，山地にすむ体の大きなクマや小さなリスやネズミなどの生きものにとって，秋から冬にかけての重要な食糧《りょう》となっています。その年にできるドングリの量が，それを食べる動物の数や行動に影響《えいきょう》することが知られています。ドングリと動物の関係について考えてみましょう。

問１　次の⑴，⑵に当てはまる樹木を，下のＡ～Ｆからそれぞれ１つずつ選び，記号で答えなさい。

⑴　ドングリをつける

⑵　寒い時期でも葉を落とさない

Ａ．イチョウ　　Ｂ．ウメ　　Ｃ．クヌギ

Ｄ．ケヤキ　　Ｅ．サクラ　　Ｆ．ツバキ

問２　右のグラフは，2000年から2015年までの東北地方における，ブナのドングリの豊作指数を棒グラフで，ツキノワグマの捕獲《ほかく》頭数を折れ線グラフで示しています。豊作指数はドングリの実りの程度を表すもので，ここでは２以上を豊作，１以下を凶《きょう》作とします。

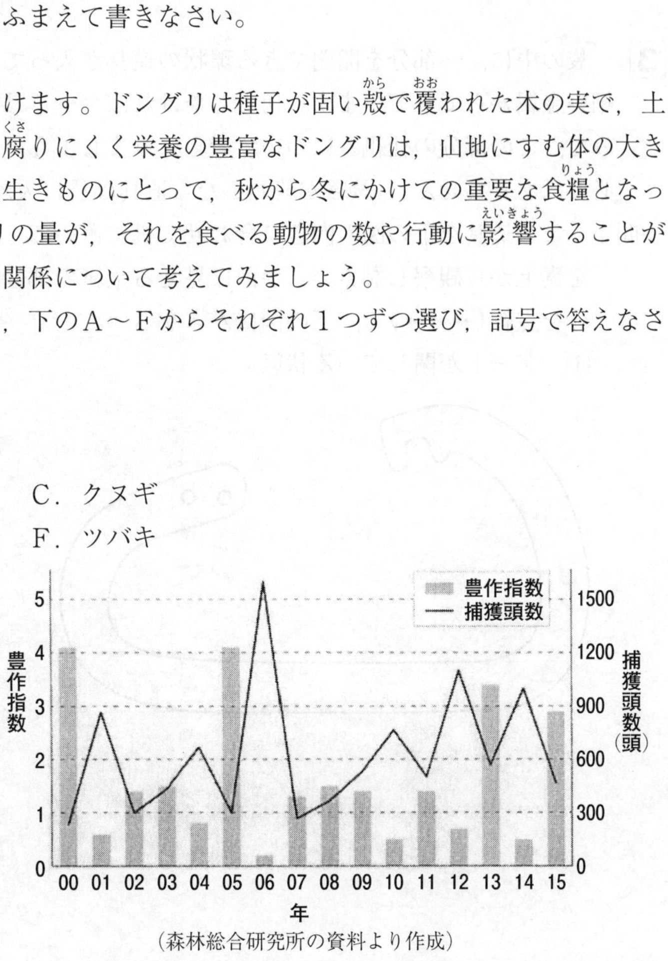

（森林総合研究所の資料より作成）

⑴　このグラフから読み取れることとして適切なものを１つ選び，記号で答えなさい。

ア．ブナの凶作の翌年は，必ず豊作になる。

イ．ブナの凶作の年には，クマの捕獲頭数が前年よりも多くなる。

ウ．ブナの豊作指数が前年より増えると，クマの捕獲頭数も増える。

エ．クマの捕獲頭数が２年続けて増えると，翌年は減る。

オ．クマの捕獲頭数が600頭より多い年の前年は，ブナは豊作である。

(2)　(1)で選んだ答えの原因として考えられることを書きなさい。

問３　秋に落ちたドングリは，冬になって雪が降ると埋《う》もれてしまいます。リスやネズミは冬の間の食糧を確保するために，秋にできるだけ多くのドングリを集め，あちらこちらの場所に隠《かく》して蓄《たくわ》えておきます。蓄えられたドングリの一部は，食べられずに残るものもあります。

(1)　ブナ科の樹木がドングリで子孫を残すのに，リスやネズミのどのような行動が役に立っていますか。

(2)　ドングリが豊作になると，翌年のリスやネズミの数が増え，凶作になると翌年の数が減ることが知られています。また，ドングリは数年に一度だけ豊作になりますが，このことは，ブナ科の樹木が増えるために有利だと考えられています。ドングリの豊作・凶作と，リスやネズミの数の変化との関係をふまえて，有利だと考えられる理由を書きなさい。

3　袋《ふくろ》の中に，一部分を開閉できる環《かん》状の道具が入っています。開閉部をゲートと呼び，１本の細い金属からできています。何もしなければゲートは閉じている状態です。ゲートを動かしてみて，この部分の仕組みについて考えてみましょう。道具の色や書かれた文字について考える必要はありません。(試験が終わったら道具は袋に入れて持ち帰りなさい。)

問１　この道具を下の図の向きに合わせて机に置いて，(1)，(2)のそれぞれについてゲートの状態を真上から観察しなさい。手前に見える金属の部分を実線(━━━)で，奥《おく》に見える金属の部分を点線(━ ━ ━)で，下の図にかきなさい。

(1)　ゲートが閉じている状態

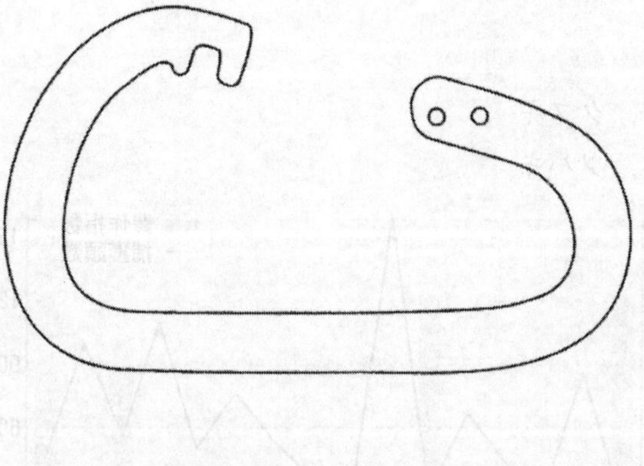

(2)　環の反対側に当たるまでゲートを押《お》し込《こ》んだ状態

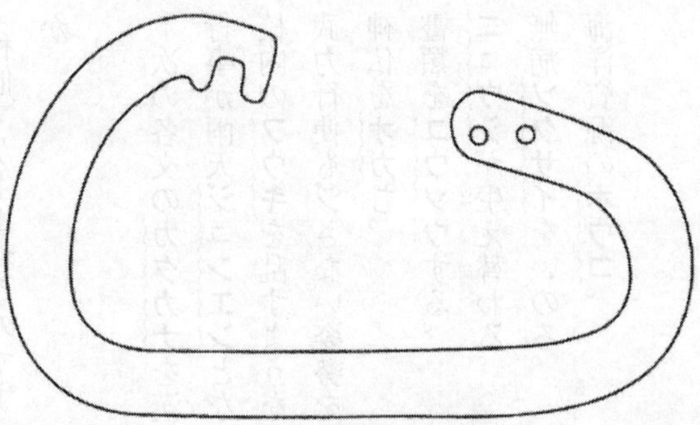

問2　ゲートを押し込んだ後，手を離《はな》すと戻《もど》ります。また，ゲートが閉じているとき，軽く押しただけではゲートは開きません。押し込んでから戻る仕組みと，ゲートがしっかりと閉じていられる仕組みについて，それぞれ説明しなさい。図をかいてはいけません。

＜配られた道具の写真＞

かれています」とあるが、それはどういうことですか。

問六　「その行為《こうい》が『利他的なもの』として受け取られたときにこそ、『利他』が生まれるのです」とあるが、それはどういうことですか。

二　次の各文の**カタカナ**を漢字に直しなさい。

① 行事が雨天**ジュンエン**となった。
② 校内の**フウキ**を乱すようなことをするな。
③ 武力行使も**ジ**さない姿勢を示す。
④ 神仏を**オガ**む。
⑤ 書類を**ユウソウ**する。
⑥ **ニュウシ**が生《は》え替《か》わる。
⑦ 無病**ソクサイ**をいのる。
⑧ 海洋資源の**ホウコ**。

在《ざい》能力）を引き出す。その人の特質やあり方に「沿う」ことで、「介護《かいご》しない介護《かいご》」が成立する場所を作ろうとしています。

さて、頭木《かしらぎ》さんのエピソードに戻《もど》りたいと思います。頭木《かしらぎ》さんの悲劇は、レストランで出てきた「お勧《すす》めの料理」が、食べられないものだったことによって生じたものでした。

さて、です。

もしこれが食べられるもので、頭木《かしらぎ》さんが「おいしい！」と感激していたら、どうなっていたでしょう。その場は和気あいあいとしたものになり、相手と頭木《かしらぎ》さんの関係も良好に推移したかもしれません。頭木《かしらぎ》さんも「あんなおいしいものを紹介《しょうかい》してもらえて、本当にありがたい」と思ったかもしれません。その場合、相手の行為《こうい》は「利他的なもの」と捉《とら》えられ、感謝の対象となったでしょう。

しかし、この場合、「お勧《すす》めの料理」は、残念ながら頭木《かしらぎ》さんの食べられないものでした。そのため、相手の行為《こうい》は「利他」の方向へと流れていかず、むしろ「利己」的側面が際立《きわだ》つ結果になりました。

ここから見えてくるのは、特定の行為《こうい》が利他的になるか否《いな》かは、事後的にしかわからないということです。いくら相手のことを思ってやったことでも、それが相手にとって「利他的」であるかはわかりません。与《あた》え手が「利他」だと思った行為《こうい》であっても、受け手にとって*ネガティブな行為《こうい》であれば、それは「利他」とは言えません。むしろ、暴力的なことになる可能性もあります。いわゆる「ありがた迷《めい》惑《わく》」というものですね。

つまり、「利他」は与《あた》えたときに発生するのではなく、それが受け取られたときにこそ発生するのです。自分の行為《こうい》の結果は、所有できません。あらゆる未来は不確実です。そのため、「与《あた》え手」の側は、その行為《こうい》が利他的であるか否《いな》かを決定することができません。あくまでも、その行為《こうい》が「利他的なもの」として受け取られたときにこそ、「利他」が生まれるのです。

（中島岳志《たけし》の文章による。なお、本文には一部省略したところと、表記を改変したところがある。）

*礼賛《らいさん》…ほめたたえること。
*コミット…取り組むこと。
*メビウスの輪…帯を一回ひねって、一方の端《はし》の表と他方の端《はし》の裏を貼《は》り合わせた時にできる輪。
*エピソード…短い話。
*統御《とうぎょ》…コントロール。
*アプローチ…目的を達成するための手法。
*ホールスタッフ…接客係。
*コンセプト…基本的な考え方。
*喚起《かんき》…呼び起こすこと。
*矜持《きょうじ》…誇《ほこ》り。
*醸成《じょうせい》…しだいに作り上げていくこと。
*ネガティブ…否定的。

問一　空欄《くうらん》①～⑤には「利他」か「利己」のいずれかの語が入ります。解答欄《かいとうらん》にどちらの語が入るかそれぞれ書きなさい。

問二　「私はそう思ってしまいます」とあるが、どのように思うということですか。

問三　「利他的押《お》し付《つ》けは、頭木《かしらぎ》さんにとっては恐怖《きょうふ》でしかありません」とあるが、それはどういうことですか。

問四　「この『贈《おく》り物《もの》』の中には、時に『毒』が含《ふく》まれていると、モースは指摘《してき》します。一体、どういうことでしょうか？」とあるが、筆者の考える答えを説明しなさい。

問五　「市川さんのケアは、『統御《とうぎょ》』ではなく『沿うこと』に主眼が置ことを知ります。

「ちばる食堂」の経営者で、厨房《ちゅうぼう》で料理を作る市川貴章《たかあき》さんは、四人の従業員について、次のように述べています。

認知症《にんちしょう》と診断《しんだん》されても、認知症《にんちしょう》と診断《しんだん》されていなくても

『働く能力』は一緒《いっしょ》だということがこの一年で分かりました

と、共にこれまでの経験がちゃんと出るんだなということもよく分かります

カラオケ喫茶《きっさ》を営んでいたBさん（女性、仮名《かめい》）は

昔の経験から接客から皿洗いなどチャキチャキと働けますが

サラリーマンだったCさん（男性、仮名《かめい》）は家事をあまりしてこなかったのか

少し苦手ですが、箸袋《はしぶくろ》に箸《はし》を入れたり作業的なことはとても得意です

水を出したりすることは忘れちゃうけど、注文をとることは忘れません

若干《じゃっかん》の人見知りで、積極的には話しませんがとてもユニークな人です

逆にAさん（男性、仮名《かめい》）は、積極的に若い女の子をめがけて話に行き、その席から離《はな》れない積極性がありますが、注文をとるのがちょっと苦手です

お客さんには、エプロンのポッケに入ってる注文表をもつけてもらい書いてもらえると助かります

Dさん（女性、仮名《かめい》）は、皿洗いさせたら食洗機より早く丁寧《ていねい》に洗います

長年やって来たんだなあってことが分かる

一番見てて面白《おもしろ》いのは、13時くらいになると僕《ぼく》の顔と時計を交互《こうご》に見る時が来て。あえて『どうしたの？』って聞くと

『お腹《なか》がペコペコ』です！って笑顔《えがお》でいうから

（中略）

特別な何かをするわけでなくて

その人を知り、その人が一番本領発揮できる場面にいれるようにする。

あとは、僕《ぼく》は麺《めん》を茹《ゆ》でるだけ

（「kaigoブログ」二〇二〇年三月十三日、原文のまま）

市川さんは、東海テレビの取材の中で、「介護《かいご》をしないのが本当の介護《かいご》だと思って」いると述べ、自分はできるだけ厨房《ちゅうぼう》から出ず、「後はお客さんに手伝ってもらえれば、それでいいのかなと思っている」と語っています。

市川さんのケアは、「統御《とうぎょ》」ではなく「沿うこと」に主眼が置かれています。それぞれの人が持っている能力を引き出し、主体性が＊喚《かん》起《き》されることが目指されています。

論文を書いた蔭久さんは、認知症《にんちしょう》のホールスタッフの人たちが、自分の仕事に誇《ほこ》りを持ち、店を支える一員としての＊矜持《きょうじ》を持っていることに注目します。そして、その姿勢が、間違《まちが》いに寛容《かんよう》な店内のあり方を＊醸成《じょうせい》していると論じています。

認知症《にんちしょう》と診断《しんだん》されると、周りの人や介護《かいご》従事者は、認知症《にんちしょう》の人たちに「何もしないこと」を強要してしまいがちです。仕事をすることから遠ざけ、掃除《そうじ》や洗濯《せんたく》、食事など日常生活にかかわることも、何でもやってあげる。それが「ケア」だと思われてきた側面があります。これに対して「ちばる食堂」では、間違《まちが》いに寛容《かんよう》な社会を形成することで、認知症《にんちしょう》の人たちも尊厳を持って働くことができる環境《かんきょう》を整えようとしています。そのことで、当事者が持っているポテンシャル（潜《せん》

す。もらった側が、十分な返礼ができないでいると、両者の間には「負債《ふさい》感」に基《もと》づく優劣《ゆうれつ》関係が生じ、徐々《じょじょ》に上下関係ができていきます。これが「ギフト」の「毒」です。

この「毒」は、溜《た》まれば溜《た》まるほど、相手を支配し、コントロールする道具になっていきます。「贈与《ぞうよ》」や「利他」の中には、支配という「毒」が含《ふく》まれていることがあり、これが「利他」と「利己」のメビウスの輪となっています。自分の思い通りに相手をコントロールしようとする「ギフト」は、「利他」の仮面をかぶった「利己」ですよね。

このような「支配」や「*統御《とうぎょ》」の問題は、利他と深くかかわるケアの場面で先鋭化《せんえいか》するように思います。

例えば、認知症患者《にんちしょうかんじゃ》のケアについて、考えてみたいと思います。認知症《にんちしょう》の人たちは判断力や記憶力《きおくりょく》の低下から、時に思いもしない行動を起こすことがあります。事故の危険性につながる行動があったり、徘徊《はいかい》をして帰ってくることができなくなったりするケースがあります。

そんな場合、時に「身体拘束《こうそく》」が行われます。ひもや抑制帯《よくせいたい》、ミトンなどの道具を使用してベッドに縛《しば》ったり、向精神薬を飲ませて動けなくしたりすることがあります。また、徘徊《はいかい》防止のために、部屋から出ようとするとブザーがなるというようなケースも「身体拘束《こうそく》」と見なされることがあります。

二〇〇〇年四月に施行《しこう》された介護《かいご》保険法では、介護施設《かいごしせつ》での身体拘《こう》束《そく》は原則禁止とされています。しかし、拘束《こうそく》をしなければ本人の安全が守れないと判断された場合には、必要最低限の身体拘束《こうそく》が認められています。「切迫性《せっぱくせい》」「非代替性《ひだいたいせい》」「一時性」の三点が要件とされていますが、基準は明確なものではなく、施設《しせつ》運営の効率化という側面から、身体拘束《こうそく》が採用されているケースがあります。

これはケアの中に「統御《とうぎょ》」が介在《かいざい》するもので、認知症患者《にんちしょうかんじゃ》にとっては、「支配されている」「服従させられている」という感覚になり、症状《しょうじょう》の悪化を引き起こす可能性があります。もちろん施設《しせつ》の事情もあり、苦渋《くじゅう》の決断という側面もあると思いますが、人間の尊厳を損《そこ》ねてしまうことは否《いな》めません。

一方、異なる*アプローチで認知症《にんちしょう》の人たちのケアを実践《じっせん》している人たちがいます。私が注目しているのは「注文をまちがえる料理店」という活動を行っている人たちです。これは認知症《にんちしょう》の人たちが*ホールスタッフを務める期間限定のレストランで、注文していない料理が出てきても、客側がそれを受け入れることで成り立っています。認知《にんち》症《しょう》の人たちは、労働による賃金を得ることができ、客側は間違《まちが》いに寛《かん》容《よう》であることの大切さを学びます。

私の研究室の卒業生に、蔭久孝統さんという人がいます。彼《かれ》は修士論文で「注文をまちがえる料理店」に注目し、「認知症《にんちしょう》ケアと社会的包摂《ほうせつ》――注文をまちがえる料理店の事例から――」という論文を書きました。この論文が素晴《すば》らしいので、少しご紹介《しょうかい》したいと思います。

蔭久さんは、「注文をまちがえる料理店」の*コンセプトを一部取り入れて運営されている「ちばる食堂」（愛知県岡崎市）に注目します。ここは常設の飲食店として、認知症《にんちしょう》と診断《しんだん》された高齢者《こうれいしゃ》と雇用《こよう》関係を結んでおり、調査時には男女各二名の計四名がホールスタッフとして勤務していました。

ホールを任された認知症《にんちしょう》の人たちは、あくまでも注文を間違《まちが》えないように仕事をします。「ちばる食堂」は、福祉《ふくし》目的で運営されている食堂ではなく、ごく一般的《いっぱんてき》な沖縄《おきなわ》料理店として運営されています。そのため、客の多くは入店するまで、この店の特徴《とくちょう》を知りません。お店のメニューに書いてある注意書きと働いている人の姿を見て、そのいと思っているものを、頭木《かしらぎ》さんにも共有してほしい」という思いがあり、それを拒絶《きょぜつ》されると、「何とかおいしいと言わせたい」という支配欲が加速していきました。相手に共感を求める行為《こうい》は、思ったような反応が得られない場合、自分の思いに服従させたいという欲望へと容易に転化することがあります。これが「利他」の中に含《ふく》まれる「コントロール」や「支配」の欲望です。

ここでとても参考になる古典があります。マルセル・モースが一九二五年に出版した『贈与論《ぞうよろん》』です。

モースは古今東西、様々な贈与《ぞうよ》体系・慣習を比較《ひかく》することで、その価値を再評価したのですが、『贈与論《ぞうよろん》』は手放しの「贈与礼賛論《ぞうよらいさんろん》」ではありません。むしろ、贈与《ぞうよ》の持っている危険な側面も、同時に追究している点が重要です。

モースは、『贈与論《ぞうよろん》』出版の前年に「ギフト、ギフト」という論文を書いています。彼《かれ》は冒頭《ぼうとう》で次のように述べます。

> さまざまなゲルマン語系の言語で、ギフト(gift)という一つの単語が「贈《おく》り物《もの》」という意味と「毒」という意味と、二つの意味を分《ぶん》岐《き》してもつようになった。

ん？　何気ない一文ですが、とても物騒《ぶっそう》なことが書かれていますよね。「ギフト」という単語には二つの意味があり、一つは「贈《おく》り物《もの》」、そしてもう一つは「毒」だと述べられています。

「贈《おく》り物《もの》」は、一般的《いっぱんてき》に相手に対する好意に基《もと》づいて行われると思われています。実際、私たちも、誰《だれ》かに「贈《おく》り物《もの》」をする際には、「喜んでくれるかな」とか、「めでたいのでお祝いをしたい」とか、思いますよね。

しかし、この「贈《おく》り物《もの》」の中には、時に「毒」が含《ふく》まれていると、モースは指摘《してき》します。一体、どういうことでしょうか？

私たちは「贈《おく》り物《もの》」をもらったとき、どういう気持ちになるでしょうか。まずは、「うれしい」という感情が湧《わ》き上《あ》がり、相手に対する感謝の念が湧《わ》き起《お》こると思います。心から「ありがとう」と思い、涙《なみだ》が流れることもあります。

しかし、少し時間が経《た》つと別の感情が湧《わ》いてくることになります。

――「とてもいいものをもらったのだから、お返しをしないといけない」。

今度は自分があげる番だ。もらったものに匹敵《ひってき》するものを「返礼」として渡《わた》さないといけない。そんな思いに駆《か》られるのではないでしょうか。

これは結構なプレッシャーです。

今はインターネットという便利なものがあり、もらったものの価値や値段が、検索《けんさく》すればすぐにわかってしまいます。

例えば、もらったものが、一万円で売られているものだとわかったとしましょう。この瞬間《しゅんかん》、二つの引《ひ》き裂《さ》かれた感情が湧《わ》き上《あ》がるのではないでしょうか。それは「えっ！　そんなに高価なものをくれたんだ」といううれしさと、「そんな高価なものをもらったんだから、自分も高価なものを返さなくてはいけない」というプレッシャーです。この両方が同時に押《お》し寄《よ》せてくるだろうと思います。

もし、自分に金銭的余裕《よゆう》がなく、十分なお返しができない場合、プレッシャーはさらに大きなものになります。そして、実際にお返しを渡《わた》すことができないでいると、自分の中で「負い目」が増大していきます。本当はプレゼントとしてもらったのに、なぜかそれが「負債《ふさい》」のような感覚になり、心の錘《おもり》になっていったりします。

ここで、この両者の間に何が起きているのでしょうか？

それは与《あた》えた側がもらった側に対して「優位に立つ」という現象で

「利他」と「利己」の複雑な関係を認識《にんしき》すると、途端《とたん》に「利他」とは何かが、わからなくなってきます。

「利他」の問題を考える際、私がとても重要だと考えている一冊があります。頭木《かしらぎ》弘樹《ひろき》さんの『食べることと出すこと』です。

頭木《かしらぎ》さんは、二十歳のときに潰瘍性大腸炎《かいようせいだいちょうえん》を患《わずら》い、五十代になった今も、病気と付き合いながら生活しています。そのため、何でも食べられるわけではなく、「これを食べると激しい腹痛や下痢《げり》になる」というものがあります。

あるとき、頭木《かしらぎ》さんは仕事の打ち合わせで、食事をすることになりました。指定の店に行くと、すでにお勧《すす》めの料理が注文されており、頭木《かしらぎ》さんが選ぶことができない状態でした。注文された料理が出てくると、それは食べることができないものでした。

相手は「これおいしいですよ」と、頭木《かしらぎ》さんに勧《すす》めます。ちなみに、その人は頭木《かしらぎ》さんが難病を抱《かか》えており、食べることができないものがあることを知っています。頭木《かしらぎ》さんは「すみません。これはちょっと無理でして」と答え、食べられないものであることを伝えました。

相手は「ああそうですか。それは残念です」と答え、その場はいったん収まったものの、しばらくすると、また同じものを勧《すす》めてきました。「少しくらいなら大丈夫《だいじょうぶ》なんじゃないですか」と言って、食べることを促《うなが》します。難病を抱《かか》える頭木《かしらぎ》さんにとって、その料理を口にすることは、いくら「少しくらい」であっても、大変な不調をきたすことにつながり、どうしてもできません。そのため、手を付けないままにしていると、周りの人まで「これ、おいしいですよ」とか「ちょっとだけ食べておけばいいじゃないですか」とか言いながら、同調圧力を強めてきます。その場は、気まずい雰囲気《ふんいき》になり、結局、その相手からは仕事の依頼《いらい》はなくなったと言います。

この相手の行為《こうい》は、「利他」と「利己」の問題を考える際、重要な問題を含《ふく》んでいます。

確かに相手は、頭木《かしらぎ》さんに「おいしいものを食べさせたい」という利他的な思いがあったのでしょう。だから、自分で店を予約し、お勧《すす》めの料理を前もって注文するという手間のかかることを行ったわけです。

ただし、いくら他者のことを思って行ったことでも、その受け手にとって「ありがたくないこと」だったり、「迷惑《めいわく》なこと」だったりすることは、十分ありえます。実際、頭木《かしらぎ》さんにとって、食べられないものを食べるように勧《すす》められることは、迷惑《めいわく》どころか、場合によっては命の危険にさらされる危険な行為《こうい》です。当然、受け入れることはできません。

しかし、相手の「お勧《すす》め」を断ると、場が気まずくなります。そして、自分の思いが受け入れられなかった相手は気分を害し、徐々《じょじょ》に「利他」の中に潜《ひそ》んでいた「利己」を前衛化させていきます。頭木《かしらぎ》さんの病気を熟知している上、「食べられないものだ」ということを知らされても、時間が経《た》つと「少しぐらい大丈夫《だいじょうぶ》なんじゃないですか」と言って、自己の行為《こうい》を押《お》し付《つ》けようとします。こうなると、「この料理を食べさせてあげたい」という「利他」が、「自分の思いを受け入れないなんて気に入らない」「何とかおいしいと言わせたい」という「利己」に覆《おお》いつくされ、頭木《かしらぎ》さんに襲《おそ》いかかってきます。利他的押《お》し付《つ》けは、頭木《かしらぎ》さんにとっては恐怖《きょうふ》でしかありません。

この＊エピソードは、利他を考える際、大切なポイントをいくつも含《ふく》んでいます。

まず考えなければならないのは、「支配」という問題です。「利他」行為《こうい》の中には、多くの場合、相手をコントロールしたいという欲望が含《ふく》まれています。頭木《かしらぎ》さんに料理を勧《すす》めた人の場合、「自分がおいし

2023年度 武蔵中学校

【国　語】（五〇分）〈満点：一〇〇点〉

一　次の文章を読んであとの質問に答えなさい。

「利他」の反対語は「利己」とされています。「あの人は利己的だ」というと、自分のことばかり考えて、他者のことは顧《かえり》みない人を批判する言葉ですよね。これに対して、「あの人は利他的だ」というと、自分の利益を放棄《ほうき》して、他者のために尽《つ》くす人を称賛《しょうさん》する言葉になります。なので「利他」の反対語は「利己」。そう認識《にんしき》されています。

確かに、表面的には「利他」と「利己」は対立しているように見えます。両者は真逆の観念で、一方は称賛《しょうさん》され、一方は非難されます。

しかし、どうでしょうか。

例えば、ある人が「評価を得たい」「名誉《めいよ》を得たい」と考えて、利他的なことを行っていたとすると、その行為《こうい》は純粋《じゅんすい》に「利他的」と言えるでしょうか？　行為《こうい》自体は「①的」だけれども、動機づけが「②的」な場合、私たちはどのような思いを抱《いだ》くでしょうか？

おそらく、そのような行為《こうい》は、③的だと見なされるでしょう。一見すると、④的なことを行っているのですが、端々《はしばし》に「いい人だと思われたい」「称賛《しょうさん》を得たい」というような下心《したごころ》が見《み》え隠《かく》れしていると、やはりその人は「⑤的な人」と見なされるのではないでしょうか。「あの人、褒《ほ》められたいからやってるだけだよね」と思うと、途端《とたん》に「利他的な行為《こうい》」がうさん臭《くさ》く見えますよね。その行為《こうい》を「利他的で素晴《すば》らしい」と手放しで＊礼賛《らいさん》する気にはならないでしょう。

近年、大手企業《きぎょう》は「社会的貢献《こうけん》」を重視し、様々な取り組みを行っています。例えばＳＤＧｓ《エスディージーズ》という言葉を、最近よく目にします。これは「持続可能な開発目標(Sustainable Development Goals)」のことで、貧困、紛争《ふんそう》、気候変動、感染症《かんせんしょう》のような地球規模の課題に対して、二〇三〇年までに達成すべき目標が設定されています。企業《きぎょう》はこのＳＤＧｓ《エスディージーズ》に＊コミットしていることを強調し、自社の取り組みをアピールしています。

どうでしょう？

この取り組みを見ていて、「なんと利他的で素晴《すば》らしい企業《きぎょう》なんだろう」と心を動かされるでしょうか。もちろんほとんどの取り組みは素晴《すば》らしい事業で、実際、大きな貢献《こうけん》を果たしていると思います。ＳＤＧｓにかかわり、行動を起こすことはとても大切なことです。

しかし、どこかで「何かうさん臭《くさ》いな」という気持ちを持ってしまうことはないでしょうか。結局のところ、企業《きぎょう》のイメージアップのために「社会的貢献《こうけん》」を行っているだけで、それって企業《きぎょう》の利潤《りじゅん》追求の一環《いっかん》だよね、という冷めた見方を、私たちはどこか心の片隅《かたすみ》に持っていないでしょうか。

正直なことを言うと、私はそう思ってしまいます。特に「社会的貢献《こうけん》」の成果を、ＣＭや広告でことさら強調されると、どうしても企業《きぎょう》の「利己性」を感じてしまいます。

――「利他」と「利己」。

この両者は、反対語というよりも、どうも＊メビウスの輪のようにつながっているもののようです。

利他的なことを行っていても、動機づけが利己的であれば、「利己的」と見なされますし、逆に自分のために行っていたことが、自然と相手をケアすることにつながっていれば、それは「利他的」と見なされます。

2023年度

武蔵中学校　▶解説と解答

算数　(50分)　<満点：100点>

解答

1 (1) *A*…7，*B*…17，和…2149　(2) 36通り／48通り　2 420人　3 (1) 7.5 cm　(2) 24.3cm^2　4 (1) 3，5，6，7　(2) (Ⅰ) ㋑，㋓　(Ⅱ) (あ)…2，4／(い)…4，8

解説

1 整数の性質，計算のくふう，場合の数

```
 7 ) 2023
17 )  289
       17
```

(1) 右の計算から，2023を素数の積で表すと，2023＝7×17×17となることがわかる。よって，*A*＝7，*B*＝17になる。また，2023の約数は，1，7，17，7×17，17×17，7×17×17の6個ある。このうち7の倍数である数は＿の3個であり，これらの和は，7＋7×17＋7×17×17＝7×(1＋17＋289)＝7×307＝2149と求められる。

(2) はじめに，2組の3人兄弟のとき，それぞれの兄弟を，{A1，A2，A3}，{B1，B2，B3}と表すことにする。A1とB1が同じ部屋に泊《と》まる場合，残りの4人の組み合わせは，(A2とB2，A3とB3)か，(A2とB3，A3とB2)の2通りがある。A1とB2が同じ部屋に泊まる場合と，A1とB3が同じ部屋に泊まる場合も2通りずつあるから，3つの部屋に泊まる2人ずつの組み合わせは，2×3＝6(通り)とわかる。さらに，3つの部屋(松，竹，梅)の分け方が，3×2×1＝6(通り)ずつあるので，全部で，6×6＝36(通り)と求められる。次に，3組の2人兄弟のとき，それぞれの兄弟を，{A1，A2}，{B1，B2}，{C1，C2}と表すことにする。A1とB1が同じ部屋に泊まる場合，残りの4人の組み合わせは，(A2とC1，B2とC2)か，(A2とC2，B2とC1)の2通りがある。A1がB2，C1，C2と同じ部屋に泊まる場合も2通りずつあるから，3つの部屋に泊まる2人ずつの組み合わせは，2×4＝8(通り)とわかる。さらに，3つの部屋の分け方が6通りずつあるので，全部で，8×6＝48(通り)と求められる。

2 つるかめ算

最初に並んでいた人数は1240人であり，12時から12時50分までの50分間で並んだ人数は，30×50＝1500(人)だから，50分間に全部で，1240＋1500＝2740(人)の受け付けをしたことになる。はじめは，前売券については1か所あたり毎分8人の割合で4か所で受け付け，当日券については1か所あたり毎分2人の割合で6か所で受け付けをしたので，1分間に受け付けをした人数は，8×4＋2×6＝44(人)とわかる。また，途《と》中《ちゅう》からは，前売券だけを1か所あたり毎分8人の割合で10か所で受け付けをしたから，1分間に受け付けをした人数は，8×10＝80(人)となる。よって，右のようにまとめることができる。50分間すべて㋑だとすると，80×50＝4000(人)が入場することになるので，実際よりも，4000－2740＝1260(人)多くなる。㋑と㋐を1分間ずつ交《こう》

㋐　はじめ毎分44人　}合わせて
㋑　途中から毎分80人　}50分間で2740人

換《かん》すると，入場する人の数は，80－44＝36(人)少なくなるから，㋐の時間は，1260÷36＝35(分間)と求められる。また，当日券は1分間に，2×6＝12(人)の割合で受け付けをしたので，当日券で入場した人の数は，12×35＝420(人)である。

3 平面図形―相似，面積

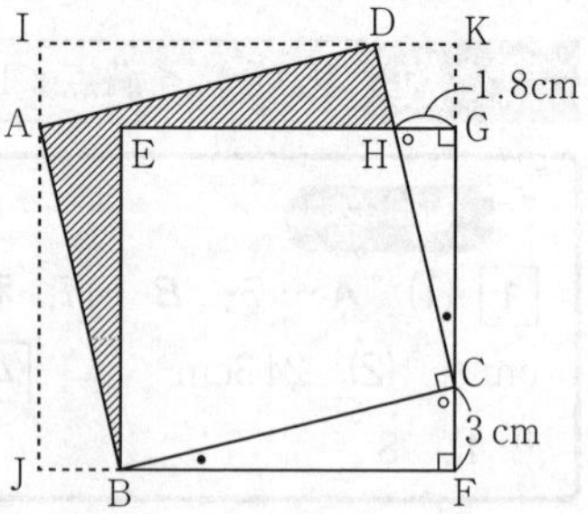

(1) 右の図のように，角CBFの大きさを●，角FCBの大きさを○とすると，●＋○＝90度だから，角HCGの大きさは●，角GHCの大きさは○になる。よって，三角形BFCと三角形CGHは相似であり，相似比は，FC：GH＝3：1.8＝5：3なので，BF：CG＝5：3になる。また，BFとFGの長さは等しいから，FC：CG＝(5－3)：3＝2：3となり，CG＝$3\times\frac{3}{2}$＝4.5(cm)と求められる。したがって，FG＝BF＝3＋4.5＝7.5(cm)である。

(2) 図のように，正方形ABCDのまわりを三角形BFCと合同な三角形で囲み，正方形IJFKを作る。すると，正方形IJFKは，1辺の長さが，3＋7.5＝10.5(cm)なので，面積は，10.5×10.5＝110.25(cm^2)とわかる。また，三角形BFCの面積は，7.5×3÷2＝11.25(cm^2)だから，正方形ABCDの面積は，110.25－11.25×4＝65.25(cm^2)と求められる。さらに，正方形EBFGの面積は，7.5×7.5＝56.25(cm^2)であり，三角形CGHの面積は，4.5×1.8÷2＝4.05(cm^2)なので，四角形EBCHの面積は，56.25－(11.25＋4.05)＝40.95(cm^2)とわかる。よって，斜線《しゃせん》部分の面積は，65.25－40.95＝24.3(cm^2)である。

4 条件の整理

(1) (□，△)のように表すことにする。△が1，2，4のときは右の図1のようになる。すると，2回目以降は1回目と同じことがくり返されるから，条件に合わない。次に，△が3の場合について考える。このとき，キッカーは8人ごとにもとに戻《もど》り，キーパーは，3×2＝6(人)ごとにもとに戻る。また，8と6の最小公倍数は24なので，上の図2のように，合計24人が蹴《け》ったときに最初の状態に戻ることになる。よって，△が3のときは条件に合う。同様に考えると，△が5(合計40人)の場合と△が7(合計56人)の場合も条件に合うことがわかる。また，△が6のとき，キーパーは，6×2＝12(人)ごとにもとに戻り，8と12の最小公倍数は24だから，上の図3の

図1　(8，1)

	①	②	③	④	⑤	⑥	⑦	⑧
1回目	A	B	A	B	A	B	A	B

(8，2)

	①	②	③	④	⑤	⑥	⑦	⑧
1回目	A	A	B	B	A	A	B	B

(8，4)

	①	②	③	④	⑤	⑥	⑦	⑧
1回目	A	A	A	A	B	B	B	B

図2　(8，3)

	①	②	③	④	⑤	⑥	⑦	⑧
1回目	A	A	A	B	B	B	A	A
2回目	A	B	B	B	A	A	A	B
3回目	B	B	A	A	A	B	B	B

図3　(8，6)

	①	②	③	④	⑤	⑥	⑦	⑧
1回目	A	A	A	A	A	A	B	B
2回目	B	B	B	B	A	A	A	A
3回目	A	A	B	B	B	B	B	B

図4　㋐(3，1)

	①	②	③
1回目	A	B	A
2回目	B	A	B

図5　㋑(4，1)

	①	②	③	④
1回目	A	B	A	B

図6　㋒(7，2)

	①	②	③	④	⑤	⑥	⑦
1回目	A	A	B	B	A	A	B
2回目	B	A	A	B	B	A	A
3回目	B	B	A	A	B	B	A
4回目	A	B	B	A	A	B	B

図7　㋓(8，3)

	①	②	③	④	⑤	⑥	⑦	⑧
1回目	A	A	A	B	B	B	A	A
2回目	A	B	B	B	A	A	A	B
3回目	B	B	A	A	A	B	B	B

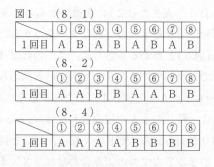

ように，やはり合計24人が蹴ったときに最初の状態に戻る。この場合も条件に合うので，あてはまる△は｛3，5，6，7｝である。

(2) (Ⅰ) (1)から，□と(△×2)の最小公倍数にあたる人が蹴ったときに，最初の状態に戻ることがわかる。これを周期と考えると，それぞれの場合の周期は上の図4～図7のようになる。図4と図6はすべてのキッカーのAとBの回数が同じになるが，図5と図7は周期の中の回数が奇数《きすう》回だから，AとBの回数は異なる。よって，練習が終わらないのは㋑と㋓である。 (Ⅱ) (あ) それぞれの場合の周期は下の図8のようになるので，練習が終わるのは△が2，4のときとわかる。 (い) △の2倍が12の約数の場合，つまり△が｛1，2，3，6｝の場合は図1と同じようになるから，2回目以降は1回目と同じキーパーになり，条件に合わない。次に，2以上で△と12が互《たが》いに素になる場合，つまり△が｛5，7，11｝の場合について考える。△が5のとき，5×2＝10と12の最小公倍数は60なので，周期が終わるのは，60÷12＝5(回目)である。同様に，△が7のとき，7×2＝14と12の最小公倍数は84だから，周期が終わるのは，84÷12＝7(回目)となり，△が11のとき，11×2＝22と12の最小公倍数は132なので，周期が終わるのは，132÷12＝11(回目)となる。これらの回数はいずれも奇数だから，AとBの回数が同じになることはない。よって，この場合も条件に合わない。最後に，残りの場合，つまり△が｛4，8，9，10｝の場合について考える。ここで，たとえば図1の(8，2)について，キッカーの数を半分に減らし，キーパーが連続して行う回数も半分に減らすと，図5の(4，1)のようになり，周期の中の回数は同じになる。同様に考えると，(12，4)は(3，1)，(12，8)は(3，2)，(12，9)は(4，3)，(12，10)は(6，5)とそれぞれ同じになることがわかる。(3，1)は図4から条件に合うことがわかり，(6，5)は図8から条件に合わないことがわかる。また，(4，3)は問題文から条件に合わないことがわかる。残りの(3，2)は下の図9から条件に合うことがわかるので，△にあてはまる数は4，8である。

図8 (6，1)

	①	②	③	④	⑤	⑥
1回目	A	B	A	B	A	B

(6，2)

	①	②	③	④	⑤	⑥
1回目	A	A	B	B	A	A
2回目	B	B	A	A	B	B

(6，3)

	①	②	③	④	⑤	⑥
1回目	A	A	A	B	B	B

(6，4)

	①	②	③	④	⑤	⑥
1回目	A	A	A	A	B	B
2回目	B	B	A	A	A	A
3回目	B	B	B	B	A	A
4回目	A	A	B	B	B	B

(6，5)

	①	②	③	④	⑤	⑥
1回目	A	A	A	A	A	B
2回目	B	B	B	B	A	A
3回目	A	A	A	B	B	B
4回目	B	B	A	A	A	A
5回目	A	B	B	B	B	B

図9 (3，2)

	①	②	③
1回目	A	A	B
2回目	B	A	A
3回目	B	B	A
4回目	A	B	B

社 会 (40分) ＜満点：60点＞

解 答

問1 大阪(大坂)，京都 **問2** (例) 東京湾沿岸に近い場所では，井戸を掘っても塩分が強い水が出るため，井戸水が利用しづらい。また，玉川上水などの上水の水を東へ送ろうとしても，隅田川にはばまれてその東側まで届けられないため，利用できなかった。 **問3** 感染症(伝染病) **問4** (あ) (例) 江戸の町から出る排泄物は専門の業者によって買い取られたあと，近郊の農村に運ばれ，農家に販売される。農家はそれらを肥料として利用し，生産された農産物は江戸の町で消費される。 (い) 化学肥料 **問5** (例) それまで小麦のように主食となる作物をつくってきた農家が，都市部の人口が増加して野菜などの需要が高まったことで，近郊農業に力を入れるようになったため。 **問6** (例) 永井荷風は，東京を流れる川が，大雨のさいに氾濫することを問題として指摘した。同じように近年，都市部では，ゲリラ豪雨とよばれる局地的な大雨によって川が氾濫することが問題となっている。アスファルトやコンクリートにおおわれ，地面が雨水を吸収しない都市部でゲリラ豪雨が発生すると，そこを流れる川に一気に雨水が流れこみ，川が氾濫する。 **問7** (例) 人口の増加に伴ってごみの量も増えるので，収集にかかる費用や手間，処理施設の建設や維持にかかる費用や手間などが，地方自治体の経済的・社会的負担としてのしかかることになる。特に，都市部の場合は処理施設の建設が容易ではなく，ほかの地方自治体などに処理をたのまないといけないこともあるので，そのための協議や費用の負担も必要となる。

解説

江戸と東京の上下水道を題材とした総合問題

問1 江戸時代には，各地に城下町や宿場町など多くの都市が発達した。特に，将軍の暮らす江戸城の城下町として発展し，武士だけでなく多くの商人や職人らが集まった江戸，商業の中心地となって「天下の台所」とよばれた大阪(大坂)，天皇や多くの公家とともに，手工業の職人が集まっていた京都は，合わせて三都とよばれ，大いに栄えた。

問2 資料の図から，江戸の町に上水を提供していた玉川上水が，土地の高低差を利用して水を送っていたことがわかる。仮にこれを上野や江戸城のさらに東へのばそうとしても，隅田《すみだ》川にぶつかるため，その東側の本所《ほんじょ》や深川に水を届けることはできない。また，この地域は下流に位置するため，川の水をくんでも，そのままでは使えないほど水が汚れていたり，あるいは海の影響《えいきょう》で塩分が強かったりすることも考えられる。さらに，東京湾(江戸湾)の沿岸に位置する深川は，海だったところを埋《う》め立ててつくられた地域で，こうした場所で井戸を掘《ほ》っても，一般的に，塩分の強い，飲用に適さない水しか得られない。こうしたことから，本所や深川など隅田川の東側の地域ではよい水が得られず，「水売り」がまわっていたのである。

問3 「きれいでない飲用水が原因とされる健康被害」で，「当時の世界各地で発生し日本にもおよんできたもの」とあることから，水を介《かい》して人に移る病気，つまり感染症《しょう》(伝染病)と判断できる。感染症とは細菌《さいきん》やウイルスなどの病原体への感染により生じる病気のことで，病原体となるウイルスや細菌などが体内に侵入《しんにゅう》し，増殖することで発病する。感染症のうち，ひとや動物からほかのひとや動物へと病気が移るものは特に伝染病とよばれ，赤痢《せきり》やコレラ，ペスト，結核，マラリアなどがよく知られる。江戸時代末期に開国されて外国人との交流が始まると，日本でもたびたびコレラが流行するようになった。コレラは，コレラ菌に汚染された飲食物を口にすることで移る伝染病で，衛生的な上水道が整備されていない環境で発生しやすい。

問4 (あ) 江戸時代の農村では，草木灰《そうもくばい》や油かすなどとともに，下肥《しもごえ》とよばれる人間の排泄《はいせつ》物を発酵《はっこう》させたものが肥料として使われていた。大都市である江戸の町から出る排泄物は専門の業者によって買い取られ，利根川などの水運を利用して近郊の農村に運ばれたのち，肥料として売られた。そして，農家はそうした肥料を用いて野菜などをつくり，江戸の町に出荷していた。このように，排泄物が肥料として利用され，生産された農産物が消費されるという形で，江戸と近郊の農村の間には，排泄物の処理と再利用の仕組みができあがっていたのである。　**(い)**　明治時代になって近代化が推進されると，日本に化学肥料が入ってきた。大正時代の1914年に第一次世界大戦が始まり，敵国となったドイツをふくむヨーロッパ諸国からの輸入がとだえると，日本では化学肥料の国産化に向けた研究・開発が進められた。化学肥料は下肥に比べてあつかいがやさしく，生産性の向上が期待できたことなどから，下肥の代替《だいたい》品として普及《ふきゅう》し，一方で使い道のなくなった排泄物が余るという結果をもたらした。

問5　麦がつくられていた畑でタケノコや野菜がつくられるようになったということは，主食となりえるものをつくるのではなく，売ってお金にするものをつくることに農業が移行したことを表している。この原因について，徳冨蘆花《とくとみろか》は「東京がだいぶ攻め寄《せ》せて来た」「東京の200万の人口の影響が村に及《およ》ぶ」と表現している。こうしたことから，東京の人口が増大していくにつれ，千歳《ちとせ》村のような近郊の農村では，自分たちで消費する作物をつくるだけではなく，東京に住む人々のために野菜などをつくる近郊農業を行うようになっていったのだと推測できる。この変化を，徳冨蘆花は「むかしの純農村は都会附属の菜園になりつつある」と表している。

問6　永井荷風《かふう》は，東京を流れる溝川《どぶがわ》(小さな水流)が下水となってしまい，大雨の度にこれらが氾濫《はんらん》することを問題として指摘《してき》している。本文にあるように，第二次世界大戦後には下水道が整備されていったたため，そうした水害は減少したと考えられる。しかし近年，大雨のさい，都市部を流れる川が氾濫したり，下水道の蓋《ふた》であるマンホールが飛ばされ，水がふき出すような現象が起こったりすることがある。これらは多くの場合，一般に「ゲリラ豪雨」とよばれる，突発《とっぱつ》的に降る局地的な大雨によって引き起こされる。都市部でゲリラ豪雨が発生すると，アスファルトやコンクリートでおおわれた地面は水を吸収しないため，降った雨水が短時間で川や下水道に流れこむ。こうして流量の限界を超《こ》えた川は氾濫し，下水道は水でいっぱいになって中の空気がマンホールをふき飛ばすといったようなことが起こる。こうした水害は特に「都市型水害」とよばれ，2000年代以降，各地で被害が出るようになった。

問7　日本では，1950年代後半から1970年代前半にかけての高度経済成長期に，都市部へ人口が集中し，都市問題が発生した。このときは，交通渋滞《じゅうたい》や交通事故の増加，住宅の不足と地価の上昇，生活環境《かんきょう》の悪化などが問題となった。本文にあるような生活環境の点では，ごみの処理がその一例としてあげられる。人口が増えればそのぶん，ごみの処理施設を多くつくる必要性が生じる。都市部の場合，そうした施設をつくる土地の余裕がないこともあり，その場合はほかの地方自治体に運んで処理してもらわなければならない。こうしたことから，大きな経済的・社会的負担が発生するといえる。このほかにも，医療《いりょう》や保育，教育など，人が生活していくうえで必要なものは，人口が増えればそのぶん必要になるので，そうしたものの例をあげればよいだろう。

理 科 （40分）＜満点：60点＞

解 答

1 **問1** オ　**問2** オ　**問3** オ，カ　**問4** 2265m　**問5** （例） 東京は夜間でも光が多く，星の観察がしにくいこと。／東京では空気中のちりやほこり，水蒸気なども多いため，星の光が地表まで届きにくいこと。　**問6** （例） 太陽の光は太陽が自ら出した強い光だが，月の光は太陽光が反射した弱い光だから。　**問7** （例） 光は水に吸収されるため遠くまで届かず，また，観測する物体に反射した光はとても弱く，観測するのが難しいから。　**2** **問1** (1) C　(2) F　**問2** (1) イ　(2) （例） 食糧が不足するため，クマが人里に近づいたりするから。　**問3** (1) （例） 冬に向けていろいろな場所に食糧を蓄える行動。　(2) （例） 一定の周期で豊作と凶作を繰り返すことで，ネズミやリスの数を一定の状態に保ち，豊作の年に食べられずに土の中に残るドングリの数を多くすることができるから。　**3** **問1** （例） (1) 解説の図１を参照のこと。　(2) 解説の図２を参照のこと。　**問2** （例） **ゲートを押し込んでから戻る仕組み**…ゲートを押し込んで開くと，ゲートの細い金属は手前側と奥側がねじれた状態になり，そこにもとに戻ろうとする力がはたらくから。　**ゲートがしっかりと閉じていられる仕組み**…ゲートが閉じている状態のとき，ゲートの金属の手前側が環の外側に少し反るようになっていて，環の外側に向かって力がはたらいている。また，ゲートが開いた状態の方が元に戻ろうとする力が大きいため，ゲートを開くにはある程度の大きな力が必要となるから。

解 説

1 光や音の性質についての問題

問1 ア 光には同じ物質の中をまっすぐ進む性質がある。太陽光のうち，葉や枝でさえぎられなかった光はまっすぐ進み，木もれ日として見られる。　イ 大きな虫眼鏡《めがね》をつかうと，虫眼鏡を通過する光が多くなり，よりたくさんの光を集めることができる。　ウ 水槽《すいそう》を通過する光は，線香の煙《けむり》の粒《つぶ》にさえぎられたり，反射したりするので暗くなる。　エ 懐中《かいちゅう》電灯の光は広がりながら進み，光が当たる面積が大きくなる。このため，懐中電灯から離《はな》れると，同じ面積に当たる光の量が少なくなり，光が弱くなる。　オ ２枚の鏡ではね返した光を重ねると，１つの場所に当たる光の量が増えるので，１枚のときより明るくなる。

問2 海水中のプランクトンは，海水に溶《と》けた栄養分をとり入れて生活している。この栄養分は海底などに沈《しず》んでいたものが，海水の対流によって海底付近から海面付近まで運ばれてくることが多い。しかし，熱帯の海では海面付近の水温がつねに高いため，海水全体の対流が起こりにくく，海面付近への栄養分の供給が不足して，プランクトンがあまり増えない。

問3 ア，イ，エ 糸や空気のように，音を伝えるものがあれば直接見えていなくても音は伝わる。ただし，糸電話の糸をたるませると糸が振動《しんどう》しにくくなるので，相手の声は聞こえない。　ウ 光の速さは音より非常に速いため，遠くに見える花火は，広がってからしばらくして音が聞こえる。　オ 太鼓《たいこ》を強く打つと，音の高さは変わらないが大きさは大きくなる。　カ 鉄などの固体中でも音は伝わる。

問4　音波が３秒間に海水中を進んだ距離《きょり》と，クジラが３秒間に進んだ距離の和が，クジラが音波を発した地点と陸地との距離の２倍にあたる。よって，求める距離は，(1500×３＋10×３)÷２＝2265(m)である。

問5　マウナケア山頂と異なり，東京はほぼ海抜《かいばつ》０ｍくらいなので，星から届く光は地表に達するまでに，マウナケアより厚い大気中を進むことになる。光は大気を通過するときに，大気中の細かいちりや空気中の水蒸気(水)などに当たり，吸収されたり散らばったりして，地表に届くまでに弱くなってしまう。また，星空を観測するには周囲が暗い必要があるが，東京のような都会では夜も街灯などの光で明るいため，星空の観測には適さない。

問6　太陽は恒星《こうせい》とよばれる天体で，自分で強い光を出している。そのため，望遠鏡などで直接太陽を見ると目を痛めるので危険である。月は自分では光を出さず，月に当たった太陽の光が反射して地球に届いたものが見えているので，太陽の光に比べて非常に弱い光であり，直接見ることができる。

問7　問題文中に，太陽の光の大部分は海水で吸収されることが述べられている。また，問６で述べたように，物体に反射した光は非常に弱くなる。さらに，反射光が海面方向に戻《もど》ってくるとき，海中に散乱した光がじゃまをするので反射光を観測するのは難しい。したがって，これらのことをまとめて記述するとよい。

2　ドングリをつける樹木についての問題

問1　(1)　ドングリをつけるのはブナ科の樹木で，クヌギやシイ，カシ，ナラなどのなかまがあてはまる。クヌギは，球形に近い形のドングリをつける。　(2)　ツバキは常緑樹で，厚くつやのある濃《こ》い緑色の葉を一年中つける。

問2　(1)　ア　たとえば，2001年はブナの豊作指数が１以下なので凶《きょう》作だが，翌2002年は豊作(２以上)ではない。　イ　ブナの豊作指数が１以下の年をみると，クマの捕獲《ほかく》頭数が前年より増えていることが読み取れる。　ウ　たとえば，2002年は前年よりもブナの豊作指数は増えているがクマの捕獲頭数は減少している。　エ　2007年から2010年にかけて３年連続でクマの捕獲頭数は増えている。　オ　たとえば，2004年のクマの捕獲頭数は600頭を超《こ》えているが，前年のブナは豊作ではない。　(2)　ブナのドングリが凶作の年には，秋に実るドングリの数が大きく減り，クマにとっては冬越《ご》しのための食糧《しょくりょう》が不足することになる。そのため，食糧を求めて人里近くに出没《しゅつぼつ》するようになるクマなどの動物が増える。その分捕獲されるクマの頭数も多くなると考えられる。

問3　(1)　リスやネズミなどが秋にドングリを集めていろいろな場所に蓄《たくわ》えることで，種子を広く分布させることが可能になる。そして，食べられずに残ったドングリから発芽するものがでて，子孫を残すことができる。　(2)　豊作の年にリスやネズミの数が多いと，多くのドングリが食べられてしまい，ブナ科の植物は子孫を残すことができなくなってしまう。そのため，豊作の年にリスやネズミの数が多すぎない方がブナ科の植物にとって有利となる。そこで，一定の周期で凶作と豊作を繰《く》り返すことで，リスやネズミの数をある程度一定に保ち，豊作の年に多くのドングリが食べ残されるようにしていると考えられる。

3　カラビナのつくりと仕組みについての問題

問1　与《あた》えられた道具はカラビナとよばれるもので，登山などでロープを引っかけるのに利用されたりする道具である。 **(1)** 下の図１のように，ゲートが閉じている状態では，ゲートの細い金属の先端《せんたん》側は枠《わく》のくぼみに密着していて，金属の手前側がやや外側，奥《おく》側がやや内側に反っているようすを示すようにかく。 **(2)** ゲートを手で押《お》し込《こ》み，枠の反対側(下の図２の下側)につくようにすると，図２のように細い金属の手前側が奥側に比べてやや下(右)側にくるようになる。

図１

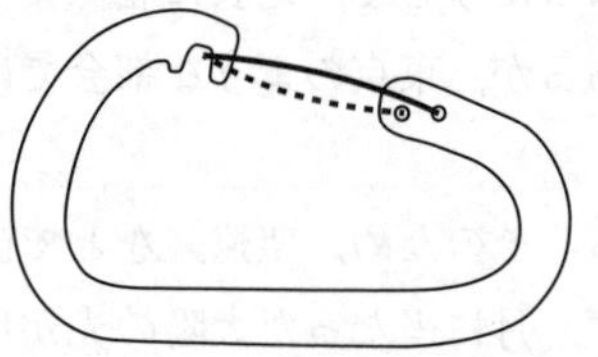

図２

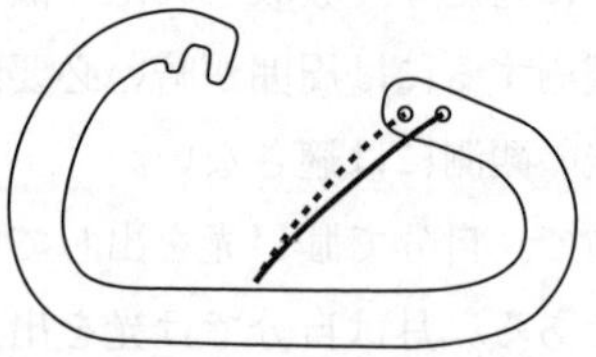

図３

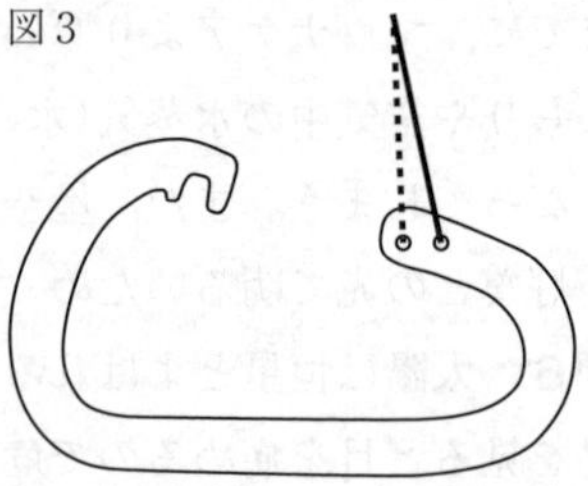

問２ ゲートの細い金属は，上の図３のように，その先端(環《わ》になっている部分)が土台に空いた２つの穴から等しくなるところまで戻《もど》ろうとする(実際はゲートの突起《とっき》があるので図３の位置までは動かない)。そのため，図２のようにゲートを押し込んだ状態では，ゲートの細い金属が大きく反って，もとに戻ろうとする力が大きくなる。同様に，図１のときでもゲートを閉じる方向に力がはたらいていて，ゲートが開いた状態(図２の状態)の方がもとに戻ろうとする力が大きいため，軽く押しただけではゲートは開かないようになっている。

国　語　(50分)＜満点：100点＞

解　答

一 **問１** ① 利他　② 利己　③ 利己　④ 利他　⑤ 利己　**問２** (例) 大手企業が行っている「社会的貢献」は，結局のところ，企業のイメージアップのために行っているだけで，企業の利潤追求の一環であり，実は「利己性」を感じてしまううさん臭いものだと思うということ。　**問３** (例) 潰瘍性大腸炎を患っている頭木さんにとって，たとえ最初は利他的な思いであったとしても，その思いを押しつけて，食べると激しい腹痛や下痢を起こす食べ物を食べるように勧めてくることは，命の危険にさらされる危険な行為をするように強要されるようなものだということ。　**問４** (例) 贈り物をもらうと，もらった側はもらったものに匹敵するものを「返礼」として渡さないといけないというプレッシャーを感じるばかりか，十分なお返しができない場合，自分の中で「負い目」が増大し，やがて与えた側に対して「負債感」に基づく優劣関係が生じ，与えた側がもらった側を「支配」するようになっていくということ。
問５ (例) 認知症の人に「何もしないこと」を強要するのではなく，その人を知り，その人が一番本領発揮できる場面に入ってもらうことで，それぞれの人が持っている能力を引き出し，主体性が喚起されるようにすることで，尊厳を持って生きることにつなげていこうとすること。
問６ (例) ある特定の行為が利他的になるか否かは，その行為が相手に受け取られたときに決まるのであって，いくら相手のことを思ってやったことでも，受け手にとってネガティブで感謝の対象とならない行為であれば，それは「利他」とはならないということ。　**二** 下記を参照のこと。

●漢字の書き取り

□二 ① 順延　② 風紀　③ 辞(さない)　④ 拝(む)　⑤ 郵送　⑥ 乳歯　⑦ 息災　⑧ 宝庫

解　説

□一 **出典は中島岳志《なかじまたけし》の『思いがけず利他』による。**「利他」と「利己」とは反対の関係ではなく，メビウスの輪のようにつながっているものであり，自分が利他だと思って行った行為《こうい》であっても，相手がネガティブに受け止めた行為であれば利他的な行為とはいえない，と述べられている。

問１　本文の最初の段落で，「利己的」とは「自分のことばかり考えて，他者のことは顧《かえり》みない」ようすをいい，「利他的」とは「自分の利益を放棄《ほうき》して，他者のために尽《つ》くす」ようすをいうと述べられている点をおさえる。　①，②　ある人が評価や名誉《めいよ》を求めてする「利他的」な行いだから，「行為自体」は「利他的」だが，「動機づけ」は「利己的」だといえる。　③〜⑤　続く部分で，「あの人，褒《ほ》められたいからやってるだけだよね」と思った「途端《とたん》に『利他的な行為』がうさん臭《くさ》く見え」，手放しで礼賛《らいさん》する気にはならない，と述べられている。つまり，それ自体は利他的だが，動機づけが利己的な行為は，一見「利他的」に見えても，下心のせいで「利己的」だとみなされ，結果的に「利己的」なものとなってしまうのだから，③には「利己」，④には「利他」，⑤には「利己」があてはまる。

問２　筆者は，「社会的貢献《こうけん》」という名目のもと行われている企業《きぎょう》のさまざまな取り組みに対し，手放しで「利他的」な素晴《すば》らしいものだと称賛《しょうさん》できないとしている。地球規模で取り組むべき課題として掲《かか》げられた「持続可能な開発目標」(SDGs)にかこつけて，企業が自社のイメージアップ，ひいては利潤に結びつけようとしているのではないかと，CMや広告などでその「社会的貢献」の成果を強調されるたびに，なおさら「うさん臭」く思えると言っている。

問３　「利他」と「利己」がはらんでいる，複雑な関係をおさえる。仕事の打ち合わせで食事をすることになった頭木《かしらぎ》さんは，相手からたびたび勧《すす》められた食べ物が，若いころ患《わずら》った大病の影《えい》響《きょう》を今も受けている自分にとってたいへん危険なものであったため，食べるのを断ったが，そのために気まずい雰囲気《ふんいき》になり仕事の依頼《いらい》を失っている。当初は相手に対する純粋《じゅんすい》な「利他」の思いだったものが，断られたことから気分を害し，他者への配慮《はいりょ》を損なった自分本位の「利己」に姿を変え，強引《ごういん》な押しつけとして頭木さんに襲《おそ》いかかったのである。「利己」と「利他」の間で頭木さんが恐怖《きょうふ》を覚えた点をふまえてまとめる。

問４　贈《おく》り物をもらった人は，まず「『うれしい』という感情」や「相手に対する感謝の念」を覚えるものの，やがて「もらったものに匹敵《ひってき》するものを『返礼』として渡さないといけない」という思いに駆《か》られはじめ，もし「十分なお返しができな」かったならば，「自分の中で『負い目』が増大し」，「『負債《ふさい》』のような感覚」として重くのしかかってくると述べられている。このような状《じょう》況《きょう》になると，「与《あた》えた側がもらった側に対して『優位に立つ』という現象」が起こり，両者の間に「徐々《じょじょ》に上下関係ができて」いくことになる。本来「利他」であるはずの贈り物には，もらった側の「負債感」に基《もと》づく与えた側との「優劣《ゆうれつ》関係」を生み出し，ひいては支配(利己)につながる「毒」がふくまれているという点をおさえてまとめる。

問５　認知症患者《にんちしょうかんじゃ》に対するケアの場面では，往々にして「身体拘束《こうそく》」，つまり「何もしないこと」

を強要することで「統御《とうぎょ》」（コントロール）しがちだが，「ちばる食堂」を経営する市川さんは，従業員である四人の認知症患者をよく「知り，その人が一番本領発揮できる場面」を設けることで能力を引き出し，主体性を喚起《かんき》することに成功している。認知症の人たちに「何でもやってあげる」のが「ケア」だと思いこみ，かえって「支配されている」「服従させられている」という感覚を与えてしまうのではなく，「その人の特質やあり方」を活かせる環境を整え，尊厳を持って生きられるようにうながすという点で，市川さんのケアは「統御」ではなく「沿うこと」に主眼が置かれているのだといえる。

問６　これまでみてきた頭木さんの例や，市川さんの例で語られていた従来の「ケア」のあり方からわかるのは，よかれと思ってした「利他」の行為が，相手にとって好ましいものになるとは限らないということである。つまり，「利他」は特定の行為を「与えたときに発生するのではなく，それが受け取られたときにこそ発生する」（事後的に発生する）のであって，「感謝」されるか「ありがた迷惑《めいわく》」ととらえられるかはすべて受け手に委《ゆだ》ねられているのだから，「『利他』だと思った行為でも，利他的になるか否かは与え手の側が決定できることではなく受け手が決めることで，それは事後的にしかわからないということ」のようにまとめる。

二　漢字の書き取り

①　順繰《じゅんぐ》りに日程などを延ばしていくこと。　②　日々の生活の中などで秩序《ちつじょ》を保つために決めた規律。　③　「辞さない」は，“ためらわないでおこなう”という意味。　④　音読みは「ハイ」で，「参拝」などの熟語がある。　⑤　郵便で送ること。　⑥　子どものときに生えている歯で，生え変わる前の最初の歯。　⑦　「無病息災」で病気もせずに健康であること。　⑧　資源などが大量に産出するところ。

Dr.福井の
入試に勝つ！ 脳とからだのウルトラ科学

復習のタイミングに秘密あり！

算数の公式や漢字，歴史の年号や星座の名前……。勉強は覚えることだらけだが，脳は一発ですべてを記憶することができないので，一度がんばって覚えても，しばらく放っておくとすっかり忘れてしまう。したがって，覚えたことをしっかり頭の中に焼きつけるには，ときどき復習をしなければならない。

ここで問題なのは，復習をするタイミング。これは早すぎても遅すぎてもダメだ。たとえば，ほとんど忘れてしまってから復習しても，最初に勉強したときと同じくらい時間がかかってしまう。これはとっても時間のムダだ。かといって，よく覚えている時期に復習しても何の意味もない。

そもそも復習とは，忘れそうになっていることを見直し，記憶の定着をはかる作業であるから，忘れかかったころに復習するのがベストだ。そうすれば，復習にかかる時間が一番少なくてすむし，記憶の続く時間も最長になる。

では，どのタイミングがよいか？　さまざまな研究・発表を総合して考えると，１回目の復習は最初に覚えてから１週間後，２回目の復習は１か月後，３回目の復習は３か月後――これが医学的に正しい復習時期だ。復習をくり返すたびに知識が海馬《かいば》（脳の，知識をためる倉庫みたいな部分）にだんだん強くくっついていくので，復習する間かくものびていく。

この計画どおりに勉強するには，テキストに初めて勉強した日付と，その１週間後・１か月後・３か月後の日付を書いておくとよい。あるいは，復習用のスケジュール帳をつくってもよいだろう。もちろん，計画を立てたら，それをきちんと実行することが大切だ。

ちなみに，記憶量と時間の関係を初めて発表したのがドイツのエビングハウスという学者で，「エビングハウスの忘却《ぼうきゃく》曲線」として知られている。

えーと
1週間後
あ，そうだった！
1ヵ月後
あ，思い出した！
3ヵ月後
もう，覚えてるよ

Dr.福井（福井一成《ふくいかずしげ》）…医学博士。開成中・高から東大・文Ⅱに入学後，再受験して翌年東大・理Ⅲに合格。同大医学部卒。さまざまな勉強法や脳科学に関する著書多数。

Memo

2022年度　武蔵中学校

〔電　話〕　(03) 5984－3741
〔所在地〕　〒176-8535　東京都練馬区豊玉1－26
〔交　通〕　西武池袋線－「江古田駅」より徒歩7分
西武有楽町線－「新桜台駅」より徒歩7分

【算　数】（50分）〈満点：100点〉

1　次の各問に答えなさい。

(1)　次の[㋐]，[㋑]にあてはまる数を書き入れなさい。

1から9までのどの整数で割っても割り切れる10以上の整数のうち，最も小さいものは[㋐]です。㋐の約数のうち，最も大きい奇数は[㋑]です。

(2)　はがきと封筒《ふうとう》を合わせて何通か送りました。はがきには62円切手と1円切手を1枚ずつ，封筒には82円切手1枚と1円切手2枚を貼《は》って送ったところ，使った切手の枚数の合計は166枚で，使った切手代は4956円でした。送ったはがきと封筒はそれぞれ何通ですか。（式や考え方も書きなさい）

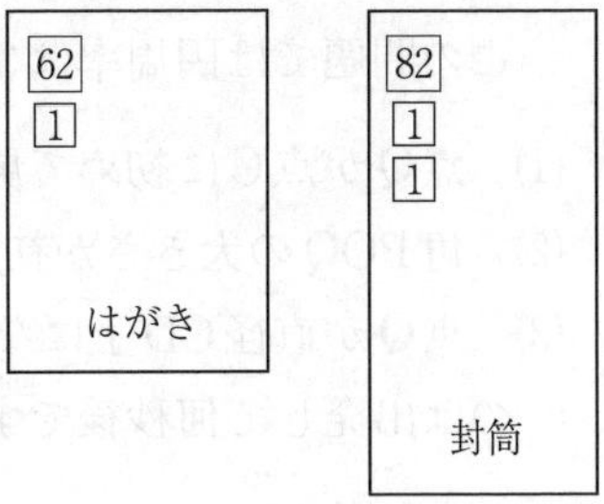

2　図のように，面積が132 cm^2 の平行四辺形ABCDがあり，BE：EC＝1：2，GH：HD＝2：3です。次の各問に答えなさい。（式や考え方も書きなさい）

(1)　三角形ABGの面積を求めなさい。

(2)　五角形GECFHの面積を求めなさい。

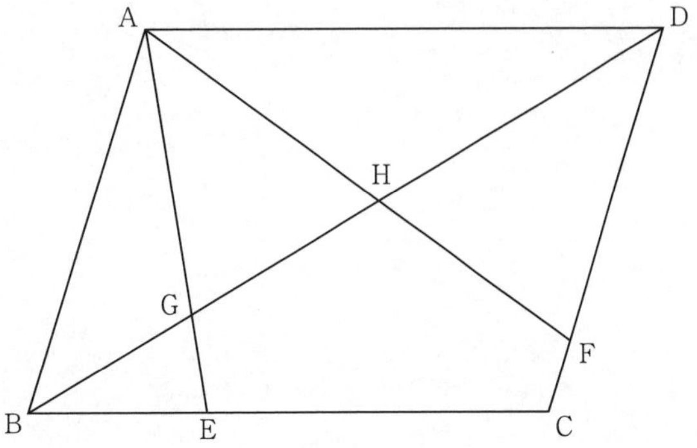

3　A，B 2つの皿と，3g，4g，5g，6g，7g，8g，9gの7つの分銅があり，9gの分銅はAにのせてあります。残りの6個の分銅もA，Bどちらかの皿にのせます。ただし，Bにも少なくとも1個の分銅をのせるものとし，皿の重さは考えません。

〈例〉のようなのせ方をしたとき，Aだけに着目して[3 4 9]と表すことにします。そのとき，数字は小さい順に書きます。次の各問に答えなさい。（式や考え方も書きなさい）

〈例〉

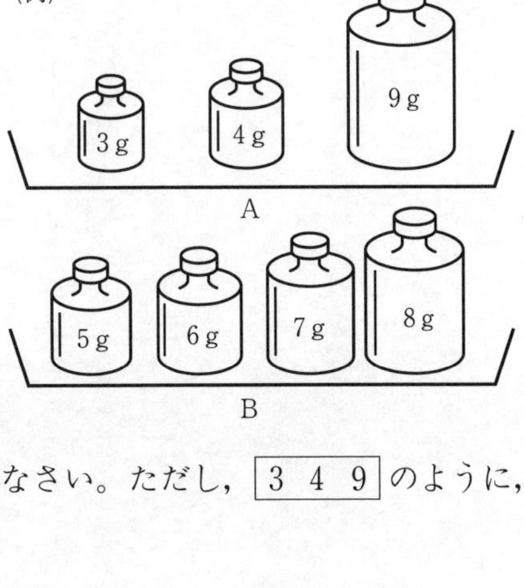

(1)　A，Bの重さが等しくなるようなのせ方をすべて書きなさい。ただし，[3 4 9]のように，Aだけに着目した表し方をしなさい。

(2)　BがAより重くなるのせ方は全部で何通りありますか。

(3)　AがBより重くなるのせ方は全部で何通りありますか。

4 図のような，点Oが中心の大小2つの半円があります。点Pは点Aを出発して大きい半円の円周上を毎秒3 cmの速さで点Bまで進み，Bで2秒間停止した後，再び同じ円周上を同じ速さでAまで進み，Aで2秒間停止します。Pはこの動きをくり返します。また，点Qは点Cを出発して小さい半円の円周上を点Dまで進み，Dからは直径DC上を進んでCまで戻《もど》る動きをくり返します。Qは停止することなく毎秒2 cmの速さで動きます。P，Qが同時にA，Cを出発したとき，次の各問に答えなさい。ただし，この問題では円周率は$3\frac{1}{7}$とします。(式や考え方も書きなさい)

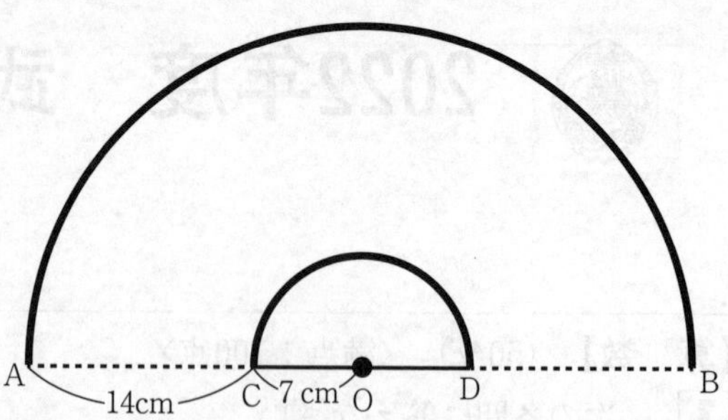

(1) 点Qが点Cに初めて戻ってくるのは出発して何秒後ですか。

(2) 角POQの大きさが初めて45°になるのは出発して何秒後ですか。

(3) 点Qが直径CD上になく，3点O，P，Qが一直線上に並ぶことがあります。初めてそうなるのは出発して何秒後ですか。また，3回目にそうなるのは出発して何秒後ですか。

【社　会】（40分）〈満点：60点〉

みなさんはなぜ学校で勉強をするのかについて，考えたことはありますか。日本国憲法第26条では「すべて国民は，法律の定めるところにより，その能力に応じて，ひとしく教育を受ける権利を有する」，「すべて国民は，法律の定めるところにより，その保護する子女に普通《ふつう》教育を受けさせる義務を負ふ。義務教育は，これを無償《むしょう》とする」と定められています。憲法以外にも教育基本法などが定められており，学校での教育はこれらの法律にもとづいています。今日は，学校制度がどのように移り変わっていったのかについて学んでみましょう。

日本では明治維新《いしん》後に，欧米《おうべい》にならって近代的な学校教育制度を整備し始めました。江戸《えど》時代にはいわゆる「読み書きそろばん」を教える教育機関や，藩《はん》が設置した藩校《はんこう》と呼ばれる学校もありました。また，儒学《じゅがく》や蘭学《らんがく》などをより高度に学べる私塾《しじゅく》も各地に存在しました。しかし，身分や性別に関係なくすべての国民を対象とする，国家の制度としての教育の仕組みは存在しませんでした。

明治政府は1871（明治４）年に文部省を設置し，全国に学校を開く準備を進めました。1872年に教育に関する最初の法令である学制を発布し，まずは小学校を設置することに力を入れました。富国強兵をめざす政府は，国の発展を担う人材を育てるためにも男女を問わず初等教育を普及《ふきゅう》させることが重要だと考えたのです。1879年には学制に代えて教育令を出しましたが，小学校を重視する方針は変わりませんでした。明治時代末までには帝国《ていこく》大学や高等学校などの上級の学校の仕組みも整えられ，大正時代には私立の大学や高等学校も増えていきました。

時期により制度や学校の仕組みは多少異なりますが，1947（昭和22）年に公布された学校教育法に基づく制度と，それまでとを大きく区別して，戦前の教育制度や学校を「旧制」と呼んでいます。旧制の学校が現在と大きく異なるのは「複線型」の仕組みであり，義務教育とされた小学校を卒業した後は原則として男女が別々《べつべつ》に学ぶ体制であったことです。

小学校後，さらに上級の学校をめざす場合，男子は中学校や高等学校を受験することができました。高等学校は帝国《ていこく》大学に進学するための学校でした。この他にも男子が学べる学校は，教員になるための高等師範《しはん》学校や，医師になるための医学専門学校などさまざまな専門学校や大学がありました。学校や資格試験制度を通じて，国の役人になったり，裁判官や弁護士，医師になったり，企業《きぎょう》に就職したりする機会が得られたのです。しかし，女子の進路は大きく制限されていました。男子の中学校に相当する高等女学校以上の学校としては，一部の大学が門戸を開いていたものの，原則として女子のための高等師範学校や専門学校にしか進学できなかったからです。高等女学校で学べる期間も中学校より短く設定されていたり，教育内容も法制及《および》経済（のち公民科）などの科目が設置されなかったりしました。代わりに，中学では教えられない家事や裁縫《さいほう》などが設置されていました。ただ単に男子と女子が別々の学校で学んだというだけではない違《ちが》いがあったことには注意が必要です。

とはいえ，男子であっても中学校・高等学校・帝国《ていこく》大学というコースを歩んだのはごく一握《にぎ》りの人びとでした。時代によって差はあるものの，多くの人びとにとっては義務教育の小学校，あるいは小学校後にさらに数年間学ぶことができた高等小学校が最終学歴であり，高等学校に進学できたのは同年齢《ねんれい》の100人に１人程度でした。形式的には生まれに関わらず，すべての人びとが小学校に通うことができ，男子であれば上級の学校に進学し，個人の努力や能力に応じてより高い社会的地位をめざすことができることになっていましたが，実際には，生まれた家の経済力も進学や社会的成功が可能かどうかに大きく関わっていたのです。上級の学校になるほど学校の数も限られたので，地方出身者にとっては，学校がある都市までの距離《きょり》も進学の壁《かべ》となっていました。

第2次世界大戦が終わり，日本国憲法が施行《しこう》されると，憲法の精神にもとづいて新たに教育に関する法令が出されました。憲法で教育を受ける権利が保障されたのは最初にのべた通りですが，教育基本法では国民は性別や社会的身分，経済力や信条にかかわらず，教育を受ける機会が与《あた》えられることが明らかにされました。能力があるにもかかわらず，経済的な理由により学校で学ぶことができないものに対しては，国や地方公共団体が，学校で学べるようにしなければならないことも定められています。複雑だった学校の仕組みも，学校教育法によって小学校6年・中学校3年・高等学校3年・大学4年を軸《じく》とする「単線型」となり，このうち小学校6年間と中学校3年間が義務教育とされました。

戦後の復興と経済成長が進む中で人口も増加し，それにあわせて学校も増設されました。都市部では多くの労働力が必要とされ，地方の中学を卒業したばかりの若者たちを集団で就職させることも行われ，こうした若者たちは「金の卵」と呼ばれました。その後しだいに労働力の中心は中学を卒業した人びとから，高校を卒業した人びとへと変化していきました。経済的に豊かになった人びとの間で教育に対する熱意が高まっていくと大学への進学率も上昇《じょうしょう》し，旧制のもとではごく少数であった大学生もめずらしくはない存在になっていったのです。こうした大学進学志向の高まりや社会の要請《ようせい》にこたえるため，大学はどんどん増えていきました。

現在では義務教育ではない高校への進学率はほぼ100%に達し，大学への進学率も60%近くになっています。しかし，大学進学については，そのうちわけを見てみると，男女や地域によって，進学率に差があることがわかります。また，教育に対する熱意の高まりは他方で都市部を中心に受験を通じての中高一貫《いっかん》教育への志向を強めることとなりましたが，それは受けられる教育が家庭の経済力に左右されることになりかねません。

憲法では国民は誰《だれ》であれ，能力に応じて教育を受ける権利が保障されています。それにもかかわらず，こうした差が生じるのはなぜでしょうか。学校に通い，教育を受けられることは当たり前と思ってしまうかも知れませんが，立ち止まって考えてみたい問題です。

資料１　外国の学校制度の例（アメリカ，ドイツ）

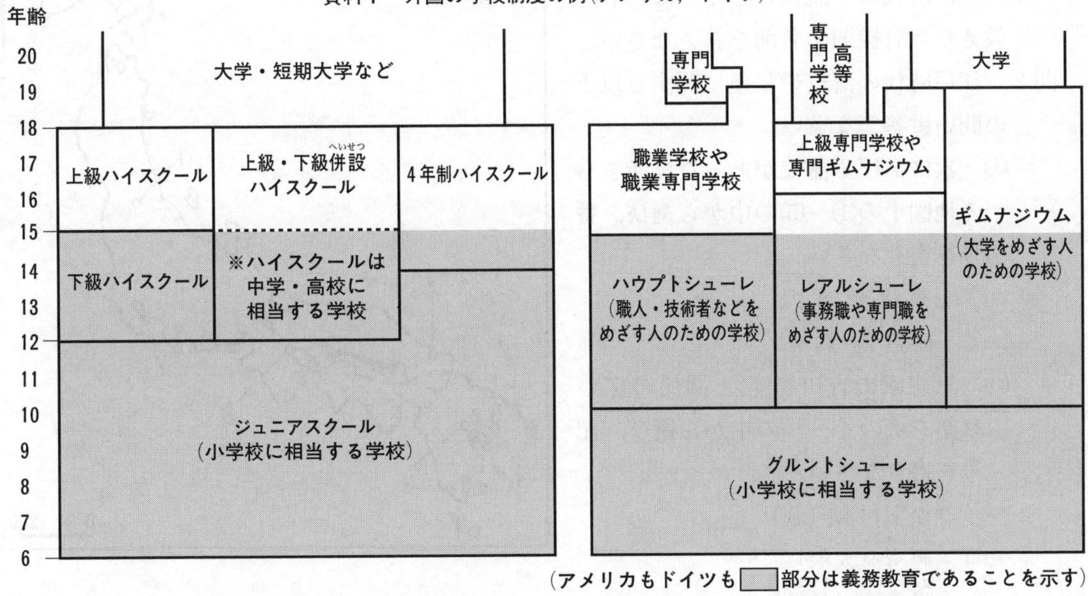

ア　アメリカの学校制度　　　イ　ドイツの学校制度

（文部科学省の資料より作成。理解しやすくするために，簡略化して表現しています）

資料２　関東地方一都六県の男女別大学進学率（2021年）

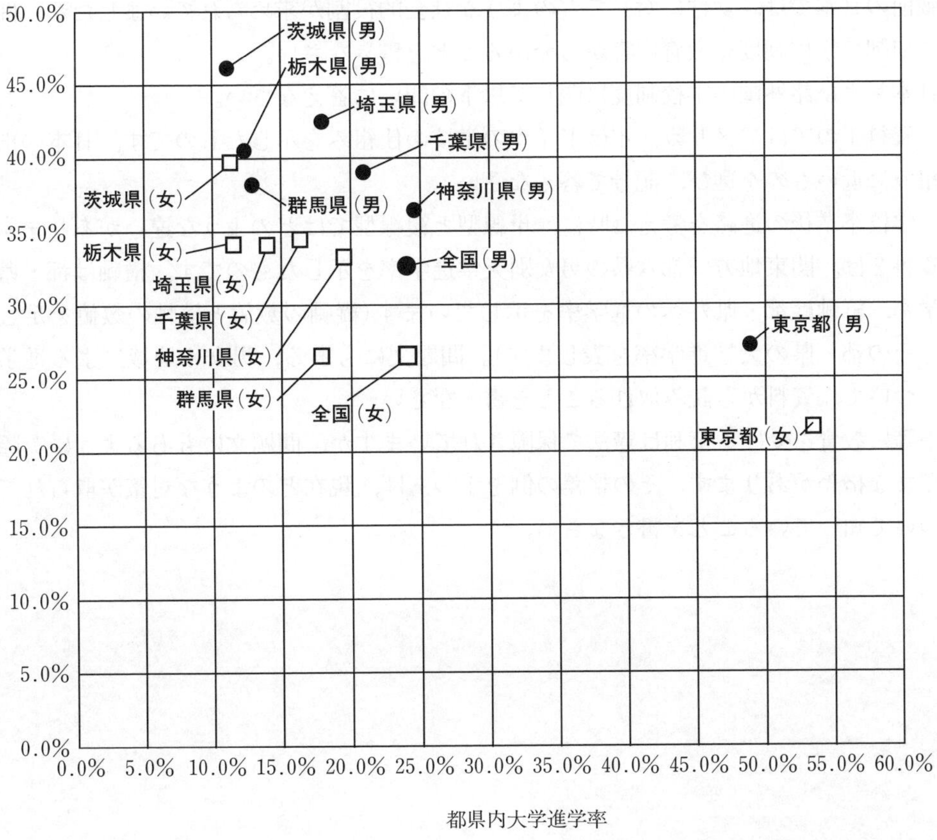

（文部科学省「学校基本調査」より作成）

問1　江戸時代に「読み書きそろばん」を教えた教育機関の名前を答えなさい。

問2　江戸時代の藩校や私塾に関する以下の問いに答えなさい。

(あ)　次にあげる藩校があった場所を右の地図上の①～⑤の中から選び，番号を書きなさい。

ア　興譲館《こうじょうかん》(米沢《よねざわ》)

イ　時習館《じしゅうかん》(熊本《くまもと》)

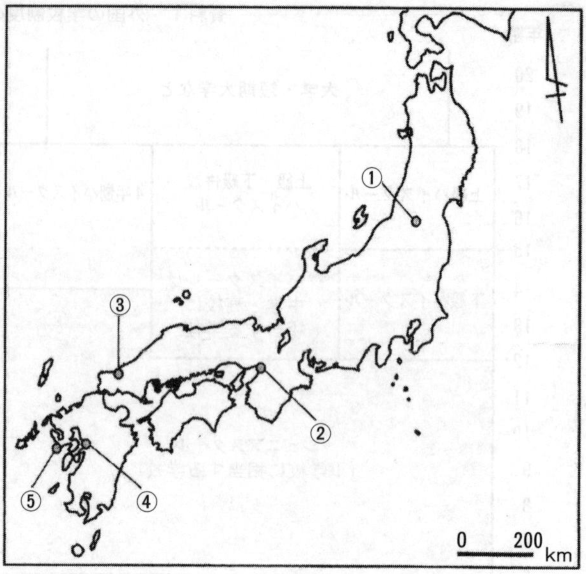

(い)　思想家の吉田《よし》松陰《だしょういん》と関係の深い私塾を次のイ～ハの中から選び，記号を書きなさい。

イ　松下村塾《しょうかそんじゅく》(萩《はぎ》)

ロ　適塾《てきじゅく》(大坂)

ハ　鳴滝塾《なるたきじゅく》(長崎《ながさき》)

問3　問題文にあるように，学校制度の創設は明治政府がめざした富国強兵と深く関わっていましたが，学校教育は「強兵」とどのように関わっていましたか。考えられることの例を1つあげなさい。

問4　戦前の日本では，女性に対してどのような社会的役割が求められていましたか。問題文にある旧制の学校制度や教育内容から分かることを書きなさい。

問5　日本および諸外国の学校制度に関して以下の問いに答えなさい。

(あ)　資料1のアはアメリカ，イはドイツの学校の仕組みを示したものです。日本の旧制の仕組みに近いものを選び，記号で答えなさい。

(い)　学校卒業後の進路を考えた時に，単線型と複線型ではどのような違いがありますか。

問6　資料2は，関東地方一都六県の男女別大学進学率を示したものです。横軸は都・県内での進学率，縦軸は都・県外への進学率を示しています(縦軸の数値と横軸の数値を足したものが，その都・県の大学進学率を表します)。問題文にもある，男女や地域による進学率の違いについて，資料から読み取れることを書きなさい。

問7　平等に教育を受ける権利は憲法で保障されていますが，問題文にもあるように実際にはさまざまな格差があります。その格差の例を1つあげ，現在どのような対策が取られているかについて知っていることを書きなさい。

【理　科】（40分）〈満点：60点〉

1　次の(1)～(10)について，説明や事柄《がら》がそれぞれのア～エに書かれています。当てはまらないものや間違《ちが》いを含《ふく》んでいるものを**すべて選び**，記号を解答欄《らん》に書きなさい。選ぶものがない場合は「なし」と書きなさい。

(1)　どちらも赤色リトマス紙を青くする

ア．水道水と炭酸水　　イ．うすい水酸化ナトリウム水溶《よう》液と食塩水

ウ．砂糖水とうすい塩酸　　エ．石灰水とアンモニア水

(2)　化石

ア．地層から見つかった軽石　　イ．地層から見つかった動物の死がい

ウ．地層から見つかった足跡《あと》　　エ．地層から見つかった木の葉

(3)　磁石

ア．モーターに使われている　　イ．地球は大きな棒磁石で，北極近くにＮ極がある

ウ．10円硬《こう》貨を引き寄せる　　エ．コイルに電流を流してつくることができる

(4)　デンプン

ア．日光を当てた葉の中にある　　イ．ヨウ素液をつけると青紫《むらさき》色になる

ウ．だ液で別なものに変化する　　エ．植物の種子に蓄《たくわ》えられる

(5)　窒《ちっ》素

ア．空気中に一番多く含まれる　　イ．ものが燃えると空気中での割合が減る

ウ．石灰水の中に通すと白く濁《にご》る　　エ．ろうそくを中に入れると炎《ほのお》が消える

(6)　コンデンサー

ア．電気を溜《た》める性質がある　　イ．電流が流れると光る

ウ．コンセントにつないで使う　　エ．回路につなげて電流を流すことができる

(7)　血液

ア．心臓から送り出される　　イ．栄養は運ぶが不要物は運ばない

ウ．肺で酸素を受け取る　　エ．酸素を渡《わた》した後は青色になる

(8)　れき

ア．どれも黒い色をしている　　イ．どれも角ばった形をしている

ウ．地層には必ず含まれている　　エ．どれも大きさは2mm以上である

(9)　台風

ア．反時計回りの渦《うず》を巻きながら，中心に向かって風が吹き込む

イ．進む方向に向かって右側の半分は，特に強い風が吹くことが多い

ウ．日本より南の海上で生まれ，はじめは東の方に移動する

エ．夏から秋にかけて日本付近に雨を降らせることが多い

(10)　実験器具の使い方

ア．上皿天秤《びん》でものの重さを量るときは，大きな分銅から置いていく

イ．体積を量るガラス器具は，加熱してはいけない

ウ．ガスバーナーを消火するときは，最初にガスの調節ネジを締《し》める

エ．顕《けん》微《び》鏡は，対物レンズとステージをだんだん近づけて観察する

2 植物は自ら養分を作り出して成長し，動物は食べることによって養分を得て成長します。生き物は，一生の間に成長し，分布や行動の範《はん》囲を広げ，子孫を残し，次の世代へとつながっていきます。いろいろな生き物の一生について，考えてみましょう。

問1　次のア～カは，生き物の成長の段階を示したものです。バッタとコウモリの一生を説明するのに適当なものを選び，左から順に記号を並べなさい。（解答欄《らん》は必要なだけ使いなさい）

ア．種　　　　　イ．卵《たまご》　　　　ウ．胎《たい》児

エ．幼体（幼虫）　オ．さなぎ　　カ．成体（成虫）

バッタ　□→□→□→□→□

コウモリ　□→□→□→□→□

問2　ヒトは，母親の体内である程度の大きさまで育ちます。胎児は母親の体内で（　ア　）の壁《かべ》にある（　イ　）から（　ウ　）を通して養分を受け取っています。ア～ウに入る適切な語句を書きなさい。

問3　下の図1はタンポポの成長を観察・記録したもので，観察した日と茎《くき》の長さが記してあります。これを見て次の問いに答えなさい。

(1)　右のグラフには，図1の1日目の茎の長さを表す点が打ってあります。これにならって，図1の残りの日について点をかき入れなさい。

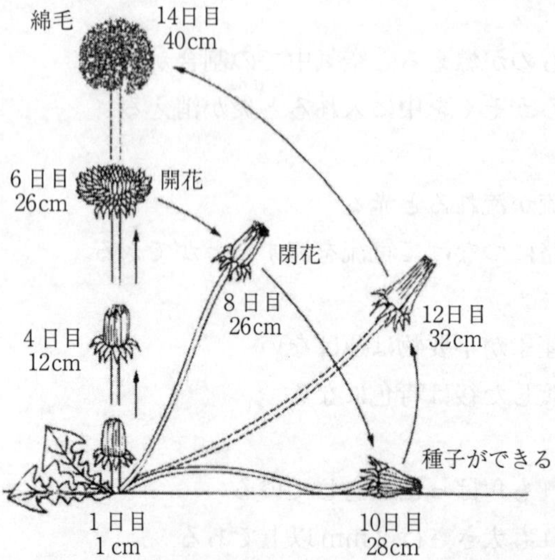

図1

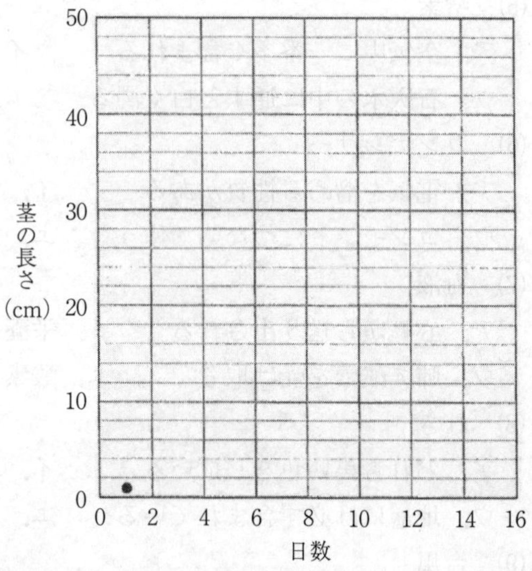

(2)　タンポポは花を咲《さ》かせた後で，一度地面に倒《たお》れます。その後，再び立ち上がることは，タンポポにとってどのような点で都合がよいでしょうか。次のア～クの中から，最も適切なものを選びなさい。

ア．受粉しやすい　　　　　イ．種が踏《ふ》まれにくい

ウ．種が食べられにくい　　エ．種が遠くまで運ばれやすい

オ．日光に当たりやすい　　カ．動物にくっつきやすい

キ．鳥や虫が見つけやすい　ク．さらに成長して開花する

問4　次ページの3つのグラフは，A母体から離《はな》れたとき，B幼体，C成体の体の大きさについて，それぞれCを100として表したものです。ア～ウは，ニワトリ（卵《たまご》・ふ化後のひよこ・成鳥），ヒト（新生児・10歳《さい》・20歳），トウモロコシ（種・葉が茂《しげ》る時期・実をつける時期）の

どれかを表しています。ニワトリとヒトを表すグラフをア～ウから選び，記号で答えなさい。

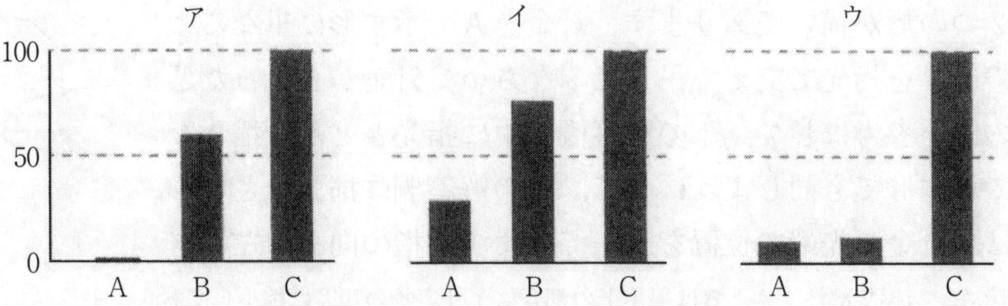

問５　カブトムシは，成長するときの体長や体重の変化が問４の生き物とは異なります。図２は，卵・幼虫（さなぎになる直前）・さなぎ・成虫の各段階の体長を表したものです。図３は，７月下旬《じゅん》に産みつけられた卵が成虫になるまでの体重の変化を10日ごとに表したものです。これらを見てあとの問いに答えなさい。

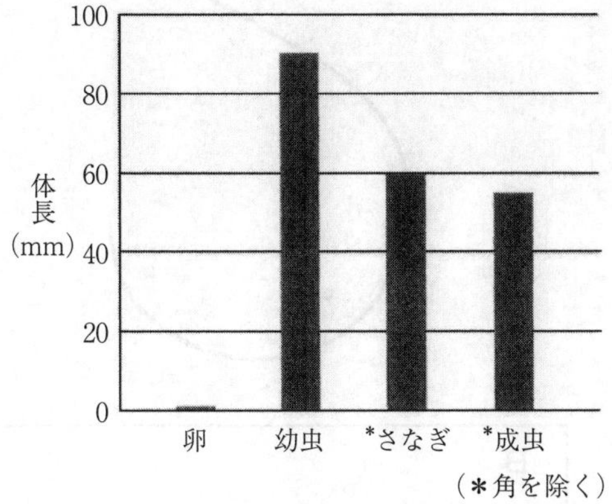

図２

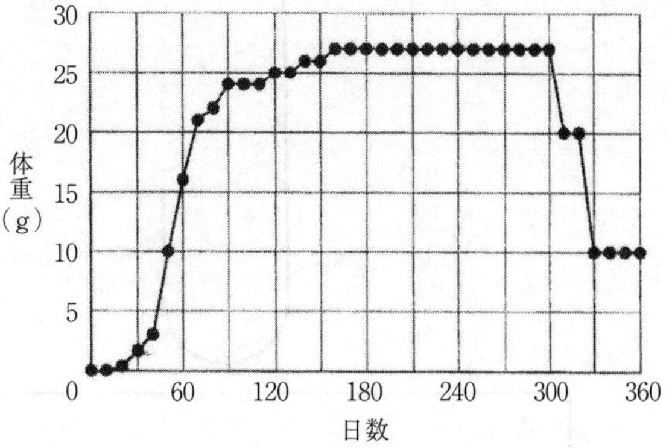

図３

(1)　カブトムシの体長の変化は，問４の生き物とどのように異なっていますか。図２を見て答えなさい。

(2)　図３のカブトムシについて，９月下旬と１月下旬における成長段階と主な行動を右の表にまとめます。

成長段階は語群１から，主な行動は語群２から，最も適当なものを選んで記号を書き入れなさい。

	９月下旬	１月下旬
成長段階		
主な行動		

語群１：A．卵　　B．幼虫　　C．さなぎ　　D．成虫

語群２：ア．体の形を作り変えている　　イ．交尾《び》する相手を探している

ウ．動かずにじっとしている　　エ．旺《おう》盛に虫を食べている

オ．飛び回っている　　カ．樹液を舐《な》めている

キ．枯《か》れた木や葉を食べている　　ク．なわばり争いをしている

(3)　カブトムシの一生の中で，成虫の役割は何だと思いますか。そう考えた理由を，体重と行動範《はん》囲の変化を踏《ふ》まえて説明しなさい。

3　袋《ふくろ》の中に，紙の巻かれた針金が４本入っています。この針金を曲げてから，次ページの図のように針金の先端《たん》を指先で支えて吊《つる》し，止まったときの様子について考えてみましょう。針金を吊すときに，高く持ち上げてはいけません。（試験が終わったら針金は袋に入れて持ち帰り

なさい。)

問１　下に**A**と**B**の２つの形が描《えが》いてあります。針金を**A**で示す形に重なるように曲げて，●の部分を指先で支えて吊してみなさい。針金が止まったときの様子を，右の図を参考にして，下の解答欄《らん》の中に<u>指先とともに描きなさい</u>。また，**B**で示す形でも同じようにして，下の解答欄に描きなさい。解答欄の中の●は，針金の先端の位置を表しています。指の向きは左右どちらでも構いません。〈編集部注：**A**と**B**は編集上の都合により実物の70%に縮小してあります。〉

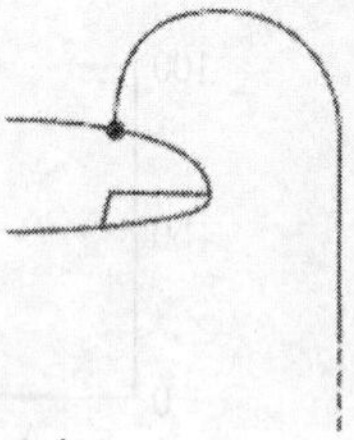

A

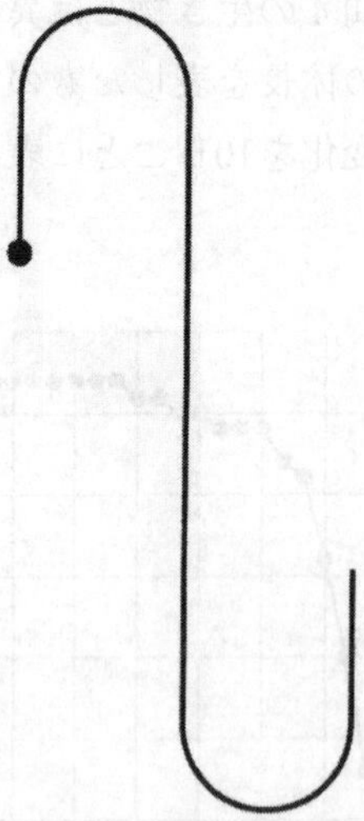

B

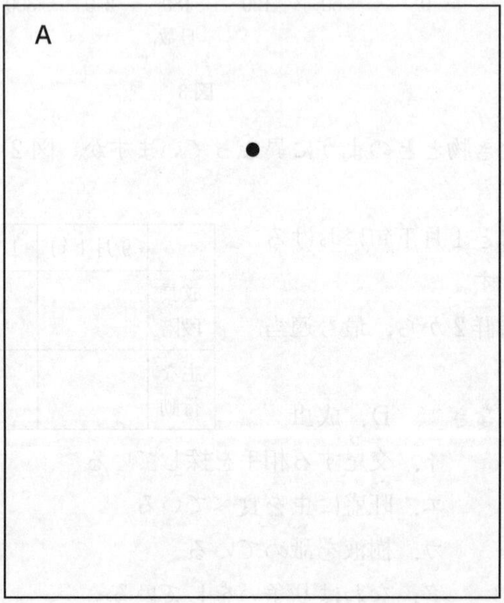

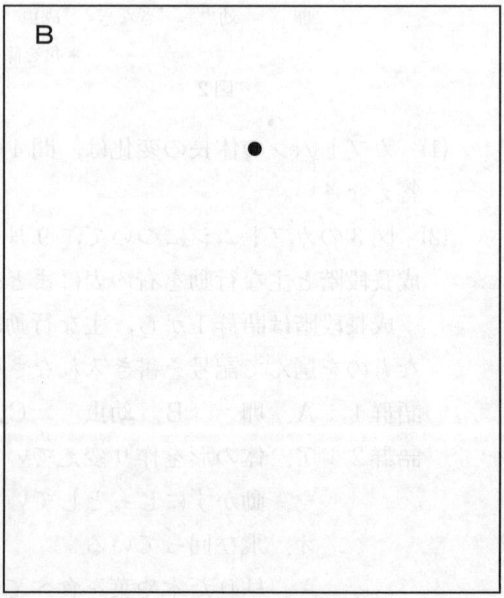

問２　**A**と**B**の様子の違《ちが》いを説明しなさい。

問３　針金を右図のように**ア**と**イ**，**イ**と**ウ**は直角に，**ア**と**ウ**は平行になるような**コの字**形に曲げます。●の部分を指先で支えて吊し，**ア**と**ウ**が水平になるような**イ**の長さを見つけなさい。**ア**の長さを4.0cmにしたとき，**イ**の長さは何センチメートルですか。また，2.0cmにしたときは何センチメートルですか。

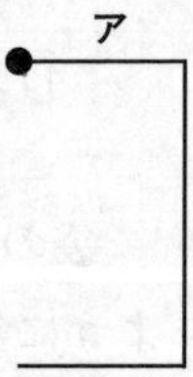

水平の確認は机の上の低いところで行いなさい。長さは次ページの0.5cm

毎《ごと》に目盛りが振《ふ》ってある方眼を利用して測り，方眼の間にあるときは，目盛りを読んで近い方を，ちょうど真ん中のときは大きい方を答えなさい。

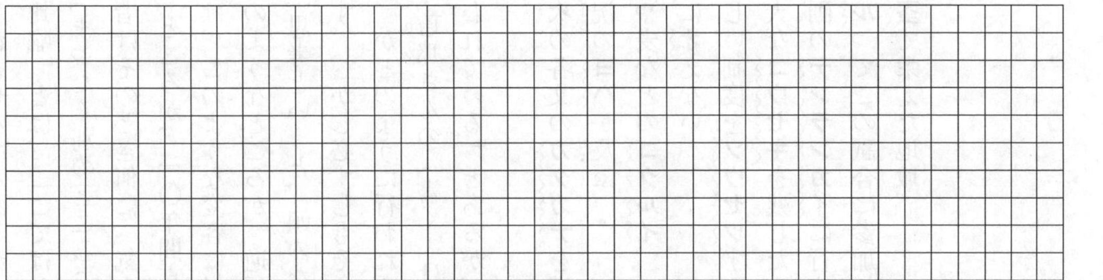

〈編集部注：編集上の都合により実物の70％に縮小してあります。〉

＜配られた針金の写真＞

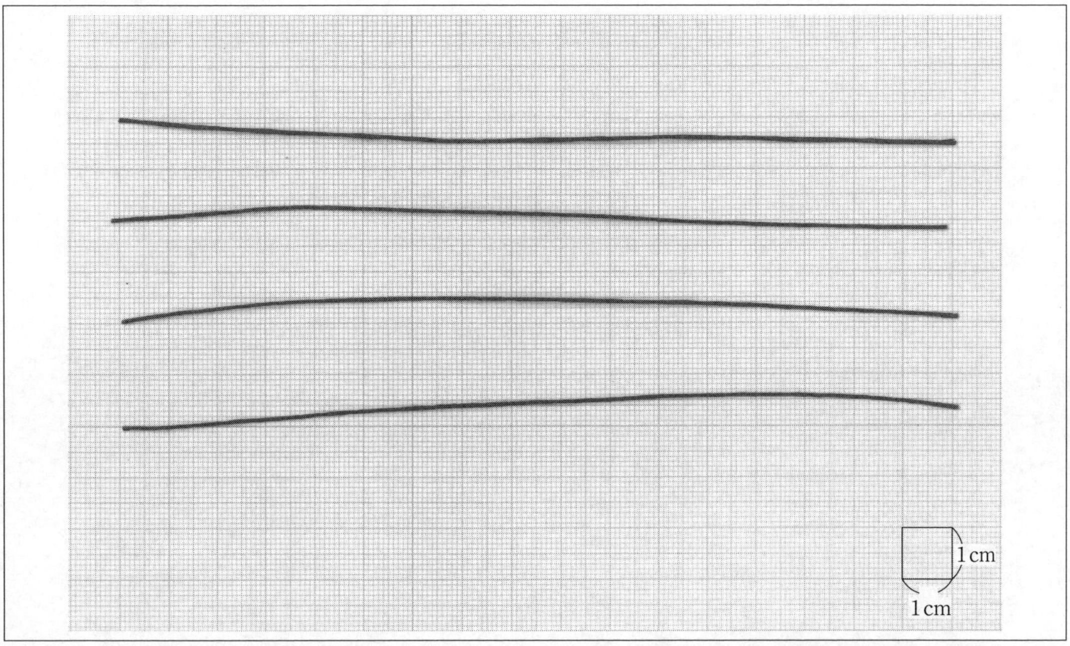

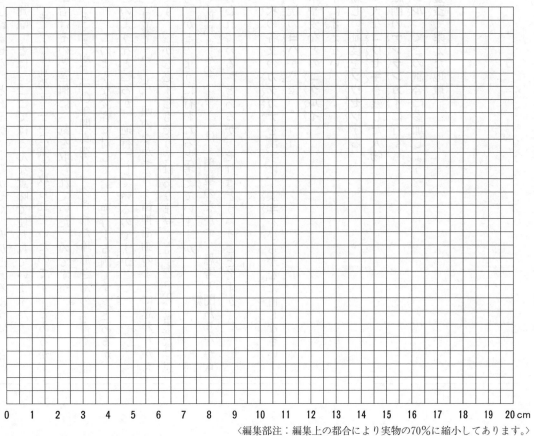

に』という比喩《ひゆ》が使われますが、あれは必ずしも正しくないのかもしれません」とあるが、『ろうそくの火が消えるように』という比喩《ひゆ》」とは、ここではどんな意味で使われていますか。

問三 「まったく別のところに気を取られていたのです」とあるが、筆者はそのとき何に「気を取られていた」のですか。

問四 「ところが、一〇年間真空パックされた玲那《れな》さんの『書く』能力は、このような変容に対して全く逆行する例です」とあるが、どのようなところが「逆行」しているのですか。

問五 「思考というと、頭のなかで行う精神活動のように思われがちです。しかし必ずしもそうではありません」とあるが、筆者は「思考」がどのように行われると考えていますか。

問六 「玲那《れな》さんの『書く』は、環境《かんきょう》のなかで、思考と関《かか》わりながら行われている」とあるが、それはどういうことですか。

二 次の各文の**カタカナ**を漢字に、**漢字**をひらがなに直しなさい。

① 不況《ふきょう》の**ヨハ**が及《およ》ぶ。
② 米や麦などの**コクルイ**。
③ 手に**オ**えない。
④ 新しい制度を**ソウセツ**する。
⑤ 多大な**コウセキ**を残した人物。
⑥ 絵画の**テンランカイ**に行く。
⑦ **フル**ってこの試合に参加しよう。
⑧ **養蚕**で栄えた地域。

ことで、自分の脳だけではとうていできないような複雑な思考を、簡単にこなすことができるのです。

　このように目の見える人たちは、物と体を視覚でつなぎながら、運動のさなかにリアルタイムの調整を行ったり、思考を容易にしたりしています。

　一方、目の見えない人の場合、こうした視覚的なフィードバックは、運動レベルにせよ、意味レベルにせよ、ふつうは用いることができません。視覚を通して入ってくる情報がないために、本来的に、空間と体が切《き》り離《はな》されがちなのです。

　ガイドなしで一〇〇メートルまっすぐ走るのは不可能に近い業《わざ》ですし、道に迷ったりすると、周囲の様子が分からず白紙の上に立っているような感覚になるという人もいます。もちろん、聴覚《ちょうかく》や触覚《しょっかく》を使って空間の様子を把握《はあく》することはできます。しかし、リアルタイムのフィードバックとなるとやはり視覚は優位です。

　ところが、玲那《れな》さんの「書く」は、運動と意味の両面において、視覚的なフィードバックの経路に組《く》み込まれています。それまでに書いた文字にリーチできるという点で視覚的な運動制御《せいぎょ》がそこにはありますし、書くことで頭の中が整理されるという点で、意味的な制御《せいぎょ》にも関《かか》わっています。

　もしこれが単なる「運動記憶《きおく》の再生」であったなら、決められたプログラムのように、周囲の空間や思考とは無関係に発動するはずです。ところが、玲那《れな》さんの「書く」は、環境《かんきょう》のなかで、思考と関《かか》わりながら行われている。これが、玲那《れな》さんの「書く」が現在形であるゆえんです。

　もっとも、視覚的なフィードバックといっても、玲那《れな》さんの場合は文字どおりの視覚を用いているわけではありません。ですから、正確には「イメージ的なフィードバック」とでも言うべきものかもしれません。玲那《れな》さんは、あくまで、頭のなかにメモのイメージを思《おも》い浮《う》かべ、そのイメージを手がかりに別の文字や線を書き加えたり、あるいは考えを進めたりしているのです。

　もっとも、目の見える人だって、こうしたイメージ的なフィードバックを行います。手元に紙がなければ、頭のなかに筆算のプロセスやそろばんの珠《たま》をイメージして、それを手がかりに計算をするでしょう。とはいえ、イメージのベースにあるのは視覚です。視覚的な経験がもとにあるから、筆算のイメージやメモのイメージが作れるのです。この意味で、イメージ的なフィードバックも、視覚的なフィードバックの一部であると考えることができます。

（伊《い》藤《とう》亜紗《あさ》の文章による。なお、本文には一部省略したところがある。）

＊チューニング…調整。
＊インタビュイーのバックグラウンド…取材を受ける人の生い立ちなど。
＊リーチ…到達。
＊手すさび…ひまな時間をつぶすために手を使って何かをすること。
＊パラレル…平行。
＊可塑性《かそせい》…自在に変化することのできる性質。
＊OS…コンピューターを動かすための土台となる基本システム。
＊プロローグ…前書き。
＊プロセス…手順。
＊フィードバック…ある動作や行為《こうい》などの結果を見て調整を加えること。
＊テトリス…コンピューターゲームの一種。

問一　「理由として考えられるのはただひとつ、彼女《かのじょ》はもともとあまり見ていなかった、ということです」とあるが、「彼女《かのじょ》はもともとあまり見ていなかった」とはどういうことですか。

問二　「よく失明をあらわす比喩《ひゆ》として、『ろうそくの火が消えるようない体の二つを使いこなす「多重身体」とでもいうべき状態でした。視覚の喪失《そうしつ》という身体的条件の変化によって劣化《れっか》することのない、現在形の「書く」。それはまるで一〇年という長さをショートカットして、ふたつの時間が重なったかのような、不思議な感覚でした。

「書くという運動」と「書かれたもののイメージ」がセットになって現在形の「書く」が成立する。このことについてもう少し考えていきましょう。

私たちは、書くことに限らず、何らかの行為《こうい》をするとき、感覚として知覚した情報を手がかりに、運動を微調整《びちょうせい》しています。陸上の一〇〇メートル走で自分のコースをまっすぐ走れるのは、地面に引かれたラインを見て、そこからはみ出ないように着地する位置を調節しつづけているからです。

この知覚情報の運動への＊フィードバックが、人の体と空間を結びつけます。このようなリアルタイムの運動調整を実現するうえで、視覚が重要な役割を果たしているのは言うまでもありません。

運動のなかでも、とくに「書く」は、非常に複雑なフィードバックのシステムを持ちます。陸上のラインに沿って走る場合と違《ちが》って、「書く」は意味を生み出す運動だからです。もちろん、「書く」にも、鉛筆《えんぴつ》を持つ時の位置や長さや筆圧など、純粋《じゅんすい》に運動レベルのフィードバックのシステムがあります。けれども、それには還元《かんげん》できない、意味に関《かか》わるフィードバックのシステムが、「書く」には存在するのです。

たとえば、筆算をする場合を考えてみましょう。287×859という掛《か》け算《ざん》は、多くの人にとっては暗算では困難な計算です。しかし、紙と鉛筆《えんぴつ》さえあれば、小学生であっても解くことができます。つまり、暗算ではできない思考も、筆算によって、つまり「書く」ことによってならできるのです。

暗算で行う場合、私たちはすべての計算の＊プロセスを頭のなかに保持しつづけなければなりません。けれども筆算の場合には、大きな計算のプロセスを小さなプロセスに分け、書かれた文字に対して足したり掛《か》けたりといった機械的な操作を行えばよいことになります。「書く」は「考える」を拡張する手段になるのです。

ここにあるのは、紙に書かれた情報と対話するようにして進める思考のあり方です。もっとも、こうした対話の相手は必ずしも「紙」には限りません。計算をするにしても、「そろばん」を使うこともあるかもしれないし、算数を習いたての子供なら「おはじき」を使うでしょう。

いずれにせよ重要なのは、私たちが何らかの物を操作し、その結果を視覚的にフィードバックすることによって、思考を容易にするということです。体と物と視覚のあいだにも、思考が存在するのです。

思考というと、頭のなかで行う精神活動のように思われがちです。しかし必ずしもそうではありません。

認知《にんち》科学者のアンディ・クラークは、＊テトリスの例をあげながら、この能力について語っています。テトリスをプレイするとき、私たちは落ちてきたピースをくるくる回転させます。あるいは左右に平行移動させてみるかもしれません。

こうした操作をなぜ行うのかといえば、とりもなおさず、「考えるため」です。どの向きでピースをはめれば、画面の下に堆積《たいせき》しているブロックがつくる谷の形に適合するか。あるいは、さまざまな谷のどこにピースをはめ込《こ》むのが、最適な選択《せんたく》か。

落ちてくるピースをただ眺《なが》めていただけでは分からないのに、それを回したり移動させたりすれば、おのずと答えが見えてきます。私たちは「見ながら考える」、つまり視覚的なフィードバックを組《く》み込《こ》む覚の排除《はいじょ》を伴《ともな》うからです。

たとえばボタンかけ。目で見ながらでなければボタンを留《と》められなかった子供も、成長するにつれて、手元を見ずに、たとえば背中についたボタンでさえ留《と》めることができるようになります。日常生活の大部分は反復的な行為《こうい》から成り立ちますから、「見ない」傾向《けいこう》はしだいに増大します。先ほどの「失明に気づかなかった」という話とも関連する現象です。

　ところが、玲那《れな》さんはただ鉛筆《えんぴつ》を動かせるだけではないのです。何と、さっき書いた場所にもどって、強調するために文字や数字を丸で囲ったり、アンダーラインを引いたりすることができるのです。

　先述のとおり、その間、玲那《れな》さんが紙を手で触《さわ》って、書かれた文字や数字の痕跡《こんせき》を確かめることはありません。「レーズライター」という、視覚障害者用の筆記用具がありますが、これは薄《うす》いセロファンにボールペンで書く仕様で、触覚《しょっかく》で筆跡《ひっせき》を確認《かくにん》します。ところが玲那《れな》さんが使っているのは、タネも仕掛《しか》けもないチラシの裏紙と鉛筆《えんぴつ》。まさに「見えているように」としか言いようがないほど自然に、数分前に書いた文字に＊リーチできるのです。

　この能力がさらに発揮されるのは、地図を描《か》くときです。地図とは、文字や図形が書かれた位置こそが意味を持つ書記です。家が、道として引いた線のどちら側にあるのか。線路は、その道に対してどういう角度で交わっているのか。要素間の空間的な関係は正確でなければなりません。玲那《れな》さんは、こうした地図も、やすやすと描《か》いてみせるのです。

　それまでに書いた要素にリーチできるということは、玲那《れな》さんが、紙に書かれた内容を頭のなかで映像的にイメージしていることを意味します。つまり、玲那《れな》さんは手の運動の記憶《きおく》をただ再生しているわけではなくて、まさに紙を「見ている」のです。

その証拠《しょうこ》に、書くときに文字のスタイルを意識することがあると言います。「自分の名前を斜《なな》めに書いたりすると、イメージが浮《う》かびます。賢《かしこ》そうに見せたいときは、賢《かしこ》そうな字体で書きます」。つまり、玲那《れな》さんの中では、文字は抽象的《ちゅうしょうてき》な意味に還元《かんげん》されない、形をもった視覚的イメージなのです。

　見えていた一〇年前までの習慣を惰性的《だせいてき》に反復する＊手すさびとしての「書く」ではなくて、いままさに現在形として機能している「書く」。私がまず驚《おどろ》いたのはそこでした。全盲《ぜんもう》であるという生理的な体の条件と＊パラレルに、記憶《きおく》として持っている目の見える体が働いている。まさにダブルイメージのように二つの全く異なる身体がそこに重なって見えました。

　確かに体には＊可塑性《かそせい》があり、障害を得た前後で体の＊ＯＳそのものが更新《こうしん》されるような変容が起こります。障害を受けた部分だけではなく、それをカバーするように全身の働き方が変わるのです。このことは脳科学によってもさまざまな事例が報告されています。たとえば、全盲《ぜんもう》になると、脳の視覚野が、見るためでなく点字を理解するために使われるようになる場合があります。

　ところが、一〇年間真空パックされた玲那《れな》さんの「書く」能力は、このような変容に対して全く逆行する例です。もちろん、玲那《れな》さんの体にも可塑性《かそせい》があり、失明によって変容した機能もあるはずです。視覚が使えなくなった分、反響音《はんきょうおん》を利用して空間を把握《はあく》する力は、格段にアップしているでしょう。

　けれども少なくとも「書く」という行為《こうい》については、失明という要因によって変化を被《こうむ》ることなく、むしろそのまま保守されている。むしろ、ＯＳが書き換《か》わっているのに、従来のアプリケーション（＝書く）がそのまま動き続けていることに驚《おどろ》きを禁じえません。

＊プロローグでお話したように、そこにあるのは、見える体と見え

ます。

ちなみに意外な感じがするかもしれませんが、「失明したことに気づかなかった」というケースは玲那《れな》さんだけの特殊《とくしゅ》なものではないようです。実際、私もこれまでに複数人、そのような人に出会ったことがあります。急な事故でもないかぎり、「気づいたら失明していた」という場合が意外と多い。よく失明をあらわす比喩《ひゆ》として、「ろうそくの火が消えるように」という比喩《ひゆ》が使われますが、あれは必ずしも正しくないのかもしれません。

さて、これが彼女《かのじょ》の辿《たど》ってきた見え方の変遷《へんせん》の大枠《おおわく》です。インタビューの最初は、たいていこんなふうに、＊インタビュイーのバックグラウンドを共有するところから始まります。聞き手である私は、どの点についてさらに突《つ》っ込《こ》んで聞こうか、頭のなかで質問を考えています。

ところがこのとき、私は彼女《かのじょ》の話をほとんど聞けていませんでした。まったく別のところに気を取られていたのです。それは、ずっと働き続けている彼女《かのじょ》の手、なめらかに動くその手でした。「一九歳《さい》で失明、病気の発症《はっしょう》が一五歳《さい》、確定診断《しんだん》が一〇歳《さい》……」。彼女《かのじょ》は話しながら、ずっと手元の紙にメモをとっていたのです。もちろん視覚を使わずに。

大枠《おおわく》を話し終えた時点で、紙は数字や線や文字で埋《う》め尽《つ》くされていました。「15→16＝高2→1985→30歳《さい》」と段階を示す年齢《ねんれい》が座標《ざひょう》軸《じく》のように書かれ、横にそのときの居住地や感情が書き加えられています。

書いているあいだ、玲那《れな》さんが指で筆跡《ひっせき》を確認《かくにん》することはありませんでした。傍目《はため》には、目の見える人がメモを取っているのと何ひとつ変わらない手の動き。見えなくなって一〇年間、書く能力がまったく劣化《れっか》せず、鮮度《せんど》を保ったまま真空パックされているかのようでした。

使われているのは、A5サイズに折られた広告の裏紙と、先の少し丸くなった鉛筆《えんぴつ》。席に通されるなり、かばんからチラシの裏紙の束と鉛筆《えんぴつ》を取り出したので、ハテナと思っていたのですが、あまりに自然にメモを取り始めたので、思わず質問するタイミングを失っていたのです。

聞けば、彼女《かのじょ》は記録のためというより、自分の話を整理するためにメモをとっている、と言います。「ふつうにみんなやりません？　たとえば家の場所を説明するときに、地図を描《か》くような感覚です。しかも女の人って話が逸《そ》れるから、ここのスーパーがどうとか、線路がどうとか、こっちのカフェがオススメとか、話があっちこっち跳《と》ぶ」。

もともと見えていたときから、彼女《かのじょ》は自然に手が動くほど書くのが好きだったそうです。「書くという動作が好き……というか好きかどうか考えたことすらなかったです。小学校のころの趣味《しゅみ》は、お姉ちゃんが持っている広辞苑《こうじえん》を盗《ぬす》み見《み》して、化学式を全部書いていくということでした。今だったらH_2Oが水だと分かるけれど、当時は『何だこれは！』と思って写してました」。そして六年間かけて、彼女《かのじょ》はついに広辞苑《こうじえん》一冊分の化学式を写したと言います。

それにしても、A5サイズというのは、場所としてはかなり小さなスペースです。この小さな紙の上で、的確に字を置いていくのはかなり難しいように思えます。いったいどうやって視覚を使わずに、この紙を自在に使いこなしているのだろうか……。自分の手がどれだけ動いたか、その移動距離《きょり》で位置を確認《かくにん》しているのかもしれない。そう思って彼女《かのじょ》に質問すると、「な～んも考えてない」と笑い声が返ってきました。

確かに、ただ鉛筆《えんぴつ》を動かすだけであれば、運筆の記憶《きおく》がありますから、字を書くこともできそうな気がします。運動の熟達はしばしば視

二〇二二年度 武蔵中学校

【国語】（五〇分）〈満点：一〇〇点〉

一 次の文章は『記憶《きおく》する体』という本の一部です。これを読んであとの質問に答えなさい。

インタビューしたとき、西島玲那《にしじまれな》さんは三〇代に入ったばかりでした。完全に見えなくなったのが一九歳《さい》のときなので、それからすでに一〇年以上が経《た》っていました。

彼女《かのじょ》の目が急激に見えにくくなったのは、一九歳《さい》から少しさかのぼって、高校一年生の夏休みのこと。生まれつき視野が狭《せま》い、夜盲《やもう》、色弱、といった症状《しょうじょう》があり、一〇歳《さい》で網膜《もうまく》色素変性症《へんせいしょう》の確定診断《しんだん》が出ていたのですが、五年経《た》ってそれが発症《はっしょう》したのです。

「その日一日で、スポンと見えなくなりました」。彼女《かのじょ》のそのときの視野は五度以下になっていたといいます。視野五度と言えば、視線を向けている先にあるものだけが見えている状態。パワーポイントにたとえるなら、ポインターの光が当たっているところだけ見える、といった感じでしょうか。吉野家《よしのや》の看板を見ても、オレンジしか見えなかったと彼女《かのじょ》は言います。そこからさらに視力が低下していき、一九歳《さい》で完全に失明しました。

ところが興味深いことに、高校一年生で急激に視力が低下したとき、玲那《れな》さんは、その変化にすぐには気がつかなかったと言います。「おうちの中で急いでいたので、気がつかなかったです。母とくらしていたのですが、いつもと同じように準備をして、ご飯を食べていました。家を出て、アパートの階段を降りて、陸に着地したときに『あれ？』と思った。何見てるんだろう、って」。

当時玲那《れな》さんは高校の雪上滑走《かっそう》競技部（スキー部）に所属していて、夏休みの練習に参加しようとしていました。しばらく寝《ね》込《こ》んでいたので、久しぶりの参加になる予定でした。家を出るにあたって、顔を洗ったり、着《き》替《が》えをしたり、朝食を食べたり、といった準備があったはずです。しかし、そのあいだ、彼女《かのじょ》は自分の目がほとんど見えていないことに気がつかなかった。それに気づいたのは、ようやくアパートの外の駐車場《ちゅうしゃじょう》に出たときでした。

なぜ彼女《かのじょ》は気がつかなかったのか？ 理由として考えられるのはただひとつ、彼女《かのじょ》はもともとあまり見ていなかった、ということです。

先述の通り、玲那《れな》さんには、もともと見えにくいという症状《しょうじょう》がありました。それゆえ視覚に対する依存度《いそんど》が低く、周囲を認知《にんち》するための手段として、視覚の占《し》める割合が相対的に低かったと考えられます。代わりに、触覚《しょっかく》や聴覚《ちょうかく》や嗅覚《きゅうかく》を使って認知《にんち》する習慣があった。だから視覚がなくなったとしても、情報量が大きく減ったと感じることはなかったのです。

家の外に出て初めて気づいた、というのも興味深いポイントです。私も経験がありますが、引《ひ》っ越《こ》した直後は、柱の角や洗面所の角にやたら足や肩《かた》をぶつけます。でもしだいに体が＊チューニングされ、家のサイズや凸《でこ》凹《ぼこ》にあってくる。照明をつけなくてもストーブのスイッチを入れることができるし、机の上にカバンを置くことができるようになります。

つまり、家の中とは、よい意味で「思《おも》い込《こ》み」が通用する空間です。思《おも》い込《こ》みで動けるならば、細かく観察しようというスイッチを切ることができる。そもそも細かく観察する必要のない空間だったから、玲《れ》那《な》さんは、自分の見え方の変化に気づくことがなかったのです。外に出たとたんに気づいたのは、観察スイッチが入ったためだと考えられ

2022年度
武蔵中学校 ▶解説と解答

算数 (50分)＜満点：100点＞

解答

1 (1) ㋐ 2520 ㋑ 315 (2) **はがき** 44通 **封筒** 26通 2 (1) 16.5cm^2 (2) 36.2cm^2 3 (1) 489, 579, 3459 (2) 16通り (3) 44通り 4 (1) 18秒後 (2) 5.5秒後 (3) **初めて** $27\frac{1}{3}$秒後 **3回目** 60秒後

解説

1 整数の性質，消去算

(1) {2，3，4，5，6，7，8，9}の最小公倍数を求めることになるが，2と4は8の約数であり，3は6の約数だから，残りの{5，6，7，8，9}の最小公倍数を求めればよい。よって，右の図1の計算から，2×3×5×1×7×4×3＝2520(…㋐)と求められる。また，(偶数《ぐうすう》)×(偶数)＝(偶数)，(偶数)×(奇数《きすう》)＝(偶数)，(奇数)×(奇数)＝(奇数)なので，2520の約数で奇数になる数は，{1，3，3，5，7}をかけ合わせてできる数である。したがって，2520の約数のうち，最も大きい奇数は，3×3×5×7＝315(…㋑)とわかる。

図1

2)	5	6	7	8	9
3)	5	3	7	4	9
	5	1	7	4	3

(2) はがき1通には2枚，封筒《ふうとう》1通には3枚の切手を使い，はがき1通には，62＋1＝63(円)，封筒1通には，82＋1＋1＝84(円)の切手を使うから，はがきの数を□通，封筒の数を△通として式に表すと，右の図2のア，イのようになる(アは枚数，イは代金)。はじめに，イの式の等号の両側を21で割るとウのようになる。次に，アの式の等号の両側を4倍，ウの式の等号の両側を3倍して△をそろえて2つの式を比べると，9×□－8×□＝(9－8)×□＝□の値が，708－664＝44とわかる。また，これをアの式にあてはめると，△＝(166－2×44)÷3＝26と求められる。よって，はがきは44通，封筒は26通である。

図2

2×□＋3×△＝166 …ア
63×□＋84×△＝4956…イ
⬇
2×□＋3×△＝166 …ア
3×□＋4×△＝236 …ウ
⬇
8×□＋12×△＝664 …ア×4
9×□＋12×△＝708 …ウ×3

2 平面図形―辺の比と面積の比，相似

(1) 右の図1で，平行四辺形ABCDの面積が132cm^2だから，三角形ABDの面積はその半分であり，132÷2＝66(cm^2)とわかる。また，三角形AGDと三角形EGBは相似であり，相似比は，AD：EB＝3：1なので，DG：GB＝3：1となる。よって，三角形AGDと三角形ABGの面積の比も3：1だから，三角形ABGの面積は，$66\times\frac{1}{3+1}$＝16.5(cm^2)と求められる。

図1

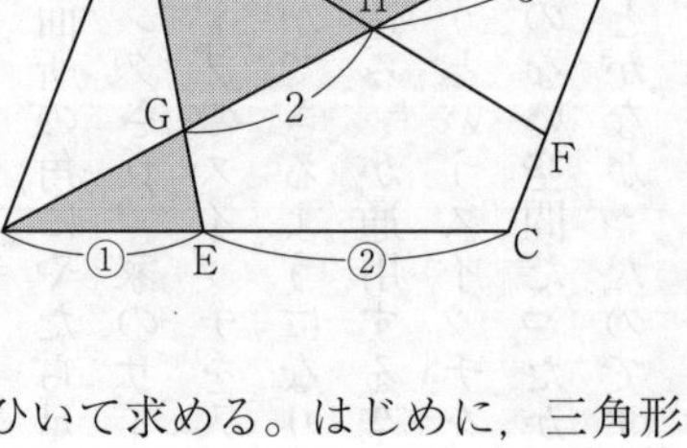

(2) 三角形DBCの面積から，三角形GBEと三角形DHFの面積をひいて求める。はじめに，三角形

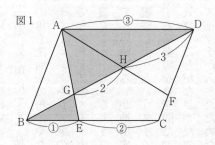

DBCの面積は，三角形ABDの面積と等しく$66cm^2$である。また，⑴の相似から，AG：GE＝３：１となるので，三角形ABGと三角形GBEの面積の比も３：１であり，三角形GBEの面積は，$16.5\times\frac{1}{3}=5.5(cm^2)$と求められる。次に，DH＝３，HG＝２とすると，DG：GB＝３：１だから，GB＝$(3+2)\times\frac{1}{3}=\frac{5}{3}$となり，DH：HG：GB＝３：２：$\frac{5}{3}$＝９：６：５とわかる。さらに，三角形ABHと三角形FDHは相似であり，相似比は，BH：DH＝(５＋６)：９＝11：９なので，AB：DF＝11：９となり，右上の図２のように表すことができる。

図２

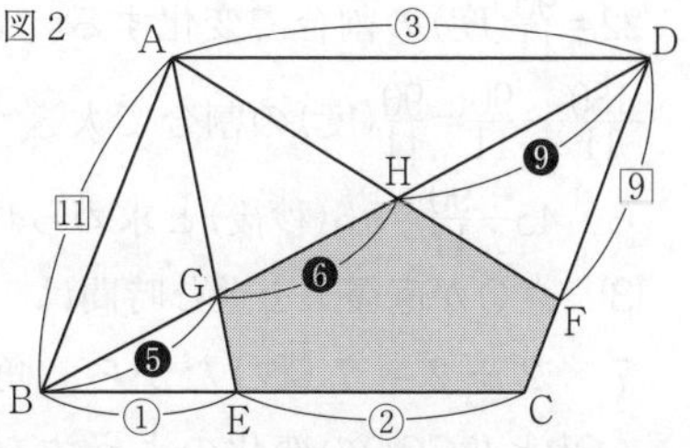

図２から，三角形DHFの面積は三角形DBCの面積の，$\frac{DH}{DB}\times\frac{DF}{DC}=\frac{9}{9+6+5}\times\frac{9}{11}=\frac{81}{220}$(倍)とわかるから，$66\times\frac{81}{220}=24.3(cm^2)$と求められる。したがって，五角形GECFHの面積は，$66-(5.5+24.3)=36.2(cm^2)$である。

3 場合の数

⑴　７つの分銅の重さの合計は，３＋４＋…＋９＝(３＋９)×７÷２＝42(g)だから，A，Bの重さがどちらも，42÷２＝21(g)になればよい。ここで，Aには９gの分銅がのっているので，Aの残りの重さが，21－９＝12(g)になればよい。このような組み合わせは，(４g，８g)，(５g，７g)，(３g，４g，５g)の３通りあり，９gを含《ふく》めて表すと，489，579，3459となる。

⑵　Aの重さが20g以下になればよいから，９gを除いた残りの重さが，20－９＝11(g)以下になればよい。残りの個数が０個の場合(つまりAに９gだけをのせる場合)は１通りである。また，残りの個数が１個の場合は，{３g，４g，５g，６g，７g，８g}のどれをのせてもよいので，６通りとなる。さらに，残りの個数が２個の場合，６個から２個を選ぶ組み合わせの数は，$\frac{6\times5}{2\times1}$＝15(通り)あり，このうち12g以上になるものが，(４g，８g)，(５g，７g)，(５g，８g)，(６g，７g)，(６g，８g)，(７g，８g)の６通りあるから，15－６＝９(通り)と求められる。残りの個数が３個以上の場合は必ず12g以上になるので，条件に合うのせ方は全部で，１＋６＋９＝16(通り)である。

⑶　３g～８gの６個の分銅は，それぞれAにのせるかBにのせるかの２通り選べるから，２×２×２×２×２×２＝64(通り)ののせ方がある。ただし，すべてAにのせるとBに１個の分銅ものせないことになるので，この１通りを除くと，分銅ののせ方は全部で，64－１＝63(通り)とわかる。⑴，⑵より，AとBの重さが等しくなるのせ方は３通り，BがAより重くなるのせ方は16(通り)あるから，AがBより重くなるのせ方は，63－(３＋16)＝44(通り)と求められる。

4 平面図形―図形上の点の移動，速さ，旅人算

⑴　小さい半円の弧《こ》の長さは，$7\times2\times3\frac{1}{7}\times\frac{1}{2}=22(cm)$だから，小さい半円の周の長さは，22＋７×２＝36(cm)である。よって，点Qが初めて点Cに戻《もど》ってくるのは出発してから，36÷２＝18(秒後)である。

⑵　点Qが弧の上を進む時間は，22÷２＝11(秒)なので，点Qが弧の上を進んでいる間は，角COQの大きさは１秒間に，$180\div11=\frac{180}{11}$(度)の割合で大きくなる。また，大きい半円の弧の長さは，小さい半円の弧の長さの，(14＋７)÷７＝３(倍)だから，22×３＝66(cm)である。よって，点Pが弧の上を進む時間は，66÷３＝22(秒)だから，この間は角AOPの大きさが１秒間に，180÷

$22=\frac{90}{11}$(度)の割合で変化する。よって，出発してから11秒後までは，角POQの大きさは１秒間に，$\frac{180}{11}-\frac{90}{11}=\frac{90}{11}$(度)の割合で大きくなるので，角POQの大きさが初めて45度になるのは出発してから，$45\div\frac{90}{11}=5.5$(秒後)と求められる。

(3)　点Qが直径上を進む時間は，７×２÷２＝７(秒)だから，角AOPと角COQの変化のようすをグラフに表すと，右のようになる。このグラフで，点Qが直径上になく，３点O，P，Qが一直線上に並ぶのは，２本のグラフが交わる点である。はじめに，かげをつけた三角形は相似であり，上の三角形と下の三角形の相似比は，(29−24)：(46−18)＝５：28なので，ア：イ＝28：５とわかる。また，この和は，29−18＝11(秒)だから，$ア=11\times\frac{28}{28+5}=\frac{28}{3}=9\frac{1}{3}$(秒)となり，初めて一直線上に並ぶのは出発してから，$18+9\frac{1}{3}=27\frac{1}{3}$(秒後)と求められる。同様に，斜線《しゃせん》をつけた三角形は相似であり，上の三角形と下の三角形の相似比は，(70−65)：(54−48)＝５：６なので，ウ：エ＝６：５とわかる。また，この和は，65−54＝11(秒)だから，$ウ=11\times\frac{6}{6+5}=6$(秒)となり，３回目に一直線上に並ぶのは出発してから，54＋６＝60(秒後)と求められる。

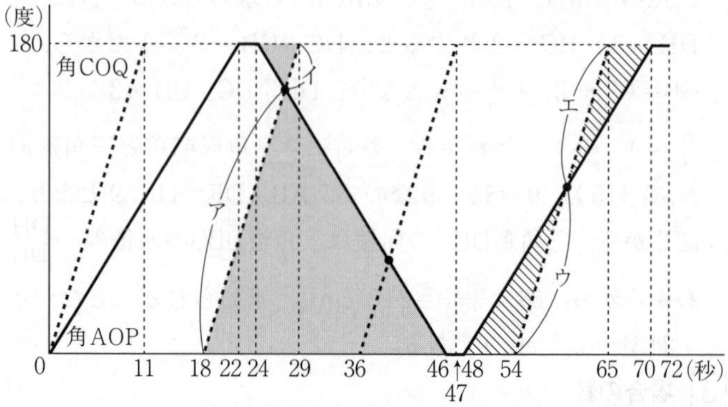

社　会　(40分)　＜満点：60点＞

解　答

問１　寺子屋　**問２**　(あ)　ア　①　イ　④　(い)　イ　**問３**　(例)　全国共通の教育内容を通して，体力を養い，集団生活における規律を身につけさせることで，日本国の兵士としての基礎を育てる役割があった。　**問４**　(例)　男子に比べて女子は進路が限られ，就学期間も短く，家事や裁縫などの教科が設けられていた。つまり，社会で活躍するよりも，家庭で夫を支え，子どもをしっかり育てるという役割が女性に求められており，そのための教育が行われていた。

問５　(あ)　イ　(い)　(例)　単線型は最終学歴の卒業時に自身の進路を決めればよいが，複線型では初等教育終了時など早い時期に進路を決めなければならず，途中での変更が難しい。　**問６**　(例)　すべての都県と全国平均で，男子のほうが女子よりも大学進学率が高い。また，東京都では大学進学率が男女とも全国平均を大きく上回っているが，ほかの県は全国平均前後か，それを下回っている。さらに，東京都では都内の大学への進学率が男女とも50％前後に達しているが，ほかのすべての県では，県外の大学への進学率が県内の大学への進学率を上回っている。

問７　(例)　家庭の経済力が，子どもの教育機会に大きな影響力を持つという格差の問題が生じている。こうした問題に対処するため，従来から行政や民間団体が用意している奨学金の制度に加え，高校の授業料にあたる費用を国が家庭に支給する「高校無償化」の制度が導入されている。

また，学校外での教育格差をうめるため，放課後に学校などを利用して学習支援を行っているところもある。

解　説

教育制度を題材とした問題

問1　寺子屋は江戸時代に各地に設置された庶民《しょみん》の子どものための教育機関で，僧や神官，浪人などが教師を務め，「読み書きそろばん」などが教えられた。

問2　(あ)　**ア**　米沢は山形県の南部に位置し，米沢盆地を中心とする置賜地方の中心都市である。江戸時代には上杉氏の治める米沢城の城下町として発展し，18世紀後半には，藩政改革に取り組んだ第9代米沢藩主上杉治憲《はるのり》(鷹山《ようざん》)が藩校として興譲館《こうじょうかん》を設立した。　**イ**　熊本は九州中南部に位置し，築城の名手として知られる加藤清正が安土桃山時代末～江戸時代初めにかけて建てた熊本城の城下町として発展した。江戸時代には細川氏が治め，18世紀なかばには第6代熊本藩主細川重賢《しげかた》が藩校として時習館を設立した。　(い)　吉田松陰《しょういん》は江戸時代末期に活躍《かつやく》した長州藩(山口県)出身の思想家・教育者で，この時期に広がった尊皇攘夷《そんのうじょうい》運動に大きな影響《えいきょう》をあたえた。地元の萩《はぎ》でおじが開いた私塾の松下村塾を引き継《つ》ぎ，高杉晋作《しんさく》や伊藤博文，山縣有朋《やまがたありとも》ら，倒幕や明治維新で活躍する多くの人材を輩出《はいしゅつ》したが，幕府の対外政策を批判して安政の大獄(1858～60年)で処刑された。なお，適塾(適々斎《さい》塾)は江戸時代末に医者・蘭学《らんがく》者の緒方洪庵《おがたこうあん》が大坂(大阪)で開いた私塾で，門下生には福沢諭吉がいる。鳴滝《なるたき》塾は，長崎出島に置かれたオランダ商館の医師であったドイツ人のシーボルトが19世紀初めに長崎郊外で開いた診療所兼《けん》学問所で，高野長英らがここで学んだ。

問3　軍隊を強くするためには，兵士一人ひとりが丈夫《じょうぶ》な体を持つことや，上官の指揮や命令のもと，規律を守って部隊として統制のとれた行動をとること，そして国民として団結心を持つことが必要となる。明治政府が富国強兵政策の一つとして学校制度を創設し，特に初等教育の充実に力を注いだのは，学校での集団生活を通して日本国民としての意識を持たせ，兵士としての基礎《きそ》を育てるためだったと考えられる。

問4　本文の第5段落後半によると，女子は男子に比べて高等教育の進路が制限されており，高等女学校の期間も中学校より短く設定されていた。また，法制及《および》経済などの科目の代わりに，家事や裁《さい》縫《ほう》などが設置されていた。ここから，戦前の社会では，女性には男性ほどの教育が必要ではなく，社会に出るために必要な知識よりも，家庭で役立つ知識を身につけるべきだと考えられていたことがうかがえる。このように，かつての日本社会では，女性は長く学校で学ぶよりも早く結婚して家庭に入り，夫を支え，子どもをしっかり育てるという役割が求められており，女子教育も「良妻賢母」の育成が大きな目的とされることが多かった。

問5　(あ)　本文の第4段落より，日本の旧制の学校制度が「複線型」のしくみだったとわかり，その具体的な説明が第5段落の前半にある。これによると，小学校を出たのち進学する学生には，中学校・高等学校・帝国大学に進むコースや，高等師範学校，医学専門学校などに進むコースが設けられていた。これは，資料1のうち，小学校にあたるグルントシューレを卒業したあと，職人・技術者などをめざす人のための学校であるハウプトシューレ，事務職や専門職をめざす人のための学校であるレアルシューレ，大学をめざす人のための学校であるギムナジウムに進路が分かれるドイツのしくみに近い。一方，ジュニアスクールからハイスクールを経て大学・短期大学に進むしくみをとるアメリカのしくみは,「単線型」といえる。　(い)　大部分の学生が同じような内容を学ぶ「単線型」の場合,早い段階から専門的な教育を受けることは難しいが,幅広く物事を学ぶ中でじっくりと進路を選択することができる。これに対して「複線型」の場合,ドイツの例からわかるように,中等教育機関への進学先が決まった時点で卒業後の進路がほぼ決まる。そのため,複線型は早い段階から進路を選択することで早期に専門的な勉強を進めることができるが,途中での進路変更《へんこう》が難しい。

問6　資料2によると,全国および関東地方一都六県のすべてにおいて,縦軸《じく》の数値と横軸の数値を足して求めた大学進学率は,女子よりも男子のほうが高い。また,東京都の大学進学率は男女とも全国平均を大きく上回り,神奈川・千葉・埼玉の各県の男子と神奈川県の女子も全国平均をわずかに上回るが,他県では全国平均を下回る。さらに,東京都は男女とも都内の大学への進学率が50%前後を占《し》めているが,ほかのすべての県では,男女とも県外の大学への進学率のほうが,県内の大学への進学率よりも高い。男女の違いに注目すると,都県外大学進学率は,すべての都県で男子が女子を上回る。東京都には多くの大学が集中していることから,受験機会や大学・学部の選択肢《せんたくし》も多くなる。このことが,全体の大学進学率や都県外大学進学率に反映していると考えられ,住む地域によって教育環境に差が出ているともいえる。また,男子よりも女子のほうが,親元から地元の大学に通う学生が多いことも推測でき,全体の大学進学率の差だけではない男女の違いがあることも読み取れる。

問7　本文では,大学進学率において「男女や地域」の差があることや,「受けられる教育が家庭の経済力に左右されること」が指摘されている。この差を解消するためには,子どもの家庭環境にかかわらず,教育機会が均等にあたえられるような対策をとることが必要となる。中心となるのは経済支援で,一定の条件を満たした学生に対し,行政や民間団体が教育費を支給,あるいは貸しつけるなどする奨学金の制度に加え,高校の授業料にあたる費用を国が家庭に支給する「高校無償化」(所得制限がある)の制度が導入されている。また,地域的・経済的事情などによって,塾などの学校外教育を受けられない子どもたちのために,授業外の時間に学校などを利用して学習支援を行う「放課後学級」のような制度を導入している地方自治体もある。そのほか,障がいのあるなしや国籍・母語の違いによる格差なども存在しており,多様化する社会の中でどう共存し,格差をうめていくかが課題となっている。

理　科　(40分)　＜満点：60点＞

解答

1 (1) ア,イ,ウ　(2) ア　(3) イ,ウ　(4) なし　(5) イ,ウ　(6) イ,ウ　(7) イ,エ　(8) ア,イ,ウ　(9) ウ　(10) ウ,エ　2 **問1**　**バッタ**…イ→エ→カ　**コウモリ**…ウ→エ→カ　**問2**　**ア**　子宮　**イ**　胎ばん　**ウ**　へそのお　**問3**　(1) 解説の図を参照のこと。　(2) エ　**問4**　**ニワトリ**…ウ　**ヒト**…イ　**問5**　(1) (例)　幼体から成体へと成長するにしたがい,しだいに小さくなっている。　(2) 右の表　(3) (例)　成虫は子孫を残す役割をもっていて,体を小さく,体重を軽くすることで,行動範囲が広がり,オスがメスを探しやすくなる。　3 **問1**　**A**　(例)　解説の図1を参照のこと。

	9月下旬	1月下旬
成長段階	B	B
主な行動	キ	ウ

B（例） 解説の図２を参照のこと。 **問２** （例） Ａは全体がかたむいて静止するが，Ｂはほとんどかたむかないで静止する。 **問３** **アが4.0cmのとき**…（例） 2.0cm **アが2.0cmのとき**…（例） 7.0cm

解 説

1 小問集合

⑴ 赤色リトマス紙を青くする水溶液《すいようえき》にはアルカリ性の水溶液が当てはまる。うすい水酸化ナトリウム水溶液と石灰水，アンモニア水はアルカリ性，食塩水と砂糖水は中性，炭酸水とうすい塩酸は酸性の水溶液である。水道水は地域によって異なるが，おおむね中性になっている。

⑵ 化石とは，大昔の生物の死がいや，そのすみかの跡《あと》や足跡などの生活の跡が地層や岩石に残されたものである。軽石は火山の噴火《ふんか》で放出されたマグマが冷えてできる岩石で，生物には関連しない岩石であり，化石ではない。

⑶ 方位磁針のＮ極が北の方角を指すのは，地球を大きな磁石と考えたときに北極近くに磁石のＳ極があるためである。また，磁石に引き寄せられる金属は鉄やニッケルなど一部だけであり，主に銅でできている10円硬貨《こうか》は磁石に引き寄せられない。

⑷ デンプンはヨウ素液をつけると青紫《むらさき》色を示す。植物の葉に日光が当たると，葉の中にある葉緑体でデンプンがつくられる。このはたらきを光合成といい，葉でつくられたデンプンは根や茎《くき》，種子などに運ばれて蓄《たくわ》えられる。また，デンプンはだ液により別のもの(麦芽糖)に変えられる。

⑸ 窒素《ちっそ》は自身が変化したり，他の物質と反応したりする性質があまり強くないため，ものを燃やすはたらきはなく，ものが燃えても減らず，空気中の割合がほとんど変わらない。また，窒素には石灰水を白くにごらせる性質はない。

⑹ コンデンサーは電気を溜《た》めることができる部品であり，電気を流しても光ることはない。コンデンサーに電気を溜めるときは直流の電源につなぐ。家庭のコンセントに届いている，電流の流れる向きや大きさが規則正しく移り変わる交流の電流では電気を溜めることはできない。

⑺ 血液は酸素や栄養分を体中に運ぶだけでなく，体内で生じた二酸化炭素や尿素《にょうそ》などの不要物なども運ぶ。血液中を流れる赤血球にはヘモグロビンという赤色の色素が含《ふく》まれていて，肺で酸素を受け取り，体の各部分に酸素を渡《わた》すはたらきをしている。酸素を渡したあとの赤血球は，やや暗い赤色をしている。

⑻ れきはいろいろな岩石がこわれてできた岩石のうち，直径が２mm以上のものを指す。れきの色はこわれる岩石の色によって決まるので，さまざまな色のものがある。また，れきは流れる水のはたらきによって運ばれるので，角がとれて丸みを帯びているものが多い。砂や泥《どろ》がたい積した地層の中には，れきはふつうほとんど含まれない。

⑼ 台風は赤道付近の南の海上で発生した，最大風速が秒速17.2m以上になった熱帯低気圧で，はじめは貿易風の影響《えいきょう》で北西に移動し，やがて偏西《へんせい》風などの影響で北東に移動することが多い。

⑽ ガスバーナーを消火するときは空気の調節ネジ，ガスの調節ネジの順に締《し》める。また，顕微《けんび》鏡《きょう》でピントを合わせるときは，横から見ながら対物レンズとステージを近づけ，接眼レンズをのぞきながら対物レンズをプレパラートからしだいに遠ざけながらピントを合わせる。

2 生物の成長とつながりについての問題

問１　バッタは昆虫《こんちゅう》のなかまで，卵→幼虫→成虫の順に成長する。昆虫のこのような育ち方を不完全変態という。また，コウモリはほ乳類のなかまで，母親の子宮の中で胎児《たいじ》が育つ。身近に見られるアブラコウモリの場合は，受精してから２か月ほどで幼体が産まれ，幼体は半年から１年ほどで成体になる。なお，ここでの生き物の一生のはじまりは，母親から産み出されたときではなく，受精により生命が誕生したときとした。

問２　ヒトの胎児は，母親の子宮の中で，子宮の壁《かべ》にある胎ばんと，そこにつながるへそのおを通して養分や酸素を母親側から受け取って育つ。

問３　⑴　横軸《じく》の日数とたて軸の茎の長さの組み合わせを，(日数，茎の長さ)で表すと，図１より，順に，(１，１)，(４，12)，(６，26)，(８，26)，(10，28)，(12，32)，(14，40)となる。これらをグラフ上に点で表すと右の図のようになる。　⑵　立ったままだと茎が折れることがあるので，タンポポは茎を倒《たお》しているときに種子を成熟させる。その後，茎をのばしながら再び立ち上がり，遠くまで風で飛ぶように綿毛のついた種子をつける。

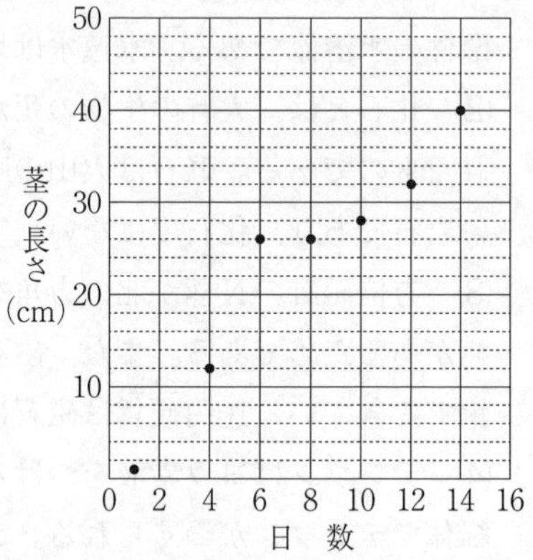

問４　トウモロコシの体の大きさは，種子の大きさに対して，葉が茂《しげ》る時期は非常に大きくなるので，アのグラフが当てはまる。ニワトリは，卵とふ化後のひよこの体の大きさが比較《ひかく》的近く，成鳥になると体がひよこ(幼体)よりはるかに大きくなるので，ウのグラフが適する。ヒトは，20歳《さい》のときの体の大きさ(身長)が10歳のときの２倍になるということはないので，イのグラフが適する。

問５　⑴　トウモロコシやヒト，ニワトリの場合，いずれも成長するにつれて体の大きさが大きくなっていくが，図２より，カブトムシの体長は幼虫のときが最も大きく，さなぎ，成虫と成長するにつれて小さくなっている。　⑵　図３より，卵が産みつけられてから約２か月(60日)後である９月下旬《げじゅん》のカブトムシは，体重が大きく成長している時期のため，幼虫のすがたで，えさである枯《か》れた木や葉を食べていると考えられる。また，卵が産みつけられてから約６か月(180日)後の１月下旬には，体重が最も大きいままほぼ一定になっているため，幼虫のすがたで，えさをほとんど食べずじっとしていると考えられる。なお，卵が産みつけられてから300日目(５月下旬)ごろから急激に体重が減り，さらに320日目(６月中旬)ごろから再び体重を減らしているので，カブトムシはこの時期にさなぎ，成虫と変化している。　⑶　多くの昆虫の成虫は，子孫を残すという役割をもっている。カブトムシの成虫は，体重を軽くすることで行動しやすくなり，行動範囲《はんい》が広がってオスがメスを見つけやすくなり，子孫を残すという点で効率がよくなっていると考えられる。

3　吊《つる》した針金についての問題

問１，問２　折り曲げた針金の一端《いったん》を支点(右の図１，図２の●)に吊したとき，●の真下にその針金の重心(物体全体の重さが１点に集まったと考えられる点)が位置する状態でつり合う。図１のように，Aの形に曲げた針金は点対称《たいしょう》の形をしていて，その重心は針金のほぼ中央にあるので，●の真下に針金の中央があるようにかたむいて静止する。また，図２のように，Bの

図１　図２

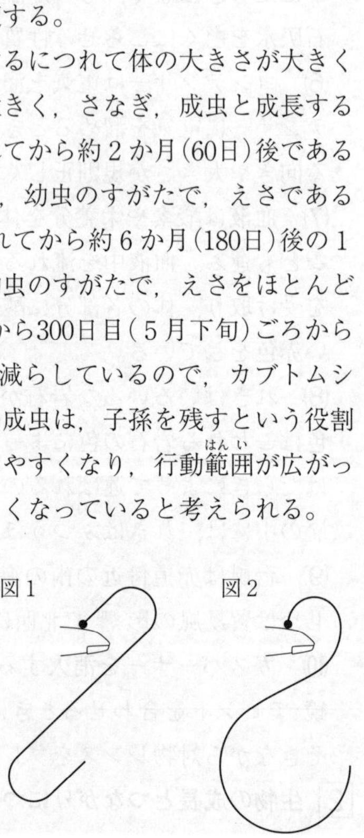

形に曲げた針金を８の字の一部が欠けた形と見たとき，その重心は８の字の下側の大きな円弧《こ》の中心のやや上方にあり，重心と●を結ぶ直線は図２のほぼ真下の方向になるので，ほとんどかたむかないで静止する。

問３　針金の全体の長さはいずれも約17cmである。アの長さが4.0cmのとき，イの長さを1.0cmとすると，ウの長さは，17－(4.0＋1.0)＝12(cm)である。ア，イ，ウの各部分の重心はそれぞれの真ん中の位置にあり，アとウが水平になるとき，問題文中の図の全体を支点のまわりで回転させようとするはたらき(モーメント)は，針金1.0cm分の重さを１とすると，アとイによって右回りに，４×(4.0÷２)＋１×4.0＝12，ウによって左回りに，12×(12÷２－4.0)＝24と表される。よって，この場合は左側が下がる。同様に，イの長さを2.0cmにすると，右回りのモーメントは，４×２＋２×4.0＝16，ウの長さが，17－(4.0＋2.0)＝11(cm)なので，左回りのモーメントは，11×(11÷２－4.0)＝16.5となり，このときも左側が下がる。イの長さを3.0cmとすると，右回りのモーメントは，４×２＋３×4.0＝20，ウの長さが，17－(4.0＋3.0)＝10(cm)なので，左回りのモーメントは，10×(10÷２－4.0)＝10となり，今度は右側が下がる。よって，アとウが水平になってつり合うときのイの長さは，2.0cmより3.0cm未満であり，2.0cmに近い値になることがわかる。実際には針金の曲がり方などによってこの値は多少前後する。また，アの長さが2.0cmのとき，イの長さを7.0cmにすると，右回りのモーメントは，２×(2.0÷２)＋７×2.0＝16，ウの長さが，17－(2.0＋7.0)＝８(cm)なので，左回りのモーメントは，８×(８÷２－2.0)＝16となり，イを約7.0cmにしたときにアとウが水平になってつり合うと予想される。

国　語　(50分)＜満点：100点＞

解　答

一　**問１**　(例)　玲那さんには，もともと見えにくいという症状があったので，周囲を認知するための手段として視覚の占める割合が相対的に低く，その代わりに触覚や聴覚や嗅覚を使っていたうえに，外よりも安定した環境である家の中では，細かく観察していなかったということ。　**問２**　(例)　自らの視力が失われていくさまを，はっきり自覚できるということ。　**問３**　(例)　目が見えない玲那さんが，まるで目が見えているかのようにメモを取っていた，そのなめらかな手の動き。　**問４**　(例)　通常は障害を得ると，体を動かす仕組みそのものが更新されるような変容が起こり，障害をカバーするように全身の働き方が変わるが，玲那さんの場合，「書く」という行為については失明という要因によって変化を被ることなく，むしろそのまま保守されているところ。　**問５**　(例)　紙に情報を書くなど，何らかの物を操作し，その結果を視覚的にフィードバックすることで思考を容易にするように，体と物と視覚とのあいだでも，思考は行われていると考えている。　**問６**　(例)　玲那さんの「書く」という行為は，単なる「運動記憶の再生」ではなく，視覚的な経験にもとづいたイメージによって物と体をつなぎ，視覚的な運動制御だけでなく，書きながら頭のなかを整理していくという意味的な制御にも，かかわっているということ。　二　①～⑦　下記を参照のこと。　⑧　ようさん

●漢字の書き取り

□二 ① 余波　② 穀類　③ 負(えない)　④ 創設　⑤ 功績　⑥ 展覧会　⑦ 奮(って)

解　説

□一 **出典は伊藤亜紗《いとうあさ》の『記憶《きおく》する体』による。**失明してから一〇年以上が経過しながらも，見えていたときと同じように「書くこと」ができている西島《にしじま》玲那《れな》さんを紹介《しょうかい》し，視覚的な情報が思考と大きくかかわっていることを説明している。

問1　筆者は，高校一年生で急激に視力が低下した玲那さんが，アパートの駐車《ちゅうしゃ》場に出るまで自らの「変化」に気づかなかった理由について，続く部分で説明している。「もともと見えにくいという症状《しょうじょう》」のあった玲那さんは，「周囲を認知《にんち》するための手段」として触覚《しょっかく》や聴覚《ちょうかく》，嗅覚《きゅうかく》を使う習慣があり，「視覚の占《し》める割合が相対的に低かった」ことに加え，そもそも細かく観察する必要のない，いわば「思い込《こ》み」の通用する「家の中」にいたため，外に出るまで「自分の見え方」が変わっていることに気づかなかったのである。つまり，「見ていなかった」とは，視覚への依存《いぞん》度が低かったということを意味しているので，この点をおさえてまとめるとよい。

問2　「失明したことに気づかなかった」という玲那さんのようなケースは「特殊《とくしゅ》なものではない」と筆者は述べている。高校一年生の夏休みに起きた自らの急激な視力の低下について，玲那さんは「その日一日で，スポンと見えなくなりました」と振《ふ》り返っているが，問1でみたように，彼女《かのじょ》はアパートの外に出るまで自らの「変化」に気づくことができなかった。つまり，昔から目の悪かった玲那さんは，もともと視力に対する依存度が低かったうえ，家の中という「安定した環境《かんきょう》」にいたので，視力自体が失われても，それを瞬時《しゅんじ》にはっきりと自覚できなかったのである。もし「急な事故」ならば，すぐさま自らの体に起きた異変に気づけるはずだが，玲那さんのように，意識できるまで間がある人は珍《めずら》しくないのだから，「ろうそくの火が消えるように」という比喩《ひゆ》が「必ずしも正しくないのかも」しれないとは，「失明」しても，瞬時にその事実を自覚できるとは限らないということを意味していると考えられる。

問3　インタビューを受けている間，指で筆跡《ひっせき》を確認《かくにん》することもせず「話しながら，ずっと手元の紙にメモをとっていた」玲那さんの手の動きは，「目の見える人」のものと何ひとつ変わらないものだったと述べられている。視覚を使わず，あまりにもなめらかな動作をしてみせる玲那さんの手に筆者は気を取られ，インタビューどころではなくなっていたのである。

問4　「このような変容」とは，可塑《かそ》性を持った体が，「障害を得た前後で」各器官の働き方を変えることを指す。玲那さんも視覚を失うことで「変容した機能」があるはずだが，「『書く』という行《こう》為《い》については，失明という要因によって変化を被《こうむ》ることなく，むしろそのまま保守されている」のである。視覚を失いながらも「書く」能力が保持され続けている玲那さんのあり方は，障害を得た前後の一般《いっぱん》的な「変容」とは異なっているのである。なお，「逆行」は，進むべき方向と反対の方に進むこと。

問5　前の部分で，「書く」ことには意味にかかわる複雑なフィードバックのシステムがあると述べられている。たとえば暗算ではなしえない複雑な「筆算」をするときは，大きな計算のプロセスを紙に書くことで細かく分け，視覚に入った情報とあたかも対話するように少しずつ思考を進めていく。つまり，われわれは，「何らかの物を操作し，その結果を視覚的にフィードバックすることによって，思考を容易に」しているといえるが，「紙に書かれた情報」との対話に限らず，計算において「そろばん」や「おはじき」を使うときも，テトリスをプレイするとき「ピース」を動かすことも同様だと述べられている。このように，「体と物と視覚のあいだ」にも，思考は存在するのだから，頭のなかでだけ行われる精神活動だとは必ずしも言い切れないのである。

問6　目の見える人は，「物と体を視覚でつなぎながら」複雑な思考を可能にしている一方，目の見えない人は「視覚を通して入ってくる情報」がなく，「空間と体が切り離《はな》されがち」である。しかし，「書く」という行為において，玲那さんは頭のなかに思い浮《う》かべたイメージを手がかりとして，「それまでに書いた文字にリーチ」したり，書きながら頭のなかを整理したりすることができる。つまり，「イメージ」を視覚の代わりとすることで物と体をつなぎ，目の見える人と同様，「視覚的な運動制御《せいぎょ》」と「意味的な制御」の両方を可能にしているのだから，玲那さんの「書く」という行為は「現在形」(リアルタイム)なのである。

二　漢字の書き取り

①　前にあったできごとなどから残る影響《えいきょう》。　②　米や麦，豆など種子を食用とする植物。　③「手に負えない」は，自分の力ではどうにもならないようす。　④　それまでになかった制度などを新しくつくりだすこと。　⑤　社会や集団のためになるようなりっぱな働き。　⑥　作品などを公共の場に並べ，たくさんの人に見せるための会。　⑦　音読みは「フン」で，「奮起」などの熟語がある。　⑧　蚕を育て，まゆをとること。

Memo

Memo

Memo

2021年度　武蔵中学校

〔電　話〕 (03) 5984－３７４１
〔所在地〕 〒176－8535　東京都練馬区豊玉１－26
〔交　通〕 西武池袋線―「江古田駅」より徒歩７分
西武有楽町線―「新桜台駅」より徒歩７分

【算　数】（50分）〈満点：100点〉

1　(1)　次の計算をしなさい。

$$1 \div \left(3\frac{3}{8}+\frac{5}{6}\times 2.4\right)+0.08\div\left(1\frac{1}{4}+\frac{5}{6}-\frac{1}{8}\right)\times 3\frac{1}{8}$$

(2)　8060Ｌ入る水そうと，これに水を入れる２つのポンプＡ，Ｂがあります。Ａだけで水そうをいっぱいにする時間は，Ｂだけでいっぱいにする時間の2.1倍です。Ａ，Ｂ２つを使って水を同時に入れ始めたところ，32分後にＢが故障しました。その後はＡだけで水を入れ続けたところ，Ｂが故障しなかった場合より，42分多くかかって水そうはいっぱいになりました。次の問に答えなさい。（式や考え方も書きなさい）

(ア)　Ｂが故障しなかった場合，水を入れ始めてから何分で水そうはいっぱいになりますか。

(イ)　Ｂが故障するまでの間，Ｂが入れた水は毎分何Ｌですか。

2　山のふもとに２つの地点ＰとＱがあります。Ａさんは９時にＰを出発して山を登り，山頂で１時間休けいしてＱへ下りました。Ｑに着いたのは14時45分でした。また，Ｂさんは９時30分にＱを出発して山を登り，山頂で１時間休けいしてＰへ下りました。Ｐに着いたのは14時55分でした。ＰからＱまでの道のりは6.6kmです。ＡさんとＢさんは同じ速さで登りました。下りの速さは，登りの速さの1.5倍でした。下の問に答えなさい。（式や考え方も書きなさい）

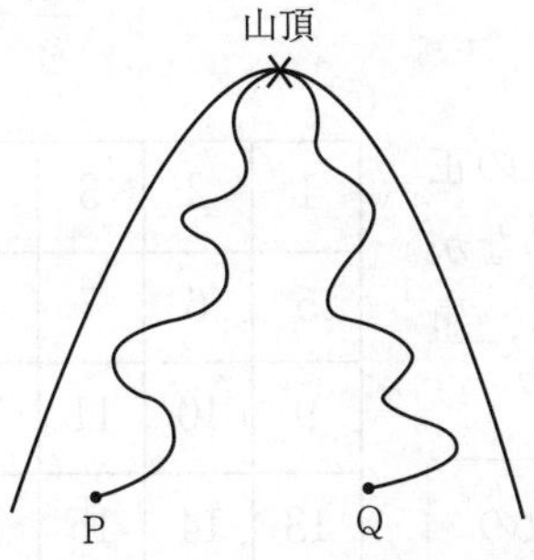

(1)　Ａさんが山頂に着いた時刻を求めなさい。

(2)　２人の山を登る速さは時速何kmですか。

(3)　ＡさんとＢさんが山頂にいっしょにいたのは何分間ですか。

(4)　Ｃさんは13時に地点Ｐを出発して(2)で求めたのと同じ速さで山を登りました。ＢさんとＣさんが出会った時刻を求めなさい。

3　図のような，正六角形ABCDEFがあり，その面積は10cm^{2}です。BG＝EH でGI：IC＝2：3です。下の問に答えなさい。（式や考え方も書きなさい）

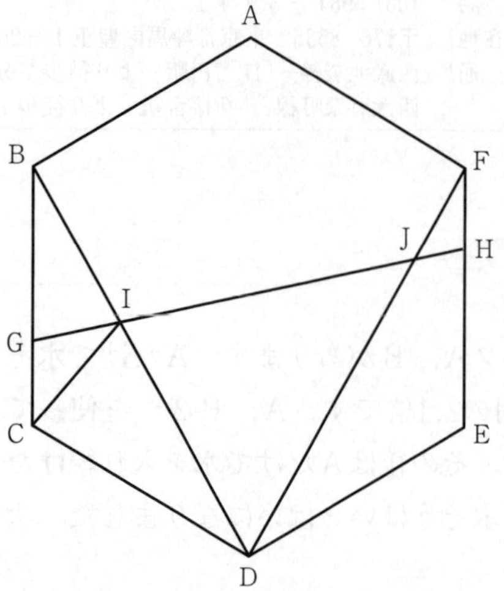

⑴　四角形ABDFの面積を求めなさい。

⑵　三角形BGIの面積を求めなさい。

⑶　三角形IDJの面積を求めなさい。

4　⑴　次の①～⑥のうち，立方体の展開図になっているものはどれですか。すべて選び，番号を解答欄《らん》に書きなさい。

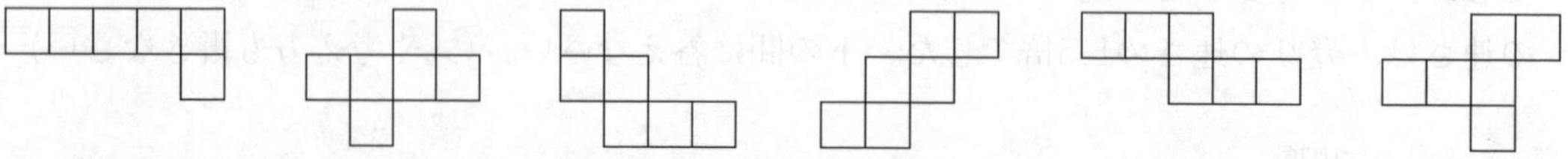

①　②　③　④　⑤　⑥

⑵　〔図１〕のように，16個の同じ大きさの正方形があり，それぞれの正方形には１から16までの数が書かれています。ここから，辺でつながった６個の正方形を選び，立方体の展開図を作ります。このとき，組み立てた立方体が，次の〈ルール〉に合うようにします。

1	2	3	4
5	6	7	8
9	10	11	12
13	14	15	16

〔図１〕

〈ルール〉　向かい合う３組の面のうち，２組の面は書かれた数の和が12である。

〔図２〕は〈ルール〉に合う例の１つです。次の問に答えなさい。

㋐　〈ルール〉に合う展開図を〔図２〕以外に３つ答えなさい。答え方は，〔図２〕なら（２，５，６，７，８，10）のように，６個の正方形に書かれた数を小さい順に書きなさい。

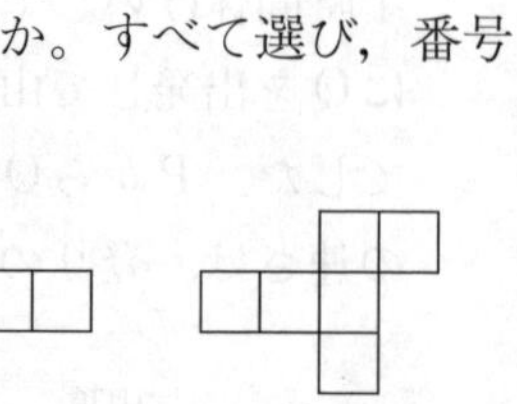

〔図２〕

㋑　〈ルール〉に合う展開図は，〔図２〕と㋐で答えたものをふくめて全部で何通りありますか。

㋒　〈ルール〉に合う展開図に使われている６個の数のうち，最も大きい数をAとします。〔図２〕ではAは10です。Aが最も大きい展開図を㋐と同じように答えなさい。

【社　会】（40分）〈満点：60点〉

つぎの文章をよく読み，あとの設問に答えなさい。

今日も日本や世界では，さまざまな出来事《できごと》が起こっています。そしてこのような出来事《できごと》について私たちは，多くの場合ニュースという形で知ることになります。ところで，皆《みな》さんはニュースをどんな手段によって手に入れていますか。現在ではインターネットを通じてという答えが多いのかも知れませんが，少し前なら主にテレビを通じてというのが多かったのではないでしょうか。では，テレビが普及《ふきゅう》する以前はどうだったでしょうか。多くの人びとにニュースのような情報を伝える手段のことをマスメディアと言いますが，かつては新聞が代表的なマスメディアでした。日本の近代化とともに発展した新聞は，政治や社会，文化などの面で大きな役割を果たしてきました。今日は，日本における新聞の発展と現在について考えてみましょう。

日本で新聞が本格的に発行されるのは明治時代以降です。それでは，明治時代以前に新聞はなかったのでしょうか。江戸《えど》時代，大都市ではさまざまな種類の出版物が盛んに発行されていました。そうした出版物の中には，新聞に似たものもありました。それが瓦版《かわらばん》です。瓦版《かわらばん》の多くは単色刷りの一枚の紙でした。瓦版《かわらばん》は，多くの人びとに読まれ，広く流通しました。

一方で，同じ頃《ころ》のヨーロッパの国ぐにでは，すでに新聞が登場していました。欧米《おうべい》の新聞文化を知った幕府の役人の中には，新聞を発行したり，活用したりすることを主張した人びとがいました。新聞が世論を形成するはたらきに着目したのです。しかし，こうした意見は受け入れられませんでした。

日本で初めて新聞を発行したのは，あるイギリス人でした。彼《かれ》は1861年に長崎《ながさき》で，ついで横《よこ》浜《はま》で新聞を発行しました。日本人による新聞の発行も，その翌年，海外の新聞を日本語に翻訳《ほんやく》するかたちで始まりました。やがて国内のさまざまな情報を掲載《けいさい》する新聞も登場し，外国人による日本語新聞も現れました。しかし外国人の目には，この時期に日本人が発行した新聞は「論説を書こうとはせず，真面目《まじめ》に事件をとりあげて解説しない」もので，ヨーロッパの新聞とは異なるものに映ったようです。外国人が発行する新聞から影響《えいきょう》を受け，日本の新聞は社会や政治に関わるという役割を意識するようになっていきました。幕末から明治初期にかけての新聞をとりまく状況《じょうきょう》について，福地源一郎《ふくちげんいちろう》という人物が書き残した文章があります。福地《ふくち》は長崎《ながさき》出身で，彼《かれ》と新聞との出会いは故郷の長崎《ながさき》で通訳見習いをしている時でした。

「……1862年に幕府の使節に従ってヨーロッパに行き，パリ滞在《たいざい》中，ホテルで新聞を読むと，使節のことが載《の》っていて，われわれの行動，来訪目的，会談の内容が記事になっていました。どうやって新聞記者はわれわれのことを詳《くわ》しく知ることができたのか，それだけでなく，昨日のことを今朝記事にできるのは何という速さなのか，驚《おどろ》いたものでした。…(略)…イギリス滞在《たいざい》中の1864年に，前年のイギリス艦隊《かんたい》による鹿児島攻撃《かごしまこうげき》が，イギリス議会で問題となり内閣が批判される記事を読み，あわせて記者が堂々《どうどう》と議論し遠慮《えんりょ》なく意見を言うことにうらやましさを感じたのでした。…(略)…1866年に再び使節に従ってパリやロンドンに滞在《たいざい》した時，政治についての世論を左右するのは新聞の力だと聞き，私に文才があり機会があれば新聞記者になり時事を痛快に論じようと思い始めたのでした。……」

福地源一郎《ふくちげんいちろう》「新聞紙実歴《しんぶんしじつれき》」(1894年)より　文章を省略し現代の言葉に直しています。

さいしょ日本政府は，新聞の発行を許可制にしながらも，その発行を推奨《すいしょう》していましたが，1874年頃《ごろ》から政府の新聞への対応が変化しました。1875年に新聞紙条例が定められ，新聞の発行方法や記事の内容などを制限しました。反対意見が強まったためにこの条例は1909年に廃止《はいし》されますが，代わりに新聞紙法が定められたことで，政府の新聞に対する取り締《し》まりはかえって強化されました。

政府は，人びとへの影響《えいきょう》力を高めつつあった新聞を取り締《し》まるだけではありませんでした。日清戦争を例にすると，政府は軍隊とともに行動する記者に戦地の様子を報道させただけでなく，福沢諭吉《ふくざわゆきち》など戦争に賛成する人びとの意見を利用して，国民の戦意高揚《こうよう》を図りました。新聞社側も発行部数を増やすために，読者が喜ぶ戦場の「美談」を競って記事としました。そうした「美談」の中には，後に修身という科目の教科書に採用されたものもあります。

一方で，この頃《ころ》から，社会問題を人びとに知らせるという記事も目立つようになりました。1894年に新聞社に入った横山源之助《よこやまげんのすけ》は，当時発達しつつあった工業において過酷《かこく》な環境《かんきょう》で働く工場労働者などの貧困に苦しむ人びとを取材して記事に書き，後にそれを『日本之下層社会《にほんのかそうしゃかい》』という書物にまとめました。社会問題の報道は現在でも新聞の重要な要素の１つですが，すでにこの頃《ころ》には今の新聞につながる側面があったことがうかがえます。

大正時代に入り政党政治が発達すると，各政党は支持を集めるべく世論を意識したため，世論形成に影響《えいきょう》力を持つ新聞の役割はさらに大きくなりました。しかししだいに戦争の影《かげ》が色濃《こ》くなってくると，新聞報道にもさまざまな規制が加えられました。新聞が報道の自由をうたえるようになったのは，第２次世界大戦後のことです。

1925年からはラジオ，そして1953年からはテレビ放送が始められ，どちらも受信用機器の普《ふ》及《きゅう》とともに発達しました。特にテレビの普及《ふきゅう》は戦後の高度経済成長と重なっており，しだいに人びとが情報を手に入れる上での中心的手段になっていきました。こうしたテレビの発達によって，新聞はどうなったでしょうか。実は，新聞も同じ時期に発行部数を順調に伸《の》ばしていたのです。しかしこのような状況《じょうきょう》も，21世紀に入ってから変わってきました。インターネットの登場とその普及《ふきゅう》により，主にインターネットを通じて情報を得る人の割合がしだいに大きくなっているのです。今では新聞はかつてほど重要な存在ではなくなったと言われることもありますが，本当にそうでしょうか。今回ここまでで考えてみたことをふまえつつ，新聞の価値についてさらに追究していくことも重要だと思います。

参考図　浅間山の大噴火《ふんか》（1783年）について報じた瓦版《かわらばん》

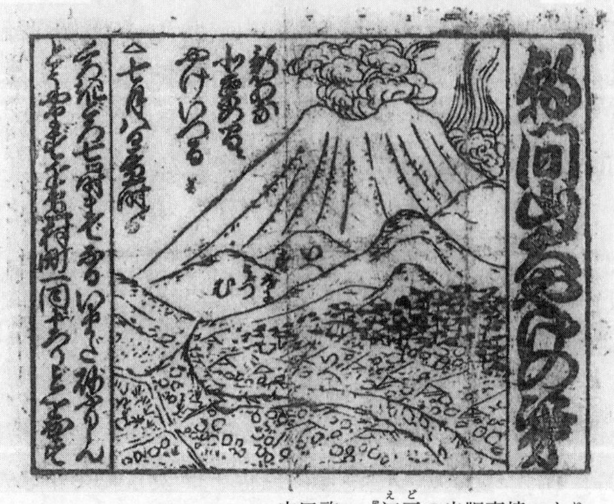

内田啓一『江戸《えど》の出版事情』より

資料　日本における新聞の発行部数の推移（1951年～2020年）

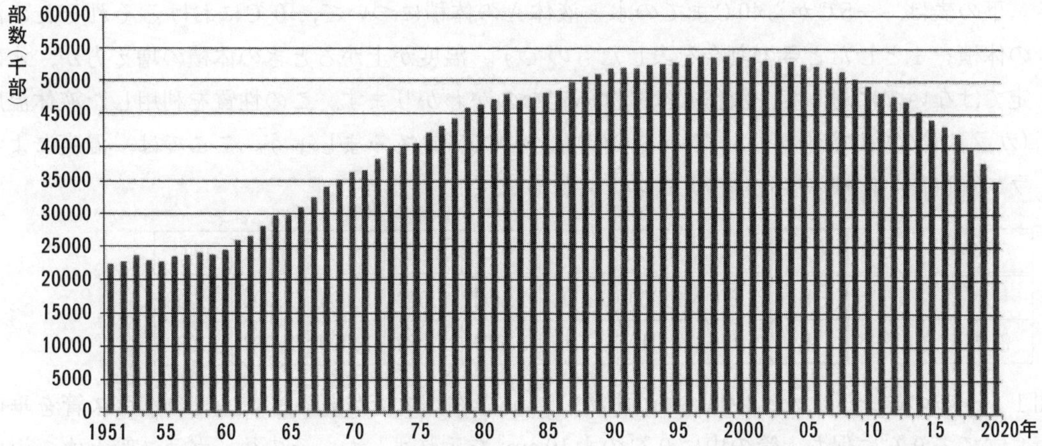

日本新聞協会『日本新聞年鑑《ねんかん》』より作成

問１　一般《いっぱん》的に瓦版《かわらばん》の内容は，自然災害や火事，うわさ話などに限られる一方，ある種の事がらについては書かれませんでした。書かれなかった事がらの種類とその理由を，推測して説明しなさい。

問２　江戸《えど》幕府は，「風説書《ふうせつがき》」と呼ばれる海外事情について書かれた文書を，当時交流していた国ぐにから受け取っていました。その国は，どことどこですか。

問３　福地源一郎《ふくちげんいちろう》が考えた，ヨーロッパの新聞の優れている点について説明しなさい。

問４　以下の問いに答えなさい。

(あ)　1874年に始まったとされる重要な政治的運動は何ですか。

(い)　この運動で目指されていたものは何ですか。下の中から適当なものを２つ選び，記号を書きなさい。

ア．議会の開設　　イ．憲法の改正

ウ．言論の自由　　エ．アメリカとの戦争

問５　第２次世界大戦中の新聞の報道にはどのような規制がありましたか。知っていることを書きなさい。

問６　資料のグラフを見て，以下の問いに答えなさい。

(あ)　戦後，新聞の発行部数が増加していった理由として考えられることを書きなさい。

(い)　21世紀に入り，新聞の発行部数が減少し続けている理由として考えられることを２つ以上書きなさい。

問７　情報をやり取りする手段が多様化した現代において，新聞にはどのような価値が見いだせると思いますか。新聞の特徴《とくちょう》から考えて書きなさい。

【理　科】（40分）〈満点：60点〉

1　下の表は，−5℃から40℃までの水と液体Aの体積について，0℃におけるそれぞれの液体の体積を1としたときの割合を表したものです。温度が上がるときの体積の増え方が，水は一定ではないのに対して，液体Aはほぼ一定なのがわかります。この性質を利用した液体温度計(ガラス管の中に液体が入っているもの)について考えてみましょう。ここでは，温度によるガラス管自体の体積の変化は考えないことにします。

温度	−5℃	0℃	5℃	10℃	15℃	20℃	25℃	30℃	35℃	40℃
水	(氷)	1	1.000	1.000	1.001	1.002	1.003	1.004	1.006	1.008
液体A	0.995	1	1.005	1.010	1.015	1.019	1.024	1.029	1.033	1.038

問1　一方の端《はし》を閉じた，内側の断面積が1cm²のガラス管があります。このガラス管を垂直に立てて0℃に保ち，管の中に0℃の水10cm³を入れました。その後，ガラス管と水の温度が25℃になったとき，水の高さは何cm高くなりますか。

問2　−5℃から10℃まで測ることを考えたとき，水を用いると液体温度計として使えない理由を2つ書きなさい。

問3　気温や水温を測るために，内側の断面積が0.01cm²のガラス管と液体Aを用いて，次の手順で右図のような液体温度計を作りました。まず，ガラス管の一方の端をとかして穴をふさぎ，その端を加熱して(ストローにつけたシャボン玉のように)膨《ふく》らませて，薄《うす》いガラスの球(液だめ)を作りました。続いて，ガラス管を0℃に保ち，管の中に0℃の液体Aを5cm³入れました。すると，液だめに入りきらなかった液体Aの高さが10cmになったので，そこに0℃の目盛りをつけました。

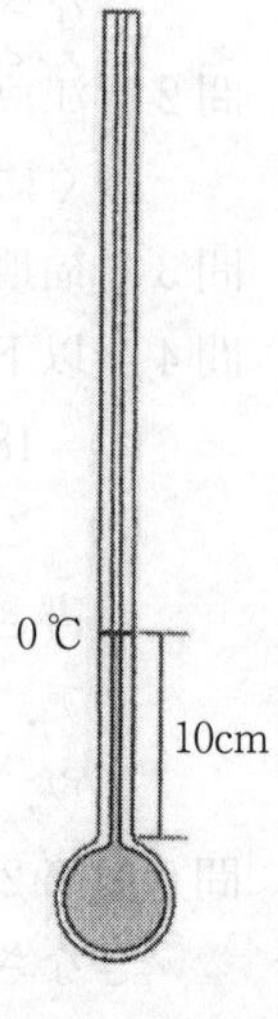

(1)　気温が25℃になったとき，液体Aは0℃の目盛りから何cm高くなりますか。

(2)　内側の断面積が小さいガラス管を使う理由を書きなさい。

(3)　液だめのガラスが薄いことで得られる利点を書きなさい。

(4)　液だめがあることの利点は何だと思いますか。君の考えを書きなさい。

2　武蔵くんは毎朝1時間の散歩をして，その時に気づいたことを日記に書いています。散歩の時刻やコースはいつもおおよそ決まっていて，都区内を流れる，川底までコンクリートで護岸された川幅《はば》10m程度の川沿いです。日記の一部を読みながら，いろいろと考えてみましょう。

○月▲日：日差しが強く，汗《あせ》でビショビショになった。すでに気温は25℃をこえていたようだ。(ア)昨日の夕方から降り続いた大雨のせいで，今日は，昨日よりも川の水面が高くなっているようだった。また，水が茶色くにごっていて，いつもはゆらゆらとゆれている水草もよく見えない。

△月●日：落ち葉が水面を流れていく様子が面白かった。(イ)川の中にある島のような場所の両側で，落ち葉の流れる速さが違《ちが》っていた。生えている水草の色も，流れが速い場所とおそい場所で違うように見えた。

◎月▼日：夜が明けるころの散歩はちょっとこわいので，いつもよりおそく家を出た。吐《は》いた息はすぐに白くなった。家まであと少しのところで，カモが10羽以上の集団で何かを食べているのを見つけた。そろって同じ方向に体を向けて頭を水中に突《つ》っこんでいる様子は面白かった。しばらく見ていたが，どのカモもずっと同じ場所で移動せずに浮《う》いている。不思議だ。

◎月◆日：今日は(ウ)とても寒くて，流れがおだやかな場所では水面にもやがかかっていた。この前見たカモの集団をもう一度見たくて，朝ごはんの後で探しに行くと，もやは消えていた。カモの集団は，やはり体を同じ方向に向けて移動せずに食べている。よく見ると頭を突っこんで水草を食べているようだった。

◇月■日：川の土手にはタンポポやサクラが咲《さ》き始めていた。(エ)最初にカモの集団を見つけた◎月▼日から，ちょうど100日たっていた。最近は虫が多く見られ，鳥の鳴き声もよく聞くようになってきて，朝の散歩が気持ちいい。

問１　下線部(ア)について考えてみます。川の水面の高さは時間とともにどのように変化したと思いますか。**あ**～**え**のグラフの中から最もふさわしいものを選び，記号で答えなさい。

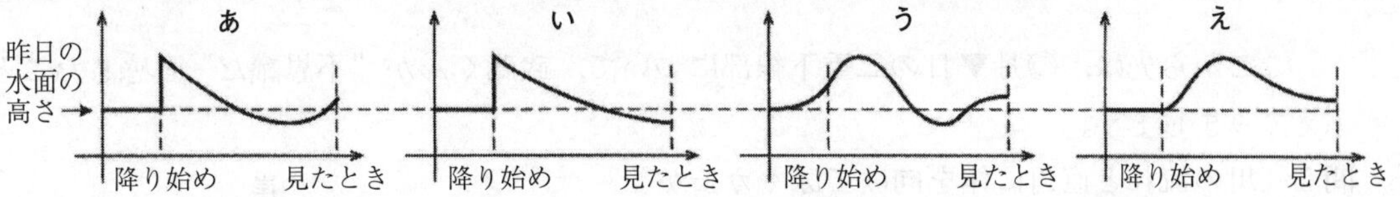

問２　下線部(イ)について考えてみます。右の図は，観察した川の様子をかいたもので，水の流れの速い場所の順に①～③の番号をかきました。**この図から分かることとして**ふさわしいものを，**あ**～**か**の中から全て選び，記号で答えなさい。

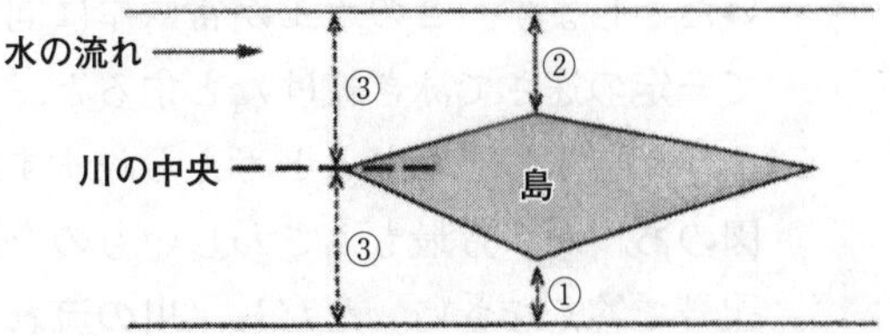

あ．水の流れる幅が広いところは流れが速い
い．島ができているのは流れがおそい場所だからである
う．水の流れる幅が狭《せま》いところは流れが速い
え．川の真ん中では流れが速い
お．水の流れる幅が同じところは流れる速さは同じ
か．深いほど水の流れはおそくなる

問３　下線部(ウ)について考えてみます。この場合のもやと最も近い現象を**あ**～**え**の中から，もう一度見に行くと消えていた理由として最もふさわしいものを**A**～**D**の中から，それぞれ１つずつ選び，記号で答えなさい。

現象

あ．お茶から湯気が出る　　**い**．マスクをして息をするとメガネが曇《くも》る
う．ドライアイスから煙《けむり》が出る　　**え**．ろうそくを吹《ふ》き消すと煙が出る

消えていた理由

A．水温が上昇《しょう》したから　　**B**．気温が上昇したから
C．水温が下降したから　　**D**．気温が下降したから

問4　下線(**エ**)を引いた，◇月■日の夜9時頃《ごろ》には，オリオン座が南西の空に右図のように出ていました。図の★の星はベテルギウスです。ちょうど100日前の◎月▼日の夜9時頃のオリオン座は，どちらの方角に，どのように見えていたと考えられますか。**あ～え**，**A～D**，の中からそれぞれ最もふさわしいものを選び，記号で答えなさい。

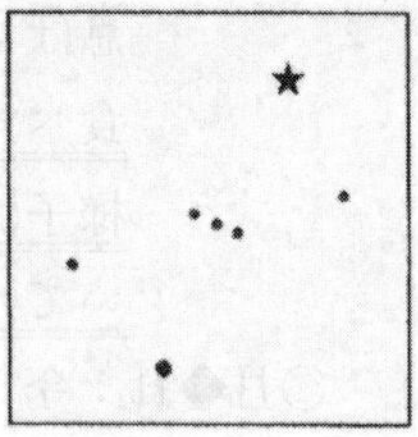

方角

あ．北東　**い**．南東　**う**．南西　**え**．北西

見え方

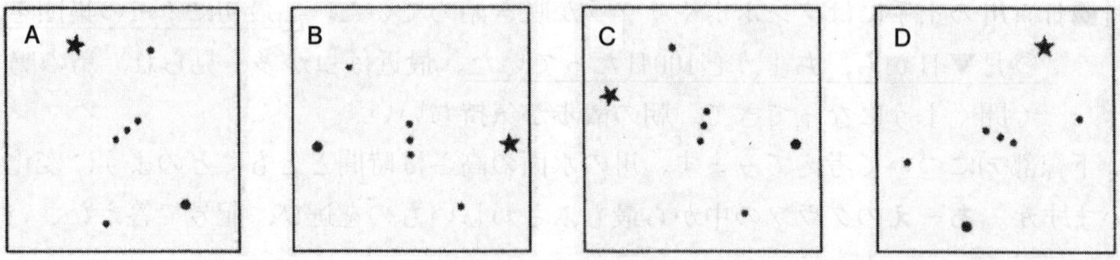

ここから先は，◎月▼日の二重下線部について，武蔵くんが“不思議だ”と感じたことを考えてみましょう。

問5　川の流れと直角に体を向けて泳ぐカモがいたとします。このカモが常に岸に向かって一定の速さで泳ぎ続けたとすると，どのような道すじをたどると考えられますか。図の**あ～か**から最もふさわしいものを選び，記号で答えなさい。ただし，**川の流れる速さは，どこでも一定とします**。

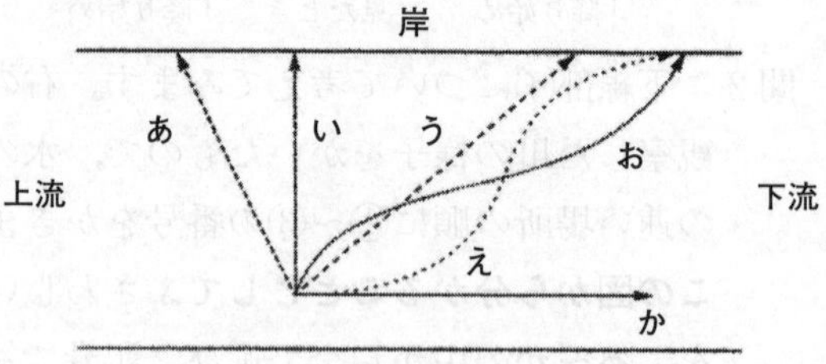

問6　右の図は，カモが水面を泳いでいる様子を横から見たものと，それを後ろから見たものです。カモは左右の足を交互《こうご》に動かして水面を泳ぎますが，足を前後にしか動かせないので体の向いている方向にしか進めません。カモが水面を泳ぐときの水かきの使い方について，上の図から考えられることを書きなさい。

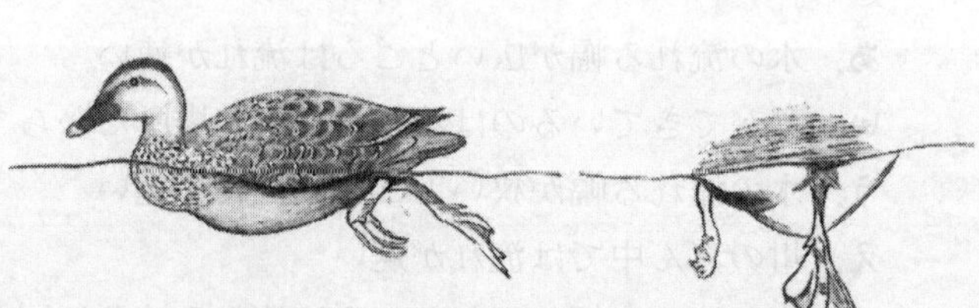

問7　武蔵くんが見たカモの様子について，以下の問いに答えなさい。

(1)　カモが移動せずに頭を水中に突《つ》っこんでいたのはなぜですか。

(2)　カモが向いていた方向を理由とともに書きなさい。

(3)　カモはどのようにして同じ場所に留《とど》まっていられるのだと思いますか。君の考えを書きなさい。

3 袋《ふくろ》の中に，線がかかれた紙と，線がかかれた透明《とうめい》なシートが入っています。以下の問いに答えなさい。線に傷や一部の欠けがあっても無視してかまいません。(試験が終わったら，紙とシートは袋に入れて持ち帰りなさい。)

問1　紙の上にシートを重ねて，縦《たて》長にそろえて置きなさい。次に，紙が動かないようにして，シートの真ん中あたりを中心に，シートを時計まわりに半回転させなさい。線の間の白い四角形の変化について，気が付いたことを書きなさい。図をかいてはいけません。

問2　問1と同様に，紙の上にシートを重ねて，縦長にそろえて置きなさい。次に，紙が動かないようにして，紙の長い辺に沿った方向にシートを動かしなさい。線の間の白い四角形はどのように動いて見えますか。図をかいてはいけません。

問3　紙の線1の上端《じょうたん》と，シートの線Aの上端をぴったり重ねなさい。そのときの黒い線の重なり方や線の間の白い部分の現れ方について，気が付いたことを書きなさい。

＜配られた「線がかかれた紙」と「線がかかれた透明なシート」の写真＞

エ　A　個別　B　包括《ほうかつ》　C　具体　D　包括《ほうかつ》

オ　A　包括《ほうかつ》　B　個別　C　具体　D　抽象《ちゅうしょう》

問六　「嗅覚《きゅうかく》スイッチを切ったままの映像で疑似《ぎじ》体験ばかりを積んでいることは、生命体として何か致命的《ちめいてき》な状況《じょうきょう》に向かっている」とあるが、筆者がそのように考えるのはなぜですか。

二　次の各文の**カタカナ**を漢字に、**漢字**をひらがなに直しなさい。

① 情報の**シュシャ**選択《せんたく》が大切だ。

② 病人を**カンゴ**する。

③ 親友の頼《たの》みは**ムゲ**に断れない。

④ **ガイロジュ**の手入れをする。

⑤ 辞書を**編**む。

⑥ 身を**コ**にして働く。

も感じないまま見続けることはできないはずです。ところがそれができてしまうのは、画面から匂《にお》いがまったく流れ出てこないからです。

そのようにして状況《じょうきょう》を冷静に観察できることは、理性にとって有利ではあります。そのおかげで細部を見つめて分析《ぶんせき》することができるでしょう。しかし、そこには匂《にお》いが欠けている。映像で戦場を見ることが本物の体験とまったく異なるのは、嗅覚《きゅうかく》が封《ふう》じられている点が大きいのではないでしょうか。匂《にお》いがあるかどうかで、臨場感がまったく違《ちが》うのに。

客観的に見る、というスタンスが理性的な思考にとって重要であることはいうまでもありません。しかし、嗅覚《きゅうかく》を取り除いて考えるということは、生き物のリアルな本質を問う場面では、大事な要素を欠くことになります。だから、抽象的《ちゅうしょうてき》に思考をしながらも、同時にそこに匂《にお》いを想像で補う必要があります。もしその場にいたら、どんなに臭《くさ》いことだろう、という想像力を働かせなければならないのです。

しかし、無臭化《むしゅうか》が進んでいる生活に慣れていると、体験したことのない匂《にお》いを、その場に補うことは難しい。ないことに気づくには、かなりの注意力が必要です。それに気づくためには、ふと考えてみる、記憶《きおく》を辿《たど》ってみる、そして想像してみるために立ち止まる必要があるのです。

おそらく私たちは身の回りから悪臭《あくしゅう》を遠ざけると同時に、匂《にお》いに対する感受性や想像力をも弱体化させてしまったのでしょう。そしてそのことに気づきもしないことが、いま最も大きな問題なのかもしれません。テレビ画面に広がる悲惨《ひさん》な光景を、お茶の間で平気で見ていられるのは、現場の匂《にお》いを体験しなくて済むからです。匂《にお》いの有無《うむ》こそが、リアルな体験とバーチャルの違《ちが》いです。画面も音も限りなく現実に近い体験ができていても、匂《にお》いは電波にも無線LAN《ラン》にも乗ってきていないことには気づきにくい。具体的な物は、必ず匂《にお》いを発散しています。生き物は強い香《かお》りを放っているのです。

無臭化《むしゅうか》と芳香化《ほうこうか》に邁進《まいしん》する時代において、嗅覚《きゅうかく》スイッチを切ったままの映像で疑似《ぎじ》体験ばかりを積んでいることは、生命体として何か致命的《ちめいてき》な状況《じょうきょう》に向かっているような不安を感じないではいられません。

（加藤博子《かとうひろこ》の文章による。なお、本文には一部省略したところがある）

＊ご不浄《ふじょう》…トイレ。
＊邁進《まいしん》…まっしぐらに突《つ》き進むこと。
＊こもごも…多くのものが入り混じって。
＊牽引《けんいん》…ひっぱること。
＊バーチャル…擬似《ぎじ》的な。仮想の。

問一　「そんな言葉はもう最近はまったく使われなくなりました」とあるが、それはなぜですか。

問二　「水洗式だと、清潔一方になってしまって…つまらない」とあるが、そう考えるのはなぜですか。谷崎《たにざき》があげる具体例をふまえて説明しなさい。

問三　「もしかしたら私も、本物の薔薇《ばら》の香《かお》りを嗅《か》いでも、日頃《ひごろ》の答え合わせができたとしか思えないのかもしれません」とあるが、それはなぜですか。

問四　「つまり嗅覚《きゅうかく》は、機械技術にはまったく適合しにくい感覚なのです」とあるが、なぜそのように言えるのですか。このあとに続く味覚と比較《ひかく》して説明しなさい。

問五　本文中の[A]〜[D]の空欄《くうらん》に入る語の組み合わせとして正しいものを一つ選んで、**ア〜オ**の記号で答えなさい。

ア　A　具体　B　抽象《ちゅうしょう》　C　包括《ほうかつ》　D　個別
イ　A　抽象《ちゅうしょう》　B　個別　C　包括《ほうかつ》　D　具体
ウ　A　具体　B　包括《ほうかつ》　C　個別　D　抽象《ちゅうしょう》

味覚センサーの開発者である都甲《とこう》潔《きよし》は、嗅覚《きゅうかく》でも客観的なデータが可能かどうかを検討しています。味覚センサーが「食譜《しょくふ》」として機能したように、はたして嗅覚《きゅうかく》でも「香譜《こうふ》」ができるのでしょうか。この問題に対して、都甲《とこう》は悲観的な見解を示しています。味覚と嗅覚《きゅうかく》は、かなり重なり合っている似たような感覚なのに、なぜ「香譜《こうふ》」は難しいのでしょうか。そこに嗅覚《きゅうかく》独自の謎《なぞ》が秘《ひ》められているかもしれませんから、都甲《とこう》の説明を少し追ってみましょう。

香《かお》りの化学的な成分は既《すで》にかなり詳細《しょうさい》に分析《ぶんせき》されていて、実際に、薔薇《ばら》の花をまったく使わない薔薇《ばら》の香料《こうりょう》は製品化され、ごく手軽に使われています。おかげで現代の生活には、人工の疑似臭《ぎじしゅう》が氾濫《はんらん》しました。こうして化学的には簡単に合成できるのに、楽譜《がくふ》のように体系化できないのは、香《かお》りには基本臭《きほんしゅう》がないからである、と都甲《とこう》は説明しています。味ならば、甘《あま》い、塩《しょ》っぱい、辛《から》い、酸《す》っぱい、苦い、それにうま味を加えた六つの要素に分け、それらを数値化して譜面《ふめん》を作ることができました。

しかし香《かお》りは「甘《あま》い」というような[A]的な軸《じく》を立てられないのです。確かに「甘《あま》い」香《かお》りという表現はあります。しかしそれは、バニラの香《かお》りなのか、沈丁花《ジンチョウゲ》の香《かお》りなのか、母乳の香《かお》りなのかによって、ずいぶんと違《ちが》った「甘《あま》い」香《かお》りです。味覚ではある程度は要素としてまとめることができるのに、香《かお》りではできないのです。「甘《あま》い」香《かお》りに感じられるというデータでグループ分けをしようとしても、ゆるい括《くく》りになってしまって、それらの強度を数値化することができない。匂《にお》いは、感じられる要素だけで抽出《ちゅうしゅつ》するのが難しく、薔薇《ばら》なら薔薇《ばら》の香《かお》りとしてしか分類できないのです。

どこまでも[B]的で具体的なものに即《そく》していて、[C]的にはなり得ない点を、都甲《とこう》は「匂《にお》いの言葉が対象物の名前を使って表現されること」と関連づけています。「甘《あま》い」香《かお》りというときの、その「甘《あま》い」は単に味覚からの比喩《ひゆ》表現であって、実際には、[D]的にバニラや沈丁花《ジンチョウゲ》や乳の香《かお》りがするのであって、それらをまとめて一言で表現しても意味がないのです。

これは、味との比較《ひかく》でいえば、料理では塩や砂糖のような調味料があります。海水からできた塩と岩から掘《ほ》られた塩は、厳密には違《ちが》うのでしょうが、それぞれ精製して塩という要素ができています。その調《ちょう》味料を配分して美味《おい》しさを構成するのですが、香《かお》りにはそのような香料《こうりょう》というものができにくい。いくら精製しても、それはやはりどこまでも薔薇《ばら》の香《かお》りであり、麝香鹿《ジャコウジカ》の香《かお》りであり続けるのです。

この普遍化《ふへんか》になじまない性質、抽象化《ちゅうしょうか》できにくい在り方のせいで、嗅覚《きゅうかく》は数値化してデータにすることが困難であり、そのことが、いつまでたっても香《かお》りが電波に乗らない理由でしょう。言葉に変換《へんかん》して伝えるしかないわけです。香《かお》りが具体的な物から離《はな》れて抽象化《ちゅうしょうか》できにくい情報であることは、＊バーチャル世界へと突《つ》き進《すす》む近代社会とは相いれない、いわば人間の原初性を保つ砦《とりで》としての意味を、嗅覚《きゅうかく》が担《にな》っている証《あかし》かもしれません。

香《かお》りが電波に乗らないということは、ただ単に料理番組で美味《おい》しそうな香《かお》りが伝わらないといった不満だけでなく、より深刻な影響《えいきょう》を私たちに与《あた》えているのです。

匂《にお》いが電波に乗らないことは、架空《かくう》の、現実にはあり得ない光景を私たちに体験させることになります。もしそれがリアルな現場であれば、当然、そこに強く匂《にお》っているはずの香《かお》りが、テレビの画面からは伝わってこないのです。

たとえば、激しい戦闘《せんとう》シーンで死体が累々《るいるい》と横たわっている場面では、いかに映像としてはリアルであっても、画像で見ているだけの私たちにとってはまったく無臭《むしゅう》です。本来ならば息ができないほどの血の匂《にお》い、武器が炸裂《さくれつ》した火薬の残臭《ざんしゅう》、死体が腐敗《ふはい》してゆく臭気《しゅうき》を、何書いています。

「便所の匂《におい》には一種なつかしい甘《あま》い思い出が伴《ともな》うものである。たとえば久しく故郷を離《はな》れていた者が何年ぶりかで我《わ》が家《や》へ帰って来た場合、何よりも便所へ這《は》入《い》って昔嗅《か》ぎ慣れた匂《におい》を嗅《か》ぐときに、幼時の記憶《きおく》が*こもごもよみがえって来て、ほんとうに『我《わ》が家《や》へ戻《もど》って来たなあ』と云《い》う親しみが湧《わ》く」

このように谷崎《たにざき》は、便所の臭《にお》いにも風流を感じています。そして既《すで》に、そんな匂《にお》いが失われつつあることに気づいていました。

谷崎《たにざき》は、ある友人が名古屋のお屋敷《やしき》から、ふと漂《ただよ》ってきた便所の匂《にお》いが誠《まこと》に雅《みや》びであったと感心した話を聞いて、便所の匂《にお》いの効用を説くのです。しかし同時に、そういう経験も次第《しだい》に減ってきてしまうだろうと嘆《なげ》きます。「他《ほか》にもいろいろの原因があるに違《ちが》いないが、水洗式だと、清潔一方になってしまって」(前掲《ぜんけい》書)つまらないというのです。

かつて風雅《ふうが》な人は微細《びさい》な匂《にお》いの差異に気づき、そこから多彩《たさい》な文化の風合いを感じ取っていました。ところが、清潔だけを目指して画一化してしまうことを、既《すで》に昭和初期の谷崎《たにざき》は惜《お》しみ憂《うれ》いていたのです。

今の子どもたちは、初めて本物の花の香《かお》りを嗅《か》いだときに、トイレの芳香剤《ほうこうざい》の匂《にお》いがすると言うそうです。実は私も、薔薇《ばら》の香《かお》りは合成のほうを先に知りました。幼い頃《ころ》に、薔薇《ばら》の香《かお》りの消しゴムをスースーと嗅《か》いで、良い匂《にお》いだと感じていたのだと思います。そして、今までに本物の薔薇《ばら》の香《かお》りに包まれた経験など一度もないのに、日常では化学的に合成された薔薇《ばら》の香《かお》りを楽しんでいます。もしかしたら私も、本物の薔薇《ばら》の香《かお》りを嗅《か》いでも、日頃《ひごろ》の答え合わせができたとしか思えないのかもしれません。あぁ、やはりこういう匂《にお》いだったのか、ローズの香《かお》りの入浴剤《にゅうよくざい》は正解だったのだな、と。

人様のお宅を訪問すると、その家の独特の匂《にお》いに誰《だれ》しも気づくものですが、数年前からスプレー式の消臭剤《しょうしゅうざい》が普及《ふきゅう》して、お客さまが見える前にはシュッシュッとスプレーして、室内の空気やカーテンの臭《にお》いを消すことが習慣化しているようです。なにも匂《にお》わないのが良いおもてなしであり、エチケットであるということになっています。家族だけの空間でも、夕飯の匂《にお》いが次の朝に残らないように夜のうちに、カーテンやソファにスプレーしておくと良いようです。現代では、強い生活臭《しゅう》を根絶することが、素敵《すてき》な生活を意味しているのです。

近代化の過程で、このように人々が人工の香《かお》りを駆使《くし》したり、無臭《むしゅう》化《か》したりして自然な匂《にお》いや生活臭《しゅう》を消そうとしてきたのは、なぜなのでしょうか。なぜ、生き物本来の匂《にお》いを遠ざけようとしてきたのか、ここ数百年の間に、人々は何の香《かお》りを嫌《きら》い、何を嗅《か》ぎたいと願ってきたのでしょうか。

二十世紀は視覚中心の時代であり、メディアの発展を*牽引《けんいん》してきたのは映像技術です。並んで聴覚《ちょうかく》においてもまた音響《おんきょう》技術が発達して、いまや映像と音声はかなり高い水準で、電気さえあれば、いつでもどこでも手軽に楽しめるメディアとなっています。

しかし、嗅覚《きゅうかく》となると、かなり以前からテレビの料理番組で「香《かお》りをお伝えできないのが残念です」といいながら、まだいっこうに匂《にお》いは電波に乗りません。言葉やイメージという、間接的なメディアで比《ひ》喩的《ゆてき》に伝えることしかできないのです。あるいはメディアとしてだけでなく日常生活においても、レンズや音声増幅《ぞうふく》の技術によって視覚障害と聴覚《ちょうかく》障害をカバーする技術は大いに発達し、眼鏡やコンタクトレンズ、補聴器《ほちょうき》などは私たちの快適で安全な生活を補助してくれているのに比べて、嗅覚《きゅうかく》を補助するメカはいまだに一般化《いっぱんか》していません。嗅《きゅう》覚《かく》に障害があっても、医学的に対応するしか手立てはない。つまり嗅《きゅう》覚《かく》は、機械技術にはまったく適合しにくい感覚なのです。

二〇二一年度 武蔵中学校

【国語】（五〇分）〈満点：一〇〇点〉

一 次の文章は『五感の哲学《てつがく》』という本の一部です。これを読んであとの質問に答えなさい。

俗《ぞく》に「鼻が利《き》く」という言い方があります。それは、嗅覚《きゅうかく》が敏感《びんかん》で、わずかな徴候《ちょうこう》から何か重要なことや利益になることを嗅《か》ぎ当てる能力に長《た》けている性質を示します。それも、他《ほか》の人よりも素早《すばや》く、そして密《ひそ》かに気配を察知して行動することができること、そんな様子を「鼻が利《き》く」と表現します。

また嗅覚《きゅうかく》の特徴《とくちょう》のひとつに、一時的には、そのセンサーがなくてもそれほど不便ではないという点があります。実際、私たちは風邪《かぜ》をひいてまったく匂《にお》いが感じられなくなっても、呼吸さえできていれば、直ちに生活に困るということは普通《ふつう》はありません。映画のように匂《にお》いの感じられない疑似《ぎじ》体験であっても、私たちは充分《じゅうぶん》に感動したり泣いたりすることができますし、そこに匂《にお》いが欠落しているということに気づきもしないほどです。

しかし逆に、やはり息をしなければ生きていられませんから、漂《ただよ》う匂《にお》いをまったく嗅《か》がずに長く留《とど》まり続けることはできません。強い悪《あく》臭《しゅう》ならば、すぐに避《さ》けて、遠く距離《きょり》を置かねば命にかかわるのです。

このように、一時的にはなくてもさほど困らないけれども、しかし完全に遮断《しゃだん》し続けることは難しいという特徴《とくちょう》をもつ嗅覚《きゅうかく》は、私たちに何を与《あた》えてくれているのでしょうか。

嗅覚《きゅうかく》から得られる体験は、それが化学的な反応だとは分かっていても、視覚や聴覚《ちょうかく》のようには明解にデータ化することができず、そこに何か割り切れないものが匂《にお》うのです。

こんなふうにぼんやりした印象から、本章の考察を始めてみましょう。なにせ、私たちの嗅覚《きゅうかく》は犬よりも猫《ねこ》よりもはるかに鈍《にぶ》く、そして次節で見るように、おそらくは父母や祖父母の時代よりもさらに鈍《にぶ》ってしまっているらしいのですから。

かつて日本には、「田舎《いなか》の香水《こうすい》」という言葉がありました。農村地帯に入って堆肥《たいひ》や肥《こ》やしの臭《にお》いがプーンと漂《ただよ》ってくると、つい、その言葉を呟《つぶや》いてしまったものですが、そんな言葉はもう最近はまったく使われなくなりました。

昔は田舎《いなか》に限らず、どこでも今よりも何かと臭《くさ》かったように思います。映画館は換気《かんき》が悪くて、お煎餅《せんべい》とキャラメルの香《かお》りや＊ご不浄《ふじょう》の臭《にお》いが強く立ちこめて、映画を見終わる頃《ころ》には頭痛がしたものでした。あるいは冬のスキー場のトイレも、蒸《む》れた尿《にょう》の悪臭《あくしゅう》で息もできないほど臭《くさ》かった記憶《きおく》があります。「田舎《いなか》の香水《こうすい》」という言葉が消えたのは、それが田舎《いなか》への差別表現だからという理由だけではなさそうです。

現代の日常生活では、田舎《いなか》でも都会でも、もはや強い生活臭《しゅう》など嗅《か》ぐことはほとんどありません。生活水準が向上してゆく中で、臭《くさ》いことは撲滅《ぼくめつ》すべき悪となり、無臭《むしゅう》と芳香《ほうこう》とが求められてきたのです。生きている限りは必然的に発生するはずの体臭《たいしゅう》も敵視されてきました。そして本来の臭《くさ》い匂《にお》いは「元から断《た》たなきゃダメ」なものであり、合成された芳《かんば》しい香《かお》りで防ぎ、誤魔化《ごまか》すことが一般化《いっぱんか》しました。とにかく嫌《いや》な臭《にお》いを封《ふう》じる、ということに私たちは＊邁進《まいしん》し、無臭《むしゅう》と芳香《ほうこう》にすっかり慣れてきてしまったのです。

トイレの無臭化《むしゅうか》について、すでに昭和初期に谷崎潤一郎《たにざきじゅんいちろう》（一八八六〜一九六五）が「厠《かわや》のいろいろ」（『陰翳礼讃《いんえいらいさん》』一九三三）という文章を

2021年度

武蔵中学校　▶解説と解答

算　数　(50分) ＜満点：100点＞

解　答

1 (1) $\frac{634}{2021}$　(2) (ア) 52分　(イ) 毎分105 L　2 (1) 12時15分　(2) 時速1.2km　(3) 30分間　(4) 14時 9 分　3 (1) $6\frac{2}{3}\text{cm}^2$　(2) $\frac{4}{9}\text{cm}^2$　(3) $2\frac{1}{4}\text{cm}^2$　4 (1) ②，④，⑤，⑥　(2) (ア) 解説の図Ⅵを参照のこと。　(イ) 10通り　(ウ) (1，2，6，10，11，15)

解　説

1 四則計算，比の性質

(1) $1\div\left(3\frac{3}{8}+\frac{5}{6}\times2.4\right)+0.08\div\left(1\frac{1}{4}+\frac{5}{6}-\frac{1}{8}\right)\times3\frac{1}{8}=1\div\left(\frac{27}{8}+\frac{5}{6}\times\frac{12}{5}\right)+\frac{2}{25}\div\left(\frac{5}{4}+\frac{5}{6}-\frac{1}{8}\right)\times\frac{25}{8}=1\div\left(\frac{27}{8}+2\right)+\frac{2}{25}\div\left(\frac{30}{24}+\frac{20}{24}-\frac{3}{24}\right)\times\frac{25}{8}=1\div\left(\frac{27}{8}+\frac{16}{8}\right)+\frac{2}{25}\div\frac{47}{24}\times\frac{25}{8}=1\div\frac{43}{8}+\frac{2}{25}\times\frac{24}{47}\times\frac{25}{8}=1\times\frac{8}{43}+\frac{6}{47}=\frac{8}{43}+\frac{6}{47}=\frac{376}{2021}+\frac{258}{2021}=\frac{634}{2021}$

(2) (ア) 水を入れたようすをグラフに表すと，右のようになる。Aだけでいっぱいにする時間とBだけでいっぱいにする時間の比は，2.1：1＝21：10だから，A，Bから1分間に入る量の比は，$\frac{1}{21}:\frac{1}{10}=10:21$となる。よって，AとBを使ったときに1分間に入る量と，Aだけを使ったときに1分間に入る量の比は，(10＋21)：10＝31：10なので，Bが故障してからいっぱいになるまでの時間の比(グラフのxとyの比)は，$\frac{1}{31}:\frac{1}{10}=10:31$とわかる。この差が42分だから，1にあたる時間は，42÷(31－10)＝2(分)となり，x＝2×10＝20(分)と求められる。よって，Bが故障しなかった場合にいっぱいになる時間は，32＋20＝52(分)である。　(イ) (ア)より，AとBから1分間に入る量の和は，8060÷52＝155(L)とわかる。よって，Bから入る量は毎分，$155\times\frac{21}{10+21}=105$(L)である。

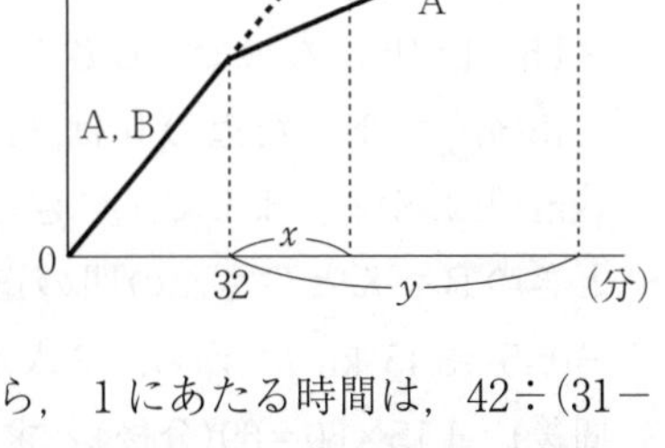

2 速さと比，旅人算

(1) 休けい時間を除くと，AさんがPQ間を進んだ時間は，14時45分－9時－1時間＝4時間45分＝285分，BさんがQP間を進んだ時間は，14時55分－9時30分－1時間＝4時間25分＝265分となり，Aさんの方が，285－265＝20(分)長い。また，AさんとBさんの速さは同じだから，Aさんの登りの方がBさんの登りよりも長いことがわかる。そこで，山頂をRとし，さらに，PR上に，RQ＝RSとなる点Sをとると，右上の図1のようになる。図1で，PS間をAさんが登るのにかかった時間とBさんが下るのにかかった時間の差が20分である。また，登りと下りの速さの比は，1：1.5＝2：3なので，PS間を登るのにかかった時間と下るのにかかった時間の比は，$\frac{1}{2}:\frac{1}{3}=$

図1

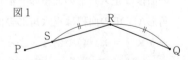

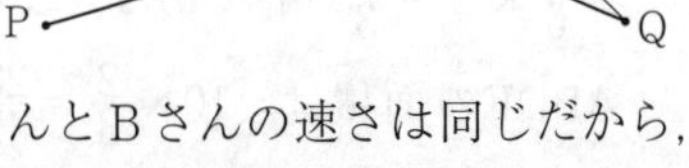

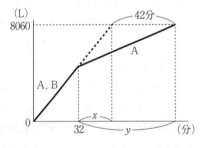

3：2となる。この差が20分だから，1にあたる時間は，20÷(3－2)＝20(分)となり，PS間を登るのにかかった時間は，20×3＝60(分)と求められる。よって，AさんがSからQまで進むのにかかった時間は，285－60＝225(分)となる。このうち，SR間とRQ間にかかった時間の比は3：2なので，SR間にかかった時間は，$225\times\frac{3}{3+2}=135$(分)とわかる。したがって，PR間にかかった時間は，60＋135＝195(分)だから，Aさんが山頂に着いた時刻は，9時＋195分＝9時＋3時間15分＝12時15分と求められる。

(2)　AさんがPR間にかかった時間とRQ間にかかった時間の比は，195：(285－195)＝13：6だから，PR間とRQ間の道のりの比は，(2×13)：(3×6)＝13：9とわかる。また，この和が6.6kmなので，PR間の道のりは，$6.6\times\frac{13}{13+9}=3.9$(km)と求められる。よって，Aさんは195分で3.9km登ったから，登りの速さは時速，$3.9\div\frac{195}{60}=1.2$(km)である。

(3)　9時を基準にすると，Aさんが山頂にいたのは，195分後から，195＋60＝255(分後)までの間となる。また，QR間の道のりは，6.6－3.9＝2.7(km)なので，BさんがQR間にかかった時間は，2.7÷1.2＝2.25(時間)，2.25×60＝135(分)とわかる。よって，Bさんが山頂にいたのは，30＋135＝165(分後)から，165＋60＝225(分後)までの間である。したがって，2人が山頂にいっしょにいたのは，195分後から225分後までの，225－195＝30(分間)と求められる。

(4)　Cさんが出発したのは，9時から，(13－9)×60＝240(分後)だから，9時を基準にして3人の進行のようすをグラフに表すと，右の図2のようになる。図2で，かげをつけた部分に注目する。下りの速さは時速，1.2×1.5＝1.8(km)なので，Bさんが，240－225＝15(分)で下った道のりは，$1.8\times\frac{15}{60}=0.45$(km)とわかる。よって，Cさんが出発するときのBさんとCさんの間の道のりは，3.9－0.45＝3.45(km)だから，2人が出会ったのはCさんが出発してから，3.45÷(1.2＋1.8)＝1.15(時間後)，1.15×60＝69(分後)と求められる。これは9時から，240＋69＝309(分後)なので，BさんとCさんが出会った時刻は，9時＋309分＝9時＋5時間9分＝14時9分である。

図2
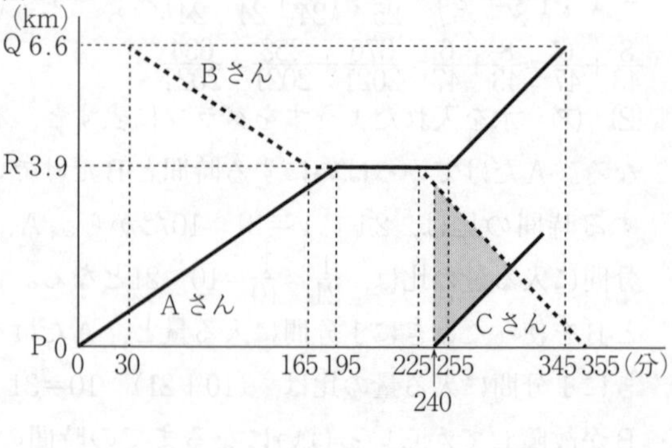

3　平面図形—面積，相似，辺の比と面積の比

(1)　右の図1で，三角形BCDと三角形DEFの面積は正六角形の面積の$\frac{1}{6}$倍だから，四角形ABDFの面積は正六角形の面積の，$1-\frac{1}{6}\times2=\frac{2}{3}$(倍)である。よって，四角形ABDFの面積は，$10\times\frac{2}{3}=\frac{20}{3}=6\frac{2}{3}$$(\text{cm}^2)$と求められる。

図1
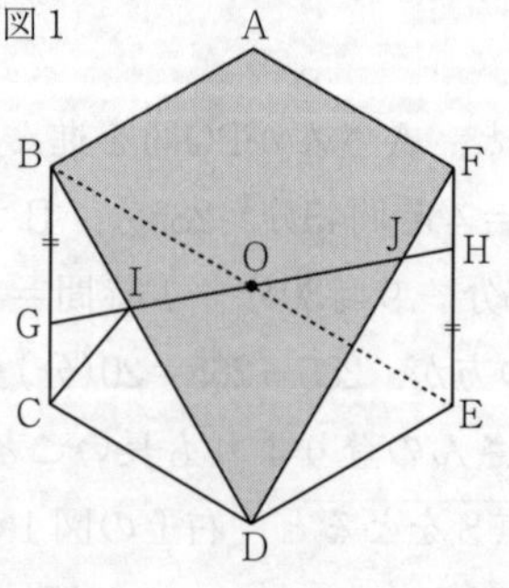

図2
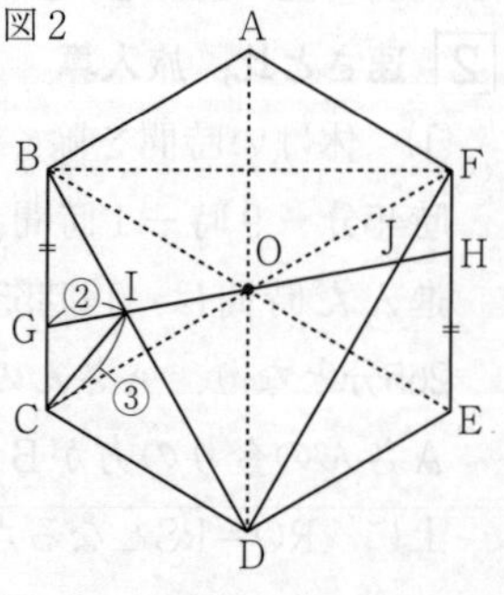

(2)　図1のように正六角形の対角線BEを引き，GHと交わる点をOとすると，三角形OBGと三角形OEHは合同になる。よって，OBとOEの長さは等しいので，Oは正六角形がぴっ

たりと入る円の中心であり，正六角形は上の図２のように同じ大きさの６個の正三角形に分けられることがわかる。図２で，四角形BCDOはBDを軸《じく》として線対称《せんたいしょう》な形をしているから，OI＝③となる。また，三角形BGIと三角形DOIは相似であり，相似比は，GI：OI＝２：３なので，BGの長さを２とすると，DOの長さは３になる。すると，BCの長さも３だから，三角形OBGの面積は三角形OBCの面積の$\frac{2}{3}$倍とわかる。さらに，三角形OBCの面積は正六角形の面積の$\frac{1}{6}$倍であり，三角形BGIの面積は三角形OBGの面積の，$\frac{2}{2+3}=\frac{2}{5}$(倍)だから，三角形BGIの面積は，$10\times\frac{1}{6}\times\frac{2}{3}\times\frac{2}{5}=\frac{4}{9}$(cm²)と求められる。

(3)　三角形BGIと三角形DOIの相似から，DI：IB＝３：２となる。また，三角形ODJと三角形HFJは相似であり，相似比は，OD：HF＝３：(３－２)＝３：１なので，DJ：JF＝３：１となる。よって，三角形IDJの面積は三角形BDFの面積の，$\frac{3}{3+2}\times\frac{3}{3+1}=\frac{9}{20}$(倍)とわかる。さらに，三角形BDFの面積は正六角形の面積の，$1-\frac{1}{6}\times3=\frac{1}{2}$(倍)だから，三角形IDJの面積は，$10\times\frac{1}{2}\times\frac{9}{20}=\frac{9}{4}=2\frac{1}{4}$(cm²)とわかる。

4　立体図形―展開図，条件の整理

(1)　問題文中の①と③は，下の図Ⅰのように，アとイ，イとウの面がそれぞれ向かい合うから，アとウが重なってしまう。よって，立方体の展開図になっているのは②，④，⑤，⑥である。

図Ⅰ

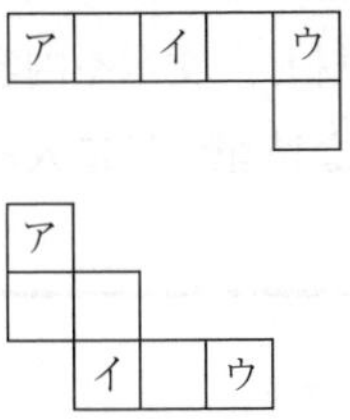

図Ⅱ

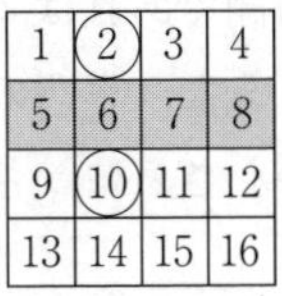

図Ⅲ

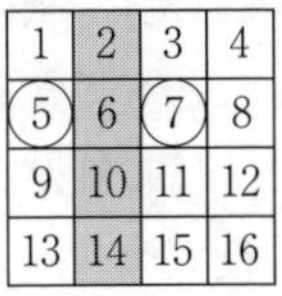

図Ⅳ

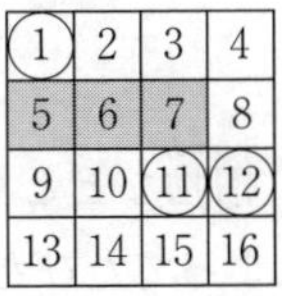

図Ⅴ

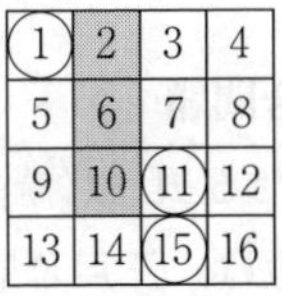

図Ⅵ

(1，5，6，7，8，11)
(3，5，6，7，8，9)
(1，2，6，10，11，14)
(2，5，6，7，10，14)
(2，3，6，9，10，14)
(1，5，6，7，11，12)
(3，4，5，6，7，9)
(1，2，6，10，11，15)
(2，3，6，9，10，13)

(2)　(ア)　上の図Ⅱで，かげをつけた４つの面を選ぶ場合を考える。このとき，向かい合う面である５と７の和は12であるが，６と８の和は12ではないから，和が12になる面をもう１組選ぶ必要がある。その中の１つが丸で囲んだ２と10を選ぶ場合であり，これが問題文中の［図２］である。そのほかに，１と11を選ぶ場合と，３と９を選ぶ場合があるので，図Ⅱの場合は３通りある。同様にして，図Ⅲのかげをつけた４つの面を選ぶ場合も，１と11，５と７，３と９を選ぶ場合の３通りある。次に，図Ⅳのかげをつけた３つの面を選ぶ場合を考える。このとき，８を選ぶ場合は図Ⅱにふくまれているから，８以外から選ぶことになる。すると，丸で囲んだ１と11と12を選ぶ場合と，３と４と９を選ぶ場合の２通りあることがわかる。同様にして，図Ⅴのかげをつけた３つの面を選ぶ場合も，１と11と15，３と９と13を選ぶ場合の２通りある。これ以外の選び方はないので，問題文中の［図２］を除くと，上の図Ⅵの９通りあることがわかる。よって，図Ⅵの中の３つを答えればよい。

(イ)　［図２］もふくめると全部で10通りになる。　(ウ)　図Ⅵで，右端《はし》の数が最も大きいのは下から２番目の場合だから，(１，２，６，10，11，15)となる。

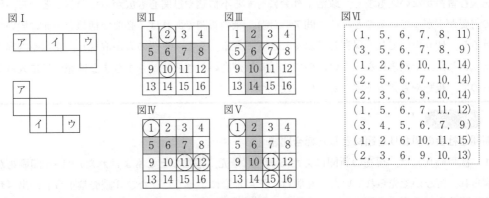

社　会　(40分)＜満点：60点＞

解　答

問1　**種類**…(例)　政治に関する事がら。　**理由**…(例)　幕府に批判的なことや幕府にとって都合の悪いことを書くことによる幕府の取りしまりにあわないようにするため。　**問2**　オランダ，清(中国)　**問3**　(例)　ある事がらについて詳しく調べることのできる情報収集力，取材から出版までの速さや，政治についての議論を堂々と遠慮なく行える開かれた精神，政治についての世論を左右する影響力の強さにおいて，優れていると考えている。　**問4**　(あ)　自由民権運動　(い)　ア，ウ　**問5**　(例)　言論・出版の自由が規制されていたため，政府や軍にとって都合の悪い内容を書いた場合，発行が差し止められた。また，自由な取材をして記事にすることもできなかったため，軍が発表する内容をそのまま報道するしかなかった。　**問6**　(あ)　(例)　人口が増加したことに加え，核家族化の進行によって世帯数が増えたこと。(高度経済成長によって国民生活が豊かになり，人びとの間に新聞を買って読む経済的，時間的な余裕が生まれたこと。)　(い)　(例)　パソコンや携帯電話が普及し，多くの人がインターネットを利用して情報を得るようになったため，紙の新聞を読まない人が増えたこと。さらに，若い世代には新聞を読む習慣がない人も多く，政治や社会に対する不信感や無関心も広がっていることから，新聞の需要が下がっていること。　**問7**　(例)　紙の新聞であれば，必要な情報を手元に置いておけるし，切りぬいて長く保存しておくこともできる。また，専門の人が取材し，文章や内容をチェックした上で記事になっているので，信頼性が高い。さらに，さまざまな情報が目に入ってくるので，視野や考え方を広げるのにも役立つ。

解　説

新聞と社会の関わりを題材とした総合問題

問1　江戸時代には，現在の新聞にあたる瓦版《かわらばん》(読売《よみうり》，摺物《すりもの》などともよばれた)という印刷物が木版で刷られ，町なかで売られていた。瓦版は，江戸幕府によってたびたび「読売禁止令」が出されていたにもかかわらず非合法で出版が続けられ，庶民《しょみん》の貴重な情報源となった。つくり手や売り手は，商売である以上，読者にとっておもしろい情報を載《の》せ，できるだけたくさん売れるようにしなければならない。そのため，瓦版には天災や大火事，外国船の来航，仇討《あだう》ちなど，庶民の関心を引く事がらが掲載《けいさい》された。一方で，非合法な出版物であったにもかかわらず，瓦版に政治的な内容が書かれなかったのは，庶民の興味の対象ではなかったことに加え，余計なことを書いて厳しい処罰を受けることをつくり手が望まなかったからだと考えられる。

問2　江戸時代の鎖国中，幕府はキリスト教の布教を行わないオランダと清(中国)に限り，長崎で貿易を行っていた。出島のオランダ商館長には，オランダ船が入港するたびに「オランダ風説書《ふうせつがき》」とよばれる海外事情報告書を提出することが義務づけられ，提出された「オランダ風説書」は長崎奉行を通じて幕府に手渡された。また，清には中国の状況を報告させ，これを長崎奉行がまとめた「唐船風説書」がつくられていたが，「オランダ風説書」に中国の情報も掲載《けいさい》されるようになったため，価値がうすれた。

問3　福地源一郎の『新聞紙実歴』の引用部分には，「どうやって新聞記者はわれわれのことを詳《くわ》しく知ることができたのか」「昨日のことを今朝記事にできるとは何という速さなのか」に驚《おどろ》いたとあり，福地が，ヨーロッパの新聞の情報収集力や出版までの速さを優れた点としてとらえ，感心していることが読み取れる。また，政治について記者が「堂々と議論し遠慮《えんりょ》なく意見を言う」ことにうらやましさを感じ，「政治についての世論を左右するのは新聞の力だ」と聞いて「時事を痛快に論じよう」と奮い立っている。ここから，福地はヨーロッパの新聞が，政治について遠慮なく発言できる開かれた精神を持ち，世論を左右するほどの影響《えいきょう》力を持っている点においても，優れていると考えていることがわかる。

問4 (あ) 1873年，征韓論をめぐる論争に敗れて政府を去った板垣退助らは，翌74年，民撰議院設立の建白書を政府に提出し，自由民権運動の口火を切った。その主張は新聞などで各地に伝えられ，やがて国会開設を求める動きが全国に広がった。 (い) 板垣退助らは民撰議院設立の建白書で，政治が役人によって独占されていること（藩閥《はんばつ》政治）や言論の道が閉ざされていることを批判し，国を救うには民撰議院をつくって言論の道を開き，官僚の権限を制限するのがよいと主張している。よって，アとウがあてはまる。なお，イについて，自由民権運動が広がった1870年代～80年代前半の時点では，憲法はまだ制定されていない。

問5 1937年に日中戦争が開戦してから，日本では国民の権利が制限されるようになり，翌38年に出された国家総動員法では，帝国議会の承認がなくても政府が人やものを動員したり，統制したりできるようになった。こうした中，新聞をはじめとする言論・表現の自由も失われてゆき，政府に都合の悪いことは書かない，書かせないという風潮ができた。また，当時は検閲《けんえつ》（出版物を公権力がチェックすること）が禁止されていなかったため，政府にとって都合の悪い内容が書かれた出版物は発行が差し止められた。1939年に第２次世界大戦，1941年に太平洋戦争が始まると，広く人々に読まれる新聞は政府の広報のような役割をはたすようになり，勝利した場合には大々的に報道され，敗れた場合は事実を曲げて報道するなどして，国民の戦意を上げたり保たせたりするために用いられた。なお，戦争に関する発表は，大本営とよばれる軍の最高機関によってなされたが，戦局が悪化しても大本営は日本に不利な状況を一切国民に知らせようとしなかったため，新聞もその発表をそのまま報じるしかなかった。

問6 (あ) 資料のグラフからは，日本における新聞の発行部数が1960年代から1990年代前半にかけておおむね増加を続けていることと，特に1960～70年代にかけて大きく発行部数が伸《の》びたことがわかる。第２次世界大戦後，1947～49年ごろに出生数が急増し，第１次ベビーブームとよばれた。この人たちが大人になって新聞を買うようになり，また，結婚して独立した家庭を持つようになったことで，1960年代後半から1970年代前半にかけて新聞の発行部数が伸びたのだと推測できる。この時期は日本の高度経済成長期にあたり，核家族化が進行して世帯数が増えた。日本では一般的に，新聞は戸別配達されるので，世帯数の増加は発行部数増加に直結する。また，1971～74年ごろには，第１次ベビーブームのときに生まれた人たちが結婚・出産の時期を迎えたことから，第２次ベビーブームが起こった。1980年代前半に発行部数が一時落ちこんだものの，1990年代から2000年ごろにかけて発行部数が伸びたのも，同じ理由によると考えられる。さらに，高度経済成長期には国民の暮らしが豊かになり，多くの人に新聞を買って読む経済的，時間的な余裕が生まれたことや，情報化社会の進行にともない，新聞から情報を得るという習慣が多くの人の間に定着したことなども，理由としてあげられるだろう。
(い) 21世紀に入ると，新聞の発行部数は減少を続けるようになった。この時期はパソコンや携帯《けいたい》電話が国民の間に急速に普《ふ》及《きゅう》した時期と重なっており，多くの人がインターネットを利用してニュースを知ったり，さまざまな情報を得たりするようになったため，新聞の購読《こうどく》をやめる人が増えたと考えられる。また，2010年代に入ると発行部数の減少傾向《けいこう》がさらに強まっているが，その背景には，新聞購読者層の老年化や人口減少だけでなく，若い世代に新聞を読む習慣がない人が多いこともあげられる。これは，必要な情報をインターネットで得るのが当たり前になっているというだけではなく，政治や社会に対する不信感や無関心が広がっているという事情も影響しているだろう。さらに，この時期には景気の低迷が続いたことから，経済的な理由で新聞の購読をやめた人もいると考えられる。

問7　新聞は，映像や音声とともに情報を伝えられるテレビと比べると臨場感という点で劣《おと》り，インターネットに比べると，情報伝達の速さや手軽さで劣っているといえる。しかし，情報を手元に置いておくことができるので，理解し，納得できるまで記事を読むことができ，必要な記事を切りぬいておけば，長く手軽に保存することもできる。また，インターネットで伝えられる情報は，速く伝達される一方で不正確であったり，誤字・脱字《だつじ》が見られたりするが，新聞は原則としてそれぞれ専門の人が取材し，文章を書き，内容や文字が正しいかチェックをするといった編集作業を経た上で記事がつくられているので，信頼性が高い。さらに，インターネットでは自分の知りたい情報だけを読むことが多くなるが，新聞の紙面からはさまざまな情報が目に入ってくるため，自分にはなかった視点や考え方を見つけることもできる。さまざまな新聞を読み比べることも，視野や考え方を幅広いものにするのに役立つだろう。こういった点において，新聞にはほかのメディアにはない価値があるといえる。

理　科　(40分) ＜満点：60点＞

解　答

1　**問1**　0.03cm　**問2**　(例)　0℃以下の温度では氷になるから。／0℃から10℃の範囲では体積変化が見られないから。　**問3**　(1)　12cm　(2)　(例)　液体の小さな体積変化を大きくして見やすくするため。　(3)　(例)　中の液体と外部との間の熱の出入りが行われやすい。　(4)　(例)　液体全体の体積が大きくなるので，小さな温度変化でもガラス管の中の液面の移動が大きくなる。　2　**問1**　え　**問2**　う，お　**問3**　**現象**…あ　**消えていた理由**…B　**問4**　**方角**…い　**見え方**…C　**問5**　う　**問6**　(例)　あしを前方に動かすときは水かきを閉じ，後方に動かすときは開く。　**問7**　(1)　(例)　水中の水草や魚などを食べるため。　(2)　(例)　川の流れに逆らって泳げば同じ位置にいることができるので，下流から上流への向きを向いていた。　(3)　(例)　川の流れの速さと同じ速さで上流に向かって泳いでいるから。　3　**問1**　(例)　線の間の白い四角形は，はじめは横長の平行四辺形であるが，シートを回転させると，平行四辺形も時計回りに回転しながら，しだいに長方形に変わる。続いて回転させると再び平行四辺形へと変わっていき，$\frac{1}{4}$回転したところでは縦長の平行四辺形になっている。さらに回転させると，四角形がなくなるが，その後再び平行四辺形が現れ，半回転したときは横長の平行四辺形にもどる。　**問2**　(例)　線の間の平行四辺形は，シートを上向きに動かすと全体として左から右へ，または左下から右上へ動くように見え，シートを下向きに動かすと全体として右から左へ，または右上から左下へ動くように見える。このとき平行四辺形の形は変化せず，線の重なった部分だけに現れる。　**問３**　（例）　紙の線10と透明シートの線Ｌ，紙の線19と透明シートの線Ｗの上端がぴったりと重なり，透明シートの線Ａの上端から線Ｌの上端までと，線Ｌの上端から線Ｗまでは，同じように，黒い線の重なり方が変化し，線の間の白い部分の高さが変化する。また，透明シートの線と線の間と同じ太さの白い部分が，線Ａと線Ｂの間，線Ｆと線Ｇの間，線Ｋと線Ｌの間，線Ｌと線Ｍの間，線Ｑと線Ｒの間，線Ｖと線Ｗの間に現れる。

解　説

１　液体温度計のしくみについての問題

問１　０℃の水10cm^3の体積は，25℃では，10×(1.003－１)＝0.03(cm^3)だけ増加する。したがって，内側の断面積が１cm^2のガラス管の中の水の高さは，0.03÷１＝0.03(cm)だけ高くなる。

問２　表からもわかるように，０℃以下になると，ガラス管内の液体の水がこおって固体の氷になってしまうため，液体温度計としては使えなくなる。また，表によると，０℃から10℃の範囲《はんい》では体積の変化が見られないので，その間の温度変化は測れず，液体温度計としては使えないことになる。

問３　⑴　気温が25℃になったとき，液体Ａの体積が，５×(1.024－１)＝0.12(cm^3)増加するため，０℃の目盛りから，0.12÷0.01＝12(cm)高くなる。　⑵　液体温度計には，液体の体積の変化が小さくてもその変化を大きくして見えるようにして，より細かく温度を測れるようにする工夫が必要である。ガラス管の内側の断面積が小さいと，わずかな体積変化でも液柱の高さが大きく変化するので，温度計に適する。　⑶　液だめのガラスが薄《うす》いと，温度計の内部にある液体と外部との間で熱が出入りしやすくなる(熱が伝わりやすくなる)ので，温度計の示す温度がそのときの液だめ周辺の温度をほぼ同時に示していることになる。　⑷　液体温度計の内部に閉じこめられた液体の体積が小さいと，液体全体の体積変化も小さくなり，温度変化が見えにくくなる。液だめをつくって液体全体の体積を大きくしておくと，ガラス管内の液面の変化も大きくなるため，温度の目盛りの幅《はば》を大きくして温度を読みとりやすくすることができる。また，⑵で述べたように，ガラス管の内側の断面積の小さい方が温度計に適するが，そのようにすると温度計が長くなってしまう。液だめがあることで温度計を使いやすい長さにおさえることができる。

２　川と川のまわりの自然や生物の観察，星の動きについての問題

問１　大雨の後に川が増水するのは，ふつう雨が降り始めてからしばらく後に，山間部に降った雨が川に流れこんでくるためである。よって，川の水面の高さについてのグラフは，「え」のように降り始めの後からだんだん増え始め，降り始めてから数時間後に山の頂点(ピーク)をむかえるものが適する。なお，大雨により川の水面の高さが降り始めから急激に増えることも考えられるが，川を見たときに，昨日の大雨によって水面が高くなっていると述べられているので，このときまでに水面の高さが，大雨が降る前の高さを下回ることはないと考えられる。

問２　①～③の場所での水の流れは，島と川岸の間の幅が最も狭《せま》い①が最も速く，次に川幅が狭い②が２番目，川幅が最も広い③が３番目の速さになっているため，「あ」は誤りで，「う」は適切である。また，川幅を川の中央で２つに分けている場所(③の矢印が２つ並んでいる場所)では，水の流れの速さが，水の流れに向かって右側でも左側でも同じになっているので，「お」はふさわしい。

なお，「い」「え」「か」は，図で示されたことからは判断できない。

問3　気温の低い日に川の水面にもやがかかるのは，比較《ひかく》的温度が高い川の水面から蒸発した水蒸気がその上の冷たい空気によって冷やされ，水蒸気の一部が細かい水てきに変わってただようためである。「あ」も同じように，発生する水蒸気が空気中で冷やされて水てきに変わる現象といえる。また，時間がたって気温が上がると，川の水面から発生する水蒸気が冷やされることがなくなり，もやになっていた細かい水てきも蒸発するので，もやは消えて見えなくなる。なお，「い」は，息にふくまれる水蒸気が，空気ではなくメガネのレンズという物体にふれて冷え，細かい水てきに変わってレンズに付着する現象である。「う」は，ドライアイスから発生する冷たい二酸化炭素により，空気中にある水蒸気が冷やされ水てきに変わることで煙《けむり》が見え，「え」は，ろうの気体が空気中で冷えて細かい液体(または固体)のろうの粒《つぶ》になることで煙が見える。

問4　地球は1年をかけて太陽のまわりを公転しているため，同じ時刻に観察した星の位置は，1日に約1度ずつ東から西へと移動する。したがって，◇月■日の午後9時頃《ごろ》に南西の空に見えていたオリオン座は，100日前には約100度東にもどった位置となる南東の空に見えていたと考えられる。砂時計の形にたとえられるオリオン座が南東の空に見られるときは，Cのように45度ほど左にかたむいて見える。

問5　川の流れる速さがどこでも一定なので，カモは川の流れに垂直な方向に一定の速さで移動しながら，一定の速さで下流方向に流される。このような動きは直線的な動きになるため，「う」のような道すじをたどる。

問6　横からの図と後ろからの図を見ると，後ろ向きに出したあしの方は水かきが開いているが，前向きに出したあしの方は水かきが閉じているように見える。水かきを開いて水を後方に押《お》し出すようにすれば体が前方へ進むので，カモはあしを後方に動かすときは水かきを開いて水をしっかりとらえ，あしを前方に動かすときは水の抵抗《ていこう》をできるだけ小さくするために水かきを閉じていると考えられる。

問7　(1)「頭を突《つ》っこんで水草を食べているようだった」と述べられているように，カモは水草や水中の小動物などをとらえて食べる。頭を水中に突っこんでいるのは，これらの食物をとっているときである。　(2)，(3)　川の流れに流されないようにするには，下流側から上流側へ向かって泳ぐ必要がある。また，上流を向いていると，流れてきた水草や小動物などをとらえやすいという利点もある。カモは体の向いている方向にしか進めないので，同じ場所に留《とど》まるためには，川の流れの速さと同じ速さで上流に向かって泳ぐ必要がある。

3 模様の見え方についての問題

問1　紙の上に透明《とうめい》なシートを縦長の方向にそろえて置くと，線の間に白い平行四辺形がそれぞれできる。その平行四辺形は，透明シートを置いた直後はそれぞれの底辺が真横の方向に一致《いっち》した横長の平行四辺形であるが，透明シートを時計回りに回転させていくと，それぞれの平行四辺形が時計回りに回転しながら，左下と右上のとがり方が小さくなって縮むような様子を見せつつ，しだいに長方形に変わっていく。回転させると，今度は左上と右下のとがり方が大きくなるように少しずつ伸《の》びるような様子を見せつつ，形を平行四辺形に変え，90度回転させたところでは平行な1組の対辺が縦方向に一致した縦長の平行四辺形となる。続いて透明シートを回転させていくと，平行四辺形がさらに伸びるような様子を見せ，四角形がなくなる。その後，透明シートを回転させしばらくすると，再び平行四辺形が現れ，平行四辺形が左下と右上のとがり方が小さくなるように縮むような様子を見せつつ，半回転したときにははじめと同じ横長の平行四辺形にもどる。

問2　紙の上に透明シートを縦長にそろえて置くと，問1で述べたように横長の形の白い平行四辺形が多数できる。次に，透明シートを紙の長い辺に沿って上向きに動かすと，白い平行四辺形が全体として左から右に(または左下から右上に)向かって移動するように見える。また，はじめに重ねた状態から下向きにシートを動かしていくと，今度は白い平行四辺形が全体として右から左に(または右上から左下に)向かって移動するように見える。ただし，平行四辺形の形は変化せず，透明シートの線と紙の線が交わった部分が外れて少なくなると，見えている平行四辺形の数も減っていく。

問3　紙の線1と透明シートの線Aの上端《じょうたん》をぴったり重ねると，紙の線10と透明シートの線L，紙の線19と透明シートの線Wの上端がぴったりと重なり，透明シートの線Aの上端から透明シートの線Lの上端まで(範囲①とする)と，透明シートの線Lの上端から透明シートの線Wまで(範囲②とする)は，黒い線の重なり方や線の間の白い部分の現れ方が同じである。線の間の白い部分は，範囲①と範囲②のそれぞれに11か所現れ，上からその太さ(高さ)を見ていくと同じように変化している。透明シートの線と線の間と同じ太さの白い部分は上から，1番目(範囲①では線Aと線Bの間，範囲②では線Lと線Mの間)，6番目(範囲①では線Fと線Gの間，範囲②では線Qと線Rの間)，11番目(範囲①では線Kと線Lの間，範囲②では線Vと線Wの間)に現れ，1番目から6番目までの間と，6番目から11番目までの間ではそれぞれ，太さがだんだん細くなり，その後だんだん太くなって元の太さにもどるという変化が見られる。ただし，その太さの減り具合や増え具合は，1番目から6番目までの間と6番目から11番目までの間では異なる。また，1番目から6番目までの間と，6番目から11番目までの間では，黒い線の重なり方も，重なる幅がだんだん少なくなり，その後だんだん多くなるという変化が起きている。なお，透明シートの線は，上から4本目(範囲①では線D，範囲②では線O)，9本目(範囲①では線I，範囲②では線T)で紙の線と重ならない。

国　語　(50分)＜満点：100点＞

解　答

一　**問1**　(例)「田舎の香水」という言葉が田舎への差別表現だからという理由だけでなく，生活水準が向上してゆく中で，臭いことは撲滅すべき悪となり，無臭と芳香とが求められてきた結果，田舎でも堆肥や肥やしの匂いを嗅ぐことがほとんどなくなってきたから。　**問2**　(例)昔嗅ぎ慣れた便所の匂いを嗅ぐと，幼児の記憶がこもごもよみがえって来るように，便所の匂いには一種なつかしい甘い思い出が伴うような風流があるのに，清潔だけを目指して画一化してしまうと，そういう経験が失われてしまうから。　**問3**　(例)　合成の薔薇の香りのほうを先に知って日常的に楽しんでしまっているために，本物の花の香りを嗅いでも，芳香剤の匂いと感じてしまう今の子どもたちと同じような，人工の香りを基準にした反応しかできなくなっているかもしれないから。　**問4**　(例)　味覚は味を六つの要素に分け，それらを数値化して「食譜」という客観的なデータにすることができるが，嗅覚は基本臭がないため数値化してデータにすることが困難であるから。 **問5** イ **問6** （例） 本来，生き物は強い香りを放つ存在なので，生や死といった生き物のリアルな本質を問うには，匂いを想像で補いつつ思考することが大事な要素になるのに，無臭化と芳香化が進む現代に生きる人々は，匂いに対する感受性や想像力を失っていってしまっているから。 二 ①～④，⑥ 下記を参照のこと。 ⑤ あ(む)

●漢字の書き取り

二 ① 取捨(選択) ② 看護 ③ 無下(に) ④ 街路樹 ⑥ 粉(にして)

解説

一 **出典は加藤博子《かとうひろこ》の『五感の哲学《てつがく》—人生を豊かに生き切るために』による。**人間の五感の一つである嗅覚《きゅうかく》の特徴《とくちょう》について説明している。

問1 かつて農村地帯に漂《ただよ》っていた「堆肥《たいひ》や肥《こ》やしの臭《にお》い」を皮肉った表現である，「田舎《いなか》の香《こう》水《すい》」という言葉が，最近では「まったく使われなく」なったのは，それが「田舎への差別表現」にあたるからといった理由だけでなく，生活水準が向上し，「臭いことは撲滅《ぼくめつ》すべき悪」だとみなされるようになった現代において，人々が「嫌《いや》な臭いを封《ふう》じる」ことに邁進《まいしん》した結果，「無臭《むしゅう》と芳《ほう》香《こう》」にすっかり慣れ，今では都会ではもちろん，田舎でも「強い生活臭」を嗅《か》ぐことがなくなってしまったからだと，続く部分で述べられている。

問2 『陰翳礼讃《いんえいらいさん》』において，谷崎《たにざき》は「久しく故郷を離《はな》れていた者」が我《わ》が家の「便所へ這入《はい》って昔嗅ぎ慣れた匂《におい》を嗅ぐときに幼児の記憶《きおく》がこもごもよみがえって来て」親しみが湧《わ》くことをあげ，「便所の匂には一種なつかしい甘《あま》い思い出が伴《ともな》う」と語っている。つまり，「清潔だけを目指」すことで，そうした「風流」が失われ，「画一化」してしまうであろう将来の世の中を憂《うれ》い，谷崎は「水洗式だと～つまらない」と嘆《なげ》いたのである。

問3 同じ段落の最初で，初めて本物の花の香《かお》りを嗅いだ子どもたちが，「トイレの芳香剤《ざい》の匂《にお》いがすると言う」のと同様，筆者も薔薇《ばら》の香りは合成のほうを先に知ったと述べられていることをおさえる。つまり，日ごろ化学的に合成された薔薇の香りに親しんでいる筆者は，本物の薔薇の香りに包まれたとき，「あぁ，やはりこういう匂いだったのか，ローズの香りの入浴剤は正解だったのだな」と，先に知っていた人工の香りをもとに本物の匂いの正しさを確認《かくにん》することになるというのである。

問4 味覚は「甘い，塩《しょ》っぱい，辛《から》い，酸《す》っぱい，苦い，それにうま味を加えた六つの要素に分け」て数値化できるが，香りには，薔薇なら「薔薇の香り」，麝香鹿《じゃこうじか》なら「麝香鹿の香り」といったように「基本臭がないから」要素としてまとめられず，数値化が不可能だと述べられている。香りの持つ，こうした「普遍《ふへん》化になじまない性質，抽象《ちゅうしょう》化できにくい在《あ》り方のせいで，嗅覚は数値化してデータにすることが困難」なので，「機械技術にはまったく適合しにくい」のだと筆者は説明している。

問5 問4で検討したことをふまえて考える。 A，B 「味覚ではある程度は要素としてまとめることができる」が，薔薇には「薔薇の香り」，麝香鹿には「麝香鹿の香り」といったように，香りはあくまでも，それぞれ「具体的な」分類しかできないというのだから，Aには「抽象」，Bには「個別」があてはまる。 C 「甘い」香りといっても実際には「バニラや沈丁花《じんちょうげ》や乳《ちち》の香り」というように，「匂いの言葉が対象物の名前を使って表現される」のであって，「まとめて一言で表現しても意味がない」と述べられていることをおさえる。「香り」を一つにまとめることができないのだから，「包括《ほうかつ》」が合う。　D　「甘い」香りを，ここでは「バニラや沈丁花や乳の香り」と細かく分類しているので，「具体」がよい。

問6　四つ前の段落で，嗅覚が封じられていることによって映像と本物の「戦場」体験に大きな差がある，つまり匂いの有無が「臨場感」を左右すると述べられていることをおさえる。生きる，あるいは死ぬといった「生き物のリアルな本質を問う場面」では，本来「強い香りを放っている」生き物の匂いを「想像」したうえで思考することが大事な要素になるが，「無臭化と芳香化」の進む現代の生活に慣れた人々は，「匂いに対する感受性や想像力」が弱体化してしまっているのだと筆者は指摘《してき》している。本物の放つ匂いを知らず，「疑似《ぎじ》体験」ばかりを積んでいくことで，人間の「感受性や想像力」が失われてしまうことを，筆者は「生命体として何か致命《ちめい》的な状況《じょうきょう》に向かっている」ととらえ，危機感を抱《いだ》いているのである。

二　漢字の書き取りと読み

①　必要なものを取り入れて，不要なものは捨てること。　②　病人やけが人などの世話をすること。　③　そっけなく。まったく相手にせずに。　④　街の通りに沿って植えられた樹木。　⑤　音読みは「ヘン」で，「編集」などの熟語がある。　⑥　「身を粉にする」は，“一生懸命《けんめい》に働く”という意味の慣用句。

Dr.福井の 入試に勝つ！脳とからだのウルトラ科学

歩いて勉強した方がいい？

みんなは座って勉強しているよね。だけど，暗記するときには歩きながら覚えるといいんだ。なぜかというと，歩いているときのほうが座っているときに比べて，心臓が速く動いて（脈はくが上がって）脳への血のめぐりがよくなるし，歩いている感覚が背骨の中を通って脳をつつくので，頭が働きやすくなるからだ（ちなみに，運動による記憶力アップについては，京都大学の久保田名誉教授の研究が有名）。

具体的なやり方は，以下のとおり。まず，机の上にテキストを広げ，1ページぐらいをざっと読む。そして，部屋の中をゆっくり歩き回りながら，さっき読んだ内容を思い出す。重要な語句は，声に出して言ってみよう。その後，机にもどってテキストをもう一度読み直し，大切な部分を覚え忘れてないかをチェック。もし忘れている部分があったら，また部屋の中を歩き回りながら覚え直す。こうしてひと通り覚えることができたら，次のページへ進む。あとはそのくり返しだ。

さらに，この“歩き回り勉強法”にひとくふう加えてみよう。それは，なかなか覚えられないことがら（地名・人名・漢字など）をメモ用紙に書いてかべに貼っておくこと。ドンドン貼っていくと，やがて部屋中がメモでいっぱいになるハズ。これらはキミの弱点集というわけだが，これを歩き回りながら覚えていくようにしてみよう！　このくふうは，ふだんのときにも自然と目に入ってくるので，知らず知らずのうちに覚えることができてしまうという利点もある。

歴史の略年表や算数の公式などを大きな紙に書いて貼っておくのも有効だ。

Dr.福井（福井《ふくい》一成《かずしげ》）…医学博士。開成中・高から東大・文Ⅱに入学後，再受験して翌年東大・理Ⅲに合格。同大医学部卒。さまざまな勉強法や脳科学に関する著書多数。

Memo

Memo

2020年度　武　蔵　中　学　校

〔電　話〕(03) 5984－3741
〔所在地〕〒176-8535　東京都練馬区豊玉1－26
〔交　通〕西武池袋線－「江古田駅」より徒歩7分
西武有楽町線－「新桜台駅」より徒歩7分

【算　数】（50分）〈満点：100点〉

1　次の各問に答えなさい。(式や考え方も書きなさい)

(1)　2を634個かけた数 $\underbrace{2\times2\times2\times\cdots\times2}_{634個}$ の一の位の数を求めなさい。

(2)　ある食堂には2種類のランチセットA，Bがあり，Aは800円，Bは1000円です。また，どちらかのセットを1割引で注文できるクーポン券があります。ある日，Aが35個，Bが42個注文され，クーポン券が32枚使われました。この日の売り上げが67100円であったとき，クーポン券を使って注文されたAの個数を求めなさい。ただし，クーポン券を使って注文できるセットは，クーポン券1枚あたり1個だけです。

2　図のように，角Aと角Bが直角の台形ABCDがあり，AD：BC＝3：8です。また，三角形ABEの面積と台形ABCDの面積の比は5：11です。あとの各問に答えなさい。(式や考え方も書きなさい)

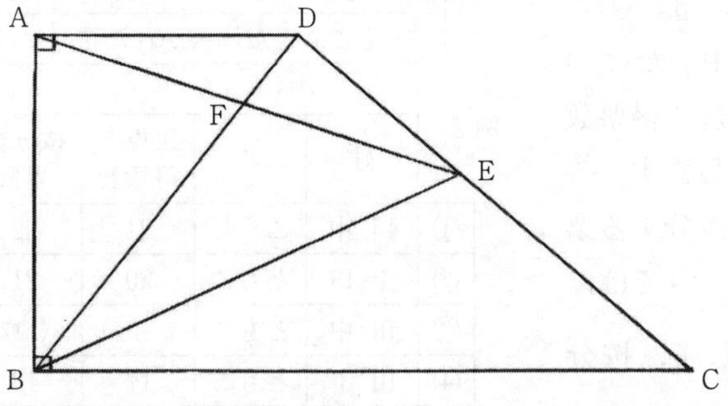

(1)　DE：ECを求めなさい。

(2)　DF：FBを求めなさい。

3　5種類の球①，②，③，④，⑤が2個ずつあります。このうち5個をAの箱に，残りの5個をBの箱に入れます。ここで，箱の中に入っている球に書かれた数の積の一の位の数を，その箱の点数とします。例えば，図1の場合の点数は，Aが0点，Bが6点です。次の各問に答えなさい。

図1

(1)　A，Bのどちらにも⑤が入っているとき，少なくとも1つの箱の点数は0点となります。その理由を答えなさい。

(2)　AはBより点数が大きく，Bが0点でないとき，A，Bそれぞれの点数として，考えられるすべての場合を答えなさい。

(3)　最初，Aが5点だったそうです。次にそれぞれの箱から1個ずつ球をとり出し，箱の中に残った4個の球で同じように点数を考えます。

(ア)　Aの点数が5点より大きくなったとき，最初にAに入っていた5個の球とそこからとり出した1個の球を解答欄《らん》に書きなさい。

(イ)　BがAより点数が大きくなったとき，最初にBに入っていた5個の球とそこからとり出した1個の球として，考えられるすべての場合を解答欄に書きなさい。(解答欄は必要なだけ使いなさい)

〈解答欄〉

(ア)　A　　(イ)　B　　B　　B　　B

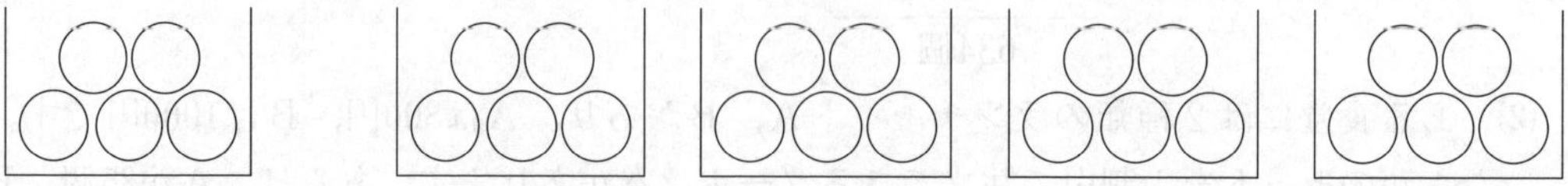

から○をとり出した　から○をとり出した　から○をとり出した　から○をとり出した　から○をとり出した

4　選挙では，各候補者の得票数に小数点以下の数がついている場合があります。この仕組みを例1を用いて説明します。①～④の4人の候補者について，投票用紙に姓《せい》名とも書かれている票の数を正規の得票数と言います。投票用紙に「田中」とだけ書かれていると①と③のどちらに投票したか不明です。また，「ともこ」とだけ書かれていると②，③，④の誰《だれ》に投票したか不明です。そこで，「田中」だけの票が3票あったので，これを①と③の正規の得票数の比に分けて分配し，正規の得票数に足します。この操作を「按分《あんぶん》」と言います。ただし，按分する票数は小数第2位を切り捨てます。①については，$3\times\dfrac{5}{5+6}=1.36\cdots\cdots$なので，1.3票を足して，按分後の得票数は6.3票になります。③についても，同様に計算して，「田中」の分で1.6票を足しますが，③は「ともこ」だけの3票についても按分しないといけません。つまり，$3\times\dfrac{6}{7+6+8}=0.85\cdots\cdots$なので，さらに0.8票を足して，按分後の得票数は8.4票となります。次の問に答えなさい。(式や考え方も書きなさい)

例1

	姓	名	正規の得票数	按分後の得票数
①	田 中	こうじ	5	6.3
②	上 田	ともこ	7	8
③	田 中	ともこ	6	8.4
④	山 下	ともこ	8	（ ア ）

「田中」とだけ書かれた票	3
「ともこ」とだけ書かれた票	3

例2

	姓	名	正規の得票数	按分後の得票数
①	田 中	こうじ	21	22.6
②	上 田	ともこ	20	21.5
③	田 中	ともこ	（ イ ）	（ ウ ）
④	山 下	ともこ	17	18.2

「田中」とだけ書かれた票	（ エ ）
「ともこ」とだけ書かれた票	5

(1)　例1について，(ア)に入る数を求めなさい。

(2)　例2について，(イ)に入る数を求めなさい。

(3)　例2について，(ウ)，(エ)に入る数をそれぞれ求めなさい。

【社 会】（40分）〈満点：60点〉

「母なる川」という言葉をみなさんは聞いたことがありますか。この言葉が示すように，私たちは川からさまざまな恩恵《おんけい》を受けてきました。山地の割合が高い日本では，生活しやすい平野部がわずかしかありませんが，その平野の大部分を作り出したのは川の流れです。河川が自然現象として氾濫《はんらん》を繰《く》り返す中で，数千年以上かけて土砂を堆積《たいせき》させて平野を形作ったのです。その一方，氾濫は人びとの生活をおびやかすものでもあります。氾濫により被害《ひがい》が生じると，人びとは災害として認識し，被害を抑《おさ》えるために河川を管理しようとします。これを治水といいます。ただし，自然のしくみは複雑なため治水は一筋縄《ひとすじなわ》ではいきませんでした。河川は上流から下流まで流域全体を通して一つの流れとなっており，どこか一部を工事して制御《せいぎょ》できたと思っても，他の場所でほころびが生じてしまうことが分かってきました。また，河川の流れを制御し過ぎることによって生じる弊害《へいがい》も分かってきました。そこで，今日は，日本のいくつかの河川の事例を通して，治水のあり方について学んでみましょう。

日本で大規模な治水が行われるようになったのは，土木技術の発達した戦国時代からで，甲《こう》府盆地《ふぼんち》を流れる釜無川《かまなしがわ》の霞堤《かすみてい》は川の性質をうまく利用した画期的な治水方法としてよく知られています。また，江戸《えど》時代になると各地で大規模な工事が行われるようになり，濃尾《のうび》平野では木曽三川《きそさんせん》の宝暦《ほうれき》治水が，関東平野では利根川の流路変更《へんこう》などが例として挙げられます。人びとは長い間，試行錯誤《さくご》を重ねつつ治水を続けてきましたが，治水は今でも重要な課題の１つであることから，いかにそれが困難なものか理解できるのではないでしょうか。

まず，流域全体を考える事例として，出雲《いずも》平野を流れる斐伊川《ひいかわ》について見ていきましょう（図１）。出雲平野の歴史は古く，1300年前に書かれた，『日本書紀』には出雲の地が重要な場所として記されています。ヤマタノオロチ伝説を知っている人も多いのではないかと思いますが，斐伊川がモデルとなったとされています。崩《くず》れやすい地質の中国山地から流れ出す斐伊川は，昔から下流へ多くの土砂を運び，しばしば氾濫を起こし，何度も自然と流路を変え，被害を生じさせました。このことがヤマタノオロチを想像させた理由と考えられます。かつてこの川は出雲平野を西流し，日本海に注いでいたのですが，1630年代の氾濫をきっかけに流れの向きを東に変え，反対側の宍道湖《しんじこ》に注ぐようになりました。当時，中国山地はこの地域特有の理由もあって，木がほとんど見られない禿《は》げ山が広がっていました。製鉄がさかんであったこの地域では，広範囲《こうはんい》で「かんな流し」という砂鉄採取法が行われていました。その方法は山を削《けず》るため，削った後の土砂が大量に下流へと運ばれ，その結果，河床《かしょう》が周囲より高くなり氾濫が起きやすくなっていました。こうした状況《じょうきょう》から，下流部では氾濫を防ぐために約50年ごとに人工的に流路を移し替《か》える「川違《かわたが》え」という工事を行い，流路変更《へんこう》した川の跡《あと》を新田として開発していきました。このように上流の条件や開発が下流部に影響《えいきょう》を及《およ》ぼすため，流域全体を通した治水が重要であることが分かるのではないでしょうか。現在，斐伊川の流域内には50万人以上が生活しています。以前と比べると上流部の森林は回復し，ダムを造るなど治水工事が進んだため，斐伊川の氾濫は減少しました。しかし，1972年に約２万5000戸の家屋が浸水《しんすい》する大水害が起きたこともあり，下流部では増水時に斐伊川の西側を流れる神戸川へ分流させる放水路を2013年に完成させるなど最近でも治水事業が続いています。

次に近代における治水の事例として，信濃川《しなのがわ》について見てみましょう（図２）。江戸時代から穀倉地帯だった越後《えちご》平野は，大規模な氾濫に幾度《いくど》も悩《なや》まされてきました。江戸時代中期から幕府に陳情《ちんじょう》が繰り返された結果，明治時代に入って放水路工事が開始されることになりました。川の水を日本海に逃《に》がすため，海側を南北に伸《の》びる山地を削る難工事を経て，1931年ついに全長約10kmの放水路となる大河津分水《おおこうづぶんすい》が完成しました。長い間しばしば氾濫が起き，湿地帯《しっちたい》が広がっていた越後平野は，この工事のおかげで排水《はいすい》が容易になり，耕地の拡大につながりました。この工事は，河口より約50km上流の地点で川の水を日本海へ直接放流することができるという点では，有効な治水となりました。しかし，後に信濃川本流や放水路の河口で問題が生じていたことが分かってきました。また，下流部での氾濫は減少したものの，昨年のように上流部の千曲川では氾濫による大きな被害が発生することもあり，流域を通しての治水には課題が残っていることが分かります。

戦後，各地の河川で上流部のダム建設や下流部の大規模な堤防《ていぼう》建設などの流域全体の治水事業がさらにすすめられました。人口増加とも相まって，かつて水田の多かった川沿いの低地も新たに宅地や商業地などとして利用されるようになっていきました。一方，ダム建設の影響で日本各地の海岸が侵食《しんしょく》されたり，大規模堤防建設の影響で周辺よりも河床が上昇したりと，弊害も生じています。

この30年間の政府発表の統計では，日本における大雨の年間回数が増加傾向《けいこう》にあります。今後も同様の状況が続くとなると，氾濫の危険性が高まることになります。また，堤防やダムなど治水の基盤《きばん》が造られた時期から約50年が経過し，老朽化《ろうきゅうか》していく設備や施設《しせつ》の維持《いじ》管理，更《こう》新《しん》に関する問題も指摘《してき》されています。

このような課題が新たに生じてきていることを考えると，私たちはこれまでの治水の方法を見直しつつ，今後の状況に応じて新たな方法を模索《もさく》する必要があります。その際，これまでの経験を活《い》かしながら，自然の複雑さを念頭に置き，流域全体を通した治水を目指すことが重要です。例えば，霞堤の効果の１つのように，不連続な堤防の間に流れをあえてあふれさせ，決《けっ》壊《かい》の危険性を減らすことなど，川の性質をうまく利用し，被害を抑えていくという方法は今後も参考になりそうです。また，2000年に法律で自治体による水害関連のハザードマップの作成と周知の義務化が行われたことなどを踏《ふ》まえ，日頃の防災訓練や防災教育などを通して防災意識を高めて生活することが，災害と向き合う上で必要になっています。変化する環境《かんきょう》の中で持続可能な社会をつくっていくために，これからも河川との付き合い方を考え続けていきましょう。

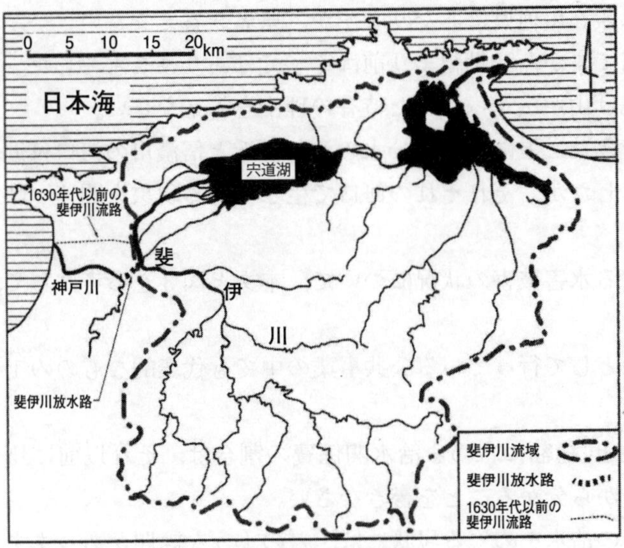

図１　出雲平野と斐伊川

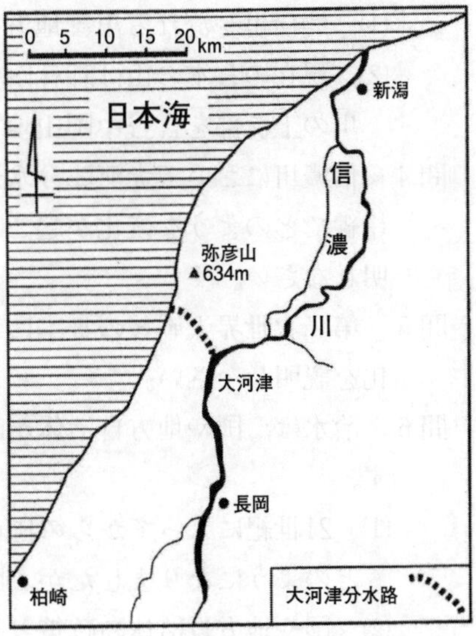

図２　信濃川と大河津分水

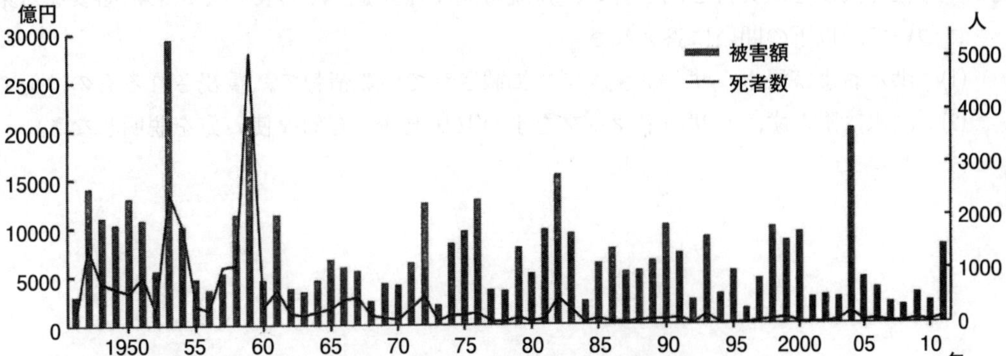

図３　水害による死者数と被害額の変化

（国土交通省『平成23年水害統計調査』より作成）

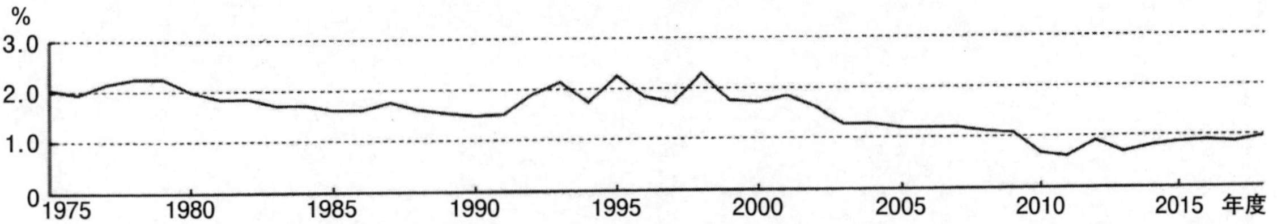

図４　政府財政の歳出《さいしゅつ》総額に占める治水関係費の割合の推移

（国土交通省『河川データブック2019』，財務省『日本の財務関係資料』より作成）

問１　日本の水害の多くは，梅雨前線や秋雨前線，台風の影響による大雨が原因で，その発生時期は一般《いっぱん》に６月下旬《げじゅん》から９月下旬になります。しかし日本海側の河川や，本州で背骨のように連なる山脈に源を持つ河川は，それ以外の時期にも洪水《こうずい》を起こしてきました。その原因を説明しなさい。

問２　釜無川の霞堤はある戦国大名にちなんだ名前でも知られています。その戦国大名は誰《だれ》ですか。

問３　斐伊川が流れる場所やその流域の自然環境について，以下の問いに答えなさい。

(1)　斐伊川が流れる出雲地方とは現在の何県にあたりますか。県名を答えなさい。

(2)　現在の日本の山は森林が豊富ですが，20世紀より前はそうではありませんでした。斐伊川の上流部を含《ふく》む中国山地で禿げ山が広がっていた特有の理由を答えなさい。

問4　信濃川において大河津分水ができたことにより，分水の河口付近と信濃川の河口付近の海岸線でどのような変化が起こりましたか。それぞれの河口で生じている現象を関連づけて説明しなさい。

問5　第二次世界大戦後の日本における水害被害の状況について，本文と図3を参考にして，変化を説明しなさい。

問6　治水は，国や地方自治体が政策として行っている公共事業の中でも代表的なものの1つです。

(1)　21世紀に入ってからの国の歳出《さいしゅつ》総額に占《し》める治水関係費の割合は，それ以前に比べてどのようになりましたか。図4から分かることを書きなさい。

(2)　国や地方自治体の政策としての治水をめぐる現状には，どのような課題がありますか。近年の水害状況のあり方もふまえて説明しなさい。

問7　今後，人びとが災害と向き合い，持続可能な社会をつくっていくために必要な対策や課題について，以下の問いに答えなさい。

(1)　洪水および浸水ハザードマップに掲載《けいさい》されている情報で，重視されるものは何ですか。

(2)　洪水に限らず，ハザードマップを1つ取り上げ，有効な使い方を説明しなさい。

【理　科】（40分）〈満点：60点〉

1　次の各組のア～エの4つのうち，3つには共通点があります。その共通点と，残りの1つの記号を，解答欄《らん》に書きなさい。

(1)　ア．稲妻《いなずま》の青白い光　　イ．ホタルの緑色の光
　　ウ．ルビーの赤い光　　エ．ろうそくの橙《だいだい》色の光

(2)　ア．アンモニア水　　イ．塩酸
　　ウ．炭酸水　　エ．水酸化ナトリウム水溶液《すいようえき》

(3)　ア．リコーダーの音が出る　　イ．琴《こと》の音が出る
　　ウ．太鼓《たいこ》の音が出る　　エ．トライアングルの音が出る

(4)　ア．ツバキが実をつける　　イ．ヘチマが実をつける
　　ウ．リンゴが実をつける　　エ．トウモロコシが実をつける

(5)　ア．竹ぼうきで掃《は》く　　イ．ピンセットで挟《はさ》む
　　ウ．釘抜《くぎぬ》きで抜《ぬ》く　　エ．糸切りばさみで切る

(6)　ア．上皿天秤《てんびん》を使う　　イ．温度計を使う
　　ウ．試験管を使う　　エ．物差し(定規)を使う

(7)　ア．手のひらに息をはきかけるとあたたかい　　イ．風呂《ふろ》に入るとあたたかい
　　ウ．懐《ふところ》にカイロを入れておくとあたたかい　　エ．日光に当たるとあたたかい

2　ヒマラヤ山脈の最高峰《さいこうほう》エベレストは標高8848mに達し，その頂きは薄《うす》い空気の中に突《つ》き出しています。この薄い空気の中で，酸素ボンベを持たずに踏破《とうは》できる登山家はほとんどいません。しかし，その遥《はる》か上空をインドガン(渡《わた》り鳥)の群れはわずか8時間でヒマラヤ山脈を自力で飛び越《こ》えるといわれています。鳥が空気の薄い上空でも飛べるのはなぜなのか，生物の呼吸の仕組みについて考えてみましょう。

問1　エベレスト山頂がどれだけ過酷《かこく》な環境《かんきょう》なのか計算してみましょう。気温は100m上昇するごとに0.65℃下がります。山頂の気温は標高0mの地表と比べて何℃下がりますか。また，山頂の空気の量は，地表のわずか3分の1です。地表の空気の量を1としたとき，山頂の酸素の量は地表の空気の量に対して何％になりますか。答が小数になるときは，小数点以下を四捨五入しなさい。

問2　ヒマラヤ山脈の地層からはアンモナイトの化石が見つかります。このことから，ヒマラヤ山脈の地層はどのようなことが起きて現在の姿になりましたか。ふさわしいものをア～カの中から1つ選び，記号で答えなさい。

ア．陸地でできた地層が，大きな地震《じしん》によって盛り上がった。
イ．海の中にできた海底火山が，海水面が下がることによって現れた。
ウ．暖かくて浅い海でできた地層が，海水面が下がることによって現れた。
エ．火山が噴火《ふんか》を繰《く》り返して，大量の火山灰が高さ8000mまで降り積もった。
オ．海の底でできた地層が，高さ8000mまで押し上げられた。
カ．高さ8000mにあった地層が，氷河によって削《けず》られた。

問3　水中でも，酸素の量は空気中に比べてごくわずかしかありません。そのような環境で，魚は「えら」を使い効率よく酸素を体内に取り入れることができます。次のページの図の矢印

は，メダカの血液が流れる向きを表しています。アとイのどちらが正しい図か記号で答え，酸素を多く含《ふく》む血液が流れる血管はその図の灰色と黒色のどちらかを答えなさい。

ア.

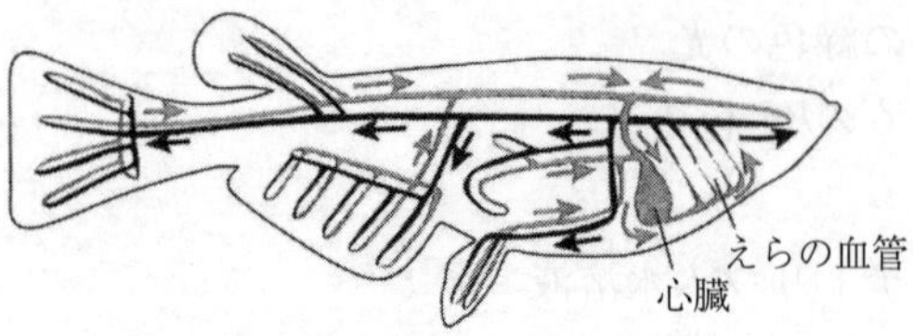

イ.

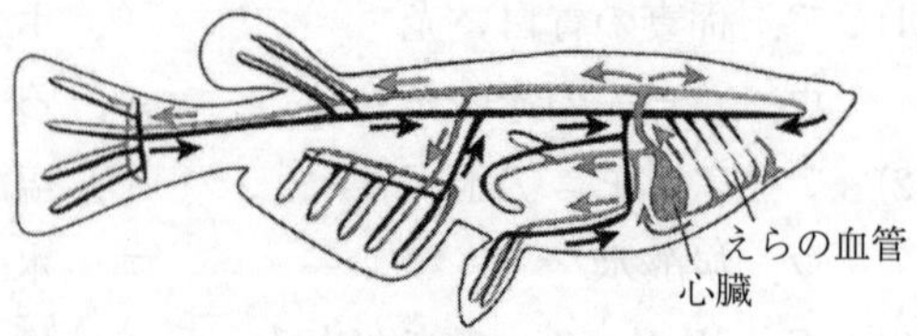

問４　次の文の空欄《らん》①～③に当てはまる言葉を，④はふさわしいものを選んで書きなさい。

ヒトは肺を大きく膨《ふく》らませたり，縮めたりして呼吸をしています。空気が通る［ ① ］は，肺の中では細かく枝分かれしています。その先は，球形の袋《ふくろ》のようになっていて，この袋では空気と［ ② ］の間で，酸素と二酸化炭素が交換《こうかん》されます。はく息には二酸化炭素の他に，吸い込《こ》んだ空気よりも［ ③ ］が多く含まれています。ヒトの肺は，息をはいたときに完全に空にならず，一部の空気が残ってしまいます。そのため，吸い込んだ新鮮《しんせん》な空気と残った空気が肺の中で混ざりあってしまい，肺の中の酸素の割合は外の空気と比べて［④　大きく・小さく・同じに］なります。

鳥の肺は，たくさんの細い管の集まりになっています。空気が通過するときに酸素と二酸化炭素の交換を行いますが，肺そのものは膨らんだり縮んだりしません。

右の図のように，肺の前後には，「気嚢《きのう》」という空気の入る２種類の袋Ａと袋Ｂがあり，両方の袋を同時に膨らませたり縮めたりすることで，肺の中を空気が通り抜けていきます。

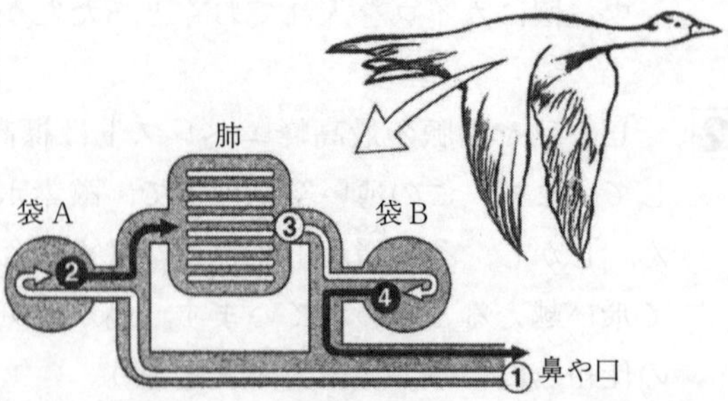

鳥の呼吸による空気の流れ

両方の袋が膨らむとき，袋Ａは鼻や口から空気を取り込み（矢印①），袋Ｂは肺を通った空気を引き込みます（矢印③）。次に両方の袋が縮むとき，袋Ａは肺に空気を送り込み（矢印❷），袋Ｂは肺から来た空気を体の外へはき出します（矢印❹）。

問５　鼻や口から空気を取り込む動作と，空気を体の外にはき出す動作を１度ずつ行うことを１回の呼吸と数えることにします。鳥は，鼻や口から取り込んだその空気を，肺を通過させて再び体の外にはき出すまでに，何回の呼吸をしますか。

問６　ヒトと鳥の肺について，⑴～⑶の特徴《とくちょう》として最もふさわしいものをア～ウの記号で答えなさい。

⑴　酸素を交換する場所の形

ア．環《かん》状　　イ．管状　　ウ．袋状

⑵　肺の中の空気の流れ方

ア．一方向　　イ．双《そう》方向　　ウ．不規則

⑶　肺に新鮮な空気が入るときに必要な動作

ア．膨らませて引き込む　　イ．縮ませて送り込む　　ウ．縮ませて引き込む

問７　ヒトと鳥の肺を比較《ひかく》しながら，鳥の肺が優れている点を説明しなさい。

3 袋《ふくろ》の中に，リング状の磁石が２つ入っています。２つの磁石は，引き離《はな》しやすくするために糸で結んであり，どちらもＮ極に黒いシールが貼《は》ってあります。２つの磁石をつけたり離したりしてみると，つき方が何種類かあることに気づくでしょう。すべての種類について，下の表にＮ極とＳ極の区別ができる図をかいて説明しなさい。ただし，磁石がついているときに，全体を裏返したり回したりすると同じつき方になるものは１種類と考えます。（試験が終わったら，磁石は袋に入れて持ち帰りなさい）

つき方がわかる図（糸をかいてはいけません）	つき方の説明

＜配られた磁石の写真＞

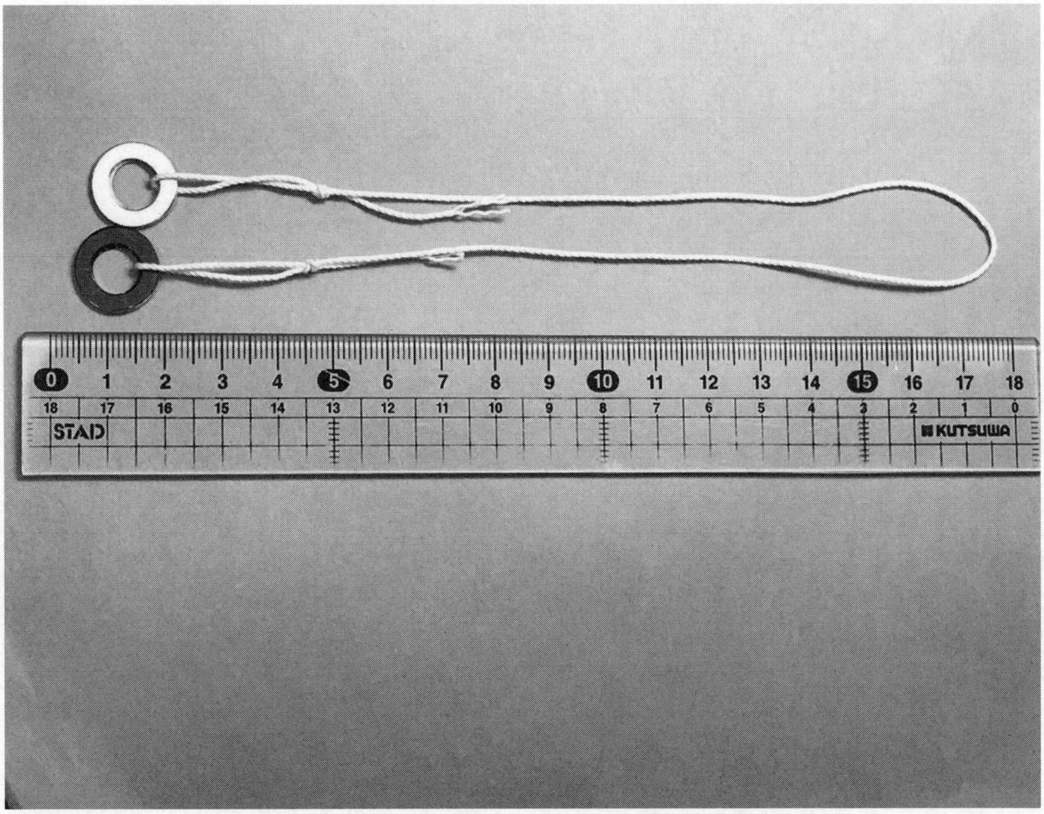

が、それはどうしてですか。

問五　「鼻の頭に皺《しわ》を寄せた」とあるが、「鼻」をつかった次の①～⑤の慣用表現を、カッコ内の意味になるように完成させなさい。ただし、一マスにひらがな一字が入ります。

① 鼻が□□□。（誇《ほこ》らしい）

② 鼻に□□。（嫌気《いやけ》がさす）

③ 鼻で□□□□。（冷たく扱《あつか》う）

④ 鼻を□□□。（相手を出《だ》し抜《ぬ》く）

⑤ 鼻息が□□□。（意気込《いきご》みが激しい）

問六　「なんだかくすぐったい気分だった」とあるが、これはどのような気持ちですか。

問七　「それよりも、彼女《かのじょ》のすすめてくれた本はどれもおもしろかった」とあるが、「彼女のすすめてくれた本」は「僕《ぼく》」にどのような変化をもたらしましたか。本文全体をふまえて説明しなさい。

問八　文章中の**カタカナ**を漢字に直しなさい。

セッターに向いているかどうかは別として、同級生たちとの距離《きょり》が一気に縮まった感じがした。

本屋にはなかなか行けなかった。

本を読む以外にもやることがある。それは、新鮮《しんせん》な驚《おどろ》きだった。登下校のときに誘《さそ》われたり、休み時間に話しかけられたり、他愛《たあい》もないことばかりだったけれど。

上別府《かみべっぷ》がいった。

「重松清《しげまつきよし》、読んだよ」

「え、もう？」

「兄貴が文庫で一冊持ってた。『その日のまえに』っていうんだ。すげえよかった」

僕《ぼく》は黙《だま》ってうなずいた。その本は内容紹介《しょうかい》を読んだだけで棚《たな》に戻《もど》した。「その日」を過ぎてきた僕には、その本は読めない。きっと死ぬまで読めないだろう。

「しっかし、渋《しぶ》いよな。親父《おやじ》の趣味《しゅみ》か？」

いや、と僕は首を振《ふ》った。父さんは小説を読まない。

「こないだ、本屋の前で会ったときに一緒《いっしょ》にいた子。あの子に教えてもらった」

なにげなさそうに話したけれど、ほんとうは思い切って告白したつもりだった。しかし上別府は首を傾《かし》げた。

「一緒にいた子？　誰《だれ》だそれ」

僕は上別府の日に焼けた顔をしげしげと見た。わざと話をはぐらかしているのだろうか。

「ほら、黒いセーラー服の、同じ歳《とし》くらいの子」

「黒いセーラー服って、今どきないだろ。どこの古めかしい学校だよ」

今度は僕がきょとんとする番だった。そういわれてみれば、セーラー服を着ている子自体を見かけない。うちの学校も白いシャツにグレーのスカートだ。もう少し寒くなれば、その上にブレザー。

「じゃあ、あれはどこの制服なんだろう」

僕がいうと、

「何いってんだおまえ」

上別府は声を上げて笑い、鞄《かばん》を肩《かた》にかけて部活に行ってしまった。

その夜、僕はぼんやりと考えた。もしかしたら、彼女《かのじょ》は遠距離《えんきょり》通学をしている高校生なのかもしれない。ほとんど根拠《こんきょ》はないが、そう**スイソク**して結論づけることにした。もしも彼女が何らかの理由で自分の学校の制服を着ているのではないのだとしても、その理由はわからなかった。考えてもしかたがない。それよりも、彼女のすすめてくれた本はどれもおもしろかった。そのことが大事なんだと思った。思おうとした。

寝《ね》る前に蒲団《ふとん》の中で読む本は僕を遠いところへ連れていってくれる。バレーボールは飛んでこなかったし、青々と晴《は》れ渡《わた》る空も出てこなかったし、中村《なかむら》さんも姿を現さなかった。

本を閉じた。バレーボールも青い空もどうでもいいけれど、彼女には登場してほしい。彼女に会いたい、と思った。

（宮下奈都《みやしたなつ》の文章による。なお、本文には一部略したところがある）

＊嗚咽《おえつ》…声をつまらせて泣くこと。

問一　「僕《ぼく》は本が好きで、『前』はよく本屋に行ったのだ」とあるが、どうして今はそうではないのですか。

問二　「僕が持っているところを見られるのはとてつもなくはずかしい」とあるが、なぜ「はずかしい」のですか。

問三　「やっぱり。面倒《めんどう》くさいことになった」とあるが、どういうことですか。

問四　「堂々としていなければ、彼女《かのじょ》に悪いような気がした」とある

「なんでもいいだろ」

愛想《あいそ》のない口調だったと自分でも思う。上別府《かみべっぷ》は鼻の頭に皺《しわ》を寄せた。

「そりゃ、なんでもいいけど。おもしろい本があったら、普通《ふつう》に教えてくれたっていいんじゃね」

そういうと、教室へ入っていってしまった。

彼女《かのじょ》のことはいわれなかった。てっきり何かいわれるだろうと思っていたから、拍子《ひょうし》抜《ぬ》けした気分だった。

廊下《ろうか》を戻《もど》り、教室へ入った。真田《さなだ》や中村《なかむら》たちと話している上別府に、後ろから声をかけた。

「重松清《しげまつきよし》」

「え」

上別府はふしぎそうに僕《ぼく》を見た。

「おもしろい本」

僕がいうと、ああ、と表情を崩《くず》した。

「わかった。読んでみる」

そういってうなずいた。

放課後、にぎやかな生徒玄関《げんかん》で靴《くつ》を履《は》き替《か》えていたところに、白い**タイソウ**服の上別府たちが来た。これから部活でランニングでもするのだろう。下駄箱《げたばこ》に伸《の》ばしかけていた手を引いて先を譲《ゆず》ると、小さく、サンキュ、といって笑った。

たったそれだけのことだ。だけど、びっくりした。サンキュといって笑うだけで、上別府が僕を嘲《あざわら》おうとはしていないことがいっぺんにわかった。

僕はゆっくりと歩きながら、走っていく上別府たちの後姿を見た。

その週はいろいろ忙《いそが》しかった。

まず、中間テストがあった。答案はすぐに採点されて戻ってきた。学年で一番の成績だったけれど、達成感もよろこびもない。何の感慨《かんがい》もなく、僕は答案を鞄《かばん》にしまった。

テストが終わると球技大会だった。球技大会といっても、生徒数が少なくて、各学年でバレーとバスケットのチームをひとつずつつくったら、それでおしまい。公平のため、部活にない種目で競《きそ》うことになっているそうだけど、経験者がいないから試合らしい試合にもならなかった。

僕はバレーにもバスケットにも縁《えん》がなかった。それでも、前の中学にいた頃《ころ》、転校直前まで体育の授業はずっとバレーだった。どちらかには出なければならないというので、バレーを選択《せんたく》した。チームのキャプテンは、上別府だった。

上別府は、運動神経がよかった。同じコートの中にいると、それがよくわかった。リーダーシップもあった。彼《かれ》の指示で、僕たちは動いた。もっとも、動いているつもりで身体は全然ついていけなかったのだけど。

僕がボールを拾えなくても、サーブをネットに引っかけてしまっても、上別府は怒《おこ》らなかった。疲《つか》れてぼんやりしていたときだけ、ボール見ようぜ、と声をかけられたくらいだ。

「セッターに向いてるんじゃないか」

大会の後で上別府にいわれたときは、何の話かわからなかった。

「手首がやわらかいから、コントロールがいい」

上別府がほめるものだから、まわりのやつも同調した。園田《そのだ》の上げたボールは打ちやすいとか、頭がいいから指示役のセッターにはちょうど向いているのだとか。

もちろん、真に受けたわけではない。驚《おどろ》いたし、そんなはずはないとも思った。けれど、なんだかくすぐったい気分だった。ほんとうに本屋を出たところで、僕《ぼく》はあらためて彼女《かのじょ》にお礼をいった。昼間でも薄暗《うすぐら》いアーケード街には、歌詞のない歌が流れていた。

君は、といいそうになったのを飲《の》み込《こ》んだ。なんと呼べばいいのかわからなかった。

「……買わなくてよかったの？」

主語をハブいて聞くと、彼女は穏《おだ》やかにうなずいた。

「ええと、名前、なんていうの？」

思い切って聞くと、ほんの少し間が空いた。

「平凡《へいぼん》な名前。つまんないよ。中村《なかむら》っていうの」

中村さん。すごく平凡だというわけでもないけれど、たしかにこの町には中村さんが多いようだった。クラスにも中村がいて、先生の中にも中村はいた。

そのとき、歩道の向こう側を、こちらをちらちら見ながら歩いてくる学生服姿が見えた。がっしりしていて、髪《かみ》がくろぐろと多い。そうだ、たしか上別府《かみべっぷ》というやつだ。同じクラスにいながら口をきいたこともない。日焼けした顔に太い眉毛《まゆげ》、声が野太くて、豪快《ごうかい》に笑う。いかにも運動部の人間らしく、いつも友達に囲まれてクラスの中心にいた。

「どうかした？」

彼女が僕の視線を追って振《ふ》り返《かえ》る。

「なんでもないよ」

ぶっきらぼうないい方になった。女の子といるところを見られるのは決まりが悪い。いろいろとまずい、と直感がささやいていた。中二の秋になって転校してきて、東京の言葉を使い、馴染《なじ》もうともしない、ひょろっとした転校生。僕になど、いま通っていった上別府はキョウミもないだろう。しかし、放課後、商店街を女の子と歩いているとなれば、好奇心《こうきしん》を刺激《しげき》されたとしてもおかしくない。

「急に黙《だま》っちゃったね」

中村さんがいった。

「そんなことないって」

まだ声に変な力が入っていた。

「誰《だれ》？」

「え？」

「さっき通っていったの。知ってる子なんでしょ。同じクラスのひと？」

どうしてそんなことを聞くんだろう。誰だっていいのに。少し、面《めん》倒《どう》だった。黙ってうなずいた。

「じゃあ、どうもありがとう」

僕は話を打ち切るようにして、手を振って別れた。

翌日、昼休みに図書室へ行こうと廊下《ろうか》へ出たところで、上別府に呼び止められた。

「園田《そのだ》、昨日本屋の前にいたろ」

やっぱり。面倒くさいことになった。

放っておいてくれ。そういいたかったけれど、いわなかった。

「いたよ」

いたのは事実だ。本屋の前で、中村さんと話していた。それをひやかしたり、からかったりされるのはいやだ。だけど、堂々としていようと思った。堂々としていなければ、彼女に悪いような気がした。

「店から出てきたところを見てた」

「そうか」

それは僕も知っていた。僕たちのほうをちらちら見ていたじゃないか。

「何を買ったんだ」

ていた本を棚《たな》に戻《もど》すと、最後に一度こちらを振《ふ》り返《かえ》ってから、その場を離《はな》れた。

彼女《かのじょ》が見ていた棚のところに行ってみる。どの本を見ていたのか探してみる。これかな、と手に取って、戻して、もう一度手に取って、それから考え直す。もしかしてあの子がここに戻ってきたら、僕《ぼく》が持っているところを見られるのはとてつもなくはずかしい。

やっぱり戻そう。そう思った瞬間《しゅんかん》、彼女がそこに立っていた。

「それ、おもしろいよ」

何もいえずに突《つ》っ立《た》っている間に、彼女はにっこり笑って、今度こそほんとうに店を出ていってしまった。

僕はその本を買った。

それが火曜日だった。金曜に、また本屋へ行った。**キタイ**せずに店に入ると、こないだと同じ場所に彼女が立っていた。

「こないだは、ありがとう」

僕は勇気を振《ふ》り絞《しぼ》ってお礼をいった。

「本を読んだのは、すごく久しぶりだった」

口にすると、それがどんなに大きなことかがわかった。本が好きだったのに、そんなことすら忘れていた。

「もしも、あの本が気に入ったのなら」

彼女は棚のほうを向き、ちょっと時間をかけて何冊か選んだ。それを僕に手渡《てわた》すと、しっかりと目を見て微笑《ほほえ》んだ。笑顔《えがお》の意味はわからない。でも、心臓が早鐘《はやがね》を打っていた。彼女が店を出ていくと、僕はお小遣《こづか》いをはたいて、四冊全部を買った。

次に会ったのは、翌週の月曜だった。

「もう全部読んだの？」

彼女はうれしそうに笑った。うーん、じゃあ、今度はどうしようかなあ、などといいながら棚の間をまわってゆく。僕も一緒《いっしょ》に歩いた。どんな本が好きかぽつぽつと話しながら店内を一周すると、彼女の腕《うで》には何冊かの本が抱《かか》えられていた。文庫が三冊にハードカバーが一冊。ハードカバーか。お年玉からお金を持ってきたから、買えないわけじゃない。だけど、ちょっと困った。

「これ、女ものじゃない？」

「女ものって」

彼女は首を振って笑った。ふと、どこかでこんな笑い方をするひとを見たことがある、という思いが頭をかすめた。

「洋服じゃないんだから、本に男ものも女ものもないと思うよ。でも、もしも気に入らなかったら、妹さんにでもあげて」

そうか、妹にか、と思うのとほぼ同時に疑問が浮《う》かんだ。妹がいることを話したっけ。話していない、と瞬時《しゅんじ》に思う。妹のことを話す暇《ひま》はなかった。妹に限らず、家族のことは話していなかった。だって家族の話をしたら、母さんのことを話さなければならなくなってしまう。

でも、目の前にいる彼女が弾《はず》んだ声で話すので、僕の心は浮《う》き立《た》った。浮かんだ疑問はゆらゆらっとどこかへ消えてしまった。

どうして彼女からはこんなになつかしい匂《にお》いがするんだろう。彼女の横顔をこっそりと盗《ぬす》み見《み》ながら考えた。なつかしさがどんな成分でできているのか知らないけれど、うれしいとか、よろこばしい、たのしい、肯定的《こうていてき》な気持ちに、せつない、はずかしい、といった身を縮めたくなるような感情も混じっているのだと思う。少なくとも、僕には、彼女になつかしさを感じてしまったことに対する妙《みょう》な後ろめたさがあった。

名前を聞きたかった。彼女のことを知りたかった。でも、聞いていいものかどうか、迷った。通りすがりなのだ。見たことのない制服を着ているから、きっとこの近くの学校ではないのだろう。

「どうもありがとう」

二〇二〇年度 武蔵中学校

【国語】(五〇分)〈満点：一〇〇点〉

次の文章を読んであとの質問に答えなさい。

(注) 母を亡《な》くした中学二年生の「僕《ぼく》」と四つ下の妹「菜月《なつき》」は、父と共に、家族で暮らしていた東京から、九州の小さな町にある母の実家(中村《なかむら》家)の祖父母に呼ばれて、一緒《いっしょ》に暮らすことになった。

学校から帰ってからも、僕はよく外を歩いた。前はどうやって時間を過ごしていたのだったか、もう思い出せなかった。ふらふらと歩いていくと、アーケードのついた商店街があった。人通りはあまり多くない。雑貨屋があり、花屋があり、クリーニング屋があり、その向こうに本屋があった。

少し、思い出した。「前」のこと。僕は本が好きで、「前」はよく本屋に行ったのだ。父さんが家で本を読むのを見たことがないから、僕はきっと母さんに似たんだろう。そう思ったら、もう駄目《だめ》だった。せっかく入った本屋で、本の背表紙がちかちかしてうまく読み取ることができない。雑誌のコーナーをまわり、新刊の台を通り過ぎ、「当店のおすすめ」となっている棚《たな》から一冊、二冊、手に取って、また戻《もど》す。読みたい本がない。何を読んでいいのかわからない。

母さんのせいだというのはわかっていた。母さんが亡くなって、世界は色を失った。匂《にお》いが消え、音が遠くに聞こえ、何かが手に触《ふ》れる感覚も鈍《にぶ》った。読みたい本など見つからなくて当然だった。

だけど、僕は思いのほか困っていた。シーソーに乗っていて、相手が下へ、僕が空中へ上ったときに、急に相手が下りてしまったみたいな、このままだと急降下して尾《び》てい骨《こつ》をシーソー越《ご》しにずがんと地面に打ちつけることになるとわかっていて、それでも手も足も出せない。ほんとうは、両足をシーソーより先に下ろして踏《ふ》ん張《ば》れば、体重を支えることができる。痛い目に遭《あ》わずに**ス**む。そうわかっていて、手も足も出せずにいる。いや、出さないでいるのだ。僕の意思にかかわらず、僕の身体は動くことを拒否《きょひ》する。うまくやらなければ、無駄《むだ》な痛みは避《さ》けなければ、と思っているのに、身体がいうことを聞いてくれない。

店の奥《おく》は、児童書のコーナーだった。菜月に何か買って帰ってあげよう。「前」には、彼女《かのじょ》はよく児童書のコーナーで目を輝《かがや》かせてあれこれ手を伸《の》ばしていた。今はきっとそんな力もない。僕は知っている。彼女が**マイバン**蒲団《ふとん》の中で泣《な》いて、声を殺して泣いて、やがて泣き疲《つか》れて眠《ねむ》るのを。菜月のくぐもった＊嗚咽《おえつ》が聞こえてくると、僕はやりきれない気持ちになる。かわいそうだと思うし、自分のことがかわいそうにも思えるし、何より母さんのことがかわいそうにも思えてきて、もう何をかわいそうがっていいのかさえわからなくなった。

ふと顔を上げると、棚の向こうから、女の子がこちらを覗《のぞ》いていた。目が合って、あわてて逸《そ》らした。なつかしいような顔だった。心臓がどくどく音を立てていた。同じ学校の子だろうか、と思ったけれど、すぐに違《ちが》うと気づいた。制服が違う。でも、同じ歳《とし》くらいだと思う。もう一度、そっと顔を上げると、彼女もこちらを見た。またすぐに視線を落とす。目が合うのがはずかしくて、彼女を見ていることが知られるだけでもはずかしくて、それなのに気になってまた見てしまう。

この感情が何なのか、僕にはわからなかった。彼女の姿を見たくて、本を選んでいるふりをしながら何度も様子を窺《うかが》った。彼女は手に持っ

2020年度

武蔵中学校 ▶解説と解答

算 数 (50分)＜満点：100点＞

解 答

1 (1) 4 (2) 15個 2 (1) 2：3 (2) 6：25 3 (1) (例) 解説を参照のこと。 (2) (A，B)＝(5点，2点)，(5点，4点) (3) (ア) 解説の図3を参照のこと。 (イ) 解説の図4を参照のこと。 4 (1) 9.1 (2) 29 (3) (ウ) 33.4 (エ) 4

解 説

1 周期算，つるかめ算

(1) 2，2×2＝4，4×2＝8，8×2＝16，16×2＝32，…のように，2を何個かかけてできる数の一の位の数は{2，4，8，6}の4個がくり返される。よって，634÷4＝158余り2より，2を634個かけた数の一の位の数は，2個かけた数の一の位と同じであり，4とわかる。

(2) クーポン券が使われなかったとすると，Aは800円で35個，Bは1000円で42個注文されたから，売り上げは，800×35＋1000×42＝70000(円)になる。ところが実際の売り上げは67100円なので，クーポン券によって割引された金額の合計が，70000－67100＝2900(円)とわかる。また，クーポン券によって割引される金額は，Aは1個あたり，800×0.1＝80(円)，Bは1個あたり，1000×0.1＝100(円)である。もし，Bに32枚使われたとすると，割引された金額の合計は，100×32＝3200(円)となり，実際よりも，3200－2900＝300(円)多くなる。Bのかわりに Aに使われると，割引される金額は1枚あたり，100－80＝20(円)ずつ減るので，クーポン券を使って注文されたAの個数は，300÷20＝15(個)と求められる。

2 平面図形―相似，辺の比と面積の比

(1) 下の図1で，三角形ABDの底辺をAD，三角形DBCの底辺をBCとすると，この2つの三角形は高さが共通だから，面積の比は底辺の比に等しく3：8になる。そこで，三角形ABDの面積を3，三角形DBCの面積を8とすると，台形ABCDの面積は，3＋8＝11になるので，三角形ABEの面積は，$11\times\frac{5}{11}=5$とわかる。また，三角形ABDと三角形ABEの底辺をどちらもABとすると，高さの比が面積の比に等しくなる。つまり，AD：GE＝3：5なので，GE＝③×$\frac{5}{3}$＝⑤とわかる。次に，三角形DHEと三角形DICは相似であり，HE：IC＝(5－3)：(8－3)＝2：5だから，DE：EC

図1

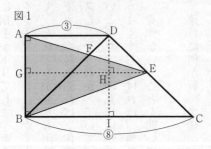

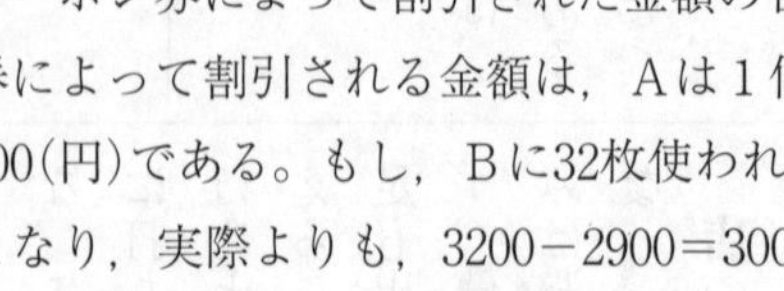

図2

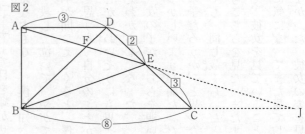

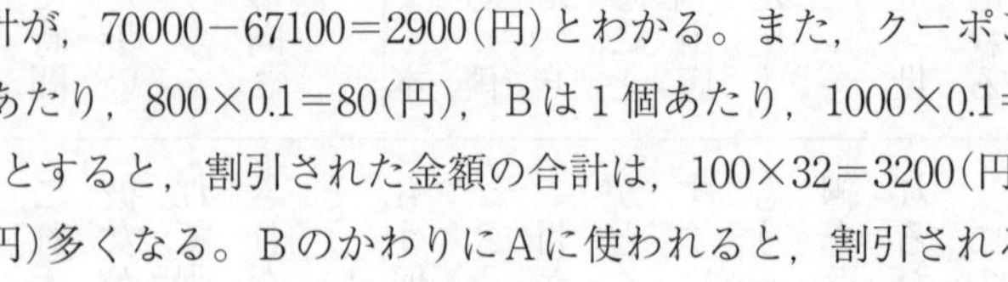

＝２：（５－２）＝２：３と求められる。

(2)　上の図２のように，AEとBCを延長して交わる点をＪとすると，三角形AEDと三角形JECは相似であり，相似比は２：３なので，CJ＝③×$\frac{3}{2}$＝$\textcircled{4.5}$となる。また，三角形AFDと三角形JFBも相似であり，相似比は，３：（８＋4.5）＝６：25だから，DF：FB＝６：25とわかる。

3　条件の整理

(1)　５×２＝10，５×４＝20のように，５と偶数《ぐうすう》の積は10の倍数になるから，偶数が書かれた球と⑤が両方とも入っている箱の点数は必ず０点になる。また，偶数が書かれた球は４個あるので，Ａ，Ｂの少なくとも１つの箱には偶数が書かれた球が入る。よって，Ａ，Ｂのどちらにも⑤が入っているとき，少なくとも１つの箱の点数は０点になる。

(2)　ＡもＢも０点ではないので，(1)より，⑤はＡ，Ｂのどちらかだけに入っていることがわかる。また，⑤が入っている箱には②も④も入っていないから，右の図１の㋐，㋑の２つの場合が考えられる。㋐の場合，一方の点数は，５×５×１×１×３＝75より５点，もう一方の点数は，２×２×４×４×３＝192より２点になるので，Ａが５点，Ｂが２点とわかる。また，㋑の場合，一方の点数は，５×５×１×３×３＝225より５点，もう一方の点数は，２×２×４×４×１＝64より４点になるから，Ａが５点，Ｂが４点となる。

図１

㋐ (⑤，⑤，①，①，③)
　 (②，②，④，④，③)
㋑ (⑤，⑤，①，③，③)
　 (②，②，④，④，①)

(3)　(ア)　点数が５点になるためには少なくとも１個は⑤が必要なので，最初のＡには⑤が入っていて，②も④も入っていなかったことになる。よって，最初に入っていたのは右の図２の㋒～㋔の３つの場合が考えられる。このうち㋓と㋔の場合は，Ａからどの球をとり出してもＡの点数は５点のまま変わらない。よって，条件に合うのは㋒から⑤をとり出した場合であり，下の図３のようになる。

図２

㋒ Ａ(①，①，③，③，⑤)
　 Ｂ(②，②，④，④，⑤)
㋓ Ａ(①，①，③，⑤，⑤)
　 Ｂ(②，②，③，④，④)
㋔ Ａ(①，③，③，⑤，⑤)
　 Ｂ(①，②，②，④，④)

(イ)　㋒の場合，Ａから⑤をとり出すとＡの点数は，１×１×３×３＝９より，９点になり，Ａからそれ以外の球をとり出すとＡの点数は５点のままである。また，Ｂには⑤と偶数が書かれた球が入っているので，Ｂの最初の点数は０点である。この後，偶数が書かれた球をとり出してもＢの点数は０点のままだから，Ｂから⑤をとり出す場合を考えればよい。このとき，２×２×４×４＝64より，Ｂの点数は４点にしかならないので，Ａより大きくならず，条件に合わない。次に，㋓の場合，Ａからどの球をとり出してもＡの点数は５点のままである。また，Ｂから②をとり出すと，２×３×４×４＝96（６点），Ｂから③をとり出すと，２×２×４×４＝64（４点），Ｂから④をとり出すと，２×２×３×４＝48（８点）となるから，条件に合うのはＢから②か④をとり出す場合とわかる。同様に，㋔の場合，Ａからどの球をとり出してもＡの点数は５点のままである。また，Ｂから①をとり出すと，２×２×４×４＝64（４点），Ｂから②をとり出すと，１×２×４×４＝32（２点），Ｂか

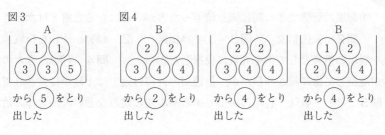

図３

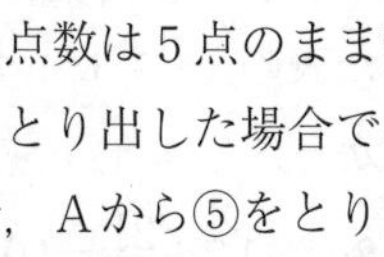

から⑤をとり出した

図４

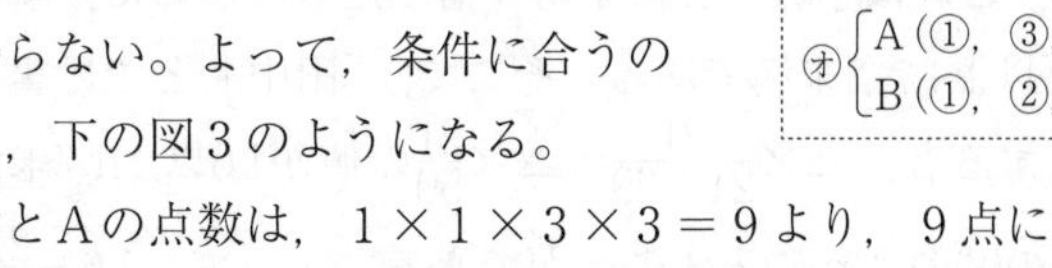

から②をとり出した　から④をとり出した　から④をとり出した

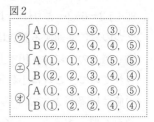

ら④をとり出すと，$1\times2\times2\times4=16$（6点）となるので，条件に合うのはBから④をとり出す場合とわかる。よって，上の図4のような場合が考えられる。

4 数の性質

(1) 問題文中の例1で，「ともこ」とだけ書かれた3票を，②，③，④で按分《あんぶん》すると，$3\times\dfrac{8}{7+6+8}=\dfrac{8}{7}=1.14\cdots$より，④には1.1票追加される。よって，(ア)に入る数は，$8+1.1=9.1$である。

(2) 問題文中の例2で，②には「ともこ」とだけ書かれた票が，$21.5-20=1.5$（票）追加されている。これは小数第2位を切り捨てたものだから，切り捨てる前の値は1.5票以上1.6票未満である。そこで，②，③，④の正規の得票数の合計を□票とすると，$5\times\dfrac{20}{\square}=\dfrac{100}{\square}$の値が1.5以上1.6未満なので，右の図1の(a)のように表すことができる。また，このそれぞれに□をかけると(b)のようになるから，$100\div1.5=66.6\cdots$，$100\div1.6=62.5$より，(c)のようになることがわかる。つまり，□に入る整数は{63, 64, 65, 66}のいずれかとなる。同様に，④には「ともこ」とだけ書かれた票が，$18.2-17=1.2$（票）追加されていて，これは小数第2位を切り捨てたものなので，切り捨てる前の値は1.2票以上1.3票未満である。よって，$5\times\dfrac{17}{\square}=\dfrac{85}{\square}$の値が1.2以上1.3未満だから(d)のように表すことができ，このそれぞれに□をかけると(e)のようになる。さらに，$85\div1.2=70.8\cdots$，$85\div1.3=65.3\cdots$より(f)のようになるので，□に入る整数は{66, 67, 68, 69, 70}のいずれかとなる。2つの＿に共通する整数は66だから，(イ)に入る数は，$66-(20+17)=29$と求められる。

図1

$1.5\leqq\dfrac{100}{\square}<1.6$ …(a)

$1.5\times\square\leqq100<1.6\times\square$ …(b)

$62.5<\square\leqq66.6\cdots$ …(c)

$1.2\leqq\dfrac{85}{\square}<1.3$ …(d)

$1.2\times\square\leqq85<1.3\times\square$ …(e)

$65.3\cdots<\square\leqq70.8\cdots$ …(f)

(3) 例2の①には「田中」とだけ書かれた票が，$22.6-21=1.6$（票）追加されていて，これは小数第2位を切り捨てたものなので，切り捨てる前の値は1.6票以上1.7票未満である。そこで，「田中」とだけ書かれた表の数を△票とすると，$\triangle\times\dfrac{21}{21+29}=\triangle\times\dfrac{21}{50}$の値が1.6以上1.7未満だから，右上の図2の(g)のように表すことができる。よって，$1.6\div\dfrac{21}{50}=3.8\cdots$，$1.7\div\dfrac{21}{50}=4.0\cdots$より，(h)のようになるので，△にあてはまる整数は4と決まり，(エ)に入る数は4とわかる。したがって，③で「田中」とだけ書かれた票を按分して得られる票は，$4\times\dfrac{29}{21+29}=2.32$より，2.3票となる。さらに，③で「ともこ」とだけ書かれた票を按分して得られる票は，$5\times\dfrac{29}{66}=2.19\cdots$より，2.1票だから，(ウ)に入る数は，$29+2.3+2.1=33.4$と求められる。

図2

$1.6\leqq\triangle\times\dfrac{21}{50}<1.7$ …(g)

$3.8\cdots\leqq\triangle<4.0\cdots$ …(h)

社 会 （40分）＜満点：60点＞

解 答

問1 （例） 季節風の影響で冬の間に降り積もった雪が，春になると雪どけ水として河川に流れこむから。 **問2** 武田信玄 **問3** (1) 島根県 (2) （例） 砂鉄を採取するために山を削り，製鉄や製塩の燃料として木を大量に伐採したから。 **問4** （例） 分水の河口付近では新たに土砂が堆積して海岸線が伸びたが，信濃川の河口付近では土砂が侵食されて海岸線が後退した。 **問5** （例） 戦後，各地の河川でダムや堤防の建設などの流域全体の治水事業がすすめられた結果，水害被害は減少傾向となり，死者数も大幅に減った。その一方で，被害額にあまり変化が見られないのは，かつて水田の多かった低地が新たに宅地や商業地として利用されるようになったため，洪水などによって被害額がかさんだことが原因と考えられる。　**問6**　(1)（例）　2000年代初めまでは２％前後で推移していたが，それ以降は１％前後で推移するようになり，半減した。　(2)（例）　近年，大雨の年間回数が増加傾向にあり，氾濫の危険性が高まっているが，ダムや堤防などの治水の基盤が老朽化していることから，治水施設の維持管理・更新が急務である。しかし，治水関係費の割合は減少傾向にあり，治水事業のための予算をどう確保するかが課題である。　**問7**　(1)（例）　被害がおよぶ浸水の範囲と水深　(2)（例）　地震ハザードマップを見れば，建物の倒壊や火災の延焼，液状化の範囲などがあらかじめ予測できるので，地震が起きたさいにそういった危険な場所を避けて安全に避難することができる。また，事前に家族で避難場所や避難経路を話し合うさいや，地域の防災訓練に参加するさいにハザードマップを活用することで，防災意識をより高めることができる。

解　説

治水の歩みを題材にした総合問題

問1　冬に大陸から日本列島へと吹《ふ》きつける冷たく乾いた北西の季節風は，日本海を渡るさいに暖流の対馬《つしま》海流の影響を受けて大量の水蒸気をふくみ，雲をつくる。この雲が日本海に面する高い山々にぶつかり，日本海側の地域に多くの雪を降らせる。春になって暖かくなると，この積もった雪がとけだし，雪どけ水として河川に流れこむ。そのため，日本海側の河川や，本州で背骨のように連なる山脈に源を持つ河川で水量が増え，水位が上昇《じょうしょう》して洪水《こうずい》が起こることがある。一方，この雪どけ水が田植えの時期に水田をうるおすため，日本海側には稲作のさかんな地域が多い。

問2　「霞堤《かすみてい》」は，川の上流に向かってカタカナのハの字を逆にしたような堤防《ていぼう》をいくつも設置するもので，これは洪水が起こったさいに，川の水を堤防と堤防の間から外に逃がし，水の勢いを弱める効果がある。戦国時代に甲斐《かい》国(山梨県)を治めた戦国大名の武田信玄は，甲府盆地を流れる御勅使《みだい》川と釜無《かまなし》川の治水事業で，霞堤を組みこんだ「信玄堤」を築いた。信玄は治水事業のほか，「甲州法度《はっと》之次第(信玄家法)」とよばれる分国法を定めるなどして内政の充実をはかった。また，勢力の拡大をはかって信濃国(長野県)や駿河《するが》国などにも進出した。

問3　(1)「出雲《いずも》」は現在の島根県東部の旧国名で，縁《えん》結びの神様とされている大国主大神を祀《まつ》った出雲大社があることで知られる。この地は古くから重要な場所とされており，『古事記』では本文にも書かれているヤマタノオロチ伝説の，『日本書紀』では国ゆずり神話の舞台《ぶたい》となっている。また，図１の北部にある宍道《しんじ》湖はしじみの漁獲《ぎょかく》量が多いことで知られる汽水湖で，大橋川によって右側の中海とつながっている。　(2)　禿《は》げ山とは植物が生育できず岩肌《いわはだ》が露出している山のことで，20世紀以前の中国山地には禿げ山が広がっていた。その理由の一つは，本文にあるとおり，広範囲《はんい》で「かんな流し」という山を削《けず》る砂鉄採取法が行われていたためである。また，この地域は「製鉄がさかんで」，足踏《あしぶ》み式の送風装置のある炉《たたら》に砂鉄と木炭を交互《こうご》に入れて燃焼させる「たたら製鉄」が行われてきた。この燃料として大量の木炭が必要であったことから，多くの木が伐採《ばっさい》されたのだと考えられる。さらに，瀬戸内海沿岸は少雨で温暖な気候を生かして，古代より製塩がさかんに行われていた。製塩では海水を釜《かま》で熱して塩をとるため，その燃料として中国山地の木が伐採された。

問4　大河津《おおこうづ》分水が完成したことで，これまで川が流れこまなかった分水の河口には，川が運んできた土砂が堆積《たいせき》し，海岸線が前進するようになる。一方，信濃川の河口から海に流れ出る水量は減ることになり，運ばれて堆積する土砂の量も減るため，そのぶん波の侵食《しんしょく》作用で河口の土砂が削られ，海岸線が後退するようになる。

問5　図３から，1940年代後半から1950年代後半には水害による死者数が多く，被害額も大きかったが，それ以降は死者数が大幅《おおはば》に減少した一方で被害額にあまり変化が見られないことが読み取れる。これは，本文に「戦後，各地の河川で上流部のダム建設や下流部の大規模な堤防建設などの流域全体の治水事業がさらにすすめられました」とあるとおり，治水事業の結果として死者数が大幅に減少したからだと推測できる。その一方で，被害額にあまり変化が見られないのは，「かつて水田の多かった川沿いの低地も新たに宅地や商業地などとして利用されるように」なったため，ひとたび洪水が起こると，宅地や商業地の浸水《しんすい》はもちろん，鉄道や道路などの交通機関も浸水により機能を失うなどの被害が出てしまい，被害額がそのぶんかさむようになったからだと考えられる。なお，図３で年によって大幅な増減が見られるが，これはその年に台風などの自然災害の影響を受けたことによるものである。

問6　⑴　図４から，国の歳出総額に占《し》める治水関係費の割合は，2000年代初めまでは２％前後で推移していたが，その後１％前後で推移するようになり，半減したことがわかる。　⑵　本文に「ここ30年間の政府発表の統計では，日本における大雨の年間回数が増加傾向《けいこう》」にあり，「今後も同様の状況が続くとなると，氾濫《はんらん》の危険性が高まる」とある。その一方で，「堤防やダムなど治水の基盤《きばん》が造られた時期から約50年が経過し，老朽《ろうきゅう》化していく設備や施設の維持《いじ》管理，更新《こうしん》に関する問題」が指摘《してき》されていることから，国や地方自治体による治水事業は急務だと考えられる。しかし，国も地方自治体も財源に限りがあるため，図４からもわかるように，治水事業にあてる費用の確保が難しくなっていることが，課題としてあげられる。そのため，「私たちはこれまでの治水の方法を見直しつつ，今後の状況に応じて新たな方法を模索《もさく》」していく必要がある。

問7　⑴　「ハザードマップ」とは，洪水や火山の噴火，地震や津波などの自然災害について，被害が起こると予測される地域やその被害の程度を示すとともに，避難《ひなん》経路や避難場所をあわせて表した地図で，多くの地方自治体が作製し，住民に配布している。洪水および浸水ハザードマップに掲載《けいさい》されている情報で重視されるのは，せまってくる水が広がる範囲と水深である。被害がおよぶ浸水の範囲と水深がある程度予測できれば，より安全な避難経路を通って避難場所へとたどり着くことができる。　⑵　一般的な地図では対応しきれない，ハザードマップの特徴《とくちょう》とそれによる効果をあげればよい。たとえば，地震のハザードマップであれば，建物の倒壊《とうかい》や火災の延焼，液状化の範囲が，火山の噴火のハザードマップであれば，噴石や火砕《かさい》流，降灰の範囲が，津波のハザードマップであれば，津波による浸水の範囲や深さが示されている。そのため，あらかじめハザードマップを確認しておくことで，より安全な避難経路を通って避難場所へと避難でき，二次災害を防ぐことにもつながる。また，本文の終わりに「日頃の防災訓練や防災教育などを通して防災意識を高めて生活することが，災害と向き合う上で必要になっています」とあるように，事前に家族で避難場所や避難経路を話し合うさいや，地域の防災訓練に参加するさいにハザードマップを活用することで，防災意識をより高めることができる。ハザードマップはその土地が災害に強い場所なのかどうかを知る手がかりともなるため，災害における防災や減災に活用される以外にも，人びとがマイホームを建てたり，引っ越しをしたりするさいや，企業が本社や工場を建てたり，国・地方自治体が公共施設を建設したりするさいに，欠かせないものとなっている。

理 科 (40分) ＜満点：60点＞

解 答

1 (共通点は記述例) (1) みずから光を出している。／ウ (2) 気体がとけた水溶液である。／エ (3) 固形のものがふるえて音が出る。／ア (4) 生き物が受粉の仲立ちをする。／エ (5) 使うときに力点が作用点と支点の間にくる。／ウ (6) 調べたい値を測定している。／ウ (7) 熱が伝導によって伝わっている。／エ 2 **問1** 58℃，7％ **問2** オ **問3** **正しい図**…ア **酸素を多く含む血液が流れる血管**…黒色 **問4** ① 気管 ② 血液 ③ 水蒸気 ④ 小さく **問5** 2回 **問6** (ヒトの肺，鳥の肺の順で) (1) ウ，イ (2) イ，ア (3) ア，イ **問7** (例) ヒトの肺は，酸素を交換する場所が袋状の形をしていて，吸いこんだ新鮮な空気と残った空気が混ざり合うために酸素の割合が下がり，酸素を取りこむ効率が悪い。しかし，鳥の肺は，気嚢という2つの袋のはたらきによって肺の中の細い管を新鮮な空気が一方向に流れるので，効率よく酸素を取りこむことができ，この点で鳥の肺の方が優れている。 3 解説を参照のこと。

解 説

1 理科の基礎知識

(1) 稲妻《いなずま》(雷《かみなり》)が出す光，ホタルが腹部から出す光，ろうそくの炎《ほのお》が出す光は，みずから光を発生しており，光って見えるもの自体が光源となっている。一方，ルビー(宝石)は外からの光を反射して赤く見える。 (2) アンモニア水は気体のアンモニア，塩酸は気体の塩化水素，炭酸水は気体の二酸化炭素，水酸化ナトリウム水溶液《すいようえき》は固体の水酸化ナトリウムがそれぞれとけている。よって，気体のとけた水溶液かどうかで区別できる。 (3) 琴《こと》は木製の長い胴体《どうたい》に張った糸，太鼓《たいこ》は管状の胴体にふたをするように張られた皮，トライアングルは三角形状に曲げられた金属(一般的には鉄製)の棒がそれぞれ振動《しんどう》することで音が発生する。これらは固形のものが発音源になっているのに対し，リコーダーは管の中の空気が振動して音が出る。 (4) ツバキはおもに鳥，ヘチマやリンゴはおもに昆虫《こんちゅう》によって花粉が運ばれる。これらは受粉が生き物を仲立ちにして行われるといえる。しかし，トウモロコシは風によって花粉が運ばれ受粉する。 (5) 竹ぼうきは，柄《え》(棒の部分)の一番上を手で持って支点とし，柄の真ん中あたりをもう一方の手で持って力を加え，ほうきの先を動かす。これは振《ふ》り子の動きのようで，力点が支点と作用点の間にあるてこの動きとなる(ただし，柄を持つ上方の手を力点，下方の手を支点として動かすこともできる)。ピンセットと糸切りばさみは，一方の端《はし》に支点があり，もう一方の端が作用点となって，それらの間に力点がある。釘抜《くぎぬ》きは，支点の両側に力点と作用点がくるようにして使う。 (6) 上皿天秤《てんびん》，温度計，物差し(定規)はいずれも調べたい値を測定するための道具であるが，試験管はふつう容器として使う。 (7) アとイでは，温かいものと肌《はだ》が接することで，温かいものから肌に熱が伝わっている。この熱の伝わり方を伝導という。ウの場合も，カイロと肌の間にはふつう衣服があるが，熱がカイロから衣服へ，衣服から肌へと伝導により伝わる。エは，太陽光が空気を素通りしてものを直接温めており，このような熱の伝わり方を放射という。

2 生物の呼吸のしくみについての問題

問1　エベレストの標高は8848mで，気温は100m上昇《じょうしょう》するごとに0.65℃ずつ下がるから，エベレストの山頂の気温は標高０mの地表と比べて，$0.65\times\frac{8848}{100}=57.5\cdots$より，58℃下がることになる。また，大気中の酸素の割合は約$\frac{1}{5}$であり，標高によってこの割合は変わらないとすると，地表における空気の量を１とするとき，この空気に含《ふく》まれている酸素の量は$\frac{1}{5}$，エベレストの山頂での酸素の量は，$1\times\frac{1}{3}\times\frac{1}{5}=\frac{1}{15}$となるので，山頂の酸素の量は地表の空気の量に対し，$\frac{1}{15}\div 1\times100=6.66\cdots$より，７％となる。

問2　アンモナイトは中生代(約２億5000万年前～6600万年前)に世界中の暖かい海に生息していた動物である。よって，アンモナイトの化石を含む層は，中生代に海底で堆積《たいせき》してできたと推測することができる。ヒマラヤ山脈の地層からアンモナイトの化石が見つかったことは，アンモナイトの化石を含む層がつくられた当時にこのあたりは海底で，長い年月にわたる大地の大きな変化で持ち上がり，8000mをこえる高さまで押《お》し上げられてヒマラヤ山脈ができたことを示している。

問3　魚では，全身から心臓にもどった血液は心臓に入り，心臓から送り出された血液はえらを通って酸素を取りこみ，それから全身へと流れていく。よって，酸素を多く含むのは，えらから全身へ向かう血液となる。

問4　①　口や鼻から入った空気は，気管や気管支を通って肺へ入る。肺の中では気管支がさらに細かく枝分かれし，その先は肺ほうと呼ばれる小さな球形の袋《ふくろ》のようなつくりがある。　②　肺ほうの周りには毛細血管が取りまいており，肺ほう内の空気と毛細血管内の血液の間で，酸素と二酸化炭素の交換《こうかん》が行われる。　③　呼吸時に体内から水蒸気も放出されるため，はく息は外の空気よりも水蒸気量を多く含む。このことは，冬の寒い日に，外の空気は白くないのに，はく息が白く見えることからもわかる。　④　息をはくときに肺ほうの中に空気の一部が残るため，肺の中の空気は外の空気よりも酸素の割合が小さくなる。

問5　図で，１回目の呼吸では，袋Ａ(と袋Ｂ)を膨《ふく》らませると矢印①，袋Ａ(と袋Ｂ)を縮ませると矢印❷の動きが起こり，２回目の呼吸では，(袋Ａと)袋Ｂを膨らませると矢印③，(袋Ａと)袋Ｂを縮ませると矢印❹の動きが起こる。よって，取りこんだ空気を体の外へはき出すまでに，呼吸を２回していることになる。

問6　(1)　ヒトの場合は肺ほうなので，袋状である。また，「鳥の肺は，たくさんの細い管の集まりになっています」と述べられている。　(2)　ヒトの場合，肺ほうに空気が入るときの空気の通り道と，肺ほうから空気が出るときの空気の通り道が同じである。つまり，空気の通り道では空気が双《そう》方向に動いている。一方，鳥の場合は，図に示されているように空気の流れは一方向である。(3)　ヒトの場合は，横隔膜《おうかくまく》とろっ骨の動きによって胸の内部の容積を大きくし，肺を膨らませるようにして外から空気を取りこんでいる。鳥の場合は，袋Ａの気嚢《きのう》を縮ませることで空気を肺へ送っている。

問7　ヒトの場合は，肺ほうの中から空気が全部出されずに一部残ってしまうため，肺ほうの中では空気中の酸素の割合が下がってしまい，酸素の取りこみの効率が悪くなる。これに対して，鳥の場合は，気嚢という２つの袋のはたらきによって，新鮮な空気が管状の肺を一方向に通過していくため，効率よく酸素を体内に取りこむことができる。

3 リング状の磁石のつき方の観察についての問題

２つのリング状の磁石のつき方は，以下の５通りが考えられる(図と説明はいずれも例で，意味が同じであれば，この通りに書かなくても正解になる)。

つき方がわかる図	つき方の説明
① 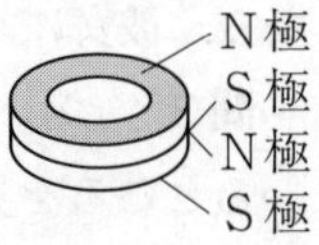	一方の磁石のN極ともう一方の磁石のS極が向かい合ってぴったりとつき，１つのリングのようになる。
② 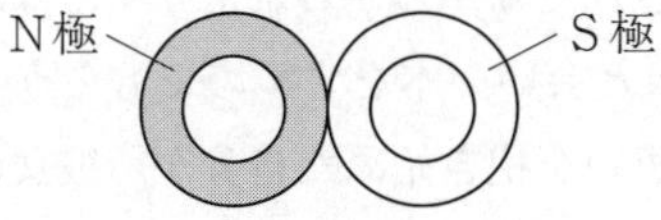	一方の磁石はN極，もう一方の磁石はS極を上にしたとき，たがいの側面どうしがつく。
③ 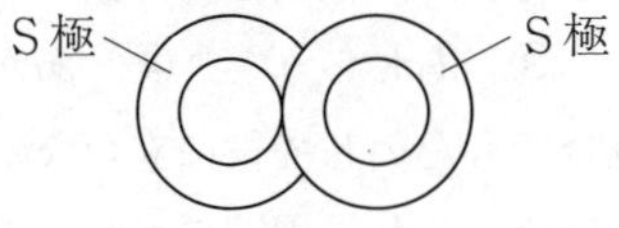	２つの磁石とも同じ極を上にしたとき，輪の一部分がおよそリングのはばにあたる分だけ重なってつき，８の字形になる。
④ 	２つの磁石のN極どうしを向かい合わせたとき，リングのおよそ半径分ずらして重ねるとつく。
⑤ 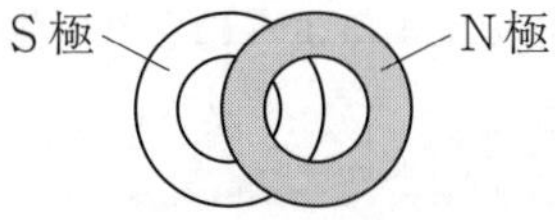	２つの磁石のS極どうしを向かい合わせたとき，リングのおよそ半径分ずらして重ねるとつく。

なお，④と⑤(全体を裏返したり回したりしても，たがいに同じつき方にはならないので注意する)では同じ極どうしが向かい合ってつく形になっているが，これはリングの中心部に磁力線が発生していることによる。右の図で，リングのまわりには内側にも外側にも図のような磁力線ができている(磁力線はN極から出てS極に入る)。磁石の異なる極どうしが引き合うのは，この磁力線の向きがそろう場合である。たとえば，リング状の磁石のS極どうしを向かい合わせ，リングの半径分だけずらして重ねると，一方の磁石がもう一方のリングの中央部と引き合うことになる。リングの中央部にできている磁力線は円形の磁極の中心部にできるため密になっていて，別なところでS極どうしがしりぞけ合う力よりもリングの中央部での引き合う力の方が強いため，２つのリング状の磁石がついたようになる。N極どうしを向かい合わせた場合も同様に引き合う。

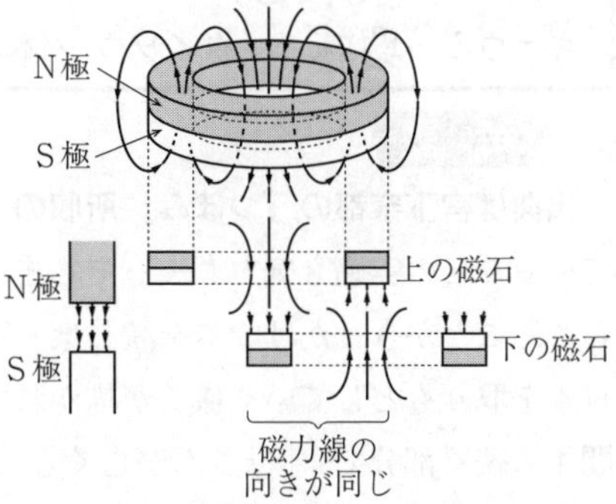

国語 （50分）＜満点：100点＞

解答

問１　（例）　母が亡くなったことによるショックで，生きていることの実感や何かをしようとする気力を失ってしまい，本を読む気になれなかったうえに，本屋に行くと本を読むのが好きだった母のことが思い出され，深い悲しみにおそわれてしまうから。　**問２**　（例）　先ほどまで「女の子」が見ていた本を自分が手に取っているところを見られたら，彼女に対して興味を持ち，何度も様子を窺っていたことを知られてしまうと思ったから。　**問３**　（例）　東京の言葉を使い，周囲に馴染もうとしない自分が，放課後，商店街で女の子といるところを見られたために，上別府のよけいな好奇心を刺激してしまい，学校でひやかされたりからかわれたりするはめになるのではないかということ。　**問４**　（例）「中村さん」と会い，本をすすめてもらうことで心が浮き立つような気持ちになり，彼女に対して好意的な思いを抱き始めた自分が，彼女のことをひやかされたり，からかわれたりしたとき，堂々としていなければ，彼女を軽く扱ってしまっている気がしたから。　**問５**　①　たかい　②　つく　③　あしらう　④　あかす　⑤　あらい　**問６**　（例）　運動があまり得意ではなく，試合でもたいして役に立たなかった自分のことを，上別府は怒るどころか長所を示しながら口々にほめてくれ，周囲の者も同調したことが信じられないと思いつつ，照れくささやうれしさを感じる気持ち。　**問７**　（例）　母が亡くなったことで生きている実感や何かをしようとする気力を失い，好きだった本を読むことも，周囲に心を開くこともなくなった「僕」が，彼女のすすめてくれた本をきっかけに再び本を読む楽しさを思い出しただけでなく，本のことを通じて上別府とも交流するようになり，生き生きとした日々を送れるようになった。　**問８**　下記を参照のこと。

●漢字の書き取り

問８　スむ…済(む)　マイバン…毎晩　キタイ…期待　ハブいて…省(いて)　キョウミ…興味　タイソウ…体操　スイソク…推測

解説

出典は宮下《みやした》奈都《なつ》の『つぼみ』所収の「なつかしいひと」による。母を亡くしたショックから，生きていることの実感も気力も失ってしまっていた「僕《ぼく》」が，本屋で出会った「女の子」から本をすすめられたことがきっかけで本を読む楽しみを思い出し，周囲にも心を開き始めたことで生き生きとした日々を取りもどしていく様子が描《えが》かれている。

問１　続く部分で，「母さんが亡くなって，世界は色を失った。匂《にお》いが消え，音が遠くに聞こえ，何かが手に触《ふ》れる感覚も鈍《にぶ》った」と表現されていることや，「僕」の心理状態を「シーソー」にたとえた描写《びょうしゃ》のなかで，自分の「意思にかかわらず」，「身体は動くことを拒否《きょひ》する」と書かれていることから，「母さん」に似て「本が好き」だった「僕」は，その死を受け止めきれず，生きていることの実感も，何かをしようとする気力さえも失っているものと想像できる。また，「せっかく入った本屋で，本の背表紙がちかちかしてうまく読み取ることができない」とあることからも，本屋に行くことで，生きていたころの「母さん」の姿が強く思い起こされ，深い悲しみにおそわれている「僕」の様子が窺《うかが》える。だから，「僕」は本を読む気になどなれず，以前はよく行っていた本屋も，今では足が遠のいてしまったのだと考えられる。

問2　本屋で出会った「女の子」に対する「僕」の気持ちをおさえる。「棚《たな》の向こう」からこちらを覗《のぞ》いている「女の子」と目が合った「僕」は，彼女《かのじょ》にどこか「なつかしさ」を感じるとともに，「心臓がどくどくと音を立て」るほど気になりはじめ，「本を選んでいるふりをしながら，何度も様子を窺っ」ている。手に持っていた本を棚に戻《もど》した彼女が「その場を離《はな》れた」のを見計らい，いったい「どの本を見ていたのか探し」，「僕」は「これかな，と手に取って」みたものの，万が一「ここに戻って」きた彼女に自分の様子を見られてしまったら，彼女に対し「僕」が興味を抱《いだ》いていることを気づかれてしまうのではないかと思ったので，「とてつもなくはずかし」く感じたものと想像できる。

問3　「本屋」に行った「昨日」の内容を整理する。「本屋を出たところ」で「女の子」と話をしていたようすを上別府《かみべっぷ》という同級生に見られてしまった「僕」は，彼女と一緒《いっしょ》にいるところを見られて決まり悪さを感じたばかりでなく，彼《かれ》の「好奇《こうき》心を刺激《しげき》」してしまい，後日，そのことについて「ひやかしたり，からかったり」されるのではないかと予想している。案の定，「翌日」に上別府から「昨日本屋の前にいたろ」と聞かれたので，「僕」は「面倒《めんどう》くさいことになった」と思ったのである。

問4　「女の子」と出会ったおかげで再び本を読むようになった「僕」が，彼女の「微笑《ほほえ》み」や「弾《はず》んだ声」に胸を高鳴らせていることから，彼女に対して好意的な思いを強めていっているようすが読み取れる。つまり，自分にとって特別で大切な存在になりつつある彼女のことを，上別府から「ひやかしたり，からかったり」されたとしても，何かごまかしてかわすのではなく「堂々として」いようと考えたのは，「僕」が彼女の存在を決して軽く扱《あつか》いたくはなかったからだと想像できる。

問5　①「鼻がたかい」は，“得意になる”“誇《ほこ》らしい”という意味。　②「鼻につく」は，“あきあきして嫌気《いやけ》がさす”という意味。　③「鼻であしらう」は，“人を軽く見て冷たく扱う”という意味。　④「鼻をあかす」は，得意になっている相手を出しぬいて，あっといわせること。⑤「鼻息があらい」は，激しく意気ごむようす。

問6　球技大会が終わった後，上別府から「手首がやわらか」く「コントロールがいい」ので「セッターに向いてる」と言われ，周囲もそれに「同調」したので，「僕」は「くすぐったい気分」になっている。実際には，「ボールを拾え」なかったり，「サーブをネットに引っかけてしまっ」たりと，「僕」は運動があまり得意ではなく，試合でもたいして役に立つことはできなかったが，それを「上別府は怒《おこ》らなかった」ばかりか，むしろいいところを見出し，ほめてくれたのである。「もちろん，真に受けたわけではない」し，「そんなはずはないとも思った」が，やはりみんなに受け入れてもらえることはうれしかったので，「僕」は照れくさいような気持ちになったのだろうと考えられる。

問7　母親を亡くしたショックと悲しみから，生きていることに対する実感も，何かをしようとする気力も失ってしまった「僕」は，それまで好きだった本も読まず，転校した学校でも「東京の言葉を使い，馴染《なじ》もうとも」しなかった。しかし，「女の子」との出会いをきっかけに再び本を読み始め，上別府に「おもしろい本」を紹介《しょうかい》することを通じ，「同級生たちとの距離《きょり》」が縮まり，「本を読む以外にもやること」を見出せるようになった「僕」は，生き生きとした日々が送れるようになったのである。これをふまえてまとめるとよい。

問8　「済」…音読みは「サイ」で，「返済」などの熟語がある。　「毎晩」…夜ごと。　「期待」…そうなってほしいと，前もってあてにすること。　「省」…音読みは「セイ」「ショウ」で，「反省」「省略」などの熟語がある。訓読みにはほかに「かえり(みる)」がある。　「興味」…あることに対して心がひきつけられること。　「体操」…ある一定の動きで体を動かして行う運動。　「推測」…おしはかって，見当をつけること。

Dr.福井の

入試に勝つ！脳とからだのウルトラ科学

寝る直前の30分が勝負！

みんなは，寝る前の30分間をどうやって過ごしているかな？　おそらく，その日の勉強が終わって，くつろいでいることだろう。たとえばテレビを見たりゲームをしたり――。ところが，脳の働きから見ると，それは効率的な勉強方法ではないんだ！

実は，キミたちが眠っている間に，脳は強力な接着剤を使って海馬《かいば》(脳の，知識をためる倉庫みたいな部分)に知識をくっつけているんだ。忘れないようにするためにね。もちろん，昼間に覚えたことも少しくっつけるが，やはり夜――それも“寝る前”に覚えたことを海馬にたくさんくっつける。寝ている間は外からの情報が入ってこないので，それだけ覚えたことが定着しやすい。

もうわかるね。寝る前の30分間は，とにかく勉強しまくること！　そうすれば，効率よく覚えられて，知識量がグーンと増えるってわけ。

では，その30分間に何を勉強すべきか？　気をつけたいのは，初めて取り組む問題はダメだし，予習もダメ。そんなことをしても，たった30分間ではたいした量は覚えられない。

寝る前の30分間は，とにかく「復習」だ。ベストなのは，少し忘れかかったところを復習すること。たとえば，前日の勉強でなかなか解けなかった問題や，１週間前に勉強したところとかね。一度勉強したところだから，短い時間で多くのことをスムーズに覚えられる。そして，30分間の勉強が終わったら，さっさとふとんに入ろう！

ちなみに，寝る前に覚えると忘れにくいことを初めて発表したのは，アメリカのジェンキンスとダレンバッハという２人の学者だ。

Dr.福井(福井《ふくい》一成《かずしげ》)…医学博士。開成中・高から東大・文Ⅱに入学後，再受験して翌年東大・理Ⅲに合格。同大医学部卒。さまざまな勉強法や脳科学に関する著書多数。

Memo

2019年度　武蔵中学校

〔電　話〕（03）5984－３７４１
〔所在地〕〒176－8535　東京都練馬区豊玉１－26
〔交　通〕西武池袋線－「江古田駅」より徒歩７分
西武有楽町線－「新桜台駅」より徒歩７分

【算　数】（50分）〈満点：100点〉

1　次の各問に答えなさい。

(1)　次の［㋐］から［㋓］にあてはまる数を書き入れなさい。

31は小さい方から数えて［　㋐　］番目の素数であり，１以上31以下のすべての素数の和は［　㋑　］です。

㋑の約数は全部で［　㋒　］個あり，その㋒個の約数すべての逆数の和は［　㋓　］です。ただし，素数とは１とその数以外に約数をもたない数です。また，１は素数ではありません。（計算などを書いてもかまいません）

(2)　１以上10000以下の整数をすべてかけ合わせた数 $1\times2\times3\times\cdots\times9999\times10000$ を31で割り続けたとき，初めて割り切れなくなるのは何回目ですか。（式や考え方も書きなさい）

2　右の図で，四角形ABCDは長方形で，AE＝6 cm，ED＝8 cm，DG：GC＝2：5，角DEH＝角GFC，三角形GFCの面積は 10cm^2 です。次の問に答えなさい。（式や考え方も書きなさい）

(1)　CFの長さを求めなさい。

(2)　ABの長さを求めなさい。

(3)　三角形BFHの面積を求めなさい。

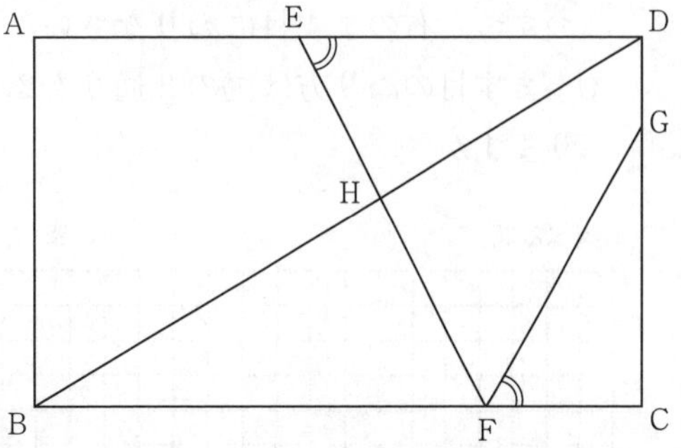

3　右の図で，四角形ABCDはAB＝30 cm，CD＝40 cmの台形です。点Pは辺AB上を，点Qは辺CD上を動く点です。Pは最初Aの位置にいて，AとBの間を毎秒３cmの速さで往復します。Qは最初Cの位置にいて，CとDの間を毎秒２cmの速さで往復します。

台形ABCDを直線PQで２つの図形に分け，辺BCをふくむ方の図形を㋐とします。

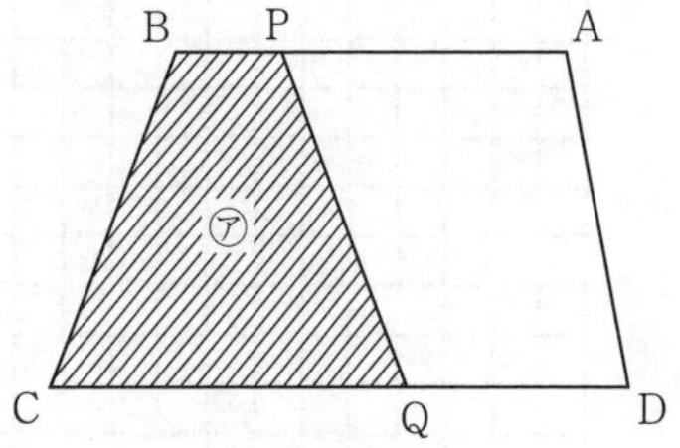

いま点Pが動き始めてから５秒後に点Qが動き始めるとき，次の問に答えなさい。（式や考え方も書きなさい）

(1)　㋐が初めて平行四辺形になるのは点Pが動き始めてから何秒後ですか。また，２回目に平行四辺形になるのは点Pが動き始めてから何秒後ですか。

(2)　(1)で，㋐が初めて平行四辺形になったときの面積は 75cm^2 でした。２回目に平行四辺形になったときの㋐の面積は何 cm^2 ですか。

(3)　点Pが動き始めてから１分間の間に㋐の面積が最も小さくなるのは，点Pが動き始めてから何秒後ですか。またそのときの㋐の面積は何 cm^2 ですか。

4　〈図１〉のように，たて３cm，横６cmの長方形があります。これを１cmごとに区切ってできる18個のます目に，次の［ルール］で色をぬります。

［ルール］・それぞれの列について，３つのます目のうち少なくとも１つはぬる。

・色をぬったます目の真下のます目はすべてぬる。

〈図１〉

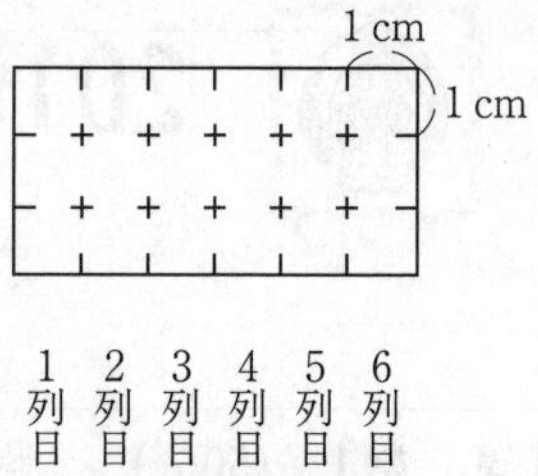

例えば，〈図２〉の場合，ぬった部分の面積は13cm²，まわりの長さは20cmとなります。次の問に答えなさい。（下の〈調べる欄《らん》〉は自由に使ってかまいません）

〈図２〉

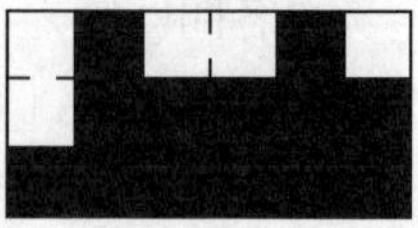

(1)　面積が17cm²となったとき，まわりの長さとして考えられる長さをすべて求めなさい。

(2)　面積が15cm²となったとき，

(ア)　まわりの長さとして考えられる長さをすべて求めなさい。

(イ)　まわりの長さが最も長くなるようなぬり方は何通りありますか。

(3)　まわりの長さが最も長くなったとき，

(ア)　面積が最も大きくなる場合と最も小さくなる場合の例を１つずつ，右のます目にぬりなさい。

(イ)　ます目のぬり方は(ア)の２通りもふくめて，全部で何通りありますか。

最も大きくなる場合

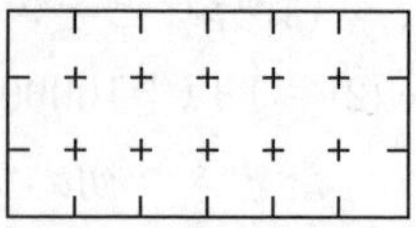

最も小さくなる場合

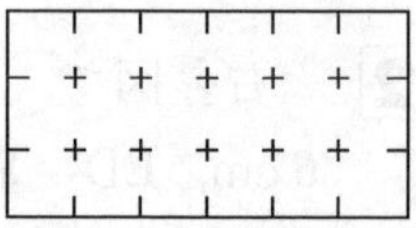

〈調べる欄〉

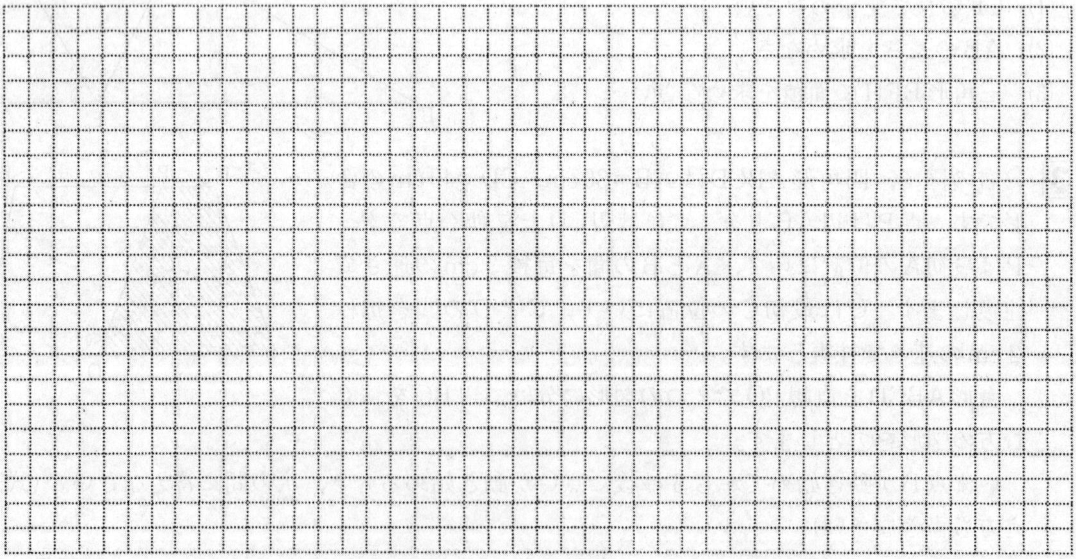

【社　会】（40分）〈満点：60点〉

みなさんは，日本国外に出たことはありますか。現在，国外への移動手段というと多くは飛行機ですが，以前は船でした。周囲を海に囲まれた日本列島の人びとは，昔から船に乗って周囲の国・地域と盛《さか》んに交流し，発展してきたのです。一方で，江戸時代にはいわゆる「鎖国《さこく》」政策によって外国との交流が制限され，図《はか》らずも国外に出てしまった人びとには，厳しい運命が待ち受けていました。今日は，江戸時代に起きた漂流《ひょうりゅう》の事例を一つ紹介《しょうかい》します。これを通して，「国外に出る」「戻《もど》る」ということの意味について探求してみましょう。

1832年10月，鳥羽《とば》の港から江戸を目指して出発した一艘《そう》の船がありました。宝順《ほうじゅん》丸という尾張《おわり》国(現在の愛知県)の※廻船《かいせん》で，乗組員《のりくみいん》は14人，積み荷は米や陶器《とうき》などでした。江戸時代には，日本の津々《つつ》浦々《うらうら》をこうした廻船が盛んに行き来し，大量の物資《ぶっし》が運ばれていました。宝順丸は，順調にいけば2週間ほどで江戸に到着《とうちゃく》するはずでした。しかし，鳥羽を出発した後，宝順丸は行方《ゆくえ》が分からなくなってしまいました。当時，船の遭難《そうなん》は珍《めずら》しいことではなかったため，宝順丸も難破し，乗組員は亡《な》くなったと考えられました。ふるさとの村には彼《かれ》らの墓が建《た》てられました。

ところが現在では，外国に残る記録によって，乗組員たちのその後が分かっています。船は現在の静岡《しずおか》県沖《おき》で嵐《あらし》に遭《あ》って，帆《ほ》や舵《かじ》を失い，14ヶ月も漂流した後，陸地に着きました。生き残っていたのはわずか3人，全員10代20代の若者で，最年少の音吉《おときち》はまだ16才でした。彼らには，漂着《ひょうちゃく》した場所がどこか，全く分かりませんでした。それは現在のアメリカ合衆国《がっしゅうこく》の西海岸，カナダとの国境近くでした。3人は，周辺地域を実質的に支配していたイギリスの人びとに保護されます。その後，音吉たちが日本人と判明したので，イギリス本国経由《けいゆ》で中国南部のマカオに送られることになりました。1835年12月，3人はマカオに到着しました。当時のマカオは，貿易拠点《きょてん》として欧米《おうべい》の商船が出入りしており，音吉たちの後にも，同じように漂流して保護された日本人が次つぎと送られてきました。他の日本人漂流民4人が，尾張の3人に加わり，以後7人は行動をともにするようになりました。

はじめ，イギリスには，こうした漂流民を政治的に利用しようという意図がありました。しかし，さまざまな事情から，イギリスではなく，中国への進出をはかっていたアメリカが音吉たちを日本に届けることになりました。

1837年7月，アメリカ船モリソン号は，音吉ら7人の漂流民をのせて，江戸に向かいました。漂流民たちは，とうとう日本に帰ることができると，たいへん喜んでいました。ところが，船が三浦《みうら》半島の浦賀《うらが》に近づくと，突然砲声《とつぜんほうせい》が聞こえだしました。砲声は止むことなく，モリソン号が砲撃《ほうげき》されていることは明らかでした。モリソン号は，江戸湾《わん》に入ることをあきらめ，最終的に鹿児島《かごしま》に向かいました。ところがここでも同じように砲撃を受けて，マカオに引き返したのです。

モリソン号事件の5年後，オランダを介《かい》して長崎《ながさき》に，漂流民からの手紙が届きました。この手紙は今も残っています。内容は，〈私は漂流して外国に行くことを望んだわけではないし，自分のことを悪人とも思いません。しかし，役人の方がたや親兄弟，親戚《しんせき》に迷惑《めいわく》をかけてしまいました。だから，帰国したい気持ちはとても大きいのですが，あきらめます。お許し下さい。私たちは無事だとみなさまに伝えて下さい。〉というようなものでした。漂流民たちの落胆《らくたん》の大きさと望郷《ぼうきょう》の思いの深さをうかがい知ることができます。この手紙は，その後の幕府の政策に影響《えいきょう》を与えたと言われています。

その後，7人の漂流民たちは異国《いこく》でそれぞれの生き方を模索《もさく》することになりました。尾張の音吉は，オトソンと名乗り，上海《シャンハイ》でイギリスの商社に勤めました。そのかたわらで日本からの漂流民たちの帰国に力を尽《つ》くしました。音吉の助けを得て，長崎から日本に帰ることができた人たちの記録がたくさん残っています。また音吉は，イギリスの通訳官として，2回の日英交《こう》渉《しょう》の場に立っています。1849年の最初の交渉時には，自らを中国人と偽《いつわ》りましたが，1854年には自らの素性《すじょう》を明らかにしました。幕末の遣欧《けんおう》使節団の一行は，1862年にシンガポールで音吉に出会っています。当時シンガポールに移住していた音吉は，日本の使節団を訪ね，現地案内をしました。このように，漂流民・音吉は，海外在住の事情通として，情報を提供し，日本人を助け続けました。生まれ故郷や日本という国への愛着を持ち続けながらも，日本に戻れなかった音吉は，自分が何者であるのか，深く考えざるを得なかったことでしょう。

明治時代に入り，1879年，ジョン・ウィリアム・オトソンという人物が来日しました。彼は漂流民・音吉の息子だと名乗り，父はシンガポールで亡くなったこと，そして息子が国籍《こくせき》を得て日本人になることを望んでいたと伝え，日本人となることを願いました。そして，多くの人の尽力《じんりょく》を得て無事に認められ，父の名を継《つ》いで神戸《こうべ》などで暮らしました。

江戸時代末期に開国されてからは，国外への渡航《とこう》が厳しく禁じられることはなくなり，逆に日本からの移民が奨励《しょうれい》される場合もありました。現在では，海外旅行のように国外へ行って戻ることは容易になりましたが，一方で，国境を越《こ》える移動は，各国の制度により，厳格に管理されるようになっています。図らずも国境を越えてしまった音吉の一生から，私たちは多くのことを学べるのではないでしょうか。

※廻船：国内沿岸の物資輸送に従事する船。

参考図１　音吉の肖像《しょうぞう》画

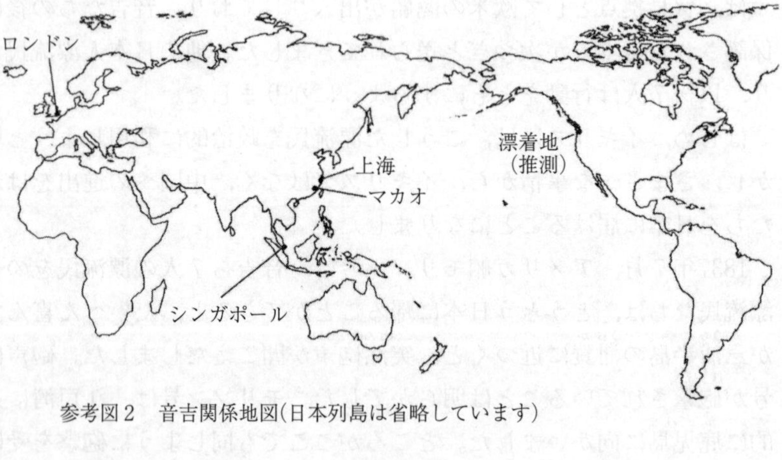

参考図２　音吉関係地図（日本列島は省略しています）

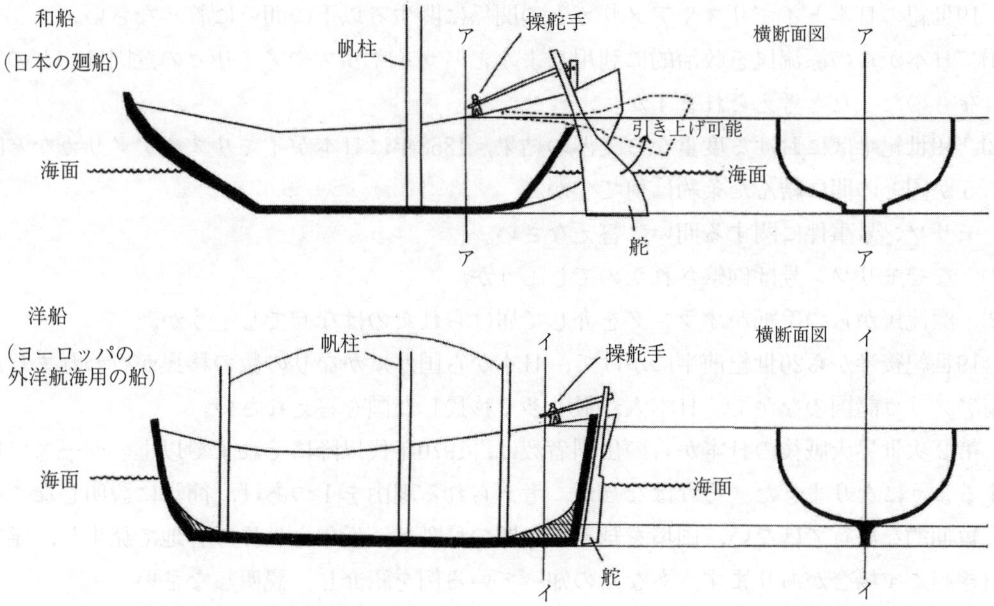

図1　和船と洋船の仕組みを分かりやすく示した図
図の和船，洋船は，ともに長さ30mくらい。
舵：船の後ろに付いていて，船の進む方向を決める
操舵手《そうだしゅ》：舵を操作して，船を一定の方向に進ませる人

問1　廻船の航路に関する問いに答えなさい。

⑴　御前崎《おまえざき》から江戸までの海岸線を描《か》きなさい。

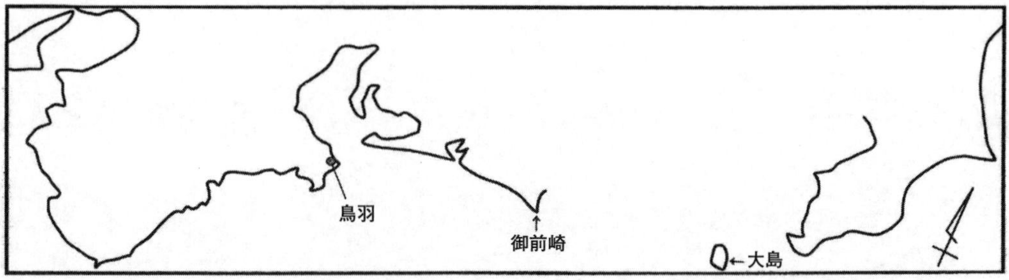

⑵　廻船が難破する場所は，静岡県沖付近が多く，季節は冬が多かったようです。なぜでしょうか。

問2　日本と中国の交易《こうえき》は，日本が他の国・地域との間で行っていた交流の中でも，大変重要なものでした。

⑴　平安時代の12世紀後半に中国（宋《そう》）との交易を主導《しゅどう》し，政治的にも勢力を持っていた武将はだれですか。

⑵　室町時代の15世紀はじめに中国（明《みん》）と国交を結び，両国の交易も積極的に推進した将軍はだれですか。

問3　日本の廻船は，国内流通向きのいろいろな特徴《とくちょう》を持っていました。図1で，日本の廻船とヨーロッパの外洋航海用の船を比較《ひかく》して，日本の廻船の構造上の特徴を指摘《してき》し，それが国内流通向きと考えられる理由を説明しなさい。

問４　19世紀の日本とイギリスやアメリカとの関係に関する以下の問いに答えなさい。

⑴　日本からの漂流民を政治的に利用しようというイギリスやアメリカの意図は，どのようなものだったと考えられますか。

⑵　19世紀半ばにおける度重《たびかさ》なる交渉の結果，1858年に日本がイギリスやアメリカなど欧米５か国との間に結んだ条約は何ですか。

問５　モリソン号事件に関する問いに答えなさい。

⑴　なぜモリソン号は砲撃されたのでしょうか。

⑵　漂流民からの手紙がオランダを介して届けられたのはなぜでしょうか。

問６　19世紀後半から20世紀前半にかけて，日本から国外にかなりの数の移民が行われました。南アメリカ諸国のなかで，日本人が最も多く移民した国を答えなさい。

問７　第２次世界大戦後の日本からの出国者数は，1970年代以降にそれまで以上のペースで増加するようになりました。それはなぜか，考えられる理由を１つあげ，簡単に説明しなさい。

問８　短期的な旅行ではない，国境を越える人間の移動は，近年も世界の各地で発生し，議論を引き起こす場合があります。あなたの知っている例を紹介し，説明しなさい。

【理　科】（40分）〈満点：60点〉

1　すべての生物には，養分や空気を通したつながりがあります。植物は光を利用して養分を作り，動物は植物や他の生物を食べ，カビやキノコは落ち葉や動物の死体・糞《ふん》などを利用して生きています。ここでは空気を通した生物どうしのつながりを，ムラサキキャベツの液を用いた簡単な実験を通して考えてみましょう。ムラサキキャベツの液は，図1のように，水溶液《すいようえき》の性質によって色が変わります。

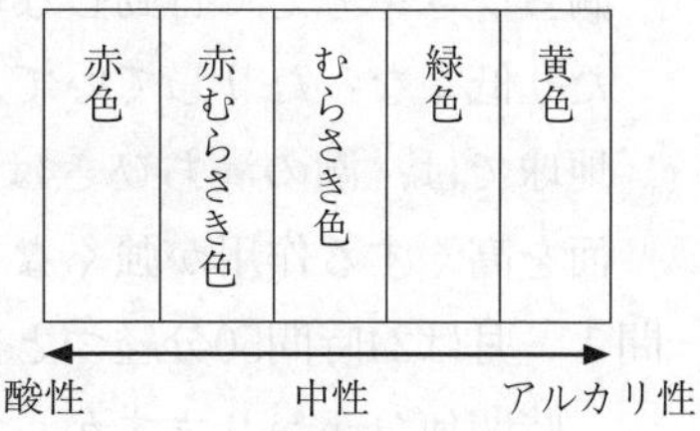

図1

【実験の手順】

①　試験管A～Fの6本を用意し，AとBにはニラを，CとDにはエノキダケを，それぞれ10cmの長さに切って詰《つ》めた。EとFには何も入れなかった。

②　試験管A，C，Eの3本の試験管のまわりをアルミニウム箔《はく》で覆《おお》い，試験管の中に光が入らないようにした。

③　ろ紙を2cm四方に切り，ムラサキキャベツの液を加えた石灰水を染《し》み込《こ》ませて緑色にしたものを，試験管A～Fの口に乗せて蓋《ふた》にした。

④　試験管A～F全体に十分な光を当て続け，15分後にろ紙の色を観察した。

【実験の結果】

試験管A，C，Dのろ紙は同じような色に変化していたが，試験管B，E，Fのろ紙の色は変化していなかった。

問1　石灰水にストローで息を吹《ふ》き込むと白くにごります。この性質についてまとめた次の文章の［ 1 ］～［ 3 ］に適切な用語を，［ 4 ］には適切なひらがなを入れなさい。

『石灰水は消石灰が水に溶《と》けたもので［ 1 ］性を示す。息の中の［ 2 ］は水に溶けて弱い［ 3 ］性を示し，消石灰と反応して白い物質ができる。この白い物質は水に溶け［ 4 ］。』

問2　試験管Aのろ紙は，どのような色に変わったと思いますか。図1から色を選び，その理由も説明しなさい。

問3　試験管EとFは，他の試験管と比べるために用意しています。FとDの結果を比べて分かるFの役割を書きなさい。

問4　実験の結果から，エノキダケのどのような特徴《とくちょう》が分かりますか。ニラとの違《ちが》いが分かるように書きなさい。

問5　図2は，生物どうしの関係をまとめたもので，太い矢印（⟹）は養分の移動を，実線（⟶）と点線（‐‐‐►）の矢印は空気を通したそれぞれ異なる気体の移動を表しています。今回の実験で注目していた気体は，図2の［ 1 ］，［ 2 ］のどちらですか。

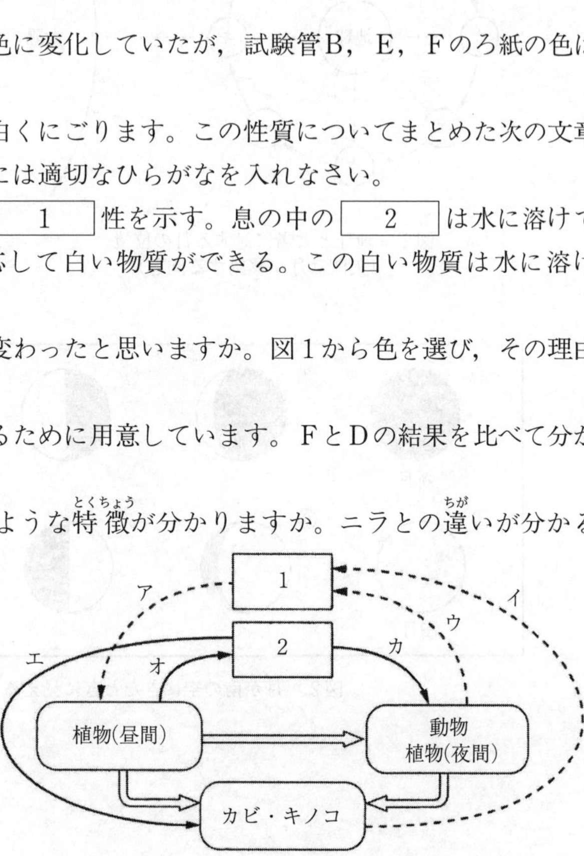

図2

また，試験管A～Dの実験結果を表している矢印は図2のア～カのどれですか。それぞれ1つ選び，当てはまるものがない場合は×と答えなさい。答はすべて解答欄《らん》に書きなさい。

2 太郎《たろう》くんは，千葉の海岸へ磯《いそ》の生き物を観察しに行きました。磯の観察をするときは，潮の満ちひきを考えて行動しなければなりません。海水面の高さは1日に2回，緩《ゆる》やかに高くなったり低くなったりしていて，一番高くなることを満潮，一番低くなることを干潮といいます。地球では，潮の満ちひきは主に月の影響《えいきょう》によって起こり，月に面した側とその反対側で海水面を高くする作用が強くなります。

問1　月は24時間50分経《た》つと空の同じ位置に見えます。同じ海岸では，満潮から次の満潮まで何時間何分かかりますか。

問2　磯で観察するには，干潮の前後の時間帯が適しています。太郎くんが磯に行った日の干潮時刻は11時45分でした。3日後の日中に再び同じ磯へ行くとすれば，その日の干潮時刻は何時何分ですか。時刻は0～24時で答えなさい。

問3　太郎くんが磯の観察に行った日は満月でした。この日から一週間後のおよその月の位置は図1のア～クのどれですか。また，その位置にある月が南の空にきたときに見える形は図2の①～⑧のどれですか。それぞれ記号で答えなさい。

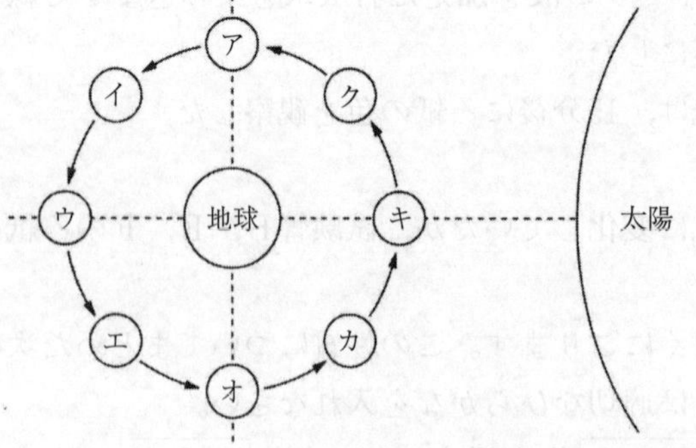

図1　地球と太陽に対する月の位置
（矢印は月が移動する向き）

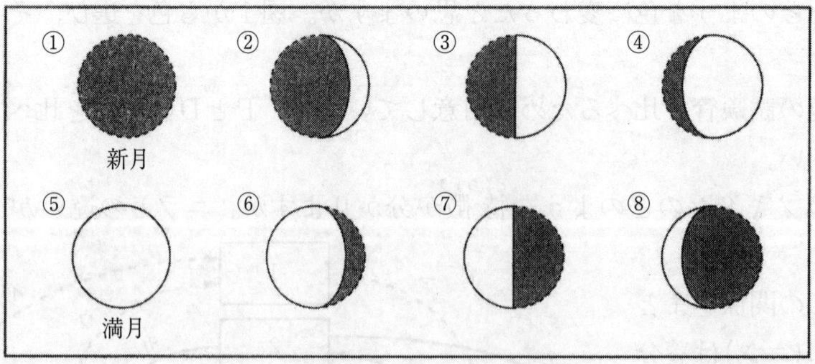

図2　月が南の空にきたときに見える形

磯には，海藻《かいそう》，カニ，貝，魚などの様々な生き物がすんでおり，とくに海水がわずかに残った潮だまりでは，生き物がたくさん観察できます。太郎くんは，潮がひいたときの磯で観察したことを，図3のようにまとめました。

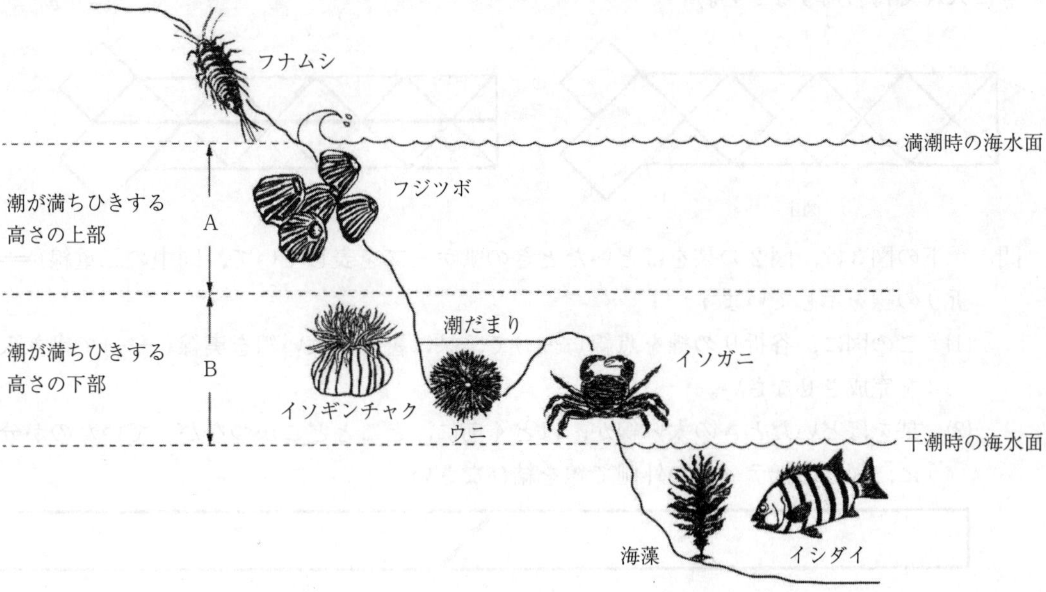

図3　磯の観察記録(生き物の大きさは，実際には同じではありません。)

問4　磯では，図3のように高さによって生き物の種類が大きく違《ちが》います。これはなぜですか。

問5　図3のAのような場所にいる生き物の中で，硬《かた》い殻《から》をもつフジツボのように，岩にはりついてじっとしている生き物に必要な体の特徴《とくちょう》は何ですか。Bのような場所にいる生き物と比べて考えたとき，ア～キの中からふさわしいものを2つ選び，記号で答えなさい。

ア　太陽の光を効率よく受けるために，黒っぽい色の体をしている。

イ　太陽の光で高温になるため，乾燥《かんそう》に耐《た》えられる体のつくりをしている。

ウ　海水に浸《ひた》っている時間が短いため，肺で呼吸をしている。

エ　岩の隙間《すきま》で生活するために，柔《やわ》らかい体のつくりをしている。

オ　外敵から身を守るために，トゲがある。

カ　エサを海水中からとる時間が短いため，少ない栄養で生きていける。

キ　激しい温度の変化に耐えられるように，体温を調節できる。

問6　図3のAのような場所よりBのような場所の方が，多くの種類の生き物がいます。それは，Aに比べてBの方が生き物にとって過ごしやすい環境《かんきょう》だからです。しかし，ここで生き残るには大変なこともあります。それはどのようなことですか。考えられることを2つ書きなさい。

3　袋《ふくろ》の中に，図１のような形の，１本の紙テープを折って作った栞《しおり》が２つ入っています（１つは予備です）。まず，栞の片面だけに，図２のような「中心を通る太い線」を書き入れなさい。この栞をほどいたり，折り直したりして，以下の問いに答えなさい。（試験が終ったら栞は袋に入れて持ち帰りなさい。）

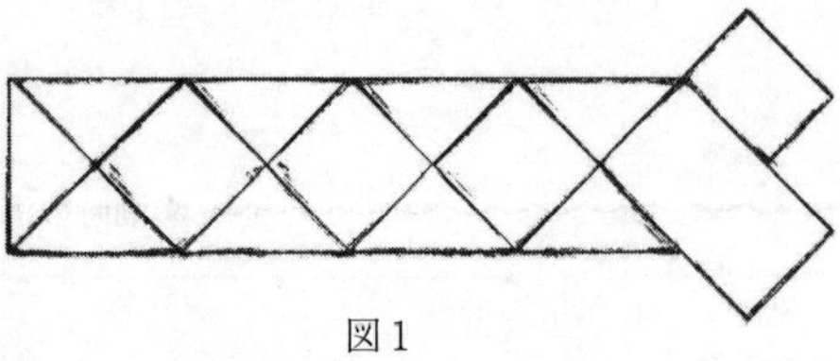

図１

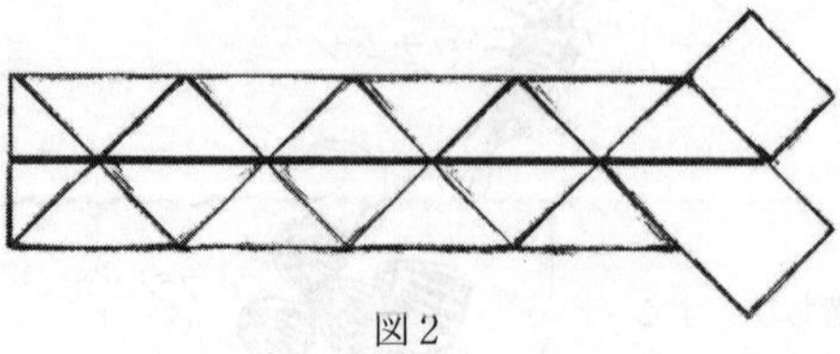

図２

問１　下の図３は，図２の栞をほどいたときの紙テープを表していて，図中の二重線（══）は山折りの線を示しています。

(1)　この図に，谷折りの線を点線（‥‥‥）で，栞に書いた太い線を実線（──）で書き入れ，図３を完成させなさい。

(2)　栞をほどいたときの太い線が，ほどく前に，どことどこがつながっていたのか分かるように，図３の紙テープの外側で線を結びなさい。

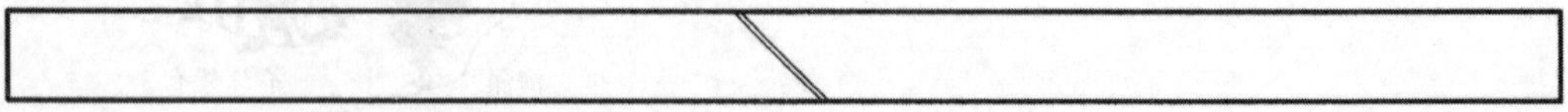

図３　栞をほどいたときの紙テープ

問２　問１の結果から，栞をほどいたときの太い線の現れ方やつながり方が規則的であることが分かります。それがどのようなものか説明しなさい。図をかいてはいけません。

＜配られた栞の写真＞

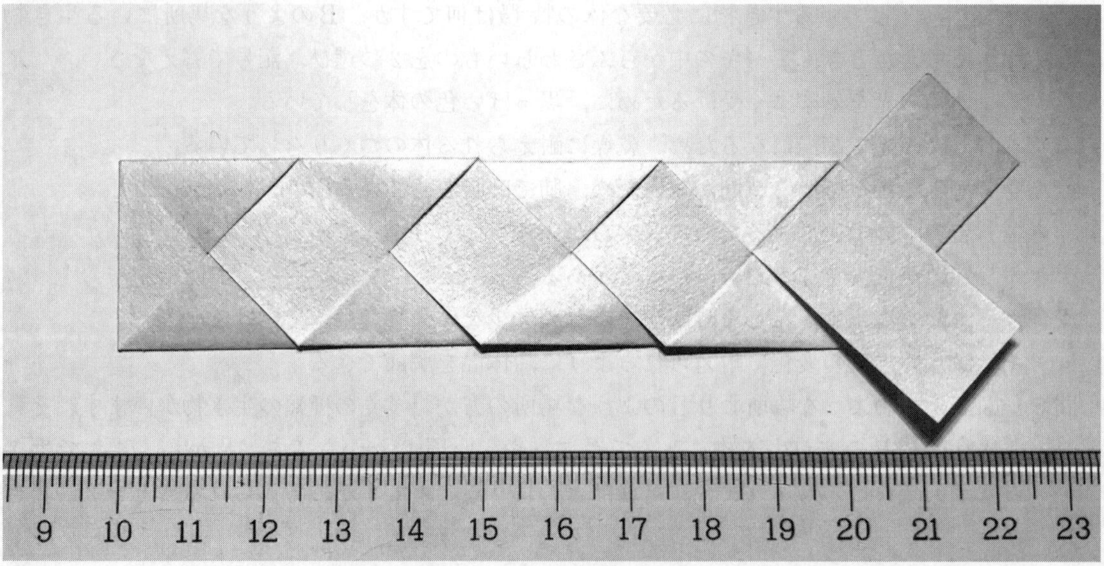

「ここにいれば？」

カミがぽつりと言った。伍長《ごちょう》ははっと顔を上げた。

「もうヤマトゥ《本土》に戻《もど》らないで、ずっとここにいれば？　戦争が終わるまで隠《かく》れていれば？」

思いきった言葉に、ぼくはまじまじとカミを見た。カミを見る伍長《ごちょう》の顔はわからない。

いきなり伍長《ごちょう》はわらいだした。

「きみはお母さんにそっくりだね。きっときみはいいお母さんになるよ」

わらって、わらって、目尻《めじり》から流れた涙《なみだ》を拭《ぬぐ》った。

「生きててよかった」

わらいながら、そうつぶやいた伍長《ごちょう》は、もう、神さまじゃなかった。

（中脇初枝《なかわきはつえ》の文章による）

＊伍長…軍隊での階級の一つ。
＊ユニみー…「ぼく」の兄。島の守備隊に召集《しょうしゅう》されている。
＊イチみー…「カミ」の兄。特攻隊《とっこうたい》として戦死した。
＊グラマン…アメリカの戦闘機《せんとうき》。
＊挺身隊…戦争中に編成された勤労奉仕《ほうし》団体。若い女性が多かった。
＊シコルスキー…アメリカの戦闘機《せんとうき》。

問一　①「おまえたちは三万円の棺桶《かんおけ》で葬《ほうむ》られるんだからありがたく思え」とあるが、「三万円の棺桶《かんおけ》」とは何を指していますか。

②　上官はどうして「棺桶《かんおけ》」という言葉をつかっているのですか。

問二　「まるで自分に言いきかせているようだった」とあるが、「カミのあま《おかあさん》」が「自分に言いきかせている」のはどうしてですか。

問三　「戦争だから、しかたがないよー。アガリヌヤー《東の家》のおじいさんも許してくれるよー」とあるが、「ぼく」はどんなことを「しかたがない」と思っていますか。

問四　「これは、呪《のろ》いだと思ってる」とあるが、それはどうしてですか。

問五　「伍長《ごちょう》の言葉の意味がわかるまで、ちょっと時間がかかった」とあるが、「伍長《ごちょう》の言葉」によって、「ぼく」はどのようなことがわかったのですか。

問六　「わらいながら、そうつぶやいた伍長《ごちょう》は、もう、神さまじゃなかった」とあるが、「ぼく」がそう思った理由を説明しなさい。

問七　文章中の**カタカナ**を漢字に直しなさい。

草履《ぞうり》を履《は》いていた。島で靴《くつ》を履《は》いているのは、学校の先生と、守備隊の兵隊さんだけだった。

ぼくとカミは、ぼくたちのはだしの足にはさまれた、伍長《ごちょう》の長靴《ちょうか》をみつめた。鈍《にぶ》く光る黒い革《かわ》の長靴《ちょうか》。亀岩《かめいわ》の兵隊さんが履《は》いていたのと同じ靴《くつ》。

「伍長《ごちょう》さん」

ぼくが声をかけると、伍長《ごちょう》はぼくを見た。

「ぼくは、もしいつか、特攻隊《とっこうたい》の人に会えたら、お礼を言いたいってずっと思ってたんだ。ぼくたちの島を守ってくれているお礼を」

「お礼？」

「この前、この沖《おき》に特攻機《とっこうき》が三機落ちたんだ」

ぼくは珊瑚礁《さんごしょう》のむこうを指さした。

「島の上を飛んできたんだよ。それで南から来た＊シコルスキーにみつかって、追いかけられた。そうしたら、どの飛行機も沖《おき》へ飛んでいって、撃墜《げきつい》された。ぼくたちが地上にいたから、島に被害《ひがい》を与《あた》えないようにしてくれたんだ。だから」

「それはちょっとちがうかもしれない」

伍長《ごちょう》はぼくの言葉をさえぎった。

「敵機に発見されたら、海上へ飛んだほうが、敵機には見えにくくなるんだよ。緑色に塗《ぬ》ってある翼《つばさ》が、海の色と重なって見えるからね」

伍長《ごちょう》の言葉の意味がわかるまで、ちょっと時間がかかった。なんとかのみこめると、ぼくは続けた。

「でも、だって、特攻機《とっこうき》はいつも島の上を通らないで、海の上を通っていくよ。もし撃墜《げきつい》されても、島に被害《ひがい》を与《あた》えないようにしてくれてるんでしょ。越山《こしやま》の兵隊さんが言ってたって」

「レーダーに捕捉《ほそく》されないよう、低空で飛ぶからね、障害物のない海上のほうが安全なんだよ。もちろん、島に被害《ひがい》を与《あた》えたくないというのは事実だけど、不時着する場合は島に降りるしかないしね」

伍長《ごちょう》はこともなげに言った。

「そもそもぼくたちは**ミジュク**だからね、正直言って、そんな余裕《よゆう》はないんだよ。みんな晴れた日にしか飛べないし、ぼくは今回の出撃《しゅつげき》が初めての長距離《ちょうきょり》飛行だった」

そういえば、特攻機《とっこうき》は、晴れた日にしか飛んでこない。

神さまは島を守っていたわけじゃなかった。

「最初で、それで最後の長距離《ちょうきょり》飛行になるはずだったのに」

伍長《ごちょう》は珊瑚礁《さんごしょう》のむこうを見た。

「ぼくはこんなところで生きている」

伍長《ごちょう》はそうつぶやくと、ぼくたちをかわるがわる見た。

「ごめんよ。ぼくがすみませんって謝《あやま》ってたのは、芋《いも》畑を荒《あ》らしたことじゃないんだ」

ぼくは、雨戸の上でうめいていた伍長《ごちょう》の姿を思いだした。

「貴重な飛行機を失って、ぼくだけ生き残ってしまった」

伍長《ごちょう》はまた海を見た。

「昨日、一緒《いっしょ》に出撃《しゅつげき》したみんなは沖縄《おきなわ》に辿《たど》りついて突入《とつにゅう》している。ぼくも昨日、みんなと一緒《いっしょ》に死ぬはずだったのに。死んで神になるはずだったのに」

伍長《ごちょう》は叫《さけ》ぶようにそう言うと、頭を抱《かか》えた。

胸で人形が大きく揺《ゆ》れた。

ぼくたちも黙《だま》りこんだ。

波の音と鳥の鳴き声が沈黙《ちんもく》を埋《う》めていく。

「それなに？」
カミは伍長《ごちょう》の胸に下がる女の子の人形を指差した。
伍長《ごちょう》は我に返ったようで、カミの人差し指の先を見下ろした。
「ああ」
伍長《ごちょう》は人形のひとつを胸から外した。
「あげるよ」
伍長《ごちょう》は人形をカミに差しだした。人形はきちんと白い開衿《かいきん》シャツを着て、絣《かすり》のもんぺを穿《は》き、頭には日の丸の鉢巻《はちま》きを締《し》めている。
「いいの？」
伍長《ごちょう》は頷《うなず》いて、砂浜《すなはま》に腰《こし》を下ろした。ぼくたちも伍長《ごちょう》をはさんで横にすわった。カミは人形を両手でそっと包んだ。
「ゆうべは君たちもびっくりしたろう。こっちは生きてるのに、神さま扱《あつか》いされる。ずっとなんだ。もう慣れた」
伍長《ごちょう》は胸に揺《ゆ》れる人形にそっと触《ふ》れた。まだ二つの人形が下がっている。
「これは、呪《のろ》いだと思ってる」
ぼくは聞きまちがえたと思った。聞き返す間もなく、伍長《ごちょう》は続けた。
「基地のまわりの＊挺身隊《ていしんたい》の女学生たちがね、作ってくれたんだ。特《とっ》攻《こう》の成功を祈《いの》ってね。ひと針、ひと針」
ぼくとカミはカミの手の中の人形を見た。縫《ぬ》い目《め》は見えないほどに細かかった。目と口は墨《すみ》で描《えが》かれている。
「成功って、死ねっていうこと。死ねという呪《のろ》いなんだよ。こわかったよ。ぼくたちが通ると、女学生たちが近づいてきてはね、手渡《てわた》してくれる。みんな花のようにきれいな顔をしてね。みんなわらっていたなあ」

日の丸の鉢巻《はちま》きをしたおさげ髪《がみ》の人形は、たしかにわらっていた。
「彼女《かのじょ》たちだけじゃない。みんなね、成功を祈《いの》ってくれる。上官も、整備兵も、取材に来た新聞記者も、みんな。ぼくが本当に神になれるように。死んで神になれるように」
伍長《ごちょう》は海をみつめてつぶやいた。
「本当に、みんな、きれいだったなあ」
カミは手の中でわらう人形を見下ろしたまま、どうしたらいいかわからず、固まっていた。
「ごめんごめん」
伍長《ごちょう》はカミの様子に気づいて、その手から人形を取りあげた。
「やっぱりあげられないよ。これはぼくへの呪《のろ》いだから」
伍長《ごちょう》はまた人形を胸に下げた。
カミはほっとため息をついて、からっぽになった手を砂の中につっこんだ。手を汚《よご》してしまったとき、ぼくたちがいつもするように。
「きみたち、靴《くつ》は？」
伍長《ごちょう》は砂の上のぼくたちのつま先を見て言った。さっきウム《(イモ)》畑の中に入ったから、指の間に湿《しめ》った泥《どろ》が茶色く残っている。
「みんなはだしだよね。痛くないの」
「痛くないよー」
「戦争だから、靴《くつ》がなくなったの」
「ちがうよー。もともとみんなはだしだよー」
島では大人もこどももみんなはだしが普通《ふつう》だった。よそへ出かけるときだけ、わら草履《ぞうり》を履《は》く。それでも、なるだけ長持ちするように、町まではだしで歩いていって、町に入るときだけわら草履《ぞうり》を履《は》いた。
そういえば、ゆうべうちに来たまわりのシマ《(集落)》のおばさんたちは、わらいるのだろう。

カミはまた伍長《ごちょう》にわらいかけた。

「空を飛ぶって、どんな感じ？　この島って、どんなふうに見えるの？」

「小さな島だよ」

伍長《ごちょう》はカミにわらいかえした。

「手のひらで包めるくらい」

「そんなわけないでしょー」

カミはちょっとにらんだ。伍長《ごちょう》はまたわらった。わらうとますます**オサナ**く見える。

「空を飛ぶのは気持がいいよ。初めて単独飛行をしたときは最高だった。家族に見せたかったよ。ぼくは空を飛んでるんだぞーって」

伍長《ごちょう》の言葉に、カミは嬉《うれ》しそうに頷《うなず》いた。きっと、イチみー《（兄さん）》のことを思っているんだろう。

「世界は果てしなく広いよ。空を飛べばわかる。それで海があんまりどこまでも広がっているものだから、ずっと飛んでると、心細くなってくる。そんなときに島を見るとね、ほっとするんだよ。島って本当にふしぎだと思う。海の中にぽつんぽつんと、まるで、だれかが落としていったみたいに見えるんだ。ずっと、沖縄《おきなわ》まで」

伍長《ごちょう》は目を細めた。

「海に手が届きそうだ」

「海に行く？」

カミがわらいながら訊《たず》ねた。

「連れていってあげる」

カミは伍長《ごちょう》の背中を押《お》した。伍長《ごちょう》は、うしろからカミに押《お》されながら、歩きだした。

そんな甘《あま》えたカミを見るのは久しぶりだった。カミはお兄ちゃん子だった。ものごころついたときにはあちゃ《（父）》が出征《しゅっせい》しておらず、イチみー《（兄さん）》がずっと父がわりだった。イチみー《（兄さん）》が島にいたころ、いつもカミはイチみー《（兄さん）》にまとわりついて甘《あま》えていた。

砂浜《すなはま》に降りると、なぜかぼくはいつも波打《なみう》ち際《ぎわ》に向かって駆《か》けだしてしまう。

思わず五、六歩駆《か》けたあとで、はっとしてふりかえると、伍長《ごちょう》はカミと砂浜《すなはま》に立ちつくしていた。

「きれいだね」

伍長《ごちょう》はウム《（イモ）》畑で口にしたことをまた言った。それでも、海をみつめたまま、動かない。

「どうしたのー」

ぼくは伍長《ごちょう》のそばまで引き返してたずねた。

「まだ生きているのが信じられないんだよ」

伍長《ごちょう》はぼくを見もせずに言った。

「すべてが夢なんじゃないか。ここは天国のようだ」

ぼくとカミは目を見合わせた。それから、伍長《ごちょう》が身じろぎもせずみつめている海に目をやった。

最近は浮遊物《ふゆうぶつ》がないせいか、今朝は砂浜《すなはま》にはだれもいない。朝日を浴びた波は、きらきら光りながら、真っ白な砂浜《すなはま》に寄せてくる。島をぐるりと**カコ**む珊瑚礁《さんごしょう》は、どんな荒波《あらなみ》も打ち消して、おしとどめてくれる。水平線は真っ平らで、いつも通りの海だ。青い空にぽっかり浮《う》かんだ雲が、**カガミ**のような海面に浮《う》かんでいる。

るぬるした汁《しる》や赤土で髪《かみ》は洗ったが、あちゃ《おとうさん》たちの髭剃《ひげそ》りはどうしようもなかった。ハイビスカスの葉でいくら顔をなすっても、剃刀《かみそり》をあてると痛くてたまらないという。戦争なんだからしかたがないと、髭《ひげ》をのばす人が多くなった。あちゃ《おとうさん》もカミのじゃーじゃ《おじいさん》も髭《ひげ》をのばしていた。

　戦争なんだからしかたがない。

　しかたがない。

　＊イチみー《兄さん》の葬式《そうしき》のときに、カミのあま《おかあさん》は、トーグラ《台所》でそう言った。うつむいて、炊《た》いているたくさんのウム《イモ》をみつめながら。まるで自分に言いきかせているようだった。

　そう言って、ぼくたちはどれだけたくさんのものをあきらめているんだろう。

　カミが、足許《あしもと》に転がるウム《イモ》のかけらを拾いあげた。白い根をのばし、これから太ろうとしていた。

　戦争なんだから、しかたがない。

　それはぼくたちだけじゃなかった。

　神さまだと思っていた特攻隊《とっこうたい》の兵隊さんも同じだった。

「すみませんって、謝《あやま》ってたねー」

　ぼくは伍長《ごちょう》に言った。伍長《ごちょう》は驚《おどろ》いた顔でぼくをふりかえった。

「ぼくが？　いつ？」

「運ばれてるとき。なんべんも謝《あやま》ってたよ」

　ぼくは、伍長《ごちょう》をなぐさめるように言い足した。

「戦争だから、しかたがないよー。アガリヌヤー《東の家》のおじいさんも許してくれるよー」

「そうだね」

　伍長《ごちょう》は考えこむように、荒《あ》れた畑を見た。

「飛行機で飛んでるとき、下の声も聞こえるのー」

　ぼくは昨日から訊《き》きたかったことを訊《たず》ねてみた。

「下の声って？」

「空襲《くうしゅう》で防空壕《ぼうくうごう》に入ったときに、泣くと＊グラマンに聞こえるって言われたんだよー」

「地上にいる人の声ってこと？」

　ぼくは頷《うなず》いて続けた。

「和泊《わどまり》で泣いた子の家に爆弾《ばくだん》が落とされて、おばあさんが死んだんだってー」

「それは偶然《ぐうぜん》だよ」

　伍長《ごちょう》は驚《おどろ》いた顔をした。

「地上ではそんなことを言うんだね。飛行機のエンジン音はものすごいからね。空中で編隊を組んでいる機同士でも、声は絶対に届かないから、手で合図《あいず》するもんだよ。まして地上の声が飛行機まで届くわけがないよ」

　ぼくはカミをふりかえって、わらいかけた。カミもほっとしたようにわらった。

　今朝のカミはよくわらう。

「きれいだね」

　伍長《ごちょう》が飛行機を背にして、海のほうを見た。朝日を浴びて輝《かがや》く、とりどりの葉っぱの波は、海まで続く。

　まだ夜が明けたばかりだというのに、その波間のあちこちから、朝の食事の準備をする白い煙《けむり》が立つ。砂糖小屋のとがった茅《かや》屋根の下では、どの家でも働きもののあま《おかあさん》が、ウム《イモ》かヤラブケー《ソテツの実のかゆ》を炊《た》いて

二〇一九年度 武蔵中学校

【国語】（五〇分）〈満点：一〇〇点〉

次の文章を読んであとの質問に答えなさい。

（注）太平洋戦争末期、沖縄《おきなわ》のそばにある沖永良部《おきのえらぶ》島に特攻隊《とっこうたい》の飛行機が不時着した。搭乗員《とうじょういん》の西島＊伍長《ごちょう》は、「カミ」（「ぼく」と同級生で十歳《さい》の女の子）の家に泊《と》まることとなった。翌朝、「ぼく」と「カミ」は伍長《ごちょう》と一緒《いっしょ》にその飛行機を見に行った。

アガリヌヤー《（東の家）》のウム《（イモ）》畑のはずれに、飛行機がそのままあった。あたりはまだ焦《こ》げくさい匂《にお》いにつつまれていた。

西島伍長《ごちょう》は翼《つばさ》に足をかけ、左側からぽんと、傾《かたむ》いた操縦席に乗りこんだ。

伍長《ごちょう》は＊ユニみー《（兄さん）》よりも小柄《こがら》だった。歳《とし》もユニみー《（兄さん）》とかわらないくらいに見える。こんな人がこんなに大きな戦闘機《せんとうき》を飛ばしてきたとは信じられない。

「直せる？」

操縦席から下りてきた伍長《ごちょう》に、カミはたずねた。伍長《ごちょう》は首を振《ふ》った。

「無理だね。もう解体するしかない」

その返事に、カミは嬉《うれ》しそうにほほえんだ。ぼくも同じ気持だった。

飛行機が飛べないということは、伍長《ごちょう》は島にいるしかない。三月に疎《そ》開船《かいせん》が鹿児島《かごしま》に行ったのを最後に、ヤマトゥ《（本土）》への交通は途絶《とだ》えていた。

ぼくたちは、親しげにぼくたちの名前を訊《き》いてくれた伍長《ごちょう》を、すっかりすきになっていた。

「三万円の棺桶《かんおけ》を壊《こわ》しちゃったよ」

伍長《ごちょう》は肩《かた》をすくめて見せた。

「上官からよく、おまえたちは三万円の棺桶《かんおけ》で葬《ほうむ》られるんだからありがたく思えと言われたんだけどね」

伍長《ごちょう》は飛行機の落ちた畑をながめた。

「畑をこんなに荒《あ》らして……申し訳ないね」

アガリヌヤー《（東の家）》のウム《（イモ）》畑は見る影《かげ》もなかった。柔《やわ》らかに**タガヤ**された畑は飛行機の機体に沿って押《お》しつぶされ、夜ごとに手探《てさぐ》りで植えつけたつるから実をつけ、太りはじめたばかりのウム《（イモ）》は粉々に砕《くだ》かれて、白く散らばっていた。

このウム《（イモ）》畑は、もともとは百合《ゆり》畑だった。

暑くなると、島中で真っ白な百合《ゆり》の花が咲《さ》いた。そのころ、えらぶ《（沖永良部島）》は百合《ゆり》の島と呼ばれていた。アメリカが一番のお得意先だった。戦争が始まってからは、アメリカに輸出できなくなり、食糧《しょくりょう》増産の掛《か》け声《ごえ》のもと、みんなして百合《ゆり》を引き抜《ぬ》いては、ウム《（イモ）》を植えた。なおも畑の隅《すみ》などで百合《ゆり》を育てていた人は、国賊《こくぞく》とかスパイとか言われた。

それでも、ぼくは戦争なんだからしかたがないと思った。あちゃ《（おとうさん）》やユニみー《（兄さん）》が召集《しょうしゅう》されたことも、ウム《（イモ）》やウム《（イモ）》のつるを供出することも、一番のお得意先だったアメリカと戦うことも。

ヤマトゥ《（本土）》と船の行き来ができなくなってからは、はじめにマッチがなくなった。**ヒダネ**に灰をかぶせて絶やさないよう、あま《（おかあさん）》もあや《（姉さん）》もいつも気をつけていた。

それから、石鹸《せっけん》がなくなった。ハイビスカスの葉を叩《たた》いて出したぬ

2019年度

武蔵中学校　▶解説と解答

算　数　(50分) ＜満点：100点＞

解　答

[1] (1) ㋐ 11　㋑ 160　㋒ 12　㋓ $2\frac{29}{80}$　(2) 333回目　[2] (1) $3\frac{1}{3}$cm　(2) 8.4cm　(3) 25.6cm^2　[3] (1) **初めて**…8秒後，**2回目**…20秒後　(2) 375cm^2　(3) **時間**…10秒後と50秒後，**面積**…62.5cm^2　[4] (1) 18cm，20cm　(2) ㋐ 18cm，20cm，22cm，24cm　㋑ 6通り　(3) ㋐ (例) 解説の図⑧を参照のこと。　㋑ 13通り

解　説

[1] 整数の性質

(1) 問題文中にあるように，素数とは1とその数以外に約数をもたない数のことであり，1は素数ではない。よって，小さい方から順に，2，3，5，7，11，13，17，19，23，29，31，…となるから，31は小さい方から数えて11番目の素数であり，1以上31以下の素数の和は，2＋3＋5＋7＋11＋13＋17＋19＋23＋29＋31＝160と求められる。次に，160＝1×160＝2×80＝4×40＝5×32＝8×20＝10×16より，160の約数は，1，2，4，5，8，10，16，20，32，40，80，160の12個あることがわかる。さらに，整数Nの逆数とは$\frac{1}{N}$のことだから，これら12個の約数の逆数の和は，$\frac{1}{1}+\frac{1}{2}+\frac{1}{4}+\frac{1}{5}+\frac{1}{8}+\frac{1}{10}+\frac{1}{16}+\frac{1}{20}+\frac{1}{32}+\frac{1}{40}+\frac{1}{80}+\frac{1}{160}=\frac{160}{160}+\frac{80}{160}+\frac{40}{160}+\frac{32}{160}+\frac{20}{160}+\frac{16}{160}+\frac{10}{160}+\frac{8}{160}+\frac{5}{160}+\frac{4}{160}+\frac{2}{160}+\frac{1}{160}=\frac{378}{160}=2\frac{29}{80}$となる。

〔参考〕 たとえば，72を素数の積で表すと，72＝2×2×2×3×3となるので，72の約数は，2を0個～3個と3を0個～2個かけ合わせた数になる(0個かけた場合は1と考える)。よって，72の約数は右の表の太線で囲んだ部分の数になるから，72の約数の個数は，(3＋1)×(2＋1)＝12(個)と求められる。さらに，この表で，たて方向に並んだ4つの数の和をそれぞれア，イ，ウとすると，ア＝1＋2＋4＋8となる。また，イはアを3倍したものであり，ウはアを9倍したものなので，ア＋イ＋ウ＝ア×(1＋3＋9)＝(1＋2＋4＋8)×(1＋3＋9)＝15×13＝195と求めることができる。つまり，約数の和は，表のかげをつけた部分の数どうしの和の積になることがわかる。なお，これらの性質は，素数の種類が3つ以上の場合にも成り立つ。これらを使うと，160＝2×2×2×2×2×5より，160の約数の個数は，(5＋1)×(1＋1)＝12(個)とわかる。さらに，上の～～部分の分子は160の約数の和になっているから，(1＋2＋4＋8＋16＋32)×(1＋5)＝63×6＝378と求めることができる。

	1	3	9
1	1	3	9
2	2	6	18
4	4	12	36
8	8	24	72
	↑ア	↑イ	↑ウ

(2) 1以上10000以下の整数の積を31で割り切れる回数は，1以上10000以下の整数をそれぞれ素数

の積で表したときの，31の個数と同じになる。右の計算㋐より，1から10000までに31の倍数は322個あることがわかるから，素数で表したときの31の個数は322個となる。また，計算㋑から，31×31＝961の倍数は10個あることがわかり，この中には31が2個ずつあらわれるので，㋐で数えた以外に31は10個ある。これ以上はないので，素数の積で表したときの31の個数は全部で，322＋10＝332(個)と求められる。よって，初めて割り切れなくなるのは，332＋1＝333(回目)に割ったときである。

・㋐10000÷31＝322あまり18
　→31は322個ある
・㋑10000÷(31×31)＝10あまり390
　→㋐のほかに31は10個ある

2　平面図形―相似，辺の比と面積の比

(1)　右の図のように，FからADと直角に交わる直線FIを引くと，三角形FEIと三角形GFCは2つの角の大きさが等しいから，相似になる。このとき，相似比は，FI：GC＝(2＋5)：5＝7：5なので，IE：CF＝7：5とわかる。この和が8cmだから，CFの長さは，$8\times\frac{5}{7+5}=\frac{10}{3}=3\frac{1}{3}$(cm)と求められる。

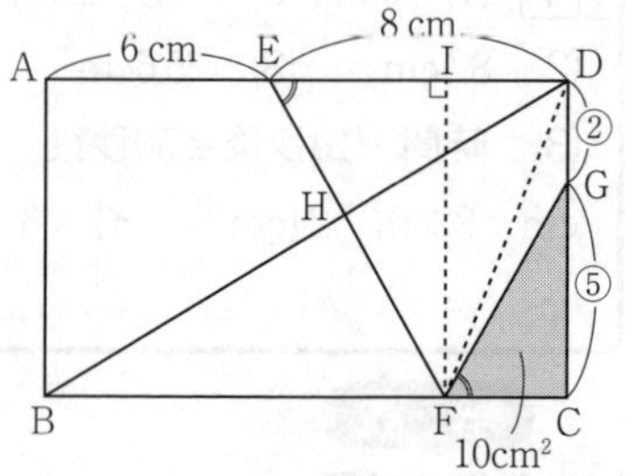

(2)　三角形GFCの面積が10cm²なので，GCの長さは，$10\times2\div\frac{10}{3}=6$(cm)，ABの長さは，$6\times\frac{7}{5}=8.4$(cm)である。

(3)　三角形BFHと三角形DEHは相似である。ここで，BFの長さは，$6+8-\frac{10}{3}=\frac{32}{3}$(cm)だから，相似比は，BF：DE＝$\frac{32}{3}$：8＝4：3となる。よって，BH：DH＝4：3なので，三角形BFHの面積は三角形DBFの面積の，$\frac{4}{4+3}=\frac{4}{7}$とわかる。さらに，三角形DBFの面積は，$\frac{32}{3}\times8.4\div2=44.8$(cm²)だから，三角形BFHの面積は，$44.8\times\frac{4}{7}=25.6$(cm²)と求められる。

3　平面図形―図形上の点の移動，面積

(1)　点Qが動き始めるときに点Pがいる位置をMとすると，AMの長さは，3×5＝15(cm)だから，点Qが動き始めてから㋐が初めて平行四辺形になるときまでのようすは，下の図1のようになる。図1で，CQとBPの長さは等しいので，このようになるのは，点Pと点Qが動いた長さの和が，30－15＝15(cm)になるときとわかる。また，点Pと点Qが1秒間に動く長さの和は，3＋2＝5(cm)だから，このようになるのは，点Qが動き始めてから，15÷5＝3(秒後)であり，点Pが動き始めてから，5＋3＝8(秒後)と求められる。次に，点Pが初めてBに着いたときに点Qがいる位置をNとする。このとき，点PがMからBまで動くのにかかる時間は5秒なので，CNの長さは，2×5＝10(cm)になる。よって，点PがAを，点QがDを折り返す前に㋐が平行四辺形になると仮定すると，点PがBを折り返してから㋐が平行四辺形になるまでのようすは，下の図2のようになる。このようになるのは，点Pと点Qが動いた長さの差が10cmになるときであり，点Pと点Qが1秒間に動く長さの差は，3－2＝1(cm)だから，このようになるのは，点PがBを折り返し

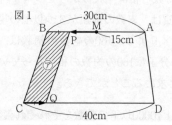

図1
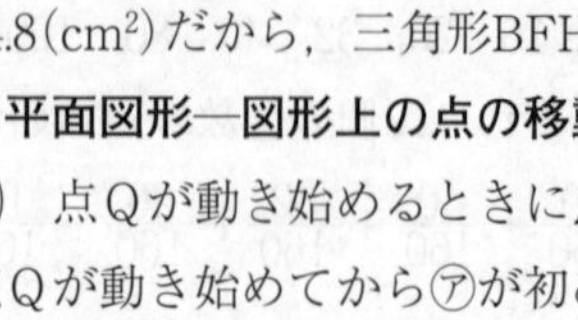

図2
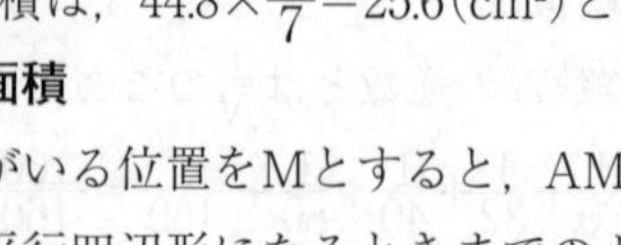

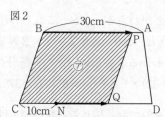

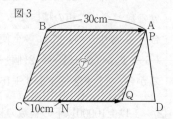

図3
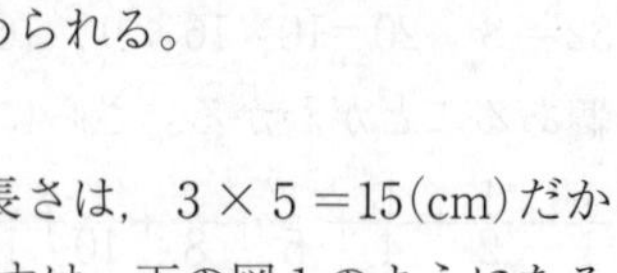

てから，$10\div1=10$(秒後)とわかる。このとき，BPの長さは，$3\times10=30$(cm)，CQの長さは，$10+2\times10=30$(cm)なので，仮定に合う(実際には上の図3のように，点Pはちょうど Aにいる)。したがって，2回目に平行四辺形になるのは，点Pが動き始めてから，$5+5+10=20$(秒後)である。

(2)　図1で，CQの長さは，$2\times3=6$(cm)であり，㋐の面積が75cm^{2}だから，台形ABCDの高さは，$75\div6=12.5$(cm)とわかる。よって，㋐が2回目に平行四辺形になるとき(図3)の㋐の面積は，$30\times12.5=375$(cm^2)と求められる。

(3)　㋐の面積が最も小さくなるのは，BPとCQの長さの和が最も短くなるときである。そこで，点Pが動き始めてからの1分間について，動き始めてからの時間とBP，CQの長さの関係をグラフに表すと，右の図4のようになる。よって，BPとCQの長さの和が最も短くなるのは，10秒後と50秒後の2回あることがわかる。また，その長さは10cmなので，そのときの㋐の面積は，$10\times12.5\div2=62.5$(cm^2)と求められる。

図4

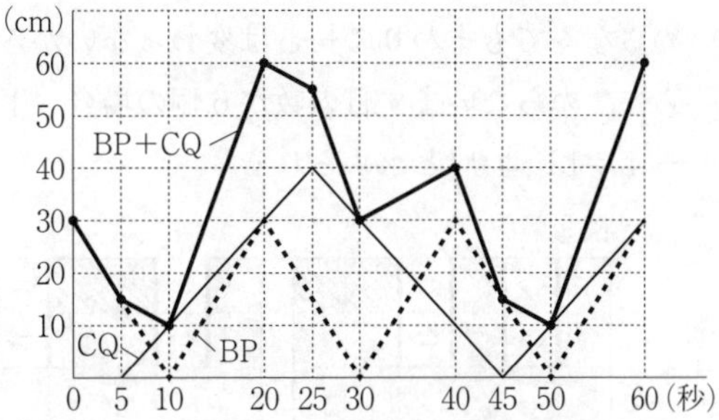

4　場合の数

(1)　面積が17cm^{2}になるのは，ぬらないます目の数が，$18-17=1$(個)の場合であり，右の図①，図②のような場合が考えられる。このとき，図①のまわりの長さは，たて3cm，横6cmの長方形のまわりの長さと等しいから，$(3+6)\times2=18$(cm)となる。また，図②のまわりの長さは，図①の場合よりも太線部分の，$1\times2=2$(cm)だけ長くなるので，$18+2=20$(cm)とわかる。

図①

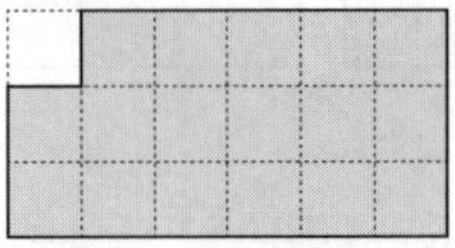

図②

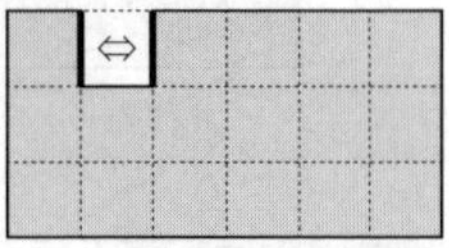

図③

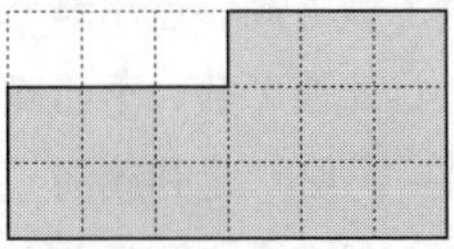

図④

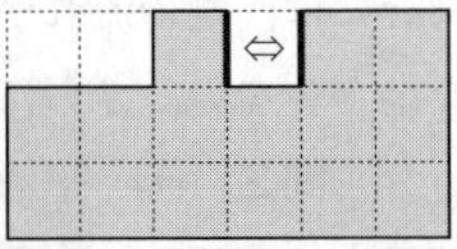

図⑦

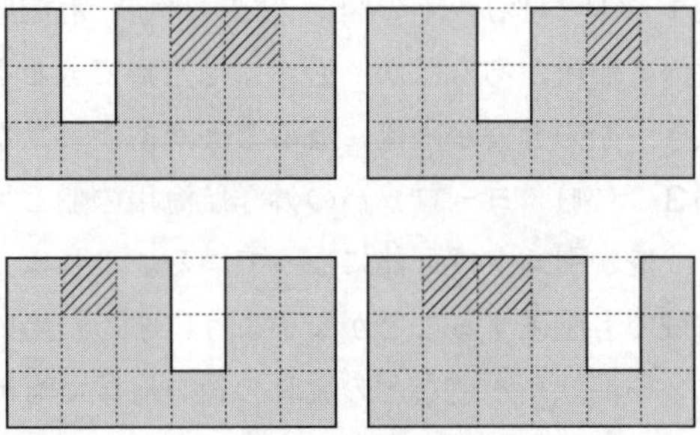

図⑤

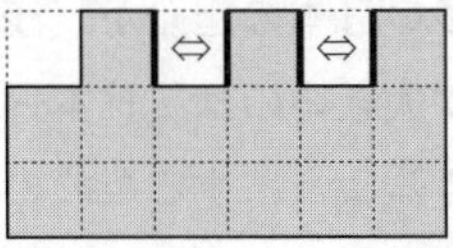

図⑥

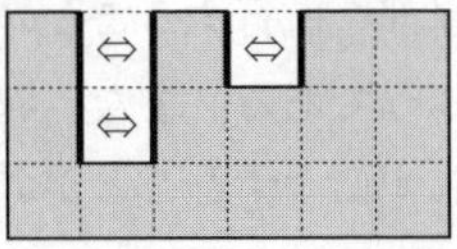

(2)　(ア)　面積が15cm^{2}になるのは，ぬらないます目の数が，$18-15=3$(個)の場合であり，上の図③～⑥のような場合が考えられる。それぞれの場合のまわりの長さは，図③は図①と等しく18cmであり，図④は図②と等しく20cmである。また，図⑤は太線部分が2組あるから，$18+2\times2=22$(cm)，図⑥は太線部分が3組あるので，$18+2\times3=24$(cm)となる。よって，まわりの長さとして考えられるのは，18cm，20cm，22cm，24cmである。　(イ)　図⑥のように，太線部分が3組あるようなぬり方を考える。はじめに，ぬらないます目が2個連続している場所で場合分けをすると，上の図⑦の4つの場合が考えられる。どの場合も，残りの1個は斜線《しゃせん》部分から選べばよいの

で，全部で6通りとわかる。

(3) (ア)　まわりの長さが最も長くなるのは，太線部分が4組できる場合である。そのうち，面積が最も大きくなるのは，ぬらないます目の数が4個の場合であり，面積が最も小さくなるのは，ぬらないます目の数が6個の場合である。それぞれの例は，右上の図⑧のようになる。　(イ)　ぬらないます目の数で場合分けして求める。ぬらないます目の数が4個の場合，下の図⑨のように3通りある。また，図⑨の状態から斜線部分を1個ずつぬらなくてもまわりの長さは変わらないから，ぬらないます目の数が5個の場合は6通りある。さらに，ぬらないます目の数が6個の場合，下の図⑩のように4通りある。よって，全部で，3＋6＋4＝13(通り)と求められる。

図⑧

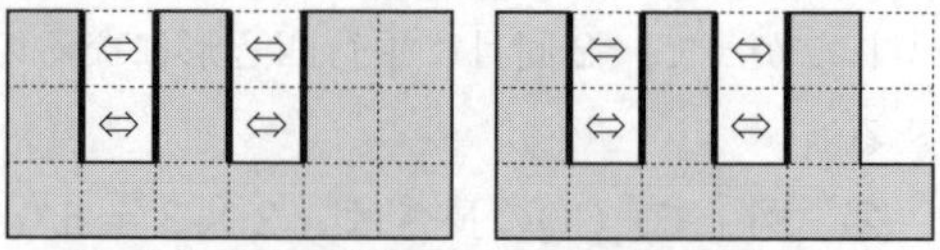

最も大きくなる場合　　最も小さくなる場合

図⑨

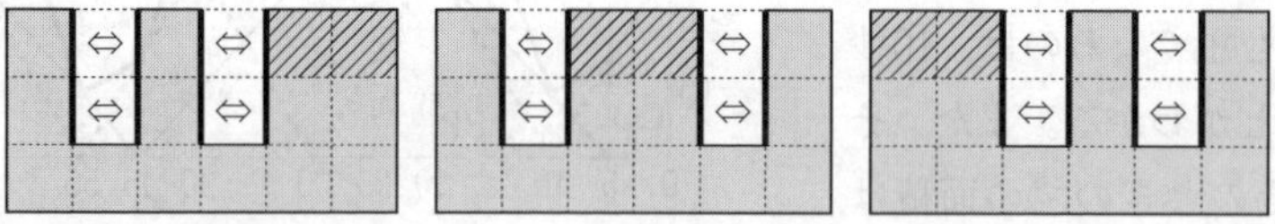

図⑩

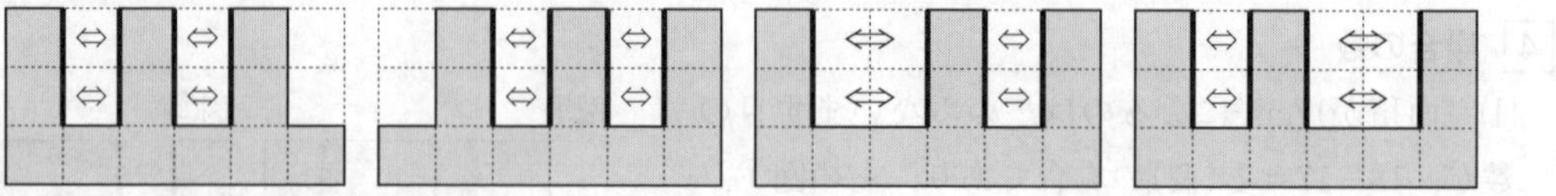

社　会　(40分)　＜満点：60点＞

解　答

問1　(1)　(例)　下の図　(2)　(例)　静岡県の沖合には，潮の流れが速く波も高い遠州灘という海の難所があるほか，沿岸には避難できるような港が少ない。さらに冬は北西の強い季節風が吹き，船の操縦が困難になることが多かったため。　**問2**　(1)　平清盛　(2)　足利義満

問3　(例)　ヨーロッパの外洋航海用の船と比べて日本の廻船は，海面から船底までの長さが短く，舵が引き上げ可能になっている。これは，沿岸部を航行することの多い日本の廻船が，浅い海域でも座礁することがないようにするためのくふうである。また，舵が大きいのは，日本近海に多い海峡や水道などの流れの速い海域でも流されずにすすむことができるようにするためのくふうであると考えられる。　**問4**　(1)　(例)　鎖国政策を続ける日本に対し，漂流民を送り届けることで交渉の機会をつくり，日本に開国や貿易の開始をせまること。　(2)　通商条約(安政の五か国条約)　**問5**　(1)　(例)　1825年に幕府が出した外国船(異国船)打払令により，清とオランダ以外の外国船は撃退するように命じられていたから。　(2)　(例)　鎖国の期間中も，欧米諸国のなかでオランダだけが幕府と長崎の出島で交易することを認められていたから。

問6　ブラジル　**問7**　(例)　1970年代に為替相場がそれまでの固定相場制から変動相場制に変わり，円高がすすんだことで，海外に出かける日本人には有利になり，海外旅行に出かける日

本人が増えたため。 **問８** （例） より豊かな生活や仕事を求めて発展途上国から先進国に移り住む移民や，民族・宗教・政治的な意見の違いなどの理由で迫害を受けていることから国外へ逃れる難民が世界各地で増えている。こうした移民や難民を受け入れるかどうかをめぐっては，多様な価値観を持つ人びとが住むことで地域が活性化するなどとしてこれに賛成する人びとと，偏見や差別，あるいは治安が悪くなる，移民に雇用を奪われるという心配から，これに反対したり規制を設けたりしようという人びととの間で意見の対立があり，深刻な政治的対立を引き起こしている。たとえばアメリカでは，移民の入国を厳しく制限する政策をすすめるトランプ大統領が，不法入国を防ぐためとしてメキシコとの国境に壁を築くことをめざしているが，アメリカ国内ではこれに反対する動きも活発化している。また，内戦の続くシリアなどからの難民を多く受け入れているヨーロッパ諸国でも，受け入れを推進するEUの政策に反対する勢力が台頭しており，政治が不安定になる原因となっている。

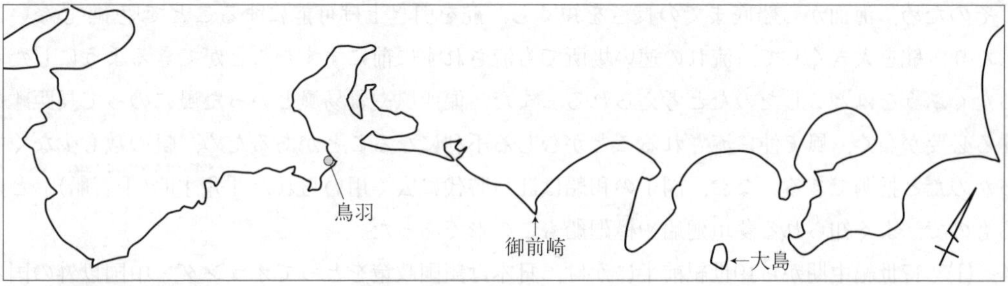

解　説

人々の国外への移動を題材とした総合問題

問１ ⑴ 御前崎《おまえざき》から船で東に向かうと，駿河《するが》湾，伊豆半島，相模《さがみ》湾を経て，三浦半島と房総《ぼうそう》半島の間に広がる東京湾を北上し，江戸にいたる。位置の目安として，大島南端と御前崎を直線で結ぶと，そのほぼ中間に伊豆半島の南端がくる(やや下に突《つ》き出す)。伊豆半島の傾《かたむ》きは，千葉市(描《えが》かれている房総半島左上の，「く」の字を逆にした角の部分)と房総半島南端を結んだ直線の傾きとほぼ等しい。また，御前崎から房総半島南端にいたる直線を引き，房総半島中西部で東京湾に突き出す富津《ふっつ》岬《みさき》を起点にしてこれと平行な線を引くと，おおむね駿河湾が最も陸に入りこんだ部分を通る。さらに，富津岬と大島北端を結ぶと，三浦半島の先端がこの直線上にくる。伊豆半島は房総半島に比べてかなり小さく，三浦半島はそれよりさらに小さい。 ⑵ 日本の近海には，潮の流れが速かったり波が高かったりするため，航海の難所とされる灘《なだ》とよばれる海域が多い。東海から関東にかけての沖合には，西から熊野灘，遠州灘，相模灘という難所が連続する。特に，愛知県東部から静岡県西部にかけての沖合に広がる遠州灘は，黒潮(日本海流)の流れが速いことや，沿岸に船が避難《ひなん》できる港が少ないことから，海の難所として知られており，さらに冬は北西の強い季節風が吹《ふ》くため船の操縦が困難になり，難破する船が多かった。

問２ ⑴ 平安時代，保元の乱(1156年)と平治の乱(1159年)に勝利した平清盛は，1167年に武士として初めて太政《だいじょう》大臣となり，強大な権力をふるった(平氏政権)。清盛は父の忠盛のころから行われていた宋(中国)との交易の利益に注目し，大輪田泊《おおわだのとまり》(現在の神戸港の一部)を修築し，瀬戸内海航路を整えるなどして日宋貿易を推進した。この貿易で得られた利益は，平氏政権の重要な経済基盤となった。　(2)　室町幕府の第３代将軍足利義満は，明(中国)が倭寇《わこう》(日本の武装商人団・海賊《かいぞく》)の取り締《し》まりを求めてくるとこれに応じるとともに，1401年，明と国交を結んだ。翌02年，明の第３代皇帝永《えい》楽帝《らくてい》は義満に「日本国王」の称号を授け，これにこたえて義満は1404年に朝貢《ちょうこう》形式で貿易を始めた。この日明貿易は，倭寇の船と正式な貿易船を区別するために勘合《かんごう》という合い札が用いられたことから，勘合貿易ともよばれる。なお，義満は1394年に子の義持に将軍職をゆずって出家したが，その後も亡くなるまで実権をにぎり続けた。

問３　図１で和船(日本の廻《かい》船)と洋船(ヨーロッパの外洋航海用の船)を比べると，和船は洋船に比べて船底から海面までの長さが短いこと，舵《かじ》が大きく引き上げ可能になっていること，船の底面がより平らになっていること，帆《ほ》柱が少なく帆が１本しか立たないようになっていることなどがわかる。廻船は外洋航海用の船と違い，おもに沿岸部を航海するため，浅い海域や潮の流れが速い海域，海峡《かいきょう》や水道のように陸地にはさまれたせまい海域など，さまざまな条件下で安全に航行できる必要があった。そのため，海面から船底までの長さを短くし，舵を引き上げ可能にすることで座礁《ざしょう》しないようにしたり，舵を大きくして，流れの速い場所でも流されずに前にすすむことができるようにしたりといったくふうをほどこしたのだと考えられる。また，偏西風や貿易風といった風にのって長距離を航行する必要がなく，風で沖に流されることがむしろ不利になることがあるため，帆の数も少なくてよかったのだと推測できる。なお，図１の和船は江戸時代に広く用いられた「弁才船《べざいせん》(千石船《せんごくぶね》)」とよばれるもので，よく知られる菱垣《ひがき》廻船や樽《たる》廻船もこの形であった。

問４　(1)　17世紀中期から19世紀前半にかけ，日本は鎖国政策をとってオランダ・中国以外の国との交易を厳しく制限していた。当時，アジアに勢力を拡大していたイギリスやアメリカが，日本からの漂流《ひょうりゅう》民を日本に送り届けた背景には，日本との接点をつくって開国，さらには貿易の開始をせまるきっかけにしようという意図があったものと考えられる。　(2)　1858年，江戸幕府の大老井伊直弼《いいなおすけ》は，朝廷の許可なしにアメリカ総領事ハリスとの間で日米修好通商条約を結んだ。幕府はイギリス・フランス・ロシア・オランダとも同様の条約を結び，これらの国ぐにと貿易を開始することとなった(安政の五か国条約)。この条約では，すでに開港地であった函館に加えて長崎，新潟，神奈川(横浜)，兵庫(神戸)が開港された。また，外国に治外法権(領事裁判権)を認め，日本に関税自主権がないという不平等な内容であった。

問５　(1)　18世紀末になると，日本近海にたびたび外国船が現れるようになり，鎖国体制を維持しようと考えた江戸幕府は海防の必要性にせまられた。そのため，1825年に外国船(異国船)打払令を出し，清(中国)とオランダ以外の外国船が来航した場合には，ためらうことなくこれを撃退《げきたい》することを命じた。この法にもとづき，アメリカ商船モリソン号は浦賀(神奈川県)と山川(鹿児島県)で砲撃されたのである。　(2)　江戸時代，キリスト教の布教を行わなかったオランダだけが，ヨーロッパの国としては唯一《ゆいいつ》，長崎での貿易を江戸幕府から許可されていた。そのため，漂流民の手紙は欧米諸国と江戸幕府をつなぐ唯一のルートであったオランダを介《かい》して，日本に届けられたのである。なお，オランダ人は長崎港内につくられた人工島である出島内に行動が制限され，貿易は出島に建てられたオランダ商館で行われた。オランダ商館長には，幕府に対して「オランダ風説書」という世界情勢についての報告書を提出することが義務づけられており，幕府もこれを通じてモリソン号のことを知ったと伝えられている。

問６　19世紀後半から20世紀前半にかけて，多くの日本人が移民としてハワイ，アメリカ合衆国，カナダ，南アメリカ諸国などに渡った。しかし，20世紀に入ると，アメリカ合衆国では国民の雇用《こよう》を奪《うば》うとして移民を制限する動きが広がった。一方，ブラジルでは19世紀に奴隷《どれい》制度を廃止したため，コーヒー農園などで多くの労働力が必要となった。そのため，1908年以降の100年間に多くの日本人が移住し，日本の移民先として最大の国となった。現在も，日本人の移民とその子孫である日系人が最も多く暮らしているのがブラジルである。

問７　1970年代以降，日本からの出国者数が増えた理由としては，それまで仕事や留学などに限られていた海外への渡航制限が1964年に緩和《かんわ》され，観光旅行もできるようになったこと，高度経済成長期に日本人の生活が豊かになり，海外への観光旅行が身近になったこと，1970年代前半に為替《かわせ》相場(自国と外国の通貨の交換比率)がそれまでの固定相場制から変動相場制になり，円高がすすんだことなどがあげられる。ドルとの為替相場はそれまで１ドル＝360円で固定されていたが，経済状況などによって変動する変動相場制に変わったことで，1970年代後半には１ドル＝100円代後半まで円高がすすんだ。円高になれば，同じ金額の円に対して交換できる外国通貨の金額が増え，海外へ出かける日本人には有利になるので，多くの日本人が海外旅行を楽しめるようになった。

問８　国境を越《こ》える人間の移動では，特に移民と難民が議論を引き起こすことが多い。移民のなかには経済上の理由から，つまり，より豊かな生活や収入の多い仕事を求めて発展途上国から先進国に移り住む人びとがいる。こうした人びとが増えると，移住先となる欧米などの先進国では，多様な価値観を持つ人びとを受け入れることが地域の活性化につながる，あるいは労働力が安く得られるとしてこれを歓迎する人びとと，差別や偏見から，あるいは治安維持の観点から受け入れに反対したり，移民に雇用を奪われるとして移民の制限を求めたりする人びとの間で議論が起きる。アメリカ合衆国のトランプ大統領は，移民の受け入れが犯罪の増加やテロにつながっていると主張し，これを厳しく制限する方針を打ち出している。特に，不法移民を防ぐため，メキシコとの国境に大きな壁を建設することをめざしているが，こうした政策を支持する人びとと，これに反対する人びとで国が二分され，政治がとどこおるような状態になっている。一方，難民は民族や宗教，政治的な意見の違いなどを理由として迫害《はくがい》を受け，出国せざるをえなかった人びとである。近年では，内戦が続くシリアやソマリア，南スーダンなど，西アジアやアフリカの国ぐにからヨーロッパ諸国へ逃《のが》れようという難民が多い。これに対しヨーロッパ諸国では，人道的な立場からこれをできるだけ受け入れるべきであるとする人びとと，移民の場合と同じように治安や雇用などについての不安からこれに反対する人びととの間で深刻な意見の対立が起きている。イギリスでは，キャメロン首相がEU(ヨーロッパ連合)とともに移民や難民を受け入れる政策をすすめてきたが，2016年に行われた国民投票ではEUからの離脱《りだつ》を支持する票が過半数に達し，キャメロン首相は退陣《たいじん》に追いこまれた。また，難民を最も積極的に受け入れてきたドイツでも，2017年の総選挙でメルケル首相が率いる与党が敗北した。さらに，ほかのヨーロッパ諸国でも移民の排斥《はいせき》を主張する民族主義的な政治勢力が台頭しており，移民や難民の受け入れをめぐる意見の対立は，多くの国ぐにで政治状況を不安定化させる原因となっている。

理 科 (40分) ＜満点：60点＞

解 答

1 **問1** **1** アルカリ **2** 二酸化炭素 **3** 酸 **4** にくい **問2** (例) ニラは光合成ができず呼吸によって二酸化炭素を放出し，ろ紙の石灰水に二酸化炭素が溶け込み中和が起こるため，中性から弱い酸性となり，ろ紙はむらさき色や赤むらさき色になる。 **問3** (例) 試験管Dで調べたいエノキダケのはたらき以外の条件をそろえた試験管Fの実験により，光を当てることなどの調べたい条件以外の条件ではろ紙の色が変化しないことを確かめる。

問4 (例) 試験管Aと試験管Bの結果より，ニラは光が当たると呼吸と光合成を行うが，試験管Cと試験管Dの結果より，エノキダケは光が当たるかどうかに関係なく光合成を行わずに呼吸を行っている。 **問5** **注目していた気体**…1 **試験管A**…ウ **試験管B**…× **試験管C**…イ **試験管D**…イ 2 **問1** 12時間25分 **問2** 14時15分 **問3** **月の位置**…オ **見える形**…⑦ **問4** (例) 種類によって，乾燥に対する強さや水中での呼吸のしやすさが違うから。 **問5** イ，カ **問6** (例) 水中にすむ他の動物に食べられることが多い。／すみかのうばい合いになりやすい。 3 **問1** (1)，(2) 解説の図③を参照のこと。

問2 解説を参照のこと。

解 説

1 生物のつながりについての問題

問1 石灰水は消石灰(水酸化カルシウム)という白色の固体の水溶液《すいようえき》で，アルカリ性を示す。二酸化炭素が水に溶《と》けた水溶液は炭酸水といい，弱い酸性を示す。二酸化炭素を石灰水に通すと，二酸化炭素が水に溶けて炭酸水となり，炭酸水が石灰水と中和して炭酸カルシウムという水にほとんど溶けない白色の固体を生じる。石灰水に二酸化炭素を吹《ふ》き込《こ》むと白くにごるが，このにごりは炭酸カルシウムの小さな粒《つぶ》である。

問2 試験管Aにはニラが入れてあるが，アルミニウム箔《はく》でおおっているため光が当たらず，ニラは光合成を行うことができない。このとき，ニラは呼吸を行っている。したがって，ニラが呼吸によって放出した二酸化炭素が，ろ紙にふくまれる石灰水に溶けて中和が起こる。石灰水がすべて中和してろ紙の液が中性になるとろ紙はむらさき色になり，さらに二酸化炭素が溶け込んで弱い酸性になるとろ紙は赤むらさき色に変化する。

問3 試験管Eと試験管Fには何も入れていないので，ニラやエノキダケによる影響《えいきょう》は受けない。試験管Dと試験管Fの条件の違《ちが》いはエノキダケの有無だけである。試験管Dのろ紙は色が変化し，試験管Fのろ紙は色が変化しなかったことから，試験管Dのろ紙の色の変化はエノキダケによる影響であり，その他の条件，つまり光が当たっていることや空気にふれていることなどによってろ紙の色が変化したのではないことを示しているとわかる。

問4 試験管Cと試験管Dの結果から，エノキダケは光が当たらないときでも当たるときでも二酸化炭素を放出しているので，光合成はせずに呼吸を行っていると考えられる。エノキダケが光合成を行わないのは，葉緑体をもっていないためである。ニラは葉緑体をもっているので，試験管Aのように光が当たらないと光合成を行わないが，試験管Bのように光を当てると，呼吸で放出する量以上の二酸化炭素を消費して光合成を行う。

問５　注目していた気体…実験で注目していた気体とは，ろ紙にふくまれていた石灰水と中和するためにはたらいた二酸化炭素である。図２では，カビ・キノコや動物，植物(夜間)から出された気体の矢印が向かっている１が二酸化炭素を表している。なお，図２で光合成を行う昼間の植物から出された気体の矢印が向かい，カビ・キノコや動物などに向かって矢印が出ている２は酸素となる。

試験管Ａ…ニラに光を当てずにニラが呼吸で二酸化炭素を放出したことによりろ紙の色が変化したので，植物(夜間)の呼吸のはたらきが当てはまる。　**試験管Ｂ**…ニラに光が当たり，ニラが呼吸よりも光合成をさかんに行って二酸化炭素を吸収すると考えられる。しかし，実験ではろ紙の色の変化が見られなかったので，実験の結果から二酸化炭素の減少を確かめることはできない。　**試験管Ｃ，試験管Ｄ**…ろ紙の色が変化したのは，キノコのなかまであるエノキダケが呼吸したことによる。

2　潮の満ちひきと磯《いそ》の生き物についての問題

問１　地球では月に面した側とその反対側で海水面を高くする作用が高まると述べられていることから，地球上の地点では自転してそれらの位置にきたときに満潮《まんちょう》になると考えられる。月が空の同じ位置にくるまでの間に，月に面した側で満潮をむかえていた地点はその反対側の位置を通過し，再び月に面した側にもどってくる。したがって，満潮から満潮までの時間はおよそ，24時間50分÷２＝12時間25分である。

問２　問１より，干潮《かんちょう》から干潮までの時間も12時間25分と考えてよい。日中における干潮の時刻は３日後には，12時間25分×２×３－24時間×３＝２時間30分遅くなる。よって，干潮の時刻が11時45分の日より３日後の日中の干潮の時刻は，11時45分＋２時間30分＝14時15分となる。

問３　満月から１週間後の月は，南の空にきたときに図２の⑦のように左半分が光る半月の下弦《かげん》の月である。図１で満月となる月の位置は太陽と地球をはさんで反対側のウであり，１週間後にはひと回りのおよそ$\frac{1}{4}$を移動するので，下弦の月となる月の位置としてオが選べる。

問４　図３で，干潮時の海水面と満潮時の海水面の間の，潮が満ちひきする高さに位置する場所を潮間帯という。潮間帯では潮の満ちひきによって環境が大きく変わる。満潮時には海水でおおわれ，干潮時には太陽に照らされて温度が上がるため，温度の差が大きく乾燥《かんそう》しやすい。また，海水の塩分濃度《のうど》はほぼ一定であるが，潮間帯では水分が蒸発して塩分濃度が濃《こ》くなったり，雨が降って塩分濃度がうすくなったりする。また，波により流されやすい。このような環境変化に対応する能力により，潮間帯にすむ生物の種類が違ってくる。潮間帯より少し上の部分には，水中では生活できないフナムシなどのような陸生の動物がすんでいる。潮間帯の上部には，海水中で呼吸をすることができるが，空気中でもある程度耐《た》えられるフジツボなどがすんでいる。潮間帯の下部にすむ生物は上部にいる生物に比べて乾燥には弱いものや空気中での呼吸が難しいものが多く，潮だまりなどにウニやイソギンチャク，イソガニなどがすんでいる。

問５　問４で述べたように，潮間帯は潮の満ちひきによって空気中にさらされるが，Ａのような場所はＢのような場所と比べて空気中に出ていて太陽の光を浴びる時間が長いため，高温になり乾燥しやすい。フジツボは，干潮時には殻《から》のふたを閉じて水分が失われるのを防いでいる。また，Ａのような場所はＢのような場所よりも海水におおわれている時間が短いため，フジツボはＢのような場所にいる生物に比べて少ない栄養で生きていける。

問6　潮間帯の下部であるBのような場所では，海水におおわれる時間が長いので，水中にすむ他の動物に食べられてしまう危険性がある。また，潮だまりなどでは限られた範囲《はんい》に多くの生物がすむため，えさや養分などの取り合いが起こることも考えられる。干潮時においても，磯におし寄せる波の影響を受けやすく，波によって別の場所に移動させられることも多い。

3　栞《しおり》の折り方についての問題

問1　⑴　図1の栞は，下の図①のようにして折られている。実際の栞は紙テープの表側も裏側も同じ色であるが，図①では裏側にかげをつけてある。山折りとは，折り目が外側になるように折ることで紙テープの裏側と裏側がくっつくようになり，谷折りとは，折り目が内側になるように折ることで紙テープの表側と表側がくっつくようになる。図①に示したように，図3で示されている山折りの線以外はすべて谷折りであり，下の図②のXの部分はすべて谷折りの部分になっている。この栞をほどくと，下の図③のように点線で表した部分に谷折りの線ができる。図②で上下にXの部分が4つずつあることから，点線は山折りの線の右側と左側に4本ずつ引くことになり，山折りの線の両端《りょうはし》にそれぞれ山折りの線と直角になるように点線を引き，それに平行となる点線を引けばよい。このとき，となり合っている点線と点線の間は図②のYの部分の長さの2倍はなれている。また，図2のように書いた中心を通る太い線は，図②のXの部分に平行，つまり谷折りの線に平行になる。栞をほどくと，図③の実線で表した部分に点線と平行した太い線が見られる。　⑵　太い線どうしのつながり方は，栞をほどく前に，下の図②のように，となり合う部分に同じ印をつけるなどしておくとよい。栞をほどいて同じ印どうしをつないでいくと，図③のように紙テープの外側に線が引ける。

問2　問1で観察してわかった点を，⑴と⑵で問われたことに関連してまとめる。太い線はいずれ

図①

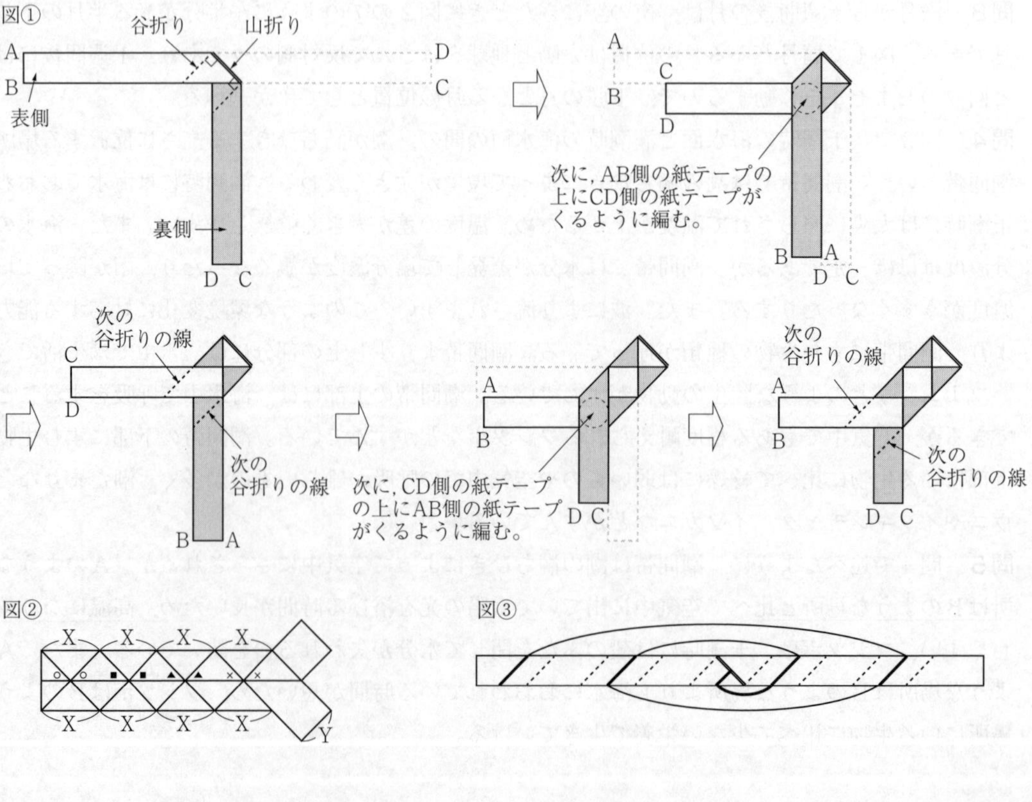

図②

図③

も谷折りの線に平行で，紙テープの長い辺に対して45度のかたむきとなり，山折りの線や谷折りの線を２つこえた先に現れる。このとき，谷折りの線と谷折りの線の間となるところでは２本の点線の真ん中に現れることになる。そして，山折りの線に垂直に交わる短い太い線から次は，山折りの線の右側，左側，右側，左側と，太い線が左右を入れかえながら，山折りの線から遠ざかるように現れ，太い線がもともとつながっていた部分は，紙テープの下側と上側に交互に現れる。

国語 （50分）＜満点：100点＞

解答

問１　①　（例）　三万円の費用をかけて製造された特攻機。　②（例）　特攻隊として敵に突入して成功するということは，特攻隊員も死ぬということを意味するものだから。　**問２**　（例）　息子であるイチみーが死んだことは悲しくつらいことだが，戦時中ではその思いを正直に表せないために，「戦争なんだからしかたがない」と自分に言いきかせ，無理にでも自分を納得させようとしていたから。　**問３**　（例）　アガリヌヤーのウム畑に特攻機を不時着させてしまった結果，ウム畑を見る影もないほど荒らしてしまったこと。　**問４**　（例）　人形は挺身隊の女学生たちが，特攻の成功を祈ってつくってくれたものだが，それは自分に死ねということを意味しているものだから。　**問５**　（例）　敵機に発見された特攻機が沖へ飛んで行ったのは，敵機から見えにくくすることが目的であって，「ぼく」が思っていたような，島に被害を与えないようにするためではなかったということ。　**問６**　（例）「ぼく」は，伍長は島を守るために特攻隊として死んでいく神さまのような存在だと思っていた。しかし，伍長が特攻に失敗して，自分一人だけが生き残ってしまったことを恥じて取り乱すようすや，カミの言葉に感情をあらわにしてわらいだすようすを見て，また，「生きててよかった」という伍長の本当の思いがこめられた言葉を聞いたことで，伍長も自分たちと同じ人間なのだということを強く実感したから。
問７　下記を参照のこと。

●漢字の書き取り

問７　**タガヤされた…耕(された)**　**ヒダネ…火種**　**オサナく…幼(く)**　**カコむ…囲(む)**　**カガミ…鏡**　**ミジュク…未熟**

解説

出典は中脇初枝《なかわきはつえ》の『神に守られた島』による。太平洋戦争末期，沖縄のそばにある沖永良部《おきのえらぶ》島を舞台《ぶたい》に，島に特攻《とっこう》機を不時着させてしまった伍長《ごちょう》と，その土地に住む子どもたちとの交流が描《えが》かれている。

問１　①　伍長は自分が不時着させてしまった特攻機を「三万円の棺桶《かんおけ》」と表現している。「三万円」は，特攻機を製造するためにかかる費用だと考えられる。　②　伍長が，「特攻の成功」とは「死ねっていうこと」だと話していることに注目する。特攻隊として敵に突入《とつにゅう》するということは，特攻隊員も死ぬことを意味しているのだから，死者を納める「棺桶」という言葉を使っているのだといえる。

問２　前の部分から読み取れるように，島の人々は戦争のためにさまざまな苦労をしいられているものの，不満をもらすこともせず，「しかたがない」と我慢《がまん》している。同じように，カミのあまはイチみーが死んでしまったことが悲しく，つらい思いをしているが，戦時中なのでその思いを正直に表せず，「戦争なんだからしかたがない」と自分に言いきかせることで，無理にでも気持ちを納得《なっとく》させようとしているのである。

問3　伍長の飛行機がアガリヌヤーのウム畑に不時着してしまったため，ウム畑は見る影《かげ》もないほどに荒《あ》れてしまったことがこれより前の場面で描かれている。「ぼく」は，それに対して伍長が「なんべんも謝《あやま》ってた」ものと思っていたので，「アガリヌヤーのおじいさんも許してくれるよ」と言ったのだと考えられる。

問4　「これ」とは，伍長の「特攻の成功を祈《いの》って」，基地のまわりの挺身《ていしん》隊の女学生がつくってくれた人形を指す。しかし，「特攻の成功」というのは，特攻隊員である自分に「死ね」と言っていることでもあるので，伍長は自分が死ぬことをみんなから願われているように感じ，「呪《のろ》い」という語を使ったのだろうと推測できる。

問5　前の部分に注目する。「ぼく」は，敵機に発見された特攻隊の飛行機が沖《おき》へ飛んでいくのは，「地上にいた」自分たちのため，「島に被害《ひがい》を与《あた》えないようにしてくれた」からだと考えていた。しかし伍長から，実際は「海上へ飛んだほうが，敵機には見えにくくなる」ためだったと聞き，「ぼく」は，特攻隊員が島や自分たちを守ってくれているわけではなかったことに気づいたというのである。

問6　「ぼく」はこれまで伍長や特攻隊員のことを，島を守ってくれている神さまだと思っていた。しかし実際には，彼《かれ》らは「島に被害を与えないようにしてくれ」ていたわけではなかったことを知った。さらに，「もうヤマトゥに戻《もど》らないで，ずっとここにいれば？　戦争が終わるまで隠《かく》れていれば？」というカミの言葉に，感情を表にだしてわらったり，ほかの特攻隊員と一緒《いっしょ》に「死んで神になる」ことを求められていた自分が，一人だけ生き残ってしまったことを恥《は》じて取り乱したものの，やがて「生きててよかった」とつぶやいたりした伍長の姿を見たことで，「ぼく」は，伍長が「神さま」ではなく自分たちと同じような感情や気持ちを持ちあわせた人間であることを実感したのである。

問7　「耕」の音読みは「コウ」で，「農耕」などの熟語がある。　「火種」は，火を起こすときのもととなるもの。　「幼」の音読みは「ヨウ」で，「幼児」などの熟語がある。　「囲」の音読みは「イ」で，「周囲」などの熟語がある。　「鏡」の音読みは「キョウ」で，「鏡台」などの熟語がある。　「未熟」は，経験や技術などがまだ十分ではないようす。

2018年度　武　蔵　中　学　校

〔電　話〕 (03) 5984－３７４１
〔所在地〕 〒176－8535　東京都練馬区豊玉１－26
〔交　通〕 西武池袋線－「江古田駅」より徒歩７分
西武有楽町線－「新桜台駅」より徒歩７分

【算　数】 (50分) 〈満点：100点〉

1　次の□にあてはまる数を書き入れなさい。

(1)　ビーカーの中に３％の食塩水が入っています。これを熱して，濃《のう》度が９％になるまで水分を蒸発させました。次に，５％の食塩水を200ｇ加えたところ，濃度が5.8％になりました。最初にビーカーの中に入っていた食塩水は□ｇです。

(2)　下の図の四角形ABCDはADとBCが平行で，角Ａ＝120°，角Ｃ＝60°の台形です。また，AB：BC＝3：5，AE：EB＝3：5です。このとき，三角形CDFの面積は，台形ABCDの面積の□倍です。

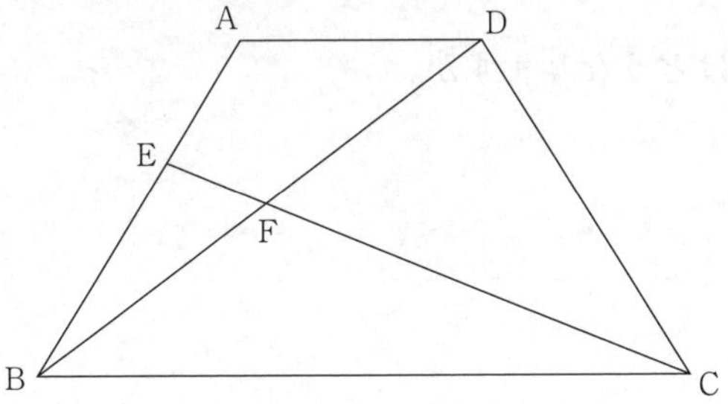

2　おもちゃの列車を走らせる円形のコースがあります。ただし，コースの一部は長さ69cmのトンネルになっています。同じ長さの列車を何両かつなげて，このコースを走らせるときに，列車の一部または全部が見えている時間を「見える時間」と呼び，列車がトンネル内にあって，まったく見えない時間を「見えない時間」と呼ぶことにします。

列車を３両つなげて走らせると，見える時間41秒と見えない時間７秒をくり返します。また，列車を５両つなげて走らせると，見える時間は44秒になります。列車の速さは一定で，何両つなげても速さは変わりません。列車の速さは毎秒何cmですか。また，列車１両の長さとコースの全長はそれぞれ何cmですか。(式や考え方も書きなさい)

3　ある店では，２種類のボールペンＡ，Ｂを売っています。Ａには原価の15％，Ｂには原価の12％の利益を見込《こ》んで定価をつけてあります。１本あたりの原価と定価はともに整数になっています。

ある日，Ａが14本，Ｂが６本売れ，利益は合わせて198円でした。このとき，次の問に答えなさい。(式や考え方も書きなさい)

(1)　ＡとＢの１本あたりの原価をそれぞれ求めなさい。

(2)　次の日，Ａを３本とＢを３本の合計６本を１セットとした福袋《ふくぶくろ》を作り，原価の５％の利益を見込んだ値段で売りました。この日は，１本ずつ定価どおり売れたものと福袋で売れたものを合わせてＡが47本，Ｂが44本売れ，利益は639円でした。福袋は何個売れましたか。

4　１以上の整数Aについて，次のような規則で整数Bを決めます。これを以下「操作」と呼びます。

> ㋐　Aを３で割ったときの余りが２のとき……Aに１をたした数を３で割ったときの商をBとする。
>
> ㋑　それ以外のとき……………………………Aに１をたした数をBとする。

このとき，$A \to B$ のように表します。例えば，$35 \to 12$ となります。また操作をくり返すときは，$46 \to 47 \to 16 \to 17$ のように表します。次の問に答えなさい。

(1)　次の□にあてはまる数を書き入れなさい。

119 → □ → □ → □ → □

(2)　P → □ → □ → 4 となるとき，Pにあてはまる数を小さい方から順にすべて答えなさい。

(3)　$4 \to 5 \to 2 \to 1$ のように，整数４は３回の操作で初めて１になります。

①　10以下の整数のうち，初めて１になるまでの操作の回数が最も多いのは何ですか。また，操作は何回必要ですか。

②　①の「10以下」を「50以下」に変えると答はどうなりますか。

【社　会】（40分）〈満点：60点〉

次の問題文を読んで，後の問いに答えなさい。

みなさんが買い物をする時，硬《こう》貨を使うと思います。１円を除くと硬貨はいずれも同じ金属が主成分で，それは銅です。銅は，硬貨以外にも，その加工の容易さ，熱や電気をよく伝える性質などから，さまざまなものに使われています。日本は，現在でこそ必要な銅の全てを輸入に頼《たよ》っていますが，過去を振《ふ》り返れば，長期にわたって主要な輸出品の一つでした。銅は，わたしたちの生活にとても深くかかわっています。今日は，銅を中心に，日本の歴史や社会について学んでみましょう。

鎌倉時代，室町時代の中国との貿易においても，銅は主要な輸出品の一つに数えられますが，輸出品としての銅の重要性がとても高まったのが，17世紀後半でした。16世紀から17世紀前半にかけて，日本では銀が大量に生産され，それを目指して外国の船が数多く来航するのですが，17世紀後半には銀の生産量が激減したのです。そのとき，銀に代わる輸出品として注目されたのが，銅でした。日本の銅は貨幣《へい》の材料として，多くの国でとても重要だったからです。この頃《ころ》，日本の貿易相手国は中国，朝鮮《ちょうせん》，オランダなどでした。オランダの場合は，日本で得た銅の多くを，貨幣の材料としての需《じゅ》要があったインドに持ち込《こ》み，綿織物を入手しました。この綿織物は，直接オランダ本国に送られたほか，東南アジアで香辛《こうしん》料と交換《かん》され，大きな利益をオランダにもたらしました。このように，オランダがつくりあげた世界的な貿易網《もう》において，日本の銅は極めて重要な商品の一つでした。そして日本にとっても，ヨーロッパの文化や情報の入手経路として，オランダとの貿易は，重要な意味を持っていました。

この頃の有力な銅山の一つに，伊予《いよ》国の別子《べっし》銅山があります。江戸時代の鉱山の多くは幕府や藩が経営していましたが，別子は1691年の開発当初から住友（泉屋）により運営されていました。住友は，別子を経営の中心としながら，他地域の銅山運営も行う大商人でした。他にも幕府が直接に経営する足尾《あしお》銅山や，秋田藩による阿仁《あに》銅山など，大規模な銅山が各地に存在していました。

ただし銅も充《じゅう》分な生産量があったわけではありません。国内でも銅は必要なため，幕府は輸出量を制限し，その代わりに干した海産物の輸出を増やして，貿易額を維《い》持しようとしました。太平洋に面した鵜原《うばら》村（現在の千葉県勝浦《かつうら》市鵜原）は，アワビが獲《と》れる漁村でしたが，幕府から干しアワビの生産・納入を求められたことが知られています。村の有力者は，幕府の権威《い》を背景に村内での自身の立場を強め，多くのアワビを集荷《か》しました。銅の生産減少は，貿易とは直接に関係がない村の暮らしにも影響《えいきょう》を与えていたことがわかります。

ところで，日本の銅を世界貿易の重要な商品としていたオランダは，銅の輸出制限に不満でした。オランダは，銅の輸出の拡大を求めますが，18世紀末に幕府の指導者だった松平定信は，次のように述べています。

> 世間の人はオランダ船の来航数を減らすことを問題視するが，反論の必要もない。今は年１艘《そう》になったが，１艘に渡《わた》すほどの銅もない。貿易額を半減させる政策を実施しなかったならば，どのようになるだろうか。恐ろしいことである。
>
> （『宇下人言《うげのひとこと》』より。わかりやすい言葉になおしてあります。）

幕府の指導者がこのような考えだったため，オランダの要望はすぐには認められませんが，結局ほぼ同じ頃に幕府は銅輸出の制限を大幅に緩《かん》和することになりました。

このように最も重要な輸出品だった銅の生産は，銅山がある地域に活気をもたらしました。銅の生産には，多くの人手が必要だったからです。その数は，例えば1769年の別子では約四千人にものぼっています。この人びとは採掘《くつ》，トンネルの整備，排《はい》水，銅鉱石を細かく砕《くだ》く作業，銅の製錬《れん》などいろいろな業務に従事しました。しかし活気をもたらす一方で，銅山は公害も生み出しました。小浜《おばま》藩が経営していた野尻《のじり》銅山では，煙《えん》害と銅山の廃《はい》水の影響で作物の生育不良や漁業の不漁がおきたこともあり，採掘を中止しました。やがて，別子銅山を経営していた住友が小浜藩の代わりとして再開を目指すのですが，地域の人びとの反応はさまざまでした。広い土地を持つ農民の反発が特に強かったといわれますが，土地をほとんど持たない農民やそ

図　別子銅山の坑《こう》内(トンネル内)の様子(江戸時代後期)(別子銅山記念出版会編『別子銅山図録』より)

黒丸の中と同じ道具です。
(『日本山海名物図会』より)

の他の人びとなど，銅山の再開を歓迎《かんげい》する人も少なくありませんでした。

幕末近くには，銅生産はさらに大きく落ち込みます。採掘をすすめるにつれさまざまな困難が浮《ふ》上し，当時の低い技術力では採掘できない状態になってきたからです。また次第に緊迫《きんぱく》する国内外の政治情勢の影響で，幕府や藩の関心が鉄に移った点も，要因として指摘されています。

しかし明治時代になると，貿易赤字に苦しむ新政府が鉱山の経営に力を入れたため，銅山は息を吹《ふ》き返します。政府は江戸幕府などから没《ぼっ》収して直接に経営していた鉱山に新技術を導入し，銅の増産を目指しました。その技術が1880年代に民間の鉱山にも広まって，銅の生産は急拡大します。一例をあげると，政府が経営していた阿仁銅山は，1885年に民間人に払い下げられましたが，これにより阿仁銅山の技術が，同じ人物が経営する足尾銅山にも導入され，大きな成果をあげました。具体的には岩を砕く「さく岩機」などがあります。増産された銅は，世界的に銅の需要が急増していたこともあり，重要な輸出品となりました。近代の大規模産業といえば綿紡《ぼう》績業ですが，銅は生糸や石炭と並んで，ある意味で，綿以上に重要な輸出品だったといえます。

第一次世界大戦頃には，国内の銅の需要も急増します。1909年からの10年間で，国内の銅需要は５倍になった一方で，17年からの５年間で，銅の生産は半減し，日本は銅の輸入国となりました。この頃は，世界的にも銅の生産が低迷した時期でしたが，銅の主要な生産国であるアメリカ合衆国は，より安価な銅の生産に努めます。やや遅《おく》れながらも，日本の銅山の経営者も銅を安く生産できるように努力しましたが，賃金の上昇《しょう》などによりその効果は限られ，国際的な競争力を回復することはできませんでした。国は，重要な物資である銅の国内生産を守るため，輸入する銅にかかる関税を引き上げて，日本の銅を生産する企《き》業が存続できるようにしました。

第二次世界大戦後も銅の生産は継《けい》続しますが，日本の銅生産を支えてきた別子銅山や足尾銅山も1973年には閉山を迎《むか》え，現在では商業的採掘を行っている銅山は国内にはありません。こんにち，銅製品の原料である銅鉱はもっぱら輸入に依《い》存しており，長い歴史を持つ日本国内の銅鉱業もその役割を終えていますが，私たちにとって銅というものはあいかわらず重要であり続けています。こうした銅の重要性についてあらためて考えることで，私たちの生活などを見つめ直すことも必要ではないでしょうか。

問１　別子，足尾，阿仁は，それぞれどこに位置しますか。右の地図から選び記号で答えなさい。

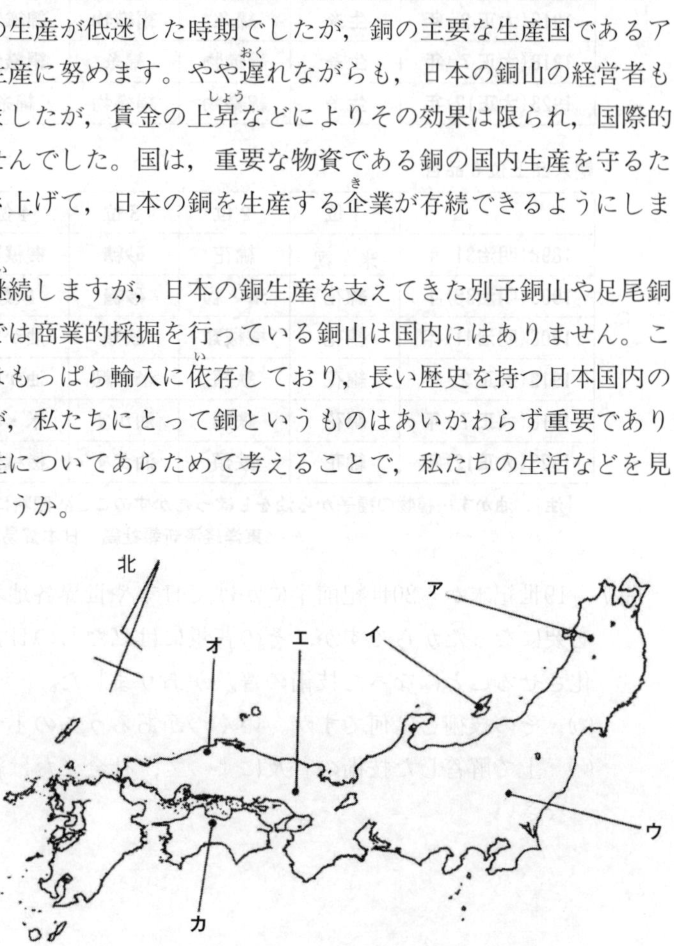

問２　干した海産物には，干しアワビ，フカヒレなどがありますが，輸出先の国を答えなさい。

問３　江戸時代の銅輸出について，以下の問いに答えなさい。

(あ)　松平定信は，貿易額を半減させなければどうなると心配していましたか。

(い) 18世紀末に，幕府がオランダの要望にそうかたちで銅輸出の拡大を認めたのは，なぜでしょうか。当時の日本に近づこうとしていたヨーロッパの国の名前をあげて答えなさい。

問４ 銅山の再開について，以下の問いに答えなさい。

(あ) 広い土地を持つ農民の反発が特に強かったのはなぜでしょうか。公害以外に理由として考えられることを書きなさい。

(い) 銅山の再開を「歓迎」した人びとが期待したのはどんなことでしょうか。

問５ 銅山をほりすすめていく上で，どのような技術的困難があったことが図からうかがえますか，問題文もよく読んで説明しなさい。

問６ 下の表は主要品目の輸出入額順位を示したものです。それを見て，輸出品の「銅・石炭・生糸」に共通し，「綿糸・綿織物」にはない利点とは何か，答えなさい。

表 主要輸出入品の上位６品目

輸出品上位６品目

	１位	２位	３位	４位	５位	６位
1898(明治31)年	生糸	綿糸	石炭	絹織物	茶	銅
1903(明治36)年	生糸	綿糸	絹織物	石炭	銅	茶
1908(明治41)年	生糸	絹織物	銅	綿糸	石炭	綿織物
1913(大正２)年	生糸	綿糸	絹織物	綿織物	銅	石炭
1918(大正７)年	生糸	綿織物	綿糸	絹織物	銅	石炭
1923(大正12)年	生糸	綿織物	絹織物	綿糸	石炭	茶

輸入品上位６品目

	１位	２位	３位	４位	５位	６位
1898(明治31)年	米・籾《もみ》	綿花	砂糖	機械類	鉄類	綿布
1903(明治36)年	綿花	米・籾	砂糖	鉄類	石油等	綿布
1908(明治41)年	綿花	機械類	鉄類	油かす	米・籾	砂糖
1913(大正２)年	綿花	鉄類	米・籾	油かす	機械類	砂糖
1918(大正７)年	綿花	鉄類	油かす	米・籾	機械類	砂糖
1923(大正12)年	綿花	鉄類	油かす	機械類	砂糖	小麦

[注] 油かす…植物の種子から油をしぼったかすのこと。肥料に用いる。

東洋経済新報社編『日本貿易精覧』(増補復刻版)より作成

問７ 19世紀末から20世紀前半にかけて日本や世界各地で銅の需要が増大したのは銅線が大量に必要になったからですが，その背景には私たちの日常生活をふくめた社会や経済を大きく変化させることになった技術の普《ふ》及がありました。

(あ) その技術とは何ですか。いくつかあるうちの１つを選んで書きなさい。

(い) 上で解答した技術の普及によって，社会または経済がどのように変化したのかを説明しなさい。

【理　科】（40分）〈満点：60点〉

1　２本の試験管を図のように組み立てて，水溶《よう》液の性質を調べます。

試験管Aに水溶液を入れ，ガラス管を通したゴム栓《せん》をして穏《おだ》やかに加熱します。試験管Bに液体を入れておき，試験管Aで発生した気体を通します。試験管A・Bに入れる液体を表のような①～⑤の組み合わせで実験をします。以下の問いに答えなさい。

	液体の組み合わせ		解答欄《らん》	
	試験管A	試験管B	問１	問２
①	アンモニア水	水		ア　イ　ウ　エ　オ　カ　キ
②	塩酸	食塩水		ア　イ　ウ　エ　オ　カ　キ
③	石灰水	炭酸水		ア　イ　ウ　エ　オ　カ　キ
④	食塩水	石灰水		ア　イ　ウ　エ　オ　カ　キ
⑤	炭酸水	塩酸		ア　イ　ウ　エ　オ　カ　キ

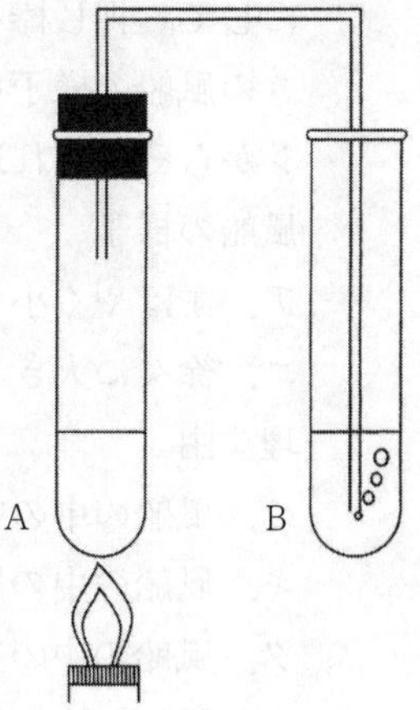

問１　液体がすべて蒸発するまで試験管Aを穏やかに加熱し，試験管が冷めた後で，ゴム栓をはずして水を入れました。加熱する前の水溶液を青色リトマス紙につけても色が変わらず，蒸発させた後に水を入れてできた液体を赤色リトマス紙につけても色が変わらないものはどれですか。表の①～⑤からすべて選び，解答欄《らん》に○をかき入れなさい。

問２　次のア～キは，試験管Aから発生した気体を通じた試験管Bの液体について述べたものです。表の①～⑤のそれぞれについて，当てはまるものをすべて選び，解答欄の記号を○で囲みなさい。

ア．Bの液体が白く濁《にご》った

イ．Bの液体の色に変化はなかった

ウ．Bの液体を赤色リトマス紙につけると青くなった

エ．Bの液体を青色リトマス紙につけると赤くなった

オ．Bの液体を赤色リトマス紙につけても青色リトマス紙につけても色は変わらなかった

カ．Bの液体をすべて蒸発させると白い粒《つぶ》が残った

キ．Bの液体をすべて蒸発させると何も残らなかった

2　右図のような空気でっぽうを作って，いろいろ試してみました。空気でっぽうから空気は漏《も》れないこととします。

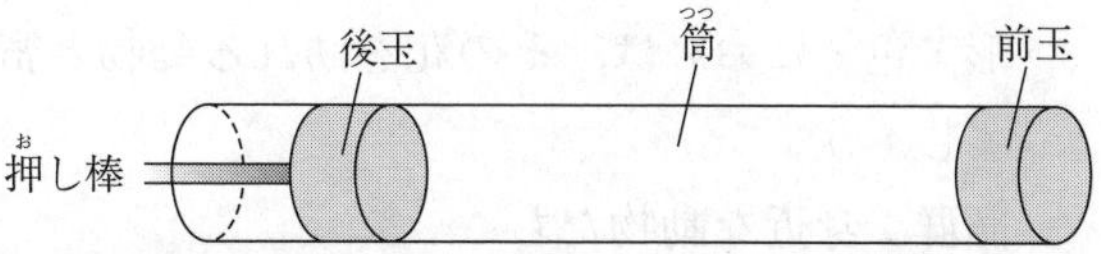

問１　押《お》し棒を押す速さを変えて試したところ，速く押すほど手応《ごた》えが大きくなって前玉がよく飛びました。そうなる理由を説明した次の文章の空欄《らん》に，ア～ケからふさわしいものを選び記号を書きなさい。同じ記号を選んではいけません。

『手応えが大きいほど［　　　　］。その結果，空気が［　　　　］，前玉が飛び出した後に［　　　　］，という２つの理由でよく飛んだ。』

ア．押し棒を押す力が強い　　イ．筒《つつ》から出る空気の量が多い

ウ．後玉が前玉を押す　　エ．押し棒の力が直接前玉に伝わる

オ．空気がより縮まない　　　　　カ．押し棒を速く押す
キ．後玉よりも前玉を強く押す　ク．空気がより縮む
ケ．前玉を押す力が大きい

問２　空気で膨《ふく》らませた小さなゴム風船を空気でっぽうの中に入れ，前玉を押さえて飛ばないようにして，押し棒をゆっくり押しました。このときの風船の様子をア～オ，そうなる理由をカ～シからそれぞれ選び，記号を○で囲みなさい。

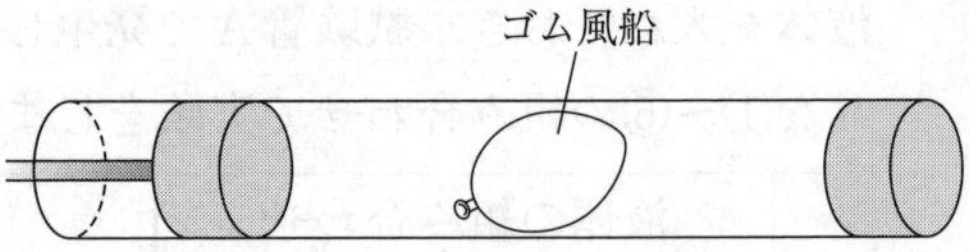

風船の様子
ア．すばやく小さくなる　　イ．徐々《じょじょ》に小さくなる　　ウ．そのまま変わらない
エ．徐々に大きくなる　　　オ．すばやく大きくなる

理　由
カ．風船の中の空気が徐々に少なくなるから
キ．風船の中の空気がすぐに多くなるから
ク．風船の中の空気の温度が徐々に下がるから
ケ．風船の中の空気の温度が徐々に上がるから
コ．風船の中の空気が徐々に縮むから
サ．風船の中の空気がすぐに膨らむから
シ．風船の中の空気は影響《えいきょう》を受けないから

問３　前玉と後玉の真ん中にスムーズに動く中玉を入れ，玉の間の一方を水で満たします。次のAとBとでは，同じように押し棒を押しても前玉の動き方に違《ちが》いが現れます。この違いと，そうなる理由を書きなさい。

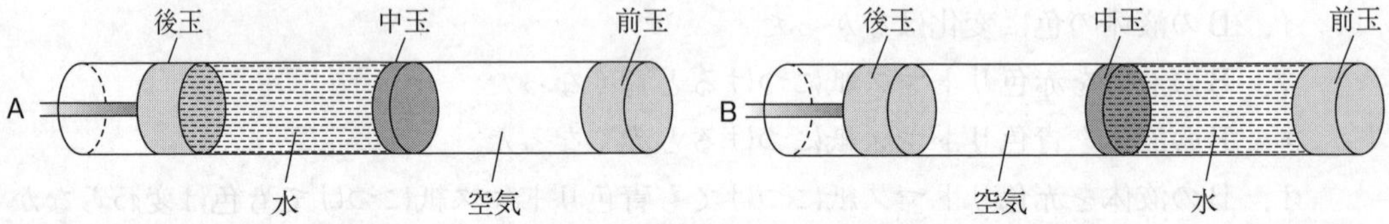

3　花を咲《さ》かせる植物は現在地球上に26万種が知られ，植物の中で最も繁《はん》栄しています。花を咲かせる植物がこのように多様化したのは，動物，特に昆《こん》虫のおかげといわれています。花の形・色・においは，その花を訪れる動物と密接な関係があるのです。これらについて考えてみましょう。

語群：身近な動物たち

あ．アキアカネ	い．ナメクジ	う．ナナホシテントウ
え．シマハナアブ	お．ショウリョウバッタ	か．ジョロウグモ
き．メジロ	く．コクワガタ	け．アブラゼミ
こ．モンシロチョウ	さ．ダンゴムシ	し．オオカマキリ
す．トラマルハナバチ		

問１　花に蜜《みつ》を求めてよくやって来る動物を上の語群の中から４つ選び，次の解答欄《らん》にある記号

を○で囲みなさい。

あ	い	う	え	お	か	き	く	け	こ	さ	し	す

問２　上の語群の中で昆虫ではないものをすべて選び，次の解答欄にある記号を○で囲みなさい。

あ	い	う	え	お	か	き	く	け	こ	さ	し	す

問３　ツリフネソウ（ホウセンカの仲間）の花は袋《ふくろ》状でその名の通り吊《つ》り下がって咲きます（図１）。このためチョウの仲間はこの花に止まりにくく，ほとんど来ません。しかし，チョウのように巻いた口を持つホシホウジャク（スズメガの仲間）は，ホバリング（空中静止）ができるため，ツリフネソウにとって都合のよい訪問者ではありません。図２を見ながら，その理由を答えなさい。

図１　ツリフネソウ

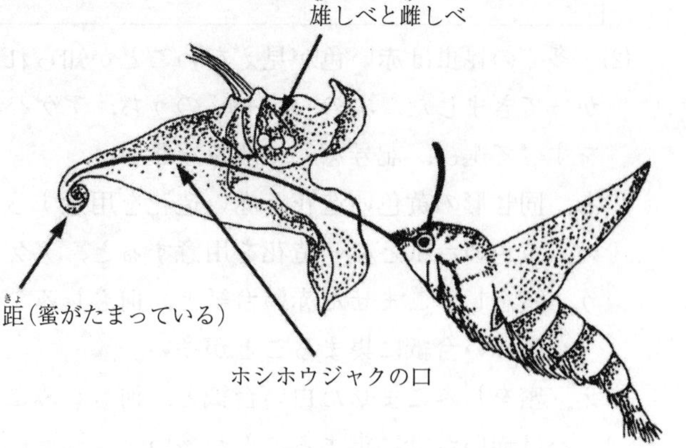

図２　ホバリングするホシホウジャクと
ツリフネソウの花の中の様子

問４　下の図は「レーダーチャート」というグラフです。５種類の昆《こん》虫について，どのような色の花を好むか調べた結果をまとめています。たとえば，コアオハナムグリ（コガネムシの仲間）は，黄や紫《むらさき》の花に比べて，白，緑，赤の花を好み，特に白い花を好む傾《けい》向があることが読み取れます。これらのグラフをよく見て，以下の問いに答えなさい。

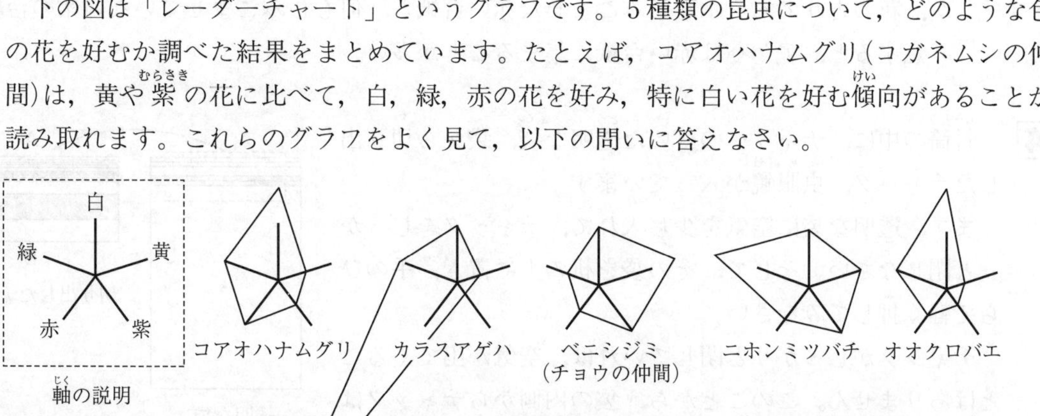

出典：田中肇《はじめ》，2001『花と昆虫，不思議なだましあい発見記』講談社

(1)　冬から早春に飛び回る昆虫に小さなアブやハエの仲間が知られ，陽《ひ》の当たる場所に止まっているのをよく見かけます。冬から早春に花をつけるとしたら，どのような形と色の組み合わせが植物にとって都合がよいでしょうか。次のＡ～Ｄに示す花の形と，花の色の組

み合わせの中から，最もよいものを１つ選び○で囲みなさい。

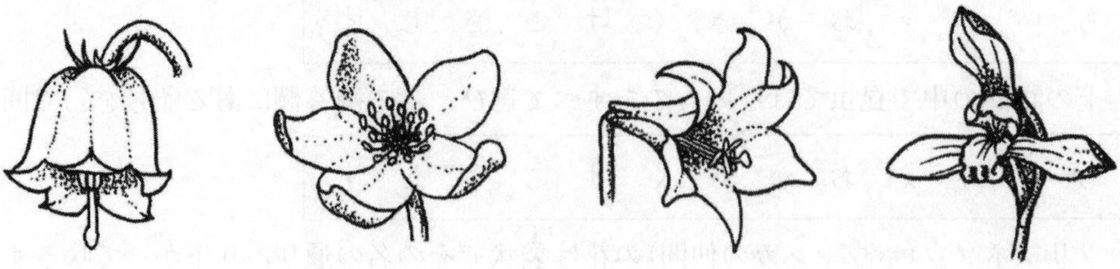

A　　　B　　　C　　　D

花の形と色の組み合わせ

A—黄	A—紫	A—緑	B—白	B—黄	B—赤
C—白	C—黄	C—紫	D—白	D—赤	D—緑

(2)　多くの昆虫は赤い色が見えないことが知られていますが，アゲハの仲間は違《ちが》うことが分かってきました。次の あ～か のうち，アゲハの仲間が赤い色を好んでいると言えるものをすべて選び，記号を○で囲みなさい。

あ．同じ形の黄色い造花と赤い造花を用意すると，アゲハは赤い造花に集まることが多い。

い．黄色い台紙と赤い造花を用意すると，アゲハは赤い造花に集まることが多い。

う．蜜をしみこませた赤い台紙と，何もしみこませていない白い台紙を用意すると，アゲハは赤い台紙に集まることが多い。

え．蜜をしみこませた白い台紙と，何もしみこませていない赤い台紙を用意すると，アゲハは赤い台紙に集まることが多い。

お．花の香《かお》りのする水をしみこませた黄色の台紙と，何もしみこませていない赤い台紙を用意すると，アゲハは赤い台紙に集まることが多い。

か．花の香りのする水をしみこませた赤い台紙と，何もしみこませていない紫の台紙を用意すると，アゲハは赤い台紙に集まることが多い。

4　封筒《ふうとう》の中に，チャックの付いた透《とう》明な袋《ふくろ》，袋から切り出したチャック，虫眼鏡《めがね》が入っています。

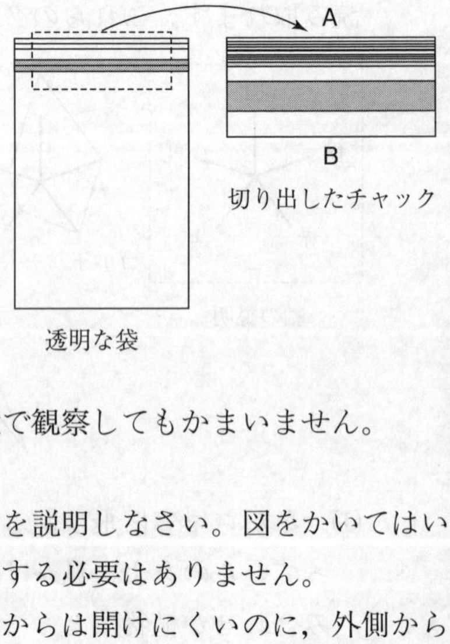

まず，透明な袋に空気を少し入れて，チャックをしっかりと閉じなさい。そして，その袋を机の上に置き，手のひらで軽く押《お》してみなさい。

チャックがしっかりと閉じていれば，空気が出てくることはありません。このことから，袋の内側からチャックは開かないことが分かります。チャックを開けたり閉じたりして，チャックの仕組みについて考えてみましょう。虫眼鏡で観察してもかまいません。

(試験が終わったら，すべて封筒に入れて持ち帰りなさい。)

問１　開いているチャックが，どのような仕組みで閉じるのかを説明しなさい。図をかいてはいけません。ただし，チャックが自然に開かない理由を説明する必要はありません。

問２　切り出したチャック(図の点線部分)を使って，袋の内側からは開けにくいのに，外側からは簡単に開くことを確かめなさい。図のA側(袋の外側)から開けるときと，B側(袋の内側)から開けるときとで，開けやすさに違《ちが》いがあるのはなぜですか。その理由を仕組みが分かるように説明しなさい。図をかいてもかまいません。

《配られた封筒の中に入っていたものの写真》

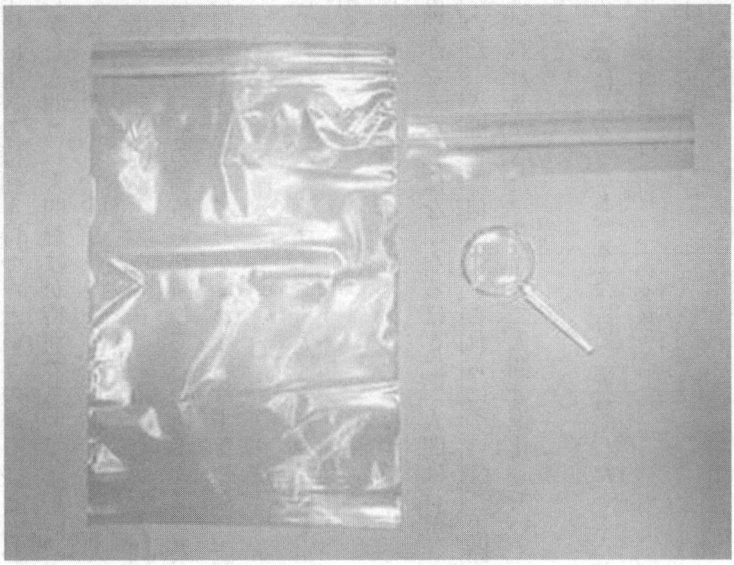

う」とも言われる。だから基本理念としては「世の中に存在するすべての生き物は平等に生きる権利を持つ」というのがもっともわかりやすいはずだ。しかし人間は、人間だけが特別であってほしい、ロボットより優秀だとどこかで思っている。実際には人間は、今や大半の仕事で、ロボットよりも能力的に劣《おと》った存在である。だが、人間が動物に対して必ずしも能力でその価値を判断していないように、人間もペットの犬や猫と同じように生きてもかまわないはずなのだ。能力がロボットに及ばずとも、生きられるにきまっている。しかし、「人間こそが最高の存在である」という＊ロイヤリティを失ってしまうことに、多くの人は恐怖《きょうふ》を感じる。

僕は人間とロボット、人間と動物の区別はなくなっていっていいと思っている。区別がなくなればなくなるほどに、人間はロボットと本質的に何が違うのか、人間とは何か？　これらについて、退路を断った深い考察が進められるからだ。そうして人間は進化していくものなのだと、僕は考えている。

（石黒《いしぐろ》浩《ひろし》の文章による。なお、本文には一部省略したところがある）

（注）＊Excel《エクセル》…表計算ソフトウェアの名称。
＊トレード…取り引き。
＊シンギュラリティ…技術的特異点。
＊カテゴリ…分類。
＊タスク…やるべき仕事。
＊ライン…工場の流れ作業の現場。
＊ロイヤリティ…特権。

問一　「それらの技術とアンドロイドは何が違うのか」とあるが、
(1)　「それらの技術」と「アンドロイド」とはどのようなところが共通していますか。
(2)　「それらの技術」と「アンドロイド」とはどのようなところが違うのですか。

問二　本文中のⓐ～ⓒの言葉について、それぞれ対義語を漢字で書きなさい。
ⓐ　直接的↔□□的　ⓑ　絶対的↔□□的
ⓒ　上昇《じょうしょう》↔□□

問三　「命に色をつけている」とあるが、ここではどのようなことをいうのですか。わかりやすく説明しなさい。

問四　「技術とは、人間独自の進化の方法だとも言える」とあるが、「人間独自の進化の方法」とは、どのようなものですか。三行以内で説明しなさい。ただし、一行の枠内《わくない》に二行以上書いたり、枠をはみ出して書いたりしてはいけません。

問五　本文中の空欄《くうらん》A～Eを埋《う》めるのに最もふさわしい言葉を次の(ア)～(オ)の中から一つずつ選び、記号で答えなさい。ただし、各記号は一度しか使えないものとします。
(ア)　では　(イ)　しかし　(ウ)　だから
(エ)　それとも　(オ)　たとえば

問六　「人間はロボットと本質的に何が違うのか、人間とは何か？　これらについて、退路を断った深い考察が進められるからだ」とあるが、
(1)　「退路を断つ」とは、この場合どういうことですか。それを説明した次の文の空欄を埋めるのに最もふさわしい一節を★印の段落（「人間は、技術によって進化してきた。……多くの人は恐怖《きょうふ》を感じる。」）の中から十三字で抜き出しなさい。（句読点なども一字に数えます。）
(2)　(1)の答えのような態度をとると、なぜ人間が進化していくことになると筆者は考えているのですか。

問七　文章中の**カタカナ**を漢字に、**漢字**をひらがなに直しなさい。

間はロボットより偉《えら》いことにしておいてください」と潜在的《せんざいてき》に思っている。そうやって「そもそも人間がロボットより優位である」ということにしておかなければ、個別の＊タスクで比べられると、人間はすでに機械に勝てない。［Ａ］、どれだけ速く計算できるか、たくさん記憶《きおく》できるか、正確にものを組み立てられるか、どれだけクイズに強いか、どれだけ早く株をトレードできるか、どれだけチェスが強いか……。やるべき作業が明確に定義できる仕事は、ほぼすべて機械が勝つ。

二〇〇九年にアメリカの巨大メーカー、ＩＢＭのコンピュータプログラムである「ワトソン」がクイズ番組に出演し、人間のクイズチャンピオンに勝った。ふつう、クイズでは答えを「考える」と言うし、見ている側も一緒《いっしょ》に「考えている」はずである。ところが、クイズで人類はコンピュータに負けた。「考える」という行為《こうい》が人間にしかできない、人間だからこそできることだとすると、プログラムのワトソンは人間になったのか。［Ｂ］クイズにおける「考える」という行為は、「考える」ということではないのか。

人間がしている「考える」という行為を細かく定義し、個別の作業に分解していくと、ほとんどのことは簡単にコンピュータに置き換えられる。おそらく「考える」という言葉が差し示している作業の大半は、それ自体はさほど人間らしいことではない。むしろ人間らしいのは、「考える」という言葉の中身を理解しないままに、その曖昧な言葉を使うこと、使えてしまうことである。

曖昧なまま作業をしている例として、複雑な文章を構成したり、言葉をやりとりしたり、解釈《かいしゃく》をするといった仕事がある。こうした曖昧で、タスクの定義がきれいにできていない領域では、ロボットはまだ人間に勝てない。タスクの定義ができないものを、プログラムすることはできない(＝コンピュータに行わせることはできない)のだ。ほかにもたとえば、医者の仕事のなかでも、最先端《さいせんたん》で複雑すぎるもの、まだ研究途上《とじょう》であって何が正しいのか明確に言い切れないものは作業の定義のしようがないから、コンピュータが代替《だいたい》することは難しいだろう。「風邪《かぜ》を治す」こともそうだ。人間が風邪をひくメカニズムは明確にはわかっておらず、どうやって治るのかもはっきりとはわかっていない。［Ｃ］いまは人間が適当に薬を出し、「これで様子を見ましょう」と言っているだけだ。コンピュータにもそれぐらいのことはできるかもしれないが、医者と違ってロボットに「責任を取らせる」しくみがないことも、また問題である。

［Ｄ］、定義可能な作業においては、ほとんどすべてロボットが勝つ。加工食品に対する異物混入が問題になったことは記憶に新しいが、本当はロボットに作らせたほうが生産性は高く、ミスも起こらない。しかし現状では日本産の高級なロボットよりも中国やタイで人間が＊ラインに立ってつくった方が安い。コストを考えた結果、異物混入やいい加減な作業をする可能性があっても、人間の手によって海外の工場で生産しましょう、と意思決定しているだけなのである。

ここまで言っても「自分たち人間はロボット以下である」、少なくとも「ロボット以下である場合がある」と認めたくないひともいるかもしれない。

［Ｅ］問いを逆転させてみてはどうか。

「なぜ人間はロボットより優れていなければいけないのか？」

僕にはこの答えがわからない。

★人間は、技術によって進化してきた。つまり本来、人間とは、自らがつくってきた機械やロボットも含《ふく》めて人間なのだ。それでも、あとからやってきたロボットよりも自分の能力が劣っていると言われると、拒絶《きょぜつ》したくなる。人間の方が優れているのだと言ってほしいと思う。われわれは「人を差別するな」と言われるし「動物を大事にしよも優秀だ。**アイチャク**を抱くかどうかで言っても、ルンバが壊《こわ》れるとペットが死んだかのようにひどく悲しむ人間がすでにいることを思えば、ロボットと動物には差がない。

ロボットの存在は、ロボットと人間の境界とは何なのかという問いのみならず、人間と動物との違いとはなんなのかという問いも、われわれに突きつけている。

技術とは人間にとって何なのか、を別の視点から考えてみよう。

技術とは、動物と人間との違いである。古来、火を使うようになったことで、人間は動物から人間になった。人間から技術を抜《ぬ》き去ってしまったら、人間は人間でいられるか。人間社会から完全に技術を排《はい》除《じょ》したら、おそらく人間はサル同然になる。人間は、道具を使うことで急速に文明を進歩させてきた。本来、技術とは切り離せないのが人間なのである。技術こそが、ひとと動物との差を明確にしている。

技術とは、人間独自の進化の方法だとも言える。動物は道具が使えない。そのかわり、遺伝子《いでんし》を変化させることで環境《かんきょう》に対応する。ウイルスや単細胞《たんさいぼう》生物であればなおさら簡単に遺伝子を変え、すばやく環境に適応していく。しかし複雑な生物ほど、遺伝子を変える変化の速度は遅《おそ》くなる。

そこで人間は、技術を使った。機械や道具を用いることで、生物としての肉体の限界を取りはらい、進化することに成功したのだ。飛行機に乗れば、ひとは、鳥にも不可能な速度で空を飛べる。肉体的な限界をのりこえただけではない。情報処理やコミュニケーションの能力も同様である。たとえば、遠く離《はな》れた誰《だれ》かと電話で瞬時《しゅんじ》にしゃべれる動物など、人間以外にはいない。人間は鳥や動物より速く移動できるし、何者よりも早くコミュニケーションできる。

すぐれた技術を作るには、客観視する能力が必要である。主観だけでは、まともな機械は作れない。機械の設計をし、部品を組み上げるには、その前提として、ものごとを客観的に観察しながら、そこにある法則を見つけ出す能力がなければいけない。科学とは、簡単にいえば世の中で起こっている客観的な現象に法則を見つけ出すことであり、技術とは、そこから再現性のあるものを作る**イトナ**みである。人間は、自分のことも、世の中のことも客観視できる。それが科学を生む大きな原動力になってきた。科学技術を進化させるためにもっとも重要なことは、物理現象の法則を見つけ、それを組み合わせることだ。それが可能になったのは、人間にこの大きな脳があったからである。脳が技術を進歩させてきた。

そして人間を進化させる技術のもっとも極端《きょくたん》なかたちが、ロボットなのだ。人間の能力を置き換え、能力の限界を乗り越《こ》えるための手段が技術であり、機械である。人間と機械とは、その成り立ちから言って、切り離せない関係なのである。にもかかわらず、もっとも進化した機械であるロボットと自分を比べ、取って代わられることにおびえる。奇妙《きみょう》な感じがしないだろうか?

ひとは、なぜロボットと人間を比べるのか。僕の考えはこうだ。もはやロボットが人間そのものに近づきつつあるから——言いかえれば、人の定義が見え隠《かく》れしだしているからである。「人とは何か」の本質がそこにあるという直感が、否応《いやおう》なくひとをロボットに惹《ひ》きつけ、また逆に、脅威《きょうい》として畏《おそ》れさせる理由の根源にあるのだ。

僕たちはこれまで「人間の下に機械がある」という階層構造を信じてきた。だがここまで機械が発達し、ロボットが進化してくると、本当にそうなのかが、あやしくなってくる。

多くの人は「人間という＊カテゴリに自分を入れてください」「人

つまり日本では、自動車社会の利便性は、一年あたり五〇〇〇人ていどの命とひきかえにもたらされていることになる。このように、技術と人命とは、天秤《てんびん》にかけられているのだ。道徳の教科書やテレビの安いドキュメンタリーで語られているように「ひとの命には無限の価値がある」わけではない。

たとえば原子力発電所は、東日本大震災《だいしんさい》で約二万人が亡くなったことによって停止した。実際には東北での死者の大半は津波によるものであり、原発事故で亡くなった方は限りなく少ないが、いずれにしても人の命と利便性を比較して、技術を使うかどうか検討していることには変わりない。世界中で、そういった実例は見いだせる。南アフリカのある国では、自動車事故でひとを殺してしまっても、日本円に換《かん》算《さん》しておおよそ二〇万円払《はら》えば、その場で手を打てる。懲役刑《ちょうえきけい》になることもない。これが現実である。

「人間の命にはⓑ絶対的な価値がある」という建前と**ウラハラ**に、実際には、ひとびとは技術がもたらす恩恵《おんけい》と人間の命を＊トレードしている。技術の価値も、人間の生命の価値も有限であり、定量的に測ることもできる。

そして技術は、どんどん進歩していく。これは「技術がもたらす価値はⓒ上昇《じょうしょう》し続ける」ということを意味する。地球上に存在するすべての技術が生み出す価値は、全人類が生み出す価値を上回る可能性もある――現にそうなっているかもしれない。

人間の価値は定量的に表せる、と言ったが、しかしここでもやはり本当は「人とは何か」という人間の定義が問題となることを、忘れてはならない。

たとえばアメリカの発明家レイ・カーツワイルは「二〇四五年には人工知能は＊シンギュラリティを超《こ》える」――技術的特異点を超えて人類以上の知性になると言っている。僕にも「あれは本当なのか」と聞いてくるひとがいる。僕に言わせれば「人間」の定義がはっきりしていないのに、シンギュラリティもへったくれもない。

「人間の知能」と言っても、その幅《はば》は広い。すでに人工知能によって超えられている部分もあるだろう。もちろん現段階では超えていないのがほとんどだ。「人間の定義をしてください。ならばその価値について答えます。それがロボットに実現可能でありそうか答えます」としか僕は言えない。カーツワイルが言うような定義不能な曖昧《あいまい》な問題に対して「あと何年で到達《とうたつ》する」などとは言えないのだ。

「ロボットは、人間よりも価値のある存在である」

こんなふうに言うと、技術とひとの命を比べるのはけしからん、機能や貨幣《かへい》に置き換えられる価値で人間の価値を測るな、と思うかもしれない。

であれば、人間と別の動物と比べてみてはどうか。「命を大事にしましょう」と言うのなら、人間の命を何よりも**尊**いものだとする理由はなんだろうか。犬やネコの命も大事にすべきではないか。何の根拠《こんきょ》があって、命に色をつけているのか。命を大事にするのであれば、人間とそれ以外の動物、あるいはそういったものを区別する理由はどこにあるのか。僕には、犬や猫《ねこ》の価値や生きる権利と、人間が生きる権利の差は、現代社会においては**チヂ**まっているように思える。

なぜなら人間が行う仕事の大半は、技術に置き換えられてしまっている。その流れは止まらない。技術ができること以外に人間がしていることの多く――食事や睡眠《すいみん》、生殖《せいしょく》活動などは、ほかの動物もしていることにすぎない。

こんどは、ロボットと動物を比べてみよう。犬や猫とロボットでは、どちらが優れているだろうか。「役に立つ」という意味では、お掃除《そうじ》ロボットの「ルンバ」の方が犬や猫より優秀《ゆうしゅう》だろう。人間と比べて

二〇一八年度　武蔵中学校

【国　語】（五〇分）〈満点：一〇〇点〉

次の文章を読んであとの質問に答えなさい。

（注）筆者は、世界最先端のアンドロイド（ヒト型ロボット）を開発し、世に送り出している研究者である。

ロボットは人間の活動を助け、人を感動させ、人よりも優《すぐ》れた能力を**ハッキ**する。

では人間は不要になっていくのか。

「ロボットが人間の仕事を奪《うば》う」「人間はロボットに支配される」といったタイトルの本や記事が、近年では少なくない。近い将来、ロボットに、とくにヒト型ロボットに仕事が取って代わられることに対して、ひとびとは強い恐怖を感じているように思う。

しかし考えてみてほしい。

これまでもさまざまな機械が、人の仕事に取って代わってきたではないか。

たとえば荷物を運ぶ仕事は、電車や飛行機、フォークリフトやダンプカーを使って行われるのが当たり前になった。計算は電卓《でんたく》や*Excel《エクセル》にやらせるものになったし、世の中の家電の大半は、おおむかしなら奴隷《どれい》が行っていた仕事を代わりにやらせているようなものだ。

であれば、なぜひとはロボットが人間の領域に踏《ふ》みこんでくることに、おそれを抱《いだ》くのか。

その前に考えなければいけないのは、そもそも「技術」とは何か、ということである。人間の能力、ひとがやってきた仕事を機械に置き換《か》えるのが「技術」、テクノロジーの本質である。人間の手でやるにはめんどうくさいこと、時間がかかること、努力しなければいけないことを代わりに機械にやらせているわけだ。つまり、人間の能力から発想を得て技術や機械はつくられている。たとえ自動車やスマートフォンであっても、それらが人間のしてきた仕事を置き換えていることには違《ちが》いない。

では、それらの技術とアンドロイドは何が違うのか。どうして人はアンドロイドに「負ける」などと抵抗《ていこう》を感じるのか。

ロボットが、人間の姿かたちをしているからだ。自動車や電化製品は形状から言っても「人間を助けるもの」であって「人間の役割を置き換えてしまうもの」には見えにくい。人間と姿かたちが近いがゆえに、ひとびとは、自分の価値とロボットの価値を暗黙的《あんもくてき》に比べてしまう。

僕《ぼく》のチームが開発してきたジェミノイドや、接客をするアンドロイド「ミナミ」などは、この度合いが顕著《けんちょ》である。さらには、人間にしか不可能であると思われていた知的活動――思考や心のありよう、言葉を使ったコミュニケーション、芸術活動までがもはや実現しかけている。ゆえにロボットを見た者は、ⓐ直接的に「ロボットが人間に置き換わる」ことを連想し、人間からなにかが奪われるような感覚をおぼえるのだろう。

では人間の価値について、われわれの社会はどのように捉《とら》えているか。

日本の交通事故死者数は二〇一四年は四一一三人、一三年は四三七三人、一二年は四四一一人である。毎年おおよそ四〇〇〇人から五〇〇〇人が亡くなっているにもかかわらず、ひとびとは自動車を使い続ける。

2018年度

武蔵中学校 ▶解説と解答

算数 (50分) ＜満点：100点＞

解答

[1] (1) 150 g (2) $\frac{5}{14}$倍 [2] **列車の速さ**…毎秒 6 cm, **列車 1 両の長さ**… 9 cm, **コースの全長**…288cm [3] (1) **A**…60円, **B**…100円 (2) 8 個 [4] (1) (119→)40→41→14→ 5 (2) 7, 9, 23, 29, 31, 95 (3) ① 6, 7 回 ② 42, 13回

解説

[1] 濃度《のうど》，相似，辺の比と面積の比

(1) 9 %の食塩水に 5 %の食塩水を200 g 加えたときのようすを表すと，右の図 1 のようになる(9 %の食塩水の重さが□ g)。図 1 で，□×(9 −5.8)＝200×(5.8− 5)という関係があるから，□×3.2＝160より，□＝160÷3.2＝50(g)と求められる。よって， 3 %の食塩水から水を蒸発させて， 9 %の食塩水が50 g できたことになる。また，水を蒸発させても食塩の重さは変わらないので，この食塩水にふくまれている食塩の重さは，50×0.09＝4.5(g)とわかる。したがって，最初の食塩水の重さを△ g とすると，△×0.03＝4.5(g)と表すことができるから，△＝4.5÷0.03＝150(g)となる。

図 1

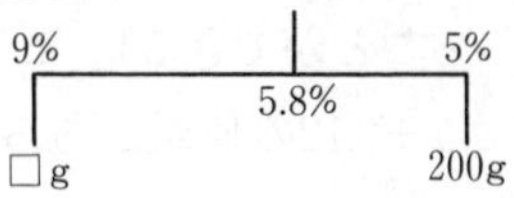

(2) 右の図 2 のように，ABの長さを 3 ，BCの長さを 5 とする。また，BAとCDを延長して交わる点をGとする。このとき，角GADの大きさは，180−120＝60(度)であり，ADとBCが平行なので，角GDAの大きさも60度になる。よって，三角形GADは正三角形だから，三角形GBCも正三角形となり，GA(＝AD)の長さは， 5 − 3 ＝ 2 とわかる。次に，DAとCEを延長して交わる点をHとすると，三角形AHEと三角形BCEは相似であり，相似比は 3 ： 5 なので，HAの長さは， $5\times\frac{3}{5}=3$ となる。すると，HDの長さは， 3 ＋ 2 ＝ 5 になるから，三角形HFDと三角形CFBは合同であり，DFとBFの長さは等しいことがわかる。したがって，台形ABCDの面積を 1 とすると，三角形DBCの面積は， $1\times\frac{5}{2+5}=\frac{5}{7}$，三角形CDFの面積は， $\frac{5}{7}\times\frac{1}{1+1}=\frac{5}{14}$ となるので，三角形CDFの面積は台形ABCDの面積の， $\frac{5}{14}\div1=\frac{5}{14}$(倍)と求められる。

図 2

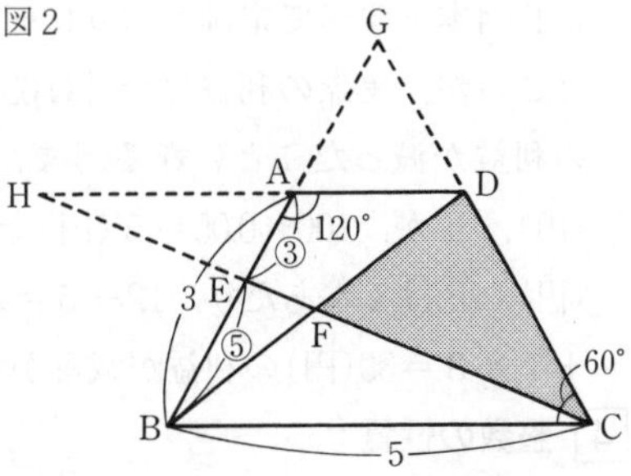

[2] 通過算

3 両で走る場合，見える時間は41秒，見えない時間は 7 秒だから， 1 周するのにかかる時間は，41＋ 7 ＝48(秒)になる。これは 5 両で走る場合も同じなので， 5 両で走る場合に見えない時間は，48−44＝ 4 (秒)になる。よって，下の図のように表すことができるから， 5 − 3 ＝ 2 (両分)の長さ

を走るのにかかる時間が，7－4＝3(秒)とわかる。すると，1両分の長さを走るのにかかる時間は，3÷2＝1.5(秒)となるので，3両分の長さを走るのにかかる時間(図の点線部分を走るのにかかる時間)は，1.5×3＝4.5(秒)とわかる。したがって，69cmを走るのにかかる時間が，4.5＋7＝11.5(秒)だから，列車の速さは毎秒，69÷11.5＝6(cm)と求められる。また，このことから，列車1両の長さは，6×1.5＝9(cm)とわかる。さらに，コースを1周するのに48秒かかるので，コースの全長は，6×48＝288(cm)となる(なお，連結部分の長さは考えないものとする)。

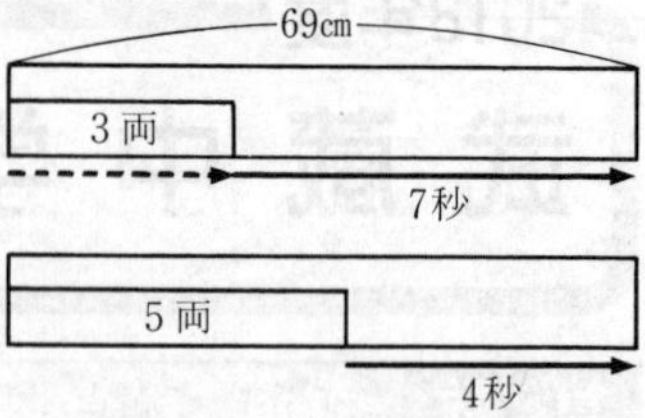

3 つるかめ算，売買損益

⑴　A，Bの1本あたりの利益をそれぞれa円，b円とすると，a×14＋b×6＝198と表すことができる。等号の両側を2で割ると，a×7＋b×3＝99となるから，考えられる(a，b)の組は右の表のようになる(1組見つかれば，aを3ふやし，bを7減らすことによって，次々と見つけることができる)。ここで，aはAの原価の0.15倍であり，bはBの原価の0.12倍なので，a÷0.15，b÷0.12の値がどちらも整数になる必要がある。また，$a\div0.15=a\div\frac{3}{20}=a\times\frac{20}{3}$だから，$a$÷0.15の値が整数になるのは，$a$が3の倍数のときとわかる。同様に，$b\div0.12=b\div\frac{3}{25}=b\times\frac{25}{3}$なので，$b$÷0.12の値が整数になるのは，$b$が3の倍数のときとわかる。よって，条件に合うのは(a，b)がともに3の倍数の場合だから，表より，(9，12)とわかる。したがって，Aの1本あたりの原価は，9÷0.15＝60(円)，Bの1本あたりの原価は，12÷0.12＝100(円)である。

＋3　＋3　＋3　＋3

a	0	3	6	9	12
b	33	26	19	12	5

－7　－7　－7　－7

⑵　定価で売るとき，Aの1本あたりの利益は9円，Bの1本あたりの利益は12円なので，A47本とB44本をすべて定価どおりに売ったとすると，利益の合計は，9×47＋12×44＝951(円)となる。ところが，実際の利益の合計は639円だから，福袋《ふくぶくろ》にして売ることによって，951－639＝312(円)の利益が減ったことになる。また，福袋にしたときの1本あたりの利益は，Aが，60×0.05＝3(円)，Bが，100×0.05＝5(円)なので，福袋にすることによって，Aは1本あたり，9－3＝6(円)，Bは1本あたり，12－5＝7(円)の利益が減ることになる。よって，福袋1個では，6×3＋7×3＝39(円)の利益が減るから，福袋で売ったのは，312÷39＝8(個)と求められる。

4 整数の性質

⑴　119÷3＝39余り2より，119を3で割ったときの余りは2だから，操作㋐を行って，(119＋1)÷3＝40となる。また，40÷3＝13余り1より，40を3で割ったときの余りは2ではないので，操作㋑を行って，40＋1＝41となる。同様に，41÷3＝13余り2より，操作㋐を行って，(41＋1)÷3＝14となり，14÷3＝4余り2より，操作㋐を行って，(14＋1)÷3＝5となる。よって，右上の図1のようになる。

図1

119→40→41→14→5
　　㋐　㋑　㋐　㋐

図2

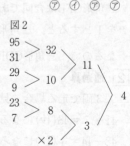

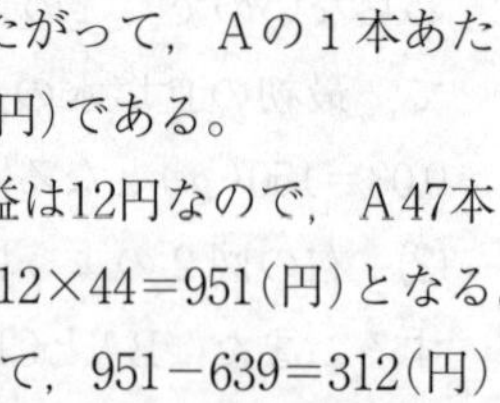

⑵　右の図2のように，4から順番にもどしていく。このとき，操作㋐を行った場合は「3をかけてから1をひく」という計算をし，操作㋑を行った場合は「1をひく」という計算をする。ただし，操作㋑の場合，

もどした数が3で割ると2余る数になる可能性があるから，その数は除く必要がある(操作㋐の場合は，もどした数は必ず3で割ると2余る数になる)。よって，図2のようになるので，Pにあてはまる数を小さい方から順に並べると{7，9，23，29，31，95}となる。

(3)　①　3で割り切れる数は，$3\times N$と表すことができる(ただし，Nは整数)。これに操作㋑を行うと，$3\times N+1$となる。これは3で割ると1余る数だから，これに再び操作㋑を行うと，$3\times N+2$となる。これは3で割ると2余る数なので，操作㋐を行うと，$(3\times N+2+1)\div 3=(3\times N+3)\div 3=N+1$となる。$3\times N+1$(3で割ると1余る数)，$3\times N+2$(3で割ると2余る数)にも同様のことを行うと下の図3のようになるから，Ⅰは3回，Ⅱは2回，Ⅲは1回の操作で，どれも$(N+1)$になることがわかる。よって，1になるまでの回数が最も多いのはⅠ(3で割り切れる数)の場合なので，{3，6，9}だけを調べると下の図4のようになる。したがって，最も多いのは6で，7回の操作が必要である。　**②**　1になるまでの回数が最も多いのは，図3のⅠで，$N+1$の値が再び3の倍数になる場合である。そこで，$N+1=3\times M$(ただし，Mは整数)とおくと，$N=3\times M-1$となるから，$3\times N=3\times(3\times M-1)=9\times M-3$と表すことができる。この式の$M$に整数をあてはめると{6，15，24，33，42}となるので，この5つだけを調べると下の図5のようになる。よって，最も多いのは42で，13回の操作が必要である。

図3

Ⅰ　$3\times N \rightarrow 3\times N+1 \rightarrow 3\times N+2 \rightarrow N+1$
Ⅱ　$3\times N+1 \rightarrow 3\times N+2 \rightarrow N+1$
Ⅲ　$3\times N+2 \rightarrow N+1$

図4

3→4→5→2→1
6→7→8→3→4→5→2→1
9→10→11→4→5→2→1

図5

6→7→8→3→4→5→2→1
15→16→17→6→7→8→3→4→5→2→1
24→25→26→9→10→11→4→5→2→1
33→34→35→12→13→14→5→2→1
42→43→44→15→16→17→6→7→8→3→4→5→2→1

社　会　(40分)　＜満点：60点＞

解　答

問1　**別子**　カ　**足尾**　ウ　**阿仁**　ア　**問2**　清(中国)　**問3**　**(あ)**　(例)　国内の銅が不足し，貨幣の鋳造が難しくなる。　**(い)**　(例)　ロシアがラクスマンを根室に派遣し通商を求めるなど，欧米諸国が日本に接近するようになったことから，鎖国を守り続けるためにはオランダとの関係を良好に保つ必要があると考えたから。　**問4**　**(あ)**　(例)　広い土地を持つ農民の多くは地主として小作人から徴収する小作料を収入としていたが，銅山が再開されると農業をはなれてそこで働こうと考える小作人が出て，収入が減ってしまうと考えたから。　**(い)**　(例)　銅の生産には多くの人手が必要であることから，銅山が再開されればそこで新たな仕事が得られるはずだということや，銅山に多くの人が集まることから，そうした人びとを相手として商売ができるはずだということ。　**問5**　(例)　銅山で採掘をすすめると，坑内でわき水が出ることが多く，その水が下にたまっていく。図からは，簡単な道具で人力によって排水を行わなくてはいけないという技術的困難がうかがえる。　**問6**　(例)　綿糸と綿織物は原料の綿花を輸入しなければならないので，輸出入額の差額が日本の利益となるだけであるが，銅・石炭・生糸は生産にかかる費用が国内で支払われるので，そのぶん利益率が高くなるという点。　**問7**　**(あ)**　(例)　電気を遠くまで送り，エネルギーとして利用すること。　**(い)**　(例)　銅を電線や送電線として利用したことで，世界中に電気を送ることができるようになった。その結果，多くの家庭で電化製品が使われるようになり，生活様式が大きく変わったが，特に家事の軽減化は女性の社会進出をうながすことになった。また，電気が工業のエネルギー源となったことで工業生産量が大幅に拡大し，鉄道が電化され輸送量が増大したことと合わせ，大量生産・大量消費の流れがいっそうすすむことになった。さらに，テレビやラジオの普及により情報が瞬時に世界中に伝えられるようになり，マスメディアの発達は人びとのものの考え方にも大きな影響を与えた。そして電話の普及ははなれた場所にいる人と直接意思を伝え合うことを可能にし，さらに近年はパソコンやインターネットを利用することで，多くの情報を手に入れることや，世界中の人びとと情報のやりとりを行うこともできるようになった。

解　説

銅の生産と消費を題材とした総合問題

問1　文中に「伊予国の別子銅山」とあり，伊予国は愛媛県の旧国名であることから，別子銅山の位置はカ(愛媛県新居浜《にいはま》市)だとわかる。別子銅山は1690年に発見され，大坂(大阪)の住友家が開発。住友家は大坂に銅吹所《どうふきしょ》とよばれる精錬《せいれん》所をつくり，そこで精錬された銅は銅座を通じて長崎へ送られ，輸出された。足尾銅山は1610年にウの栃木県日光市で発見され，江戸時代には幕府の直轄《ちょっかつ》地となって多くの銅を産出。明治時代には民営化され，古河鉱業の経営のもとで国内最大の銅山となったが，銅山から流出した鉱毒が渡良瀬《わたらせ》川流域の田畑を汚染《おせん》したことで鉱毒事件を引き起こした。阿仁《あに》銅山は，文中に「秋田藩による」とあることから，ア(秋田県北秋田市)にあった銅山だとわかる。阿仁銅山は，古くは金銀を産出していたが，江戸時代に銅山として開発され，多くの銅を産出した。いずれの銅山も第二次世界大戦後は産出量が減少し，1970年代に閉山されている。なお，地図中のイは佐渡《さど》金山(新潟県)，エは生野《いくの》銀山(兵庫県)，オは石見《いわみ》銀山(島根県)の位置。

問2　干しアワビ，フカヒレ，いりこ(ナマコの腸をとり，ゆでて干したもの)は，いずれも中華料理の高級食材となる。江戸時代には長崎貿易により清(中国)に輸出され，俵につめて運ばれたことから「俵物(俵物三品)」とよばれた。

問3　**(あ)**　日本では平安時代後期以降，貨幣《かへい》が鋳造《ちゅうぞう》されなくなり，中国から輸入された銅銭が国内で広く流通していたが，江戸幕府は貨幣の鋳造権をにぎり，金貨・銀貨とともに多くの銅銭を発行した。また，銅は日本にとって長い間重要な輸出品で，老中田沼意次《おきつぐ》は俵物と銅の輸出によって金銀の輸入を増やそうとした。しかし，本文に「銅も充分《じゅうぶん》な生産量があったわけではありません」とあるように，江戸時代中期になって生産量を減らす銅山も出始めたため，供給量に余裕があったわけではなかった。そのため松平定信は，輸出量を減らさなければ銅が不足して貨幣の鋳造が困難になると考え，貿易額を制限しようとしたのだと推測できる。　**(い)**　1792年，ロシアのラクスマンが根室(北海道)に来航し，幕府に通商を求めた。幕府はこれを断ったが，欧米列強の圧力が強まることが予想されるなか，鎖国を守り続けるためにはオランダとの関係を良好に保つ必要があったため，銅輸出の拡大を認めたと考えられる。

問４　(あ)「広い土地を持つ農民」とは地主層のこと。江戸時代の農民には，自分の土地を持つ「本百姓」と持たない「水のみ百姓」がいたが，本百姓のなかでも広い土地を持つ者は小作人に土地を貸し，小作料として米などの収穫物を受け取っていた。銅山が再開すると，農業からはなれて銅山で働こうという小作人が現れて収入が減ってしまうことを心配したため，地主たちは銅山の再開に強く反発したのだと考えられる。　(い)銅の生産には多くの人手が必要なので，銅山が再開すれば多くの人が雇《やと》われるほか，銅に関連したさまざまな仕事も生まれる。また，人が集まることで，そうした人たちを相手とした商売が成り立つことも予想される。土地を持たない農民やその他の人びとのなかに銅山の再開を歓迎《かんげい》する人が少なくなかったのは，そこで仕事を得ることや，集まった人相手の商売ができることを期待したからだと考えられる。

問５　銅山で働く人びとは「採掘《さいくつ》，トンネルの整備，排水《はいすい》，銅鉱石を細かく砕《くだ》く作業，銅の製錬などいろいろな業務に従事しました」とある。図はそのうちの採掘と排水のようすを示したもので，左右に採掘を行う人びとが，中央に排水を行う人びとが描《えが》かれている。鉱山は採掘をすすめると坑内《こうない》で水がわき出ることが多く，わき出た水は岩壁をつたって流れ，下にたまっていくので，昼夜絶えず排水をしなければならない。当時は図にあるように，簡単な道具を使って人力で排水を行わなければならず，せまい坑内で多くの労力を要する困難な作業であったことがうかがえる。

問６　表から，明治時代後半から大正時代にかけての日本では，生糸・綿糸・綿織物・石炭・銅が輸出品の中心で，綿花は多くの年で輸入品目の第１位となっていることがわかる。これらのうち綿糸と綿織物は輸入された綿花を原料として生産されるので，輸入額と輸出額の差額が日本の利益となる。一方，国内の養蚕農家が生産した蚕の繭《まゆ》を原料とする生糸や，国内で産出される石炭や銅は，生産にかかる費用も国内で支払《しはら》われるため，日本にとって利益率が高いことになる。

問７　(あ)銅は本文中にもあるように，加工が容易であり，熱や電気をよく伝える性質を持つことなどから，そのまま，あるいは合金である青銅や黄銅《おうどう》(真鍮《しんちゅう》)などとして，機械や電気製品，建築材，配管，装飾《そうしょく》品，食器，銅像などさまざまなものに利用されている。なかでも，私たちの日常生活をふくめた社会や経済を大きく変化させることになったのは，電線や送電線として使うことで，電気をエネルギーとして使えるようにしたことだと考えられる。　(い)銅が電線や送電線として広く利用されたことで，世界中に電気を送ることが可能になった。その結果，多くの家庭に電化製品が普及《ふきゅう》し，人びとの生活様式が大きく変わったが，特に家事労働が軽減化したことは女性の社会進出をうながすことになった。また，工業のエネルギー源が蒸気から電気に変わったことで工業生産量が大幅《おおはば》に増大し，鉄道が電化されたことで輸送量が増大したことと合わせ，18世紀に始まった産業革命による大量生産・大量消費の流れがいっそうすすむこととなった。さらにテレビとラジオの普及により情報が世界中に瞬時《しゅんじ》に伝えられるようになり，マスメディアの発達は人びとのものの考え方にも大きな影響を与えることになった。一方，送電線は電信・電話などの通信手段にも利用され，異なる場所にいる人びとが直接意思を伝え合うことができるようなった。近年はパソコンやインターネットの普及により，多くの人が同時に情報を入手したり，おたがいに発信したりすることも可能になっている。

理 科 （40分）＜満点：60点＞

解 答

[1] **問1，問2** 右の図　[2] **問1** ク，ケ，イ　**問2** 風船の様子…イ　理由…コ　**問3** 違い…(例)　Aの前玉の方がBの前玉よりよく飛ぶ。　理由…(例)　液体である水は力を加えても体積がほとんど変わらないため，BではAと違い，前玉が飛び出した後に筒から出て前玉を押す空気のようなはたらきが得られないから。　[3] **問1** え，き，こ，す　**問2** い，か，き，さ　**問3** (例)　ホバリングをして口を伸ばして距にある蜜を吸うと，ホシホウジャクの体が雄しべや雌しべにふれないので，ツリフネソウの花は花粉を運んでもらえず，蜜を出しても受粉に役立たないから。　**問4** (1) B—白　(2) あ，え，お　[4] **問1** (例)　凸の部分と凹の部分がレール状になっていて，凸の部分が凹の部分に入りこんで閉じる。　**問2** 解説を参照のこと。

	問1	問2
①	○	ア ㋑ ㋒ エ オ カ ㋖
②		ア ㋑ ウ ㋓ オ ㋕ キ
③		ア ㋑ ウ ㋓ オ カ ㋖
④	○	ア ㋑ ㋒ エ オ ㋕ キ
⑤		ア ㋑ ウ ㋓ オ カ ㋖

解 説

[1] 水溶液《すいようえき》の性質についての問題

問1　水溶液を青色リトマス紙につけても色の変化が見られないのは，中性またはアルカリ性の水溶液である。加熱する前の試験管Aでは①～⑤のうち，アルカリ性である①のアンモニア水と③の石灰水，中性である④の食塩水が当てはまる。これらのうち，水溶液を蒸発させたとき，アンモニア水の場合は気体のアンモニアの水溶液なので後には何も残らず，後から入れた水は水のままであり，赤色リトマス紙につけても色は変化しない。食塩水の場合は固体の食塩が残るが，水を入れると中性の食塩水になるので赤色リトマス紙の色は変化しない。一方，石灰水の場合は固体の水酸化カルシウムの水溶液であり，水を蒸発させた後には水酸化カルシウムが残るため，水を入れると再び石灰水となり赤色リトマス紙の色を青色に変える。なお，ここでは試験管B側のガラス管の先は，液体に気体を通した後に液体からぬき，外に出してあるものとする。

問2　①　試験管Aを加熱すると気体のアンモニアと水蒸気が発生し，試験管Bの中の水に通すとアンモニア水となる。アンモニア水は水と同じ無色透明《とうめい》の液体で，アルカリ性を示すため赤色リトマス紙の色を青色に変える。アンモニア水を蒸発させると，水蒸気とともにアンモニアも空気中へ逃げるので，後には何も残らない。　②　塩酸は気体の塩化水素の水溶液である。試験管Aを加熱すると塩化水素と水蒸気が発生し，試験管Bの中の食塩水に通すと，塩化水素が溶《と》けて食塩水と塩酸の混合液となる。塩酸も食塩水も水と同じ無色透明の液体であり，塩酸は酸性を示すので青色リトマス紙の色を赤色に変える。試験管Bにできた液体をすべて蒸発させると，塩酸中の塩化水素は水蒸気とともに空気中へ逃げるが，食塩は白色の固体なので後に白い粒《つぶ》が残る。　③　石灰水は固体の水酸化カルシウムの水溶液なので，加熱すると水蒸気だけが試験管Bの方へ出ていく。試験管Bの炭酸水に出てきた気体を通すと，水蒸気が液体の水になるだけで，試験管Bの液体の色に変化は見られない。炭酸水は酸性を示すため，青色リトマス紙の色を赤色に変える。炭酸水を蒸発させると，溶けていた二酸化炭素が水蒸気とともに空気中へ逃げるので，後には何も残らない。

④　食塩水を加熱すると，水蒸気だけが試験管Bの方へ出ていく。試験管Bの中の石灰水に出てき

た気体を通すと，水蒸気が液体の水になるだけで，石灰水に色の変化は見られない。石灰水はアルカリ性の水溶液なので，赤色リトマス紙の色を青色に変える。試験管Ｂにできた液体をすべて蒸発させると，後には白色をした固体の水酸化カルシウムが残る。　⑤　試験管Ａの炭酸水を加熱すると，水蒸気とともに溶けている二酸化炭素も試験管Ｂの方へ出ていき，試験管Ｂの中の塩酸に溶けて，塩酸と炭酸水の混合液となる。このとき，液体の色に変化は見られない。炭酸水と塩酸のどちらも酸性の水溶液であり，青色リトマス紙の色を赤色に変える。この混合液を蒸発させると，どちらも気体の水溶液なので後には何も残らない。

2 空気でっぽうについての問題

問１　閉じこめられた空気などの気体は，外から力を加えると体積を大きく変える。押《お》す力が大きいほど，体積は大きく減少する(縮む)。押し棒を押したときの手応えが大きいのは，空気がより大きく縮められていることを示している。押し縮められた空気は圧力が高くなり，もとにもどろうとしてまわりに力を加えるため，押し棒を押し返す(この力を手応えとして感じる)と同時に，前玉を強く押す。したがって，筒《つつ》の中の空気が大きく縮むほど，前玉は強い力を受けて飛び出し，遠くまで飛ぶことになる。また，前玉が飛び出した直後の筒の先では，前玉を押した空気も勢いよく飛び出していて，大きく縮んだ空気ほど筒の先から一瞬《いっしゅん》で出ていく量が多い。この飛び出した直後の空気が前玉を押すため，前玉はより遠くまで飛ぶ。

問２　筒の中に閉じこめられた空気を押し縮めると，空気の圧力が増していく。押し棒をゆっくりと押していくと筒の中の空気の圧力も徐々《じょじょ》に高くなり，その空気に押されて風船の中の空気が徐々に縮み小さくなっていく。

問３　Ａでは，筒の中が空気だけのときと同様に，押し縮められた空気が前玉を押して飛び出し，飛び出した直後にも前玉を押しているので，前玉はよく飛ぶ。一方，水などの液体は空気などの気体とは異なり，外から力を加えても圧力は伝えるが体積がほとんど変化しないという性質があり，Ｂでは中玉から水に伝わった圧力によって前玉が飛び出すが，水の体積は変化していないため，飛び出した直後の前玉をさらに押す空気のような力ははたらかない。このため，Ｂの前玉はＡの前玉ほど飛ばずに下に落ちる。

3 花と昆虫《こんちゅう》についての問題

問１　シマハナアブなどのハナアブの仲間，モンシロチョウなどのチョウの仲間，トラマルハナバチなどのハナバチの仲間の多くは，花に蜜《みつ》を求めてやってくる昆虫である。メジロは，花の蜜や果《か》汁《じゅう》を好む鳥で，春の初めごろにはウメやツバキの花などにやってくるようすが観察できる。

問２　ナメクジは貝やタコ・イカなどと同じ軟体《なんたい》動物，ジョロウグモはクモ類，ダンゴムシは甲かく類，メジロは鳥類に属する。

問３　図２のように，ホシホウジャクがホバリングしながらストロー状の口を伸《の》ばして花の奥にある距《きょ》の蜜を吸うと，雄《お》しべや雌《め》しべがホシホウジャクの体にはふれず，ホシホウジャクに受粉の仲立ちをしてもらえないことになる。花が蜜を出すのは，多くの場合花をおとずれた昆虫などに受粉の仲立ちをしてもらうためであるから，ホシホウジャクに蜜をあたえても受粉には役に立たない。そのため，ツリフネソウにとってホシホウジャクは都合のよい訪問者ではない。

問４　(1)　５種類の昆虫のレーダーチャートで，アブやハエの仲間であるオオクロバエを見ると，白や緑の花を好む傾向《けいこう》があることがわかる。冬から早春にかけて飛び回るアブやハエの仲間は，陽の当たる場所に止まっているのをよく見かけることから，冬から早春に花をつける場合，上方に向かって開いた白または緑の花をつけると都合がよいと考えられる。よって，Ｂ―白が選べる。

(2) あ…２つの造花は花の色以外の情報が同じになっているため，アゲハの仲間が赤の色を目当てにして集まっていると考えられる。　い…色の異なる台紙と造花を用意しているため，色の他に形を見分けて集まっているとも考えられてしまう。　う…赤い台紙に集まったのは，赤い色ではなく蜜をしみこませたこと(蜜のにおいなど)によって集まったとも考えられる。　え…白い台紙には蜜をしみこませているのに赤い台紙に集まるのだから，色の情報だけで集まっていると考えてよい。なお，アゲハは花の蜜を吸うために花に集まることは知られているので，台紙にしみこませた蜜をきらうという可能性は考えなくてよい。　お…花の香《かお》りがしない赤い台紙に集まるので，アゲハが集まるのは花の香りによってではなく，赤い色に集まると考えられる。　か…赤い台紙に集まったのは，色ではなく，花の香りによって集まった可能性もある。

4 チャックのついた透明な袋《ふくろ》の観察についての問題

問１　チャックの断面は，一方に凸《でこ》の部分，もう一方がその凸の部分を包みこむ形の凹《ぼこ》の部分があり，どちらもそれぞれ線状(レール状)のつくりになっている。凹凸《おうとつ》の部分を合わせて強く押しつけると，凹の線状の部分に凸の線状の部分が入りこむことで袋の口を閉じる。

問２　閉じているチャックは，右の図①のように，凹の部分についているかえしが，凸の部分の先にあるでっぱりにひっかかるため，簡単には開かない。袋の口の外側と内側では，チャックの凸の部分で大きくつくりが異なる。凸の部分にあるでっぱりは，袋の内側(図のＢ側)では大きくはり出しているが，袋の外側(図のＡ側)ではあまりはり出してはいない。そのため，袋の外側からチャックを開けようとすると，右の図②のように袋の外側の凹の部分にあるかえしが凸の部分にあるでっぱりにあまり引っかからず，凹の部分から凸の部分がぬけやすいが，袋の内側からチャックを開けようとすると，右の図③のように袋の内側の凹の部分にあるかえしが凸の部分にあるでっぱりにかみ合い，引っかかるようになるので，強い力をかけないと凹の部分から凸の部分がぬけない。

図①
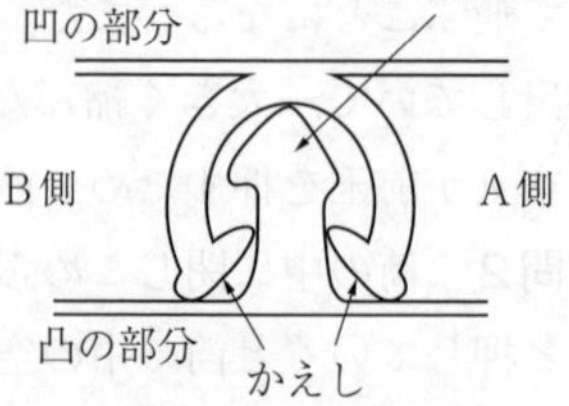

図②(Ａ側から開けるとき)
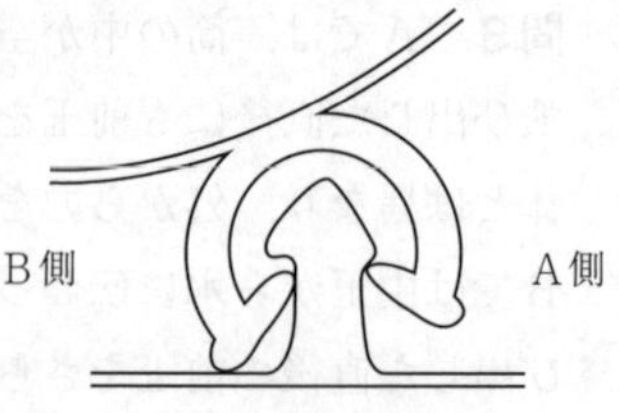

図③(Ｂ側から開けるとき)
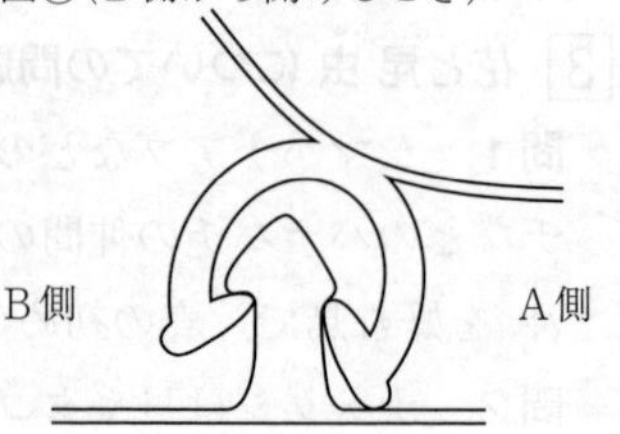

国　語　(50分)　＜満点：100点＞

解　答

問１　(1)　(例)　人間の手でやるにはめんどうなこと，時間がかかること，努力しなければならないことを代わりに行うところ。　(2)　(例)　自動車や電化製品などこれまでの機械は形状が人間から遠く，人間を助けるイメージだが，アンドロイドは人間の姿かたちで，人間と同じような知的活動を実現しつつあり，人間を支配しそうなイメージであるところ。　**問２**　ⓐ　間接(的)　ⓑ　相対(的)　ⓒ　下降　**問３**　(例)　人間の命は，ほかの動物の命より尊いものだと決めつけていること。　**問４**　(例)　遺伝子を変化させる速度が遅い分，大きな脳の力でものごとを客観視し，見つけた法則を組み合わせて技術を進歩させ，その技術で生物としての能力の限界をのりこえていくという方法。　**問５**　**A**　(オ)　**B**　(エ)　**C**　(ウ)　**D**　(イ)　**E**　(ア)　**問６**　(1)　人間こそが最高の存在である(という考えを捨てること。)　(2)　(例)　ほかの動物やロボットと比べて人間が劣っていることを客観視できれば，それを原動力として，劣っているところをのりこえるために技術を進化させるようになり，それこそが技術で生きのびてきた人間の進化だと言えるから。　**問７**　書き取りは下記を参照のこと。　**尊い**…とうと(たっと)(い)

●漢字の書き取り

問７　ハッキ…発揮　ウラハラ…裏腹　チヂまって…縮(まって)　アイチャク…愛着　イトナみ…営(み)

解　説

出典は石黒《いしぐろ》 浩《ひろし》の『アンドロイドは人間になれるか』による。アンドロイドの開発にたずさわる筆者が，ロボットとは何か，人間にとって技術とは何か，人間はロボットと本質的に何が違《ちが》うのかを考察している。

問１　(1)「それらの技術」とは，すぐ前にあげられている「電車や飛行機，フォークリフトやダンプカー」「電卓《でんたく》やExcel《エクセル》」「自動車やスマートフォン」などを指す。それらは，「人間の手でやるにはめんどうくさいこと，時間がかかること，努力しなければいけないこと」を「機械に置き換《か》える」目的でつくられており，「アンドロイド」もその点は同じなのである。　(2)　自動車や電化製品などの「技術」と「アンドロイド」との違いは，前者の形状が人間から遠く，「人間を助けるもの」というイメージなのに，後者は「人間の姿かたち」で，人間のような「知的活動」も「実現しかけて」おり，人間を「支配」する印象をあたえるところだと言える。

問２　ⓐ「直接的」は，じかに働きかけるようす。対義語は，何かの仲立ちがあって行われるようすを表す「間接的」。　ⓑ「絶対的」は，ほかとの比較《ひかく》なしに，それだけで成り立つようす。対義語は，ほかとの比較や関係の上で成り立つようすを言う「相対的」。　ⓒ「上昇」は，より高い程度に向かってゆくこと。対義語は，より低い程度に向かってゆくことを表す「下降」。

問３　この場合の「色をつける」は，特別に意味を持たせること。前後の部分から，犬やネコなど人間以外の動物の命と区別して「人間の命を何よりも尊いもの」だとみなすことを言っていると読み取れる。

問４　動物は「遺伝子を変化させることで環境《かんきょう》に対応する」が，「複雑な生物」である人間は「遺伝子を変える変化の速度」が遅《おそ》いため，肉体や能力の限界を取りはらう「技術」で対応し，「進化」に成功した。ここでの「進化」の方法にあたる「技術」とは，具体的には，「ものごとを客観的に観察」しながら「そこにある法則」を見つけ出し，それを「組み合わせ」て「再現性のあるものを作る」営みのことである。また，こうした営みを可能にしたのが，人間に備わった「大きな脳」であることにも注意する。

問５　**A**　前では，「個別のタスク」で比べると人間は機械に勝てないと述べている。後では「タスク」の具体例として，速く計算すること，たくさん記憶《きおく》することなどをあげているので，具体的な例をあげるときに用いる「たとえば」が入る。　**B**　クイズ対決で，なぜコンピュータプログラムの「ワトソン」が人間に勝つ結果になったのかということについて，仮定を二つ並べる文脈だから，二つ以上のことがらのうち，どれかを選ぶときに用いる「それとも」が合う。　**C**「風邪《かぜ》をひくメカニズム」も治し方もわからないということは，いま「人間が適当に薬を出し」て対処していることの理由にあたるので，前のことがらを理由・原因として，後にその結果をつなげるときに用いる「だから」がよい。　**D**　作業の定義ができていないものの場合，コンピュータが人間の代わりをするのは難しいが，「定義可能な作業」はほとんど「ロボットが勝つ」というつながりである。よって，前のことがらを受けて，それに反する内容を述べるときに用いる「しかし」があてはまる。　**E**　前では，作業を明確に定義できるものについては「ロボットが勝つ」のに，「人間はロボット以下」だとは「認めたくない」人がまだいるかもしれないと指摘《してき》している。後ではそれをふまえ，「なぜ人間はロボットより優れていなければいけないのか？」と問い方を「逆転させて」いるので，前のことがらを受けて，それをふまえながら次のことを導く働きの「では」がふさわしい。

問６　⑴「退路を断つ」は，逃《に》げ道をなくすこと。直前の段落の内容を整理する。多くの人は，人間がロボットより劣《おと》っていると認めることに恐怖《きょうふ》を感じている。つまり，「人間こそが最高の存在である」という考えにこだわっているのであり，それを捨てるのが「退路を断つ」ことになる。　⑵　問４で見たように，人間は「遺伝子」の「変化」の速度が遅い生物なので，「技術」を使うことで「環境に対応」して生きのびてきた。つまり，「人間」を「進化」させるのは「技術」なのであり，その「技術」の最も極端《きょくたん》な形が「ロボット」なのである。また，「技術」とは，「ものごとを客観的に観察」しながら「そこにある法則」を見つけ出し，「組み合わせ」て「再現性のあるものを作る」営みである。これをもとに，「ほかの動物やロボットと比べ，人間の能力は劣っているという事実を客観的に認めれば，それを補う技術をさらに進化させる動機になり，とりもなおさず技術で進化してきた人間の進化につながるから」のような内容でまとめる。

問７　「発揮」は，持っている能力や特性を十分にふるうこと。　「裏腹」は，“あべこべ”という意味。　「尊」の音読みは「ソン」で，「尊敬」などの熟語がある。　「縮」の音読みは「シュク」で，「縮小」などの熟語がある。　「愛着」は，なれ親しんでいる人や物に心をひかれ，離《はな》れがたく思うこと。　「営」の音読みは「エイ」で，「経営」などの熟語がある。

Memo

Memo

平成29年度　武蔵中学校

〔電　話〕（03）5984－３７４１
〔所在地〕〒176－8535　東京都練馬区豊玉１－26
〔交　通〕西武池袋線－「江古田駅」より徒歩７分
西武有楽町線－「新桜台駅」より徒歩７分

【算　数】（50分）〈満点：100点〉

1　３つのやぎ牧場A，B，Cがあり，AにはBの$\frac{2}{5}$倍より10匹《ぴき》多いやぎがいて，CにはBの$1\frac{1}{3}$倍より17匹《ひき》少ないやぎがいます。また，Bにいるやぎが最も多いそうです。A，B，Cにいるやぎは合計何匹ですか。考えられるものをすべて答えなさい。（式や考え方も書きなさい）

2　〈図１〉において，２つの四角形ABCDと四角形EFGHはどちらも正方形で，AE＝６cm，AF＝10cmです。次の問に答えなさい。（式や考え方も書きなさい）

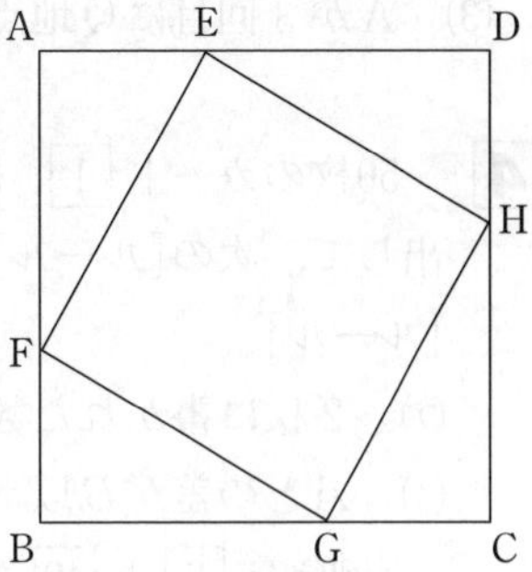

〈図１〉

(1)　〈図１〉に正方形PQRDをかき加えてできたのが下の〈図２〉です。SQは何cmですか。

(2)　〈図１〉に，正方形EFGHと同じ大きさの正方形IJKLをかき加えてできたのが下の〈図３〉です。

図のア，イ，ウ，エ，オ，カ，キ，クの８つの点を頂点とする八角形の面積は何cm^2ですか。

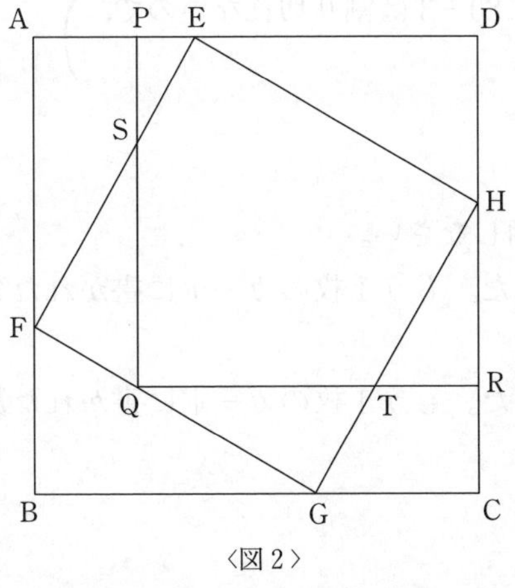

〈図２〉

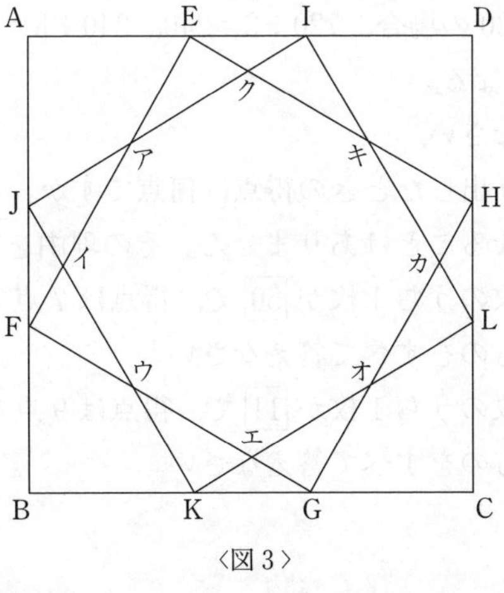

〈図３〉

3 公園の周りに１周7200mのコースがあり，コース上に1800m離《はな》れたＰ地点とＱ地点があります。Ａ，Ｂ，Ｃの３人は初めＡはＰ地点，ＢとＣはＱ地点にいて，３人は同時に出発しました。

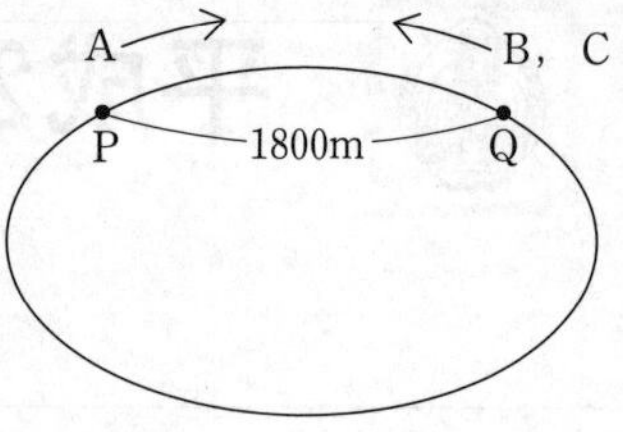

図のようにＡは出発時は他の２人と反対向きに進みます。ＡはＢかＣと出会ったり，ＢかＣに追いついたり，追いぬかれたりするたびに向きを変えて進みました。Ａが最初に向きを変えたのは，出発から５分後にＢと出会ったときでした。Ａ，Ｂ，Ｃはそれぞれ一定の速さで進み，それらの比は３：６：２です。次の問に答えなさい。（式や考え方も書きなさい）

⑴ Ａの速さは分速何ｍですか。

⑵ Ａが最初にＢと出会って向きを変えたあと，次に向きを変えるのはＢとＣのどちらと同じ位置にいるときですか。また，それは出発から何分後ですか。

⑶ Ａが３回目にＱ地点を通過するのは出発から何分後ですか。

4 50枚のカード $\boxed{1}$，$\boxed{2}$，$\boxed{3}$，…，$\boxed{50}$ があります。この50枚のカードから同時に２枚を取り出して，次の[ルール]によって得点を決めます。

[ルール]

㋐ ２枚に書かれた数のうち，大きい方をA，小さい方をBとする。

㋑ Aとの差がB以下である整数をすべてかけ合わせた数をCとする。

（例えば $\boxed{2}$ と $\boxed{49}$ を取り出した場合，49との差が２以下である整数をかけ合わせて，$C=47\times48\times49\times50\times51$ となる。）

㋒ Cが３で割り切れる回数を得点とする。

（例えば $C=720$ の場合，$720\div3=240$，$240\div3=80$，$80\div3$ は割り切れないので，得点は２点となる。）

次の問に答えなさい。

⑴ $\boxed{2}$，$\boxed{38}$ を取り出したときの得点は何点ですか。

⑵ 得点が０点になることはありません。その理由を説明しなさい。

⑶ 取り出した２枚のうち１枚が $\boxed{50}$ で，得点は７点でした。もう１枚のカードに書かれた数として考えられるものをすべて答えなさい。

⑷ 取り出した２枚のうち１枚が $\boxed{11}$ で，得点は９点でした。もう１枚のカードに書かれた数として考えられるものをすべて答えなさい。

【社 会】（40分）〈満点：60点〉

次の問題文を読んで，後の問いに答えなさい。

私たちが生きていくためには空気や水が必要であるのと同じように，塩も重要です。人間も動物も，体調を整えるために適度に塩を取る必要があり，全く取らずに生きてはいけません。また，食物をおいしく食べるための味付けや食品の生産・保存にも，塩は欠かせない物質です。今日は，塩づくりを中心として，私たちにとって重要な塩について考えてみましょう。

塩というと海の印象があるかもしれません。しかし，世界で生産されている塩の約3分の2は内陸で取れる岩塩を原料とし，海水を原料とするのは約3分の1です。岩塩は地殻《ちかく》変動によって海水が陸地に閉じ込められてできたものです。海水を原料とする塩のほとんどは，降水量が少なく高温で乾燥《かんそう》した気候や広大な土地に恵まれた地域でつくられます。日本は岩塩に恵まれず，海水から塩をつくっていましたが，その地形や気候の特徴《とくちょう》から，簡単には製塩ができませんでした。そこで，人びとは工夫を重ねて製塩方法を改良してきました。内陸に住む人びとにとっても塩は必需品《ひつじゅひん》であるため，海沿いから運ばれました。塩や海産物を内陸に運ぶのに使われた道は「塩の道」と呼ばれ，日本各地にありました。特に新潟《にいがた》県糸魚川《いといがわ》市と長野県松本市を結ぶ塩の道が有名です。

古代日本では，「藻塩焼《もしおや》き」という方法で塩をつくっていたことが知られています。海藻《かいそう》についた塩の結晶《けっしょう》を利用して濃《こ》い塩水（かん水）をつくり，それを煮《に》つめて塩を取り出したといわれています。宮城県塩竈《しおがま》市にある鹽竈《しおがま》神社では，製塩方法を人間に伝えたという神様がまつられ，神聖な儀式《ぎしき》として藻塩焼きが今も行われています。

やがて，海藻のかわりに砂を使ってかん水をつくるようになり，揚浜式《あげはましき》(1)塩田などの製塩法が行われるようになりました。揚浜式塩田では，人力で海水をくみ上げて塩田の砂にかけ，太陽熱と風力で水分を蒸発させた砂を集めます。次にその砂を海水で洗ってかん水をつくり，かん水を煮つめて塩を取り出します。しかし，海水の塩分は約3％で，塩1kgをつくるには約40 l の海水が必要です。海水をくみ上げる作業は大変な重労働で，人手をたくさん必要としました。

江戸時代には瀬戸内海《せとないかい》沿岸で入浜式《いりはましき》塩田が考案されました。入浜式は，遠浅《とおあさ》の海に堤《つつみ》を築いて塩田をつくり，潮の満ち引きを利用して海水を入れ，塩田の砂に海水をしみわたらせる方法です。揚浜式よりも少ない労力で大量に生産できる入浜式塩田は日本各地に広まり，揚浜式塩田は少なくなっていきました。瀬戸内海沿岸は，古くから日本の塩の一大産地で，入浜式塩田の普及《ふきゅう》にともない日本各地に瀬戸内《せとうち》の塩が供給されました。また，関東では千葉県市川市の東京湾《わん》沿いに，徳川氏が重要視して保護した行徳《ぎょうとく》塩田がありました。ここで取れる塩は「行徳塩」として江戸のほか，関東・東北地方にも供給されましたが，塩田は入浜式に変更されていきます。

日本の製塩業では，かん水を煮つめるために大量の燃料を必要としたので，燃料の確保も重要な課題でした。製塩には松葉や薪《まき》などが燃料として用いられましたが，燃料の需要《じゅよう》増加と価格上昇《じょうしょう》などがおこると，江戸時代後半には，塩田で石炭も燃料に使うようになります。当時の塩田の経営費は約半分が燃料費であり，石炭は松葉や薪などに比べて60～70％の費用におさえられるため，石炭を導入する塩田が増えたのです。

明治時代になると，政府は，塩が食用だけでなく化学工業に必要な材料だと考え，日本の製塩業の保護・育成をはかりました。1905年には，政府は戦争の費用を集める必要もあり，塩の専売制を実施《じっし》しました。塩の生産には許可が必要になり，生産された全ての塩はいったん買い取りされ，指定を受けた者だけが販売《はんばい》できる制度になったのです。しかし，太平洋戦争の末期に労働力や資材が不足したため，日本は深刻な塩不足を経験しました。戦後の政府は，塩の安定確保をめざし，技術改良につとめました。1950年代には，塩田での製塩法がさらに改良され，塩の生産量が増えました。1970年代に電気を利用して化学的にかん水をつくるイオン交換膜《こうかんまく》方式が導入されると，燃料面でも効率《こうりつ》が良いこともあって，日本の製塩業の主流となりました。一方で，第二次世界大戦前から行われていた塩の輸入は，戦後に増加し，現在では塩の需要の大部分を輸入に頼《たよ》っています。効率的な製塩法が追求され，かつての塩田は住宅地や工業用地などに変わっていきました。しかし，近年，塩田を含む沿岸地域が里海《さとうみ》として再評価されたり，[2]ユネスコエコパークとして認定されたりして保全の対象になりつつあります。単に産業としてだけではなく，さまざまな面から塩づくりや塩田について考えてみる必要があるでしょう。

(1)　塩田…海水から塩を取るために砂浜を田のように区切ったところ

(2)　ユネスコエコパーク…ユネスコが自然と人間の共生をめざして指定した保護地区

写真１　讃岐《さぬき》平野の塩田

（『岩波写真文庫 193 塩の話』より）

写真２　塩田での作業

砂をかきならし蒸発をたすける

（『岩波写真文庫 193 塩の話』より）

図１　塩の需要量の推移(1926～2015年)　[塩事業センターホームページより作成]

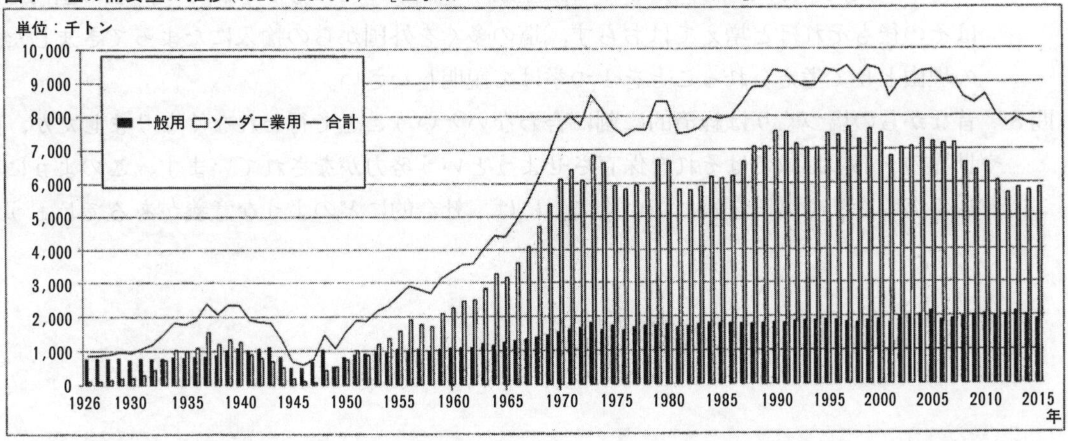

図２　塩の供給量の推移(1926～2015年)　[塩事業センターホームページより作成]

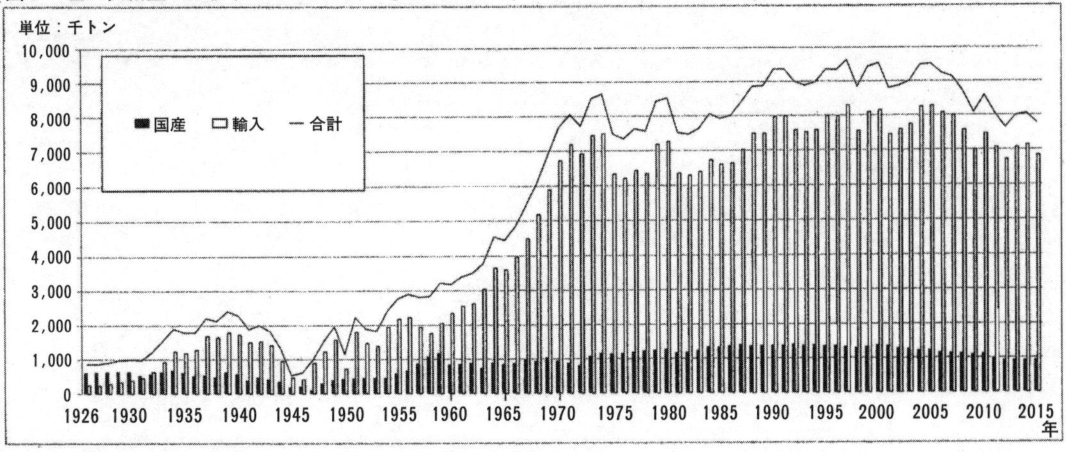

表　塩の使われ方

ソーダ工業用	石けん，パルプ，アルミ製品，塩化ビニル製品，ガラス製品　など
一般用	調味，脱水《だっすい》・防《ぼう》腐《ふ》，発酵《はっこう》を助ける，道路の凍結《とうけつ》防止，家畜《かちく》用　など

問１　問題文中の糸魚川市，松本市，塩竈市はそれぞれどこに位置しますか，右の図の中から選び記号で答えなさい。

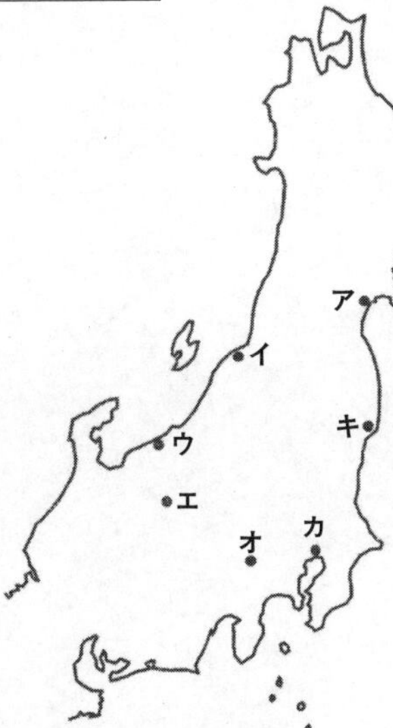

問２　海水をそのまま煮つめるより，かん水をつくってから煮つめる方がよいのはなぜですか。

問３　行徳塩田が徳川氏に保護されたのはなぜですか。

問４　瀬戸内海沿岸が入浜式塩田に適していたのはなぜですか。

問５　日本で1905年に塩の専売制が始まった理由の一つは戦争の費用を調達することですが，この戦争とは何ですか。

問６　イオン交換膜方式がそれ以前の製塩法よりも有利であった点を燃料面以外に２つ挙げなさい。

問７　(1)　1960年代から1970年代にかけて塩の輸入が増えているのはなぜですか。

(2) イオン交換膜方式の導入によって生産効率が高まったにもかかわらず，塩の国内生産量はその後もそれほど増えてはおらず，塩の多くを外国からの輸入にたよってきました。その理由として考えられることを１つ挙げて説明しなさい。

問８ 昔ながらの塩づくりは経済的に割に合わないということで行われなくなりましたが，国内や世界の一部の地域ではそれを保存させようという努力がなされています。このように昔ながらの塩づくりや塩田を残していくことには，社会的にどのような意義があるでしょうか。

【理　科】（40分）〈満点：60点〉

1　水の温度の上がり方，下がり方について実験を行いました。

【実験１】　右図のような装置を用いて，一定の強さの炎《ほのお》でビーカーに入れた水を加熱しながら，水温を測り続けました。部屋《へや》の温度（室温）は30℃または10℃に保ち，室温以外の条件はすべて同じにしました。下の表はその結果で，グラフは加熱を始めてからの時間と水温の関係を表しています。グラフの点は室温30℃のときの結果で，点線（----）はそれらをなめらかにつないだものです。

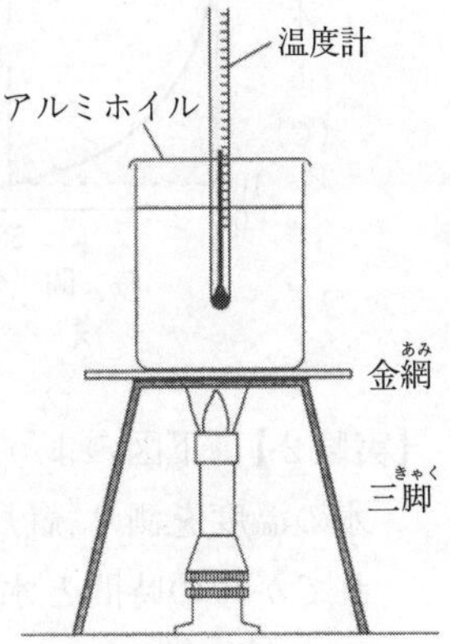

加熱を始めてからの時間（分）	0	2	4	6	8	10	12	14	16
室温30℃のときの水温（℃）	20	32	54	74	88	95	98	98	98
室温10℃のときの水温（℃）	20	28	48	68	84	92	96	98	98

問１　室温30℃のときのグラフにならって，室温10℃のときの結果を右のグラフにかき入れなさい。ただし，点をはっきりと打ち，それらの点を実線（——）でなめらかにつなぐこと。

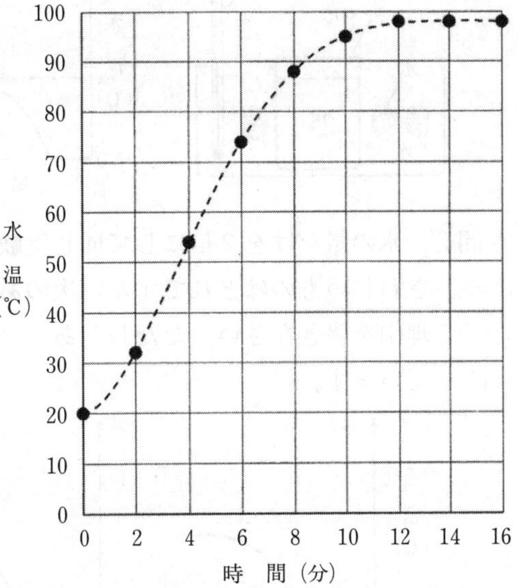

問２　加熱を始めてからの２分間は，その後の２分間よりも水温の上がり方がゆるやかなのはなぜですか。**あ**～**え**の中から最もふさわしいものを選び，記号を○で囲みなさい。

あ　水はほかのものより温まりにくいから

い　水は炎に近いところから順に温まるから

う　金網《あみ》やビーカーが熱くなるまでに時間がかかるから

え　熱くなった空気が水を温めるのに時間がかかるから

問３　同じ水温から加熱を始めても，水温の上がり方が室温の違《ちが》いによって変わるのはなぜですか。その理由を書きなさい。

問４　室温10℃のときに，水を98℃まで加熱した後，ビーカーを金網から下ろして１時間ほど水温を測り続けると，50分後に10℃になりました。水温の変化を表すグラフとして最もふさわしいものはどれですか。次の**あ**～**お**の中から選び，記号を○で囲みなさい。

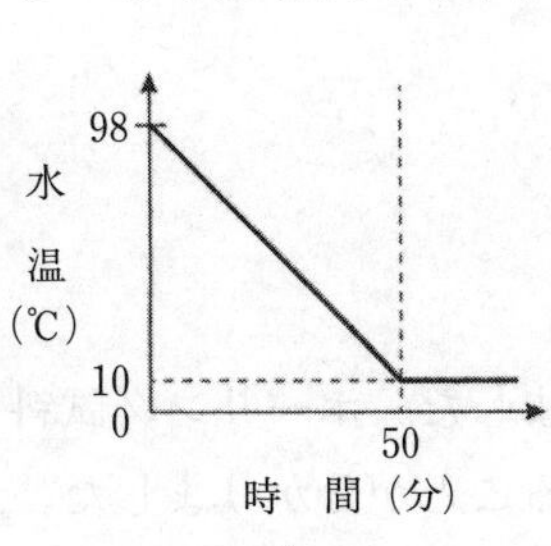

あ

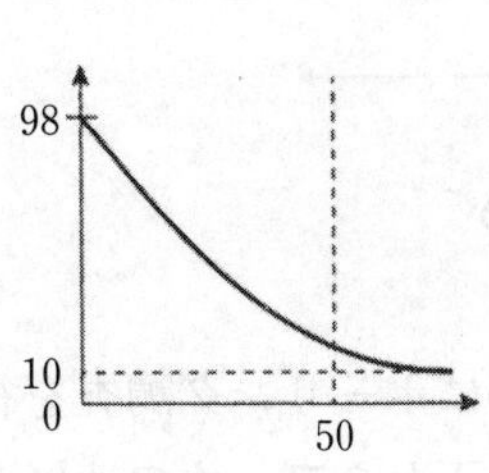

い

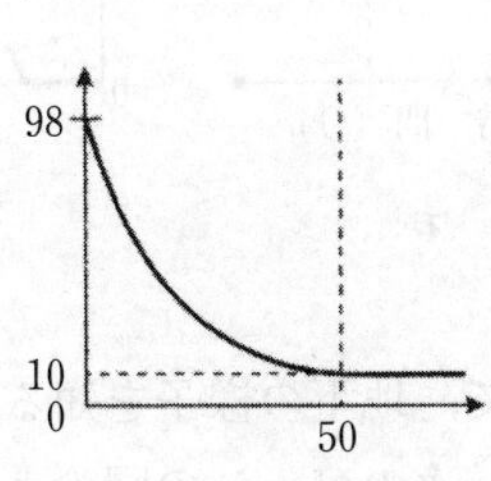

う

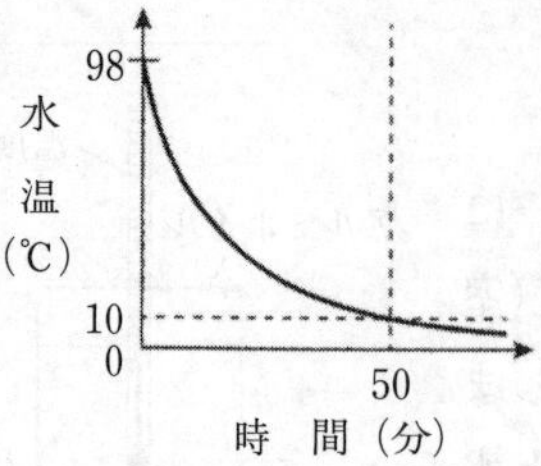

え

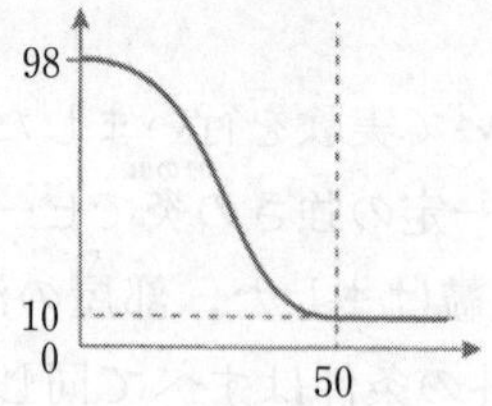

お

【実験2】　下図のように，水に少量の氷を入れた容器の中に，98℃の湯が入ったビーカーを入れ，水の温度を測り続けたところ，やがて一定の水温になりました。右のグラフは，ビーカーを入れてからの時間と水温の関係を表しています。グラフの点線は，水温が一定になった時間と，その水温を表しています。

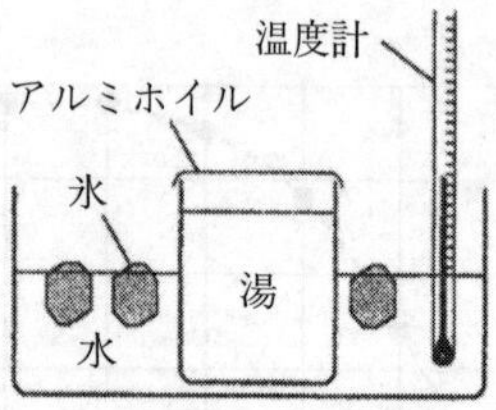

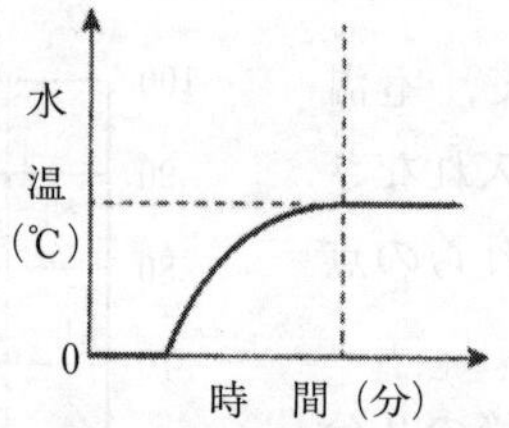

問5　氷の量だけを2倍にして同じ実験を行ったときの，水温の変化を表すグラフとして最もふさわしいものはどれですか。次の**あ**～**か**の中から選んで記号を○で囲み，そのように考えた理由を書きなさい。ただし，**あ**～**か**のグラフの点線は上のグラフの点線の時間と水温を表しています。

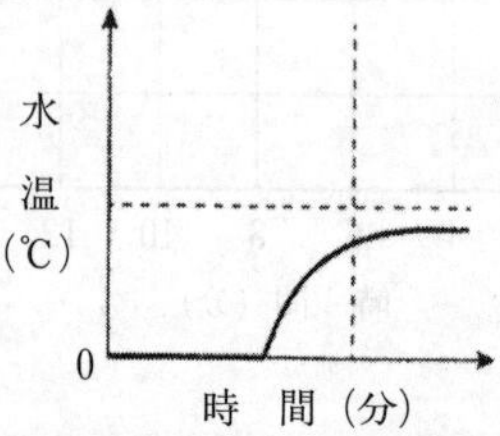

あ

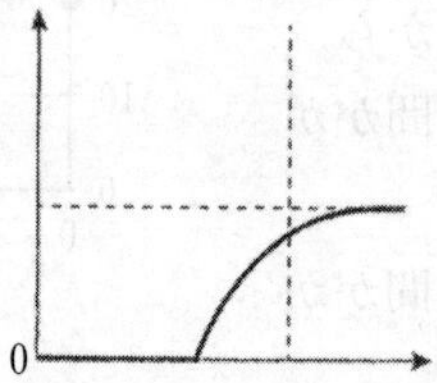

い

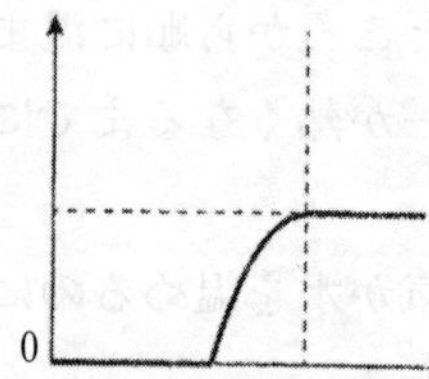

う

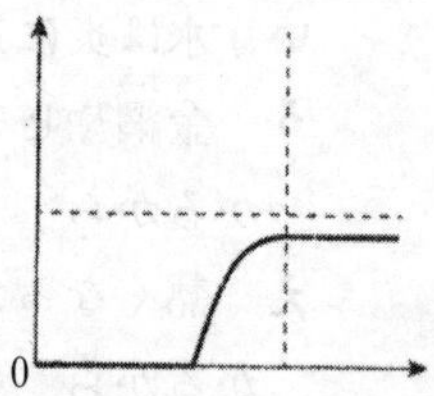

え

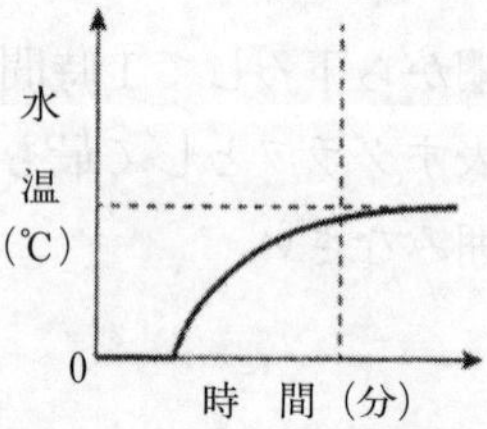

お

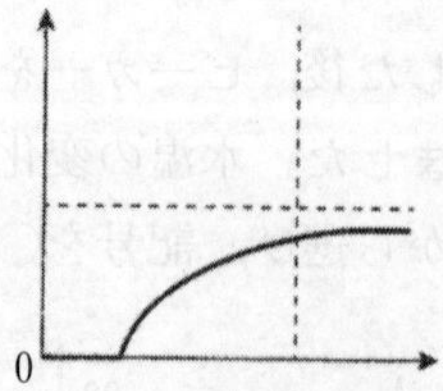

か

2　ある場所で，地下の様子を知るためにボーリング調査を行いました。ボーリング試料を観察したところ，次のページの図のように下から**ア**～**オ**の地層があることが分かりました。地層**ア**は，泥《でい》岩でできていて深い海にいる生物の化石が含《ふく》まれていました。この地層には大きなずれがありました。地層**イ**は，れき岩，砂岩，泥岩の薄《うす》い層の繰《く》り返しが見られました。地層**ウ**は，砂の層でアサリの化石が含まれていました。地層**エ**は，丸みを帯びているれきの層でした。地層**オ**は，地表に一番近く火山灰でできていました。観察の結果をもとにして，この地域の過去の様子を考えてみましょう。

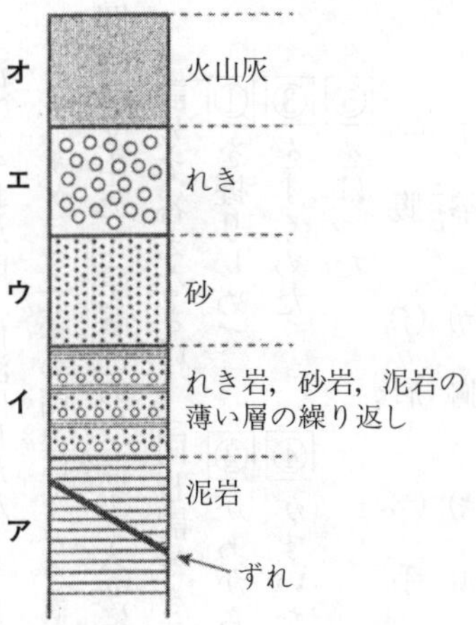

問1　地層**ア**に見られるような，地層の大きなずれを何といいますか。

問2　地層**イ**で，れき岩，砂岩，泥岩の層が繰り返されているのはなぜだと思いますか。

問3　地層**ウ**がたい積したときに，この場所で生きていたと考えられる生物は何ですか。**あ**～**か**の中から最もふさわしいものを選び，記号を○で囲みなさい。

あ　クジラ　　**い**　コイ　　　　　　**う**　ザリガニ
え　ヒトデ　　**お**　サンショウウオ　**か**　タニシ

問4　地層**エ**のれきは，川原のれきと並び方がよく似ていました。れきの並び方は水の流れと関係があります。右の写真は，川岸から撮《と》った，対岸の川原の様子です。この写真で，川の上流は**A**と**B**のどちらですか。記号を答え，そう考えた理由も書きなさい。

問5　地層**オ**の火山灰を水でよく洗い，地層**ウ**の砂粒《つぶ》と比べてみると，形に違《ちが》いが見られました。それはどのような違いだと思いますか。また，そのような違いができる理由を書きなさい。

問6　この地域の地層は，**ア**から**オ**の順番に，たい積した環《かん》境が変わってできたことが分かっています。この地域はどのように変わっていったと思いますか。それぞれの地層がたい積した環境について簡単に触《ふ》れながら説明しなさい。

3　袋《ふくろ》の中に，形の違《ちが》う2種類のネジが1本ずつ入っています。それぞれのネジについて，違いがわかるように図をかき，その違いを文章で説明しなさい。ただし，文字や印，傷などは考えないことにします。（試験が終わったら，ネジは袋に入れて持ち帰りなさい。）

＜配られたネジの写真＞

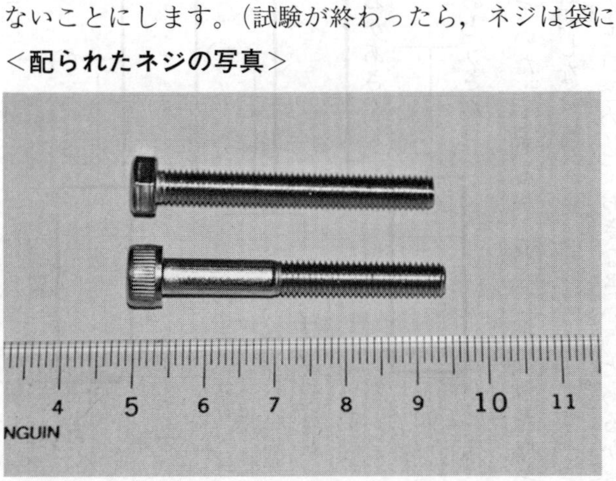

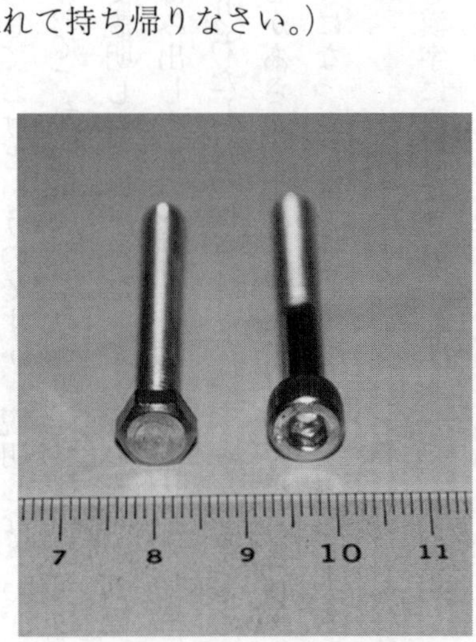

だとおもっていたの。やさしくて、いつも一緒にいてくれたから。小学生になるころには、お姉さんなんだってわかってたけど、十二も歳が離《はな》れているから、きょうだいだっていう気がしなくてね。でも、このごろ、やっぱりわたしたちはきょうだいなんだっておもうのよ」

そのあと、おかあさんは千夏おばさんが家を出ていったときの悲しさや、おばあちゃんがさみしそうにしていたので、お茶をおしえてもらうことにしたといった話をしてくれた。

おばあちゃんは点滴をうけながら静かにねむっていた。

「それで健ちゃんは、弟と妹のどっちがほしいの？」

とつぜんきかれて、ぼくはあせった。

「どっちでもいいよ。ぼくが決められることじゃないんだし」

「でも、弟だったら、一緒にサッカーができるし、妹だったらかわいいし」

「本当に、どっちでもだいじょうぶだよ。ちゃんと仲良くするから」

そう答えながら、ぼくはいつかその子に今日の出来事を話してあげたいとおもった。それはずっとずっと先のことだろうけれど、その日はきっとくる気がした。

（佐川光晴《さがわみつはる》の文による）

（注）　＊お点前《てまえ》…作法にしたがってお茶を立てること。
　　　＊ゲラ…文字の間違《まちが》いなどを直すための試し刷り。

問一　文中の二重線部の空欄《くうらん》①～⑤に入る語を後の(ア)～(キ)から選び、記号で答えなさい。（同じ記号を二度使ってはいけません）

①を握りしめて　　②があがらない
③をすくめた　　④がすいた
⑤をはった

(ア)腹　(イ)肩《かた》　(ウ)手　(エ)足
(オ)拳《こぶし》　(カ)胸　(キ)頭

問二　「おかあさんのきょうだい」を含む家系図を、左の空欄に名前を入れて完成させなさい。

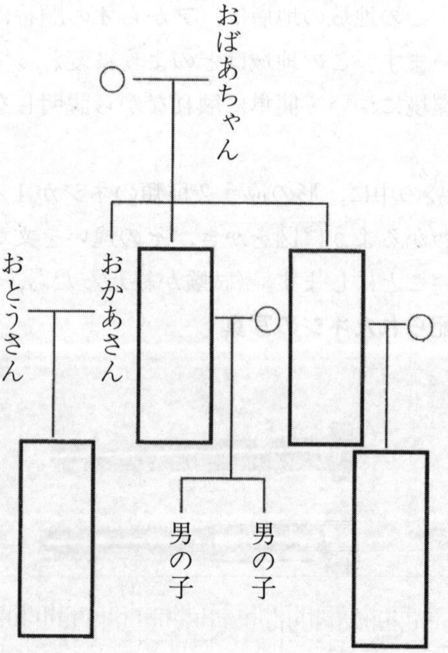

問三　「ぼくはウキウキしていた」とあるが、どうして「ウキウキ」していたのですか、説明しなさい。

問四　「健斗くんに、ちゃんと口どめしておきなさい」とあるが、どのようなことを口どめしておけというのですか、説明しなさい。

問五　「千夏おばさんがあわてて弁解した」とあるが、それはどうしてですか。三行以内で説明しなさい。ただし、一行の枠内《わくない》に二行以上書いたり、枠をはみ出して書いたりしてはいけません。

問六　「このごろ、やっぱりわたしたちはきょうだいなんだっておもうのよ」とあるが、おかあさんがこのように千夏さんを「きょうだい」と実感するようになったのはどうしてですか、説明しなさい。

問七　文章中の**カタカナ**を漢字に直しなさい。

でも、目はつむったままだし、意識があるようには見えなかった。

千夏おばさんは両手の指先を畳《たたみ》につけて、深々とおじぎをした。ぼくのおかあさんも、千夏おばさんと同じようにおじぎをした。その時間はとても長くかんじられた。

姿勢をもどした千夏おばさんが腕時計《うでどけい》を見て、「あら、もう六時になるわね」とつぶやいた。

そのことばを待っていたようにチャイムが鳴った。千夏おばさんを先頭に三人で玄関《げんかん》にむかうと、カバンを持った看護師さんと一緒におとうさんが立っていた。

「ちょっと④がすいたんで、きてみたんだ。十分くらいで、また会社にもどらなくちゃいけないんだが」

おどろいて返事のできないおかあさんにかわって、千夏おばさんがおとうさんにあいさつをした。

「まあまあ、田中さん。よくきてくださいました」

看護師の女性は急いでいるらしく、「すみません、おじゃまします」と言って、廊下を奥《おく》にむかった。ぼくたちもついていくと、おばあちゃんが苦しんでいた。声にならない声をだして、頭を左右にふっている。

「だいじょうぶですよ。すぐにタンを取りますからね」

やさしい声でおばあちゃんに話しかけると、看護師さんはカバンからとりだしたビニールの手袋《てぶくろ》をはめた。千夏おばさんが吸引器をセットして、看護師さんは右手に持った透明《とうめい》なチューブをおばあちゃんの鼻の穴に入れた。そのまま、どんどんチューブを奥に入れていく。

ぼくはこんな光景を見るのは初めてだった。おばあちゃんは痛がりもせず、タンが吸いあげられるにつれて苦しまなくなった。

「この方はすごいのよ。このあいだまでいた病院では、新人の看護師にタンの吸引をさせるものだから、おばあちゃんが痛がって見ていられなかったもの」

千夏おばさんが言って、おとうさんが感心したようにうなずいた。

「オムツは、かえましたか?」

看護師さんの質問に、千夏おばさんが首を横にふった。

「それなら、点滴のパックを交換《こうかん》するまえにかえてしまいましょうか? 床《とこ》ずれの様子も見たいので」

おとうさんに肩《かた》をたたかれて、ぼくたちは廊下に出た。

「悪かったな、健斗。いろいろ気をつかわせて」

「そんなことないよ。いそがしいのに、きてくれてありがとう」

「学校は、どうだった?」

おとうさんにきかれて、ぼくは昼休みにハリケーン・リレーの練習をしたことや、算数のテストがちゃんとできたことを話した。安心しておとうさんの顔を見るのは久しぶりだった。

「ありがとうございました」と、千夏おばさんとおかあさんがお礼を言う声がした。

「なにかありましたら、遠慮《えんりょ》せずにご連絡ください」

看護師さんが廊下に出てきて、「ありがとうございました」と、おとうさんが頭をさげた。ぼくも感謝のきもちをこめておじぎをした。

看護師さんにつづいて、おとうさんと千夏おばさんも帰っていった。おとうさんがおばあちゃんの家にもどってくるのは、夜の十時半すぎになるという。

「ほらね、やっぱりおとうさんはきてくれたでしょ」

ぼくはおかあさんに⑤をはった。

「ごめんなさい。本当にもうしわけありませんでした。だから、おとうさんには疑ったことは言わないでね」

ぼくがエラそうにうなずくと、おかあさんがぺこりと頭をさげた。

「おかあさんはね、小さいころ、千夏お姉ちゃんのことをおかあさんってたまに帰ってくれれば、さんざん文句を言われてね。結婚《けっこん》にも、共働きで子育てをすることにも反対されて、もういいかげんにしてほしいってかんじだったわ」

そこまでをひと息に話すと、千夏おばさんはおばあちゃんを横目で見た。

「正直に言うとね、お医者さんから、もう意識はもどりそうにないって言われたときに、わたしはそれなら看病ができるっておもったの。薄情《はくじょう》なようだけど、おかあさんが意識があったらたいへんよ。ああでもない、こうでもないって、いちいち指図をされて。どんなに気をつかっても、文句を言われて」

「そんなこと言っても、お姉ちゃんはおかあさんにもう一度、お茶をたててもらいたいんじゃないの」

おばあちゃんの枕《まくら》もとには竹の筒《つつ》がおいてあった。抹茶《まっちゃ》をすくう茶しゃくを入れておくもので、おばあちゃんはとてもたいせつにしていた。

「ああ、あれね。あれは看護師さんが、手にものを持たせると刺激《しげき》になって、意識が**カイフク**するキッカケになるかもしれませんって言うからよ。『ふだんよく手にしていたものはありませんか？』ってきかれたから、てきとうに選んだだけ」

千夏おばさんがあわてて弁解したので、ぼくはおかしかった。

「話しかけるのも大切なんですって。きのうの夕方おみまいにきてくれた茶道部の生徒さんたちにお願いしたら、ひとりひとり感謝のことばをかたりかけてくれたんだけど、おかあさんはなんの反応もなし。もっとも、行雄がいくら呼んでもぴくりとも動かなかったんだから、お医者さんの言うとおりで、意識がもどる見こみはないんでしょ」

「お姉ちゃんは、おかあさんにどんなことを話してるの？」

ぼくのおかあさんがきくと、千夏おばさんが ③ をすくめた。

「なにも話してないわ。だって、おかあさんへの文句ばかりになっちゃうもの。この家でも原稿《げんこう》を読んだり、＊ゲラのチェックをするくらいならできるけど、不便であることにかわりはないし。明るいうちならまだしも、夜になってから長年にわたるうらみつらみを話していたら、とりかえしのつかないことをしでかしちゃうかもしれないじゃない」

千夏おばさんはにこやかな顔で話したが、ぼくはどう反応すればいいのかわからなかった。

「いまなら健斗とわたしがいるから、なにを話してもだいじょうぶよ」

「いいわよ。おかあさんへの文句なら、さっきも言ったから」

「おかあさん、聞こえますか？　こんなふうに悪態をついてばかりいますけど、千夏お姉ちゃんが一番よく看病をしているんですよ。おかあさんがこのうちに帰ってこられたのも、千夏お姉ちゃんのおかげですからね。感謝してくださいね」

「ちょっと、やめて。わたしはそんな**オン**着せがましいつもりでやってるんじゃないんだから」

千夏おばさんとおかあさんが言いあっていると、おばあちゃんが頭を動かした。なにかをさがすように、顔を左右にむけている。

「おかあさん、おばあちゃんが」

ぼくはおどろいて、おもわずあとずさりした。

「おかあさん」

千夏おばさんが、おばあちゃんの枕もとに正座をした。おかあさんも、千夏おばさんのとなりに正座をして、おばあちゃんに話しかけた。

「おかあさん、わかりますか？　千夏お姉ちゃんですよ。一生懸命《いっしょうけんめい》、おかあさんの看病をしているんですよ」

すると、おばあちゃんが顔をおかあさんたちのほうにかたむけた。

千夏おばさんに言われて、おかあさんとぼくは洗面所に行った。古い木造住宅なので、廊下《ろうか》を歩くと板がきしんだ。洗面台も小さくて、気をつけて手を洗わないと、はねた水が床《ゆか》をぬらしてしまう。おばあちゃんはお茶の＊お点前《てまえ》をする部屋でねていた。寝室は二階だけど、介護をするのには不便なので、一階の和室にふとんをしいたという。

おばあちゃんは静かに寝息《ねいき》を立てていた。点滴《てんてき》をしているので病院とかわらないかんじだけど、顔色はまえよりもよかった。やっぱり、おばあちゃんにはこの部屋があっている。

それから、千夏おばさんがおばあちゃんの介護について説明をしてくれた。このあと午後六時に、近くの病院の看護師さんが訪問看護にきてくれる。点滴のパックをとりかえて、のどについたタンも吸引器で取ってくれる。家族がしてもいいのだが、いまのところ看護師さんにお願いしている。ただし、オムツはこっちがかえる。

千夏おばさんは看護師さんの**ショチ**がすむまで一緒にいてくれるというので、ぼくはホッとした。おかあさんも安心したみたいで、おばあちゃんのそばにすわり、おでこや髪《かみ》をなでている。時計を見ると、六時まで二十分くらいあった。

「ぼく、トイレに行ってくる」

ところが、おとうさんがきてくれるかどうかが心配で、なかなかオシッコが出ない。たぶん、ぼくは五分以上もトイレにいたとおもう。

ようやくすませて、お点前をする部屋の手前までくると、千夏おばさんの笑い声が聞こえた。

「まったく、もう。あんたは小さいころから疑《うたぐ》りぶかかったのよね。田中さんが聞いたらおこるわよ。健斗くんに、ちゃんと口どめしておきなさい」

「だいじょうぶだよ。ぼくは口がかたいから」

ふすまを開けるなりそう言うと、千夏おばさんが手をたたいて笑った。

「ひとりっ子はたいへんよね。自分ひとりで両親のあいだをとりもたなくちゃいけないんだから。うちの奈緒も、わたしが知らないところで、ずいぶん気をつかってたみたい」

本当にそのとおりなのだというきもちをこめて、ぼくは大きくうなずいた。そのとき、おばあちゃんがセキこんだ。千夏おばさんがそばによって胸をさすると、おばあちゃんは静かになった。

「奈緒はね、自分と同じ苦労はさせたくないから、子どもを産むなら二人以上にするんですって。そうよ、あんたはまだ若いんだし、もうひとりつくればいいじゃない。健斗くんなら、やさしいお兄ちゃんになるわよね」

千夏おばさんに言われて、ぼくはさっきよりもさらに大きくうなずいた。

「ほら、がんばりなさい」

おばさんにはげまされると、おかあさんはこまったようにうつむいた。

それから千夏おばさんが、子どもだったころの話をしてくれた。まえにも少しだけ聞いたことがあったけれど、千夏おばさんとおばあちゃんはとても仲が悪かったそうだ。だから、お茶もおそわらなかったという。

「おかあさんは、とにかく行雄のことが大好きでね。わたしがいくら成績が良くても、ちっともほめてくれないの。高校生のときが一番険悪だったかしら。口をひらけば、女には勉強よりもたいせつなことがあるって言って、もう顔を見るのもイヤだったわね。おとうさんは、おかあさんに②があがらないし。だから、大学に進むときに家を出たのよ。いっそのこと縁《えん》を切りたかったけど、そうもいかないとおもおかあさんの声は明るかった。

「金曜日のことは、どうなったの？」

「すぐには返事ができないって。でも、まえむきに**ケントウ**してみるって」

「なんだか、会社のひとどうしの話しあいみたいだね」

ぼくが言うと、おかあさんがふきだした。そのあと食べた朝ごはんがおいしくて、ぼくはおかわりをした。

金曜日の朝がきた。おとうさんが会社からまっすぐおばあちゃんの家にきてくれるというので、おかあさんはすごくよろこんでいた。ぼくもうれしかったけど、緊張《きんちょう》もしていた。今夜、おばあちゃんが死んでしまうんじゃないかと心配だったからだ。

——カゼをひいたらおばあちゃんのうちに行かなくてすむよな。

ぼくはひそかにぐあいが悪くなることを期待しながら授業をうけた。でも、セキも出なければ、おなかも痛くならなかった。

五時間目がおわり、ぼくは家に帰った。ひと休みしてから、おかあさんとぼくはバスで駅にむかった。おばあちゃんの家まではJRの電車と地下鉄で一時間くらいかかる。

電車のシートにならんですわっていると、おかあさんの携帯《けいたい》電話にメールがとどいた。

「おとうさんだわ」

そうつぶやいてメールを読みだしたおかあさんは、「もう、どうして」と、くやしそうに言って、携帯電話をぼくに見せた。

〈急な仕事が入って、何時に会社を出られるかわからない。しかし、真夜中になってもそっちに向かうつもりでいる。**マコト**に申し訳ない。取り急ぎ連絡《れんらく》まで。〉

おとうさんからのメールを読んで、ぼくはホッとした。何時になったとしても、おとうさんはおばあちゃんの家にきてくれるのだ。ところが、おかあさんはおとうさんを疑っていた。

「本当なのかしらね。つぎには、仕事がおわらなくて徹夜《てつや》になりそうだなんてメールを送ってくるかもしれないわ」

「それじゃあ、おとうさんは初めからおばあちゃんの家にくるつもりはなくて、おかあさんやぼくにウソをついてたってこと？　それは絶対にないって」

そんなふうにおとうさんを疑うおかあさんが情けなくて、ぼくの目から涙がこぼれた。

「ごめんなさい、健ちゃん。おかあさんが悪かったわ」

電車のなかなので、おかあさんの声は小さかった。

「おとうさんは、かならずくるよ」

そう言いながら、もしもおとうさんがおばあちゃんの家にこなかったらどうなってしまうのだろうと、ぼくは不安になった。

「くるから。おとうさんは絶対にくるから」

ぼくは ① を握《にぎ》りしめて、じっと目をつむった。

「こんにちは、健斗《けんと》くん。今日はごくろうさま」

おばあちゃんの家に着くと、千夏おばさんがむかえてくれた。

「こんなときだから、お仏壇《ぶつだん》にお線香《せんこう》はあげなくていいからね」

おばさんが冗談《じょうだん》めかして言って、「もう、お姉ちゃんたら。へんなことを言わないでよ」と、おかあさんが笑顔になった。

千夏おばさんは**ヘンシュウ**者をしていて、そのせいか話がとてもおもしろい。歳《とし》はおかあさんより十二も上で、二人のあいだに行雄《ゆきお》おじさんがいる。千夏おばさんの子どもは奈緒《なお》さんひとりで、もう大学生だ。行雄おじさんのところには高校生と中学生の男の子がいる。

「おばあちゃんに会うまえに、うがいと手洗いをしてきてね」

平成二十九年度 武蔵中学校

【国語】（五〇分）〈満点：一〇〇点〉

次の文章を読んであとの質問に答えなさい。

（注）小学校三年生の「ぼく」のおばあちゃんは急に倒《たお》れ、入院した。おかあさんは付《つ》き添《そ》いのため病院に泊《と》まり込《こ》むことがつづき、そのことが原因でおとうさんと不仲になっていた。

おばあちゃんが退院したのは、つぎの週の火曜日だった。元気になったからではなくて、これ以上は病院にいても治療《ちりょう》のしようがないからだ。それなら自宅で介護《かいご》をしようと、おかあさんのきょうだいで話しあって決めたという。千夏《ちなつ》おばさんがおばあちゃんの家でくらして、みんなもできるはんいで手助けをする。ヘルパーさんの手も借りるし、近くのお医者さんも協力してくれて、おばあちゃんの様子が急変したときには夜中でも診察《しんさつ》にきてくれるとのことだった。

「健ちゃん。そういうわけだから、今度の金曜日はおばあちゃんのうちに泊まらない？」

おかあさんにさそわれて、ぼくの胸がドキンと鳴った。

――その夜に、おばあちゃんが死んだらどうしよう。

考えただけで、ぼくはこわかった。

「おとうさんも一緒《いっしょ》ならいいよ」

とっさに答えると、おかあさんが目をそらした。

「だって、ほら。おばあちゃんにもしものことがあったら、おかあさんひとりじゃたいへんでしょ。ぼくじゃあ、たよりにならないし」

せっかくいいアイディアをおもいついたのに、おかあさんは目をそらしたままだった。

おとうさんとケンカをしてから、おかあさんはおばあちゃんの病室に泊まっていなかった。だからといって仲なおりをしたわけではなくて、土日のあいだも、おとうさんとおかあさんはほとんど口をきいていなかった。運動会が行われる来週の土曜までには、なんとかして仲なおりをしてほしい。

「ぼくがおとうさんにお願いしてみようか？　おそい時間になってもいいから、おばあちゃんのうちにきてくださいって。それで三人で泊まろうって」

おかあさんとは反対に、ぼくはウキウキしていた。たしか、おとうさんの会社からおばあちゃんのうちまでは地下鉄一本で行けたはずだ。

「わかったわ。今夜、おかあさんからおとうさんにお願いしてみる。でも、もしもおとうさんが無理だって言っても、おとうさんをきらいになっちゃダメよ」

おかあさんは、自分に言いきかせているようだった。

その晩、ぼくはなかなかねむれなかった。おとうさんとおかあさんがまたケンカをはじめたら、ぼくはすぐに部屋《へや》をとびだして、おとうさんにあやまるつもりだった。

十時まではおきていたけど、ぼくはいつのまにかねむってしまったらしい。

「健ちゃん、もう七時になるわよ」

おかあさんの声がして、ぼくは目をさました。おかあさんがドアのところからこっちを見ている。

「おとうさんは？」

「もう会社に行ったわ」

平成29年度

武蔵中学校 ▶解説と解答

算数 (50分) ＜満点：100点＞

解答

1 75匹，116匹　2 (1) 8.5cm　(2) 115.6cm^2　3 (1) 分速120m　(2) B，65分後　(3) 87分後　4 (1) 3点　(2) (例) 解説を参照のこと。　(3) 5，6　(4) 10，12，15，39，42

解説

1 割合と比，調べ

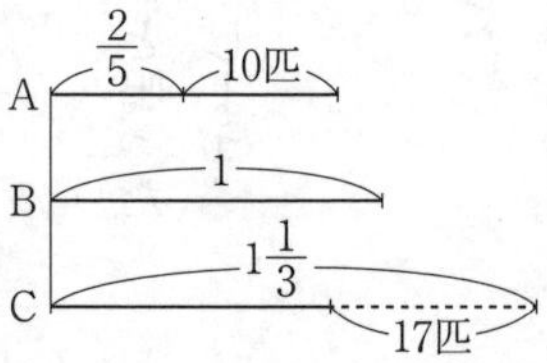

右の図で，Bにいるやぎの数が最も多く，AにはBの$\frac{2}{5}$倍より10匹《ぴき》多いやぎがいるから，Bの，$1-\frac{2}{5}=\frac{3}{5}$(倍)は10匹より多い。つまり，Bにいるやぎの数は，$10\div\frac{3}{5}=10\times\frac{5}{3}=16\frac{2}{3}$(匹)より多い。また，CにはBの$1\frac{1}{3}$倍より17匹少ないやぎがいるので，Bの，$1\frac{1}{3}-1=\frac{1}{3}$(倍)は17匹より少ない。よって，Bにいるやぎの数は17匹以上，$17\div\frac{1}{3}=51$(匹)より少なく，5と3の倍数だから，30匹か45匹と決まる。したがって，A，B，Cにいるやぎの数の合計として考えられるものは，$30\times\left(\frac{2}{5}+1+\frac{4}{3}\right)+10-17=12+30+40+10-17=75$(匹)，$45\times\left(\frac{2}{5}+1+\frac{4}{3}\right)+10-17=18+45+60+10-17=116$(匹)となる。

2 平面図形―相似，長さ，面積

図①

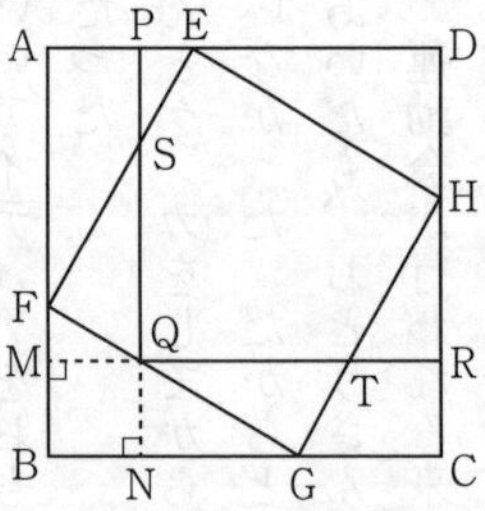

図②

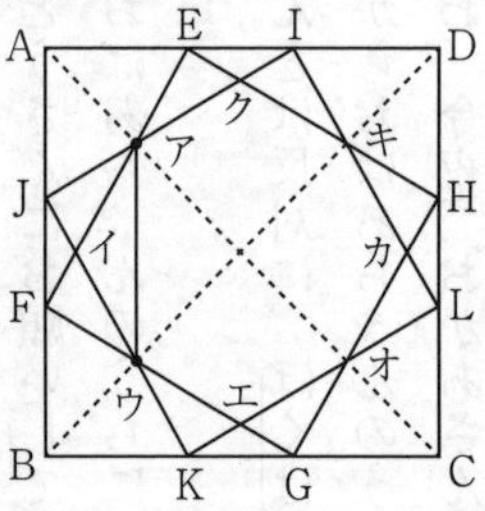

(1) 左の図①で，AB＝BC，PQ＝QRより，MQ＝NQである。さらに，三角形EAFと三角形FBGは合同で，AE＝BF，AP＝MQ＝NQより，PE＝MFとなるから，三角形EPSと三角形FMQは合同である。よって，PS＝MQ＝APであり，EP：PS＝EA：AF＝6：10＝3：5なので，EP：AP＝3：5より，$PS=AP=6\times\frac{5}{3+5}=\frac{15}{4}$(cm)となる。したがって，このとき，SQの長さは，$10+6-\frac{15}{4}\times2=16-7.5=8.5$(cm)である。

(2) 上の図②の点ア，ウは，それぞれ図①の点S，Qと同じ点になるから，アウの長さは8.5cmであり，辺ABと辺アウは平行になる。よって，三角形アJFの面積は，$(10-6)\times\frac{15}{4}\times\frac{1}{2}=\frac{15}{2}$(cm^2)で，Fイ：アイ＝FJ：アウ＝4：8.5＝8：17なので，三角形アJイの面積は，$\frac{15}{2}\times\frac{17}{8+17}=\frac{15}{2}\times\frac{17}{25}=\frac{51}{10}=5.1$(cm^2)，正方形IJKLの面積は，$16\times16-6\times10\div2\times4=256-120=136$(cm^2)である。したがって，八角形アイウエオカキクの面積は，$136-5.1\times4=115.6$(cm^2)となる。

3 旅人算

(1) AとBは5分後に初めて出会ったから，AとBの速さの和は，分速，1800÷5＝360(m)であり，AとBの速さの比は，3：6＝1：2である。よって，Aの速さは，分速，360÷(1＋2)＝120(m)となる。

(2) B，Cの速さはそれぞれ，分速，120×2＝240(m)，分速，$120\times\frac{2}{3}$＝80(m)である。AとBが最初に出会ったとき，AとCは，(240−80)×5＝800(m)離《はな》れているので，次にAがCと同じ位置に来るとすると，それはさらに，(7200−800)÷(120−80)＝160(分)進んだときである。また，次にAがBと同じ位置に来るとすると，それはAとBが最初に出会ってから，7200÷(240−120)＝60(分後)になる。よって，Aが最初にBと出会って向きを変えたあと，次に再び向きを変えるのはBと同じ位置にいるときで，それは出発してから，5＋60＝65(分後)である。

(3) 60分間にAは，120×60＝7200(m)進む。つまり，ちょうど1周しているので，Bに追いつかれる前にQ地点を通過し，Bに追いつかれたとき，Q地点から，240×5＝1200(m)の地点にいる。また，このとき，CはQ地点の，7200−80×65＝7200−5200＝2000(m)手前にいる。よって，Aが再び向きを変えたとき，AとCの間の道のりは，1200＋2000＝3200(m)だから，その，3200÷(120＋80)＝16(分後)にCと出会うが，Cと出会う前にQ地点を再度通過している。さらに，AとCが出会うのはQ地点から，120×16−1200＝1920−1200＝720(m)の地点で，AはCと出会った後に向きを変えてQ地点の方にもどる。したがって，3人の移動のようすは右上のグラフのようになり，Aが3回目にQ地点を通過したのは，Cと出会ってから，720÷120＝6(分後)なので，出発してから，65＋16＋6＝87(分後)とわかる。

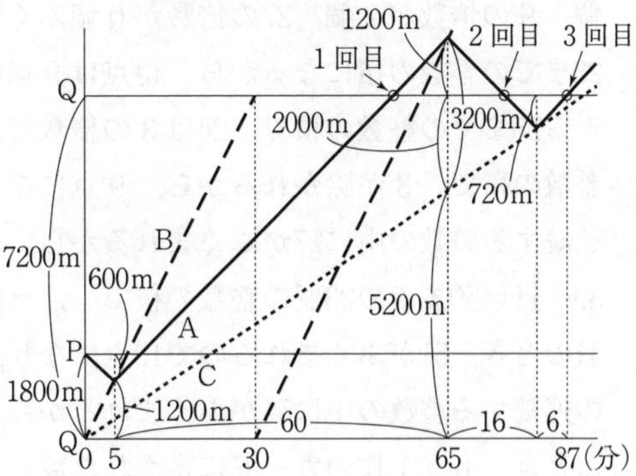

4 整数の性質，倍数

(1) 2，38を取り出したとき，38との差が2以下である数は36，37，38，39，40だから，C＝36×37×38×39×40であり，このうち，36は3で2回，39は3で1回割り切れる。よって，Cは3で，2＋1＝3(回)割り切れるので，得点は3点である。

(2) Aとの差Bは1以上だから，CはA，Aより1小さい数，Aより1大きい数の3個以上の数の積になる。つまり，Cは3個以上の連続した整数の積であり，少なくとも1個は3の倍数がふくまれるので，Cは1回以上3で割り切れる。よって，得点が0点になることはない。

(3) 右の図のように，Bが1のとき，C＝49×50×51であり，3の倍数は51だけで，得点は1点になる。Bが2のとき，C＝48×49×50×51×52で，48は3で1回割り切れるから，1点増える。Bが3のとき，C＝47×48×49×50×51×52×53であるが，47，53はどちらも3の倍数ではないので，得点は増えない。Bが4のとき，46と54が加わり，54＝3×3×3×2より，54は3で3回割り切れるから，得点は3点増える。つまり，Bが4のときの得点は5点になる。Bが5のとき，45と55が加わり，45＝3×3×5より，45は3で2回割り切れるから，得点は，5＋2＝7

B	
1	49×50×51
2	48×49×50×51×52
3	47×48×49×50×51×52×53
4	46×47×48×49×50×51×52×53×54
5	45×46×47×48×49×50×51×52×53×54×55

(点)になる。さらに，44と56が加わっても両方とも3の倍数ではないので，得点は7点のままである。また，これに43と57が加わると，$57=3\times19$より，得点は1点増える。以上より，もう1枚のカードに書かれた数は5か6とわかる。

(4)　$A=11$のとき，Bは10以下だから，Cは最も大きくて1から21までの整数をかけ合わせたものになる。ここで，1から21までの整数の中に3の倍数は7個あり，9と18は3で2回ずつ割り切れる。つまり，$B=10$のとき，得点は，$7+2=9$(点)になる。また，$B=9$のとき，Cは2から20までの積であり，21がはずれるので，得点は，$9-1=8$(点)になる。次に，Bが11のとき，Cは，$11\times2+1=23$(個)の連続する整数の積になるから，3の倍数は7個または8個あり，そのうち，3で2回割り切れる数が2個または3個ある。また，$3\times3\times3=27$の倍数は3で3回割り切れる。つまり，Bが11のときの得点は，$7+2=9$(点)以上なので，得点が9点となるのは3の倍数が7個，9の倍数が2個，27の倍数が0個ふくまれるときになる。さらに，$A=12$のとき，Cは1から23までの整数の積になるから，得点は9点になる。$A=13$，14のとき，Cはそれぞれ2から24，3から25までの整数の積で，24は3の倍数だから，10点になる。$A=15$のとき，Cは4から26までの整数の積で，3が除かれるから，9点になる。また，Aが16から，$27+11=38$までのとき，23個の連続する整数の中に27がふくまれるから，ふさわしくない。Aが39のとき，Cは，$39-11=28$から，$39+11=50$までの23個の整数の積で，$A=12$のときと同様に得点は9点になる。同様に，Aが40，41のとき，51がふくまれるので10点になり，Aが42のとき，9点になる。Aが43以上のとき，23個の連続する整数の中に54がふくまれるから，得点は10点以上になる。したがって，得点が9点となるとき，もう1枚のカードに書かれた数として考えられるものは，10，12，15，39，42とわかる。

社 会　(40分)＜満点：60点＞

解 答

問1　**糸魚川市**…ウ　**松本市**…エ　**塩竈市**…ア　**問2**　(例)　かん水は海水より塩分が濃いため，煮つめる時間が短く，燃料も少なくてすむから。　**問3**　(例)　幕府が置かれた江戸の近くにあり，塩を安定して確保することができるから。　**問4**　(例)　瀬戸内海沿岸は遠浅の海岸が多く，潮の干満の差も大きいから。(瀬戸内海沿岸は降水量が少なく晴れの日が多いため，水分を早く蒸発させられるから。)　**問5**　日露戦争　**問6**　(例)　塩田のように広い土地を必要としない点。／塩田による塩づくりのように多くの人手を必要としない点。(気象条件に左右されることがなく，安定的に塩を生産できる点。)　**問7**　(1)　(例)　高度経済成長で工業が発展し，ソーダ工業用の塩の需要が増えたから。　(2)　(例)　国内産の塩は電気代などがかかるため価格が高いが，外国産は岩塩を原料にしているので価格が安く，そのぶん工業製品の生産コストを下げることができるから。　**問8**　(例)　昔ながらの塩づくりや塩田を残していくことは，自然と人間が共生し，高い生物生産性と生物多様性を保つことになり，自然環境の保全にもつながるという社会的意義がある。(昔ながらの塩づくりや塩田を残していくことは，人間が生きてゆくために欠かせない塩が自然の恵みであることを意識させ，その恵みをもたらす自然環境の保全に対する関心を高め，自然と人間の共生を考えるきっかけになるという点で社会的意義がある。)

解　説

塩づくりの歩みを題材にした総合問題

問1　糸魚川市《いといがわ》(ウ)は新潟県の南西端《たん》に位置する都市で，2015年３月，北陸新幹線の長野駅―金沢駅(石川県)間が開業したのにともない，新幹線の駅が置かれた。中央高地の日本海側から太平洋側にのびる「フォッサマグナ(大地溝帯)」の西端にあたる「糸魚川―静岡構造線」上に位置し，地質学的な重要性から世界ジオパークに登録されている。松本市(エ)は長野県の中央部やや西寄りに位置する都市で，江戸時代に松本城の城下町として発展した。明治時代に和洋折衷《せっちゅう》の建築物である開智学校が建てられたところとしても知られる。塩竈《しおがま》市(ア)は宮城県の仙台湾(松島湾)に面して位置する都市で，江戸時代に仙台の外港として栄え，現在では日本有数の漁港として知られる。なお，イは新潟市，オは大月市(山梨県)，カは浦安市(千葉県)，キはいわき市(福島県)。

問2　古代に行われていた「藻塩《もしお》焼き」という塩づくりの方法について，「海藻《かいそう》についた塩の結晶《けっしょう》を利用して濃《こ》い塩水(かん水)をつくり，それを煮《に》つめて塩を取り出した」と説明があり，「かん水」は濃い塩水であることがわかる。このように，海水よりもかん水は塩分が濃いのだから，かん水を煮つめたほうが塩を取り出すのに必要な時間が短く，使う燃料も少なくてすむ。

問3　問題文に，行徳《ぎょうとく》塩田は現在の千葉県市川市の東京湾沿いにあったと書かれている。塩は人間が生きていくうえで必要不可欠のものであり，江戸の街並みが拡大して人口も増えるにしたがって，塩の需要《じゅよう》も増えていく。また，戦乱が発生したさいなどは，江戸城で必要とされる塩を確保しなくてはならない。その塩を確実に供給できる行徳塩田は，江戸のすぐそばにあったため，幕府はこれを重要視し，保護したのである。また，「ここで取れる塩は『行徳塩』として江戸のほか，関東・東北地方にも供給されました」とあり，行徳塩田が周辺の地方へ塩を供給する拠点《きょてん》になっていたこともわかる。

問4　江戸時代に瀬戸内海沿岸で考案された「入浜式塩田」の説明に，「入浜式は，遠浅の海に堤を築いて塩田をつくり，潮の満ち引きを利用して海水を入れ，塩田の砂に海水をしみわたらせる方法」とあり，「揚浜《あげはま》式よりも少ない労力で大量に生産できる」とされている。瀬戸内海はおだやかな内海で，遠浅の海が多く，潮の干満の差も大きいため，こうした入浜式塩田に適していたと考えられる。また，瀬戸内海沿岸は瀬戸内の気候に属しており，年間降水量が少なく，晴れの日が多いという気象条件も，太陽熱と風力で水分を蒸発させる効果が大きい。

問5　塩の専売制は，日露戦争(1904～05年)の戦費調達を目的に法制化された。この戦争は短期間とはいえ，戦費がふくらみ，日清戦争(1894～95年)の約２億円に対し，約15億円と7.5倍にもなった。動員兵力も死傷者の数もけた違いに大きく，政府は塩に課税するなどの政策をとらざるを得なかったのである。なお，塩の専売制はその後も継続され，反対する世論がたびたび高まったものの，1997年に廃止されるまで続けられた。

問6　これまでの塩田を利用した塩づくりでは，写真１や写真２からわかるように，広い敷地や多くの労働力が必要であった。一方，「イオン交換膜《こうかんまく》方式」は，問題文中に「電気を利用して化学的にかん水をつくる」方法とあり，工場生産が可能であることから，塩田を使った方式に比べ，広い敷地は必要なく，労働力も少なくてすむと考えられる。さらに，工場生産なので，気象条件に左右されことなく，安定した生産が可能であることも推測できる。

問7　(1)　図１を見ると，1960年代から1970年代初めにかけて，「ソーダ工業用」の塩の需要量が大《おお》幅《はば》に増えていることがわかる。また，図２を見ると，同じく1960年代から1970年代初めにかけて，「輸入」による塩の供給量が急激に増えていることがわかる。1960年代から1970年代初めは「高度経済成長」の時期で，工業の発展が著しかった。表「塩の使われ方」を見ると，「ソーダ工業用」の塩には石けん，パルプ，アルミ製品，塩化ビニル製品，ガラス製品など日用品から建材まで多くの使いみちがあり，輸入量の増加はこうした工業製品の需要が高まったことを反映している。　(2)　問題文の初めのほうに「世界で生産されている塩の約３分の２は内陸で取れる岩塩を原料とし，海水を原料とするのは約３分の１です」とあり，「日本は岩塩に恵まれず，海水から塩をつくっていました」とある。塩のかたまりである岩塩から塩をつくるのは簡単だが，海水から塩をつくるのは容易なことではない。問題文にも「海水の塩分は約３％で，塩１kgをつくるには約40Ｌの海水が必要です」とあり，水を蒸発させるためには多くの燃料や労働力が必要となる。岩塩に恵まれない日本では，「イオン交換膜方式」による製塩業が主流となったとはいえ，その生産量には限りがあり，電気代や人件費の高い日本国内では，塩そのものの生産コストが高くなる。この時期に需要が増えたのは「ソーダ工業用」であり，それは工業でつくり出される工業製品の価格にも影響する。そのため，岩塩の豊富な国から塩を安く輸入したほうが，工業製品の生産コストを下げられるという利点があり，輸入量が増えたのである。

問8　問題文の終わりに「近年，塩田を含《ふく》む沿岸地域が里海《さとうみ》として再評価されたり，ユネスコエコパークとして認定されたりして保全の対象になりつつあります」とある。「里海」とは，高い生物生産性と生物多様性が求められる海域で，陸地の「里山」と同じように，人間と自然が共生する場所である。里海は，人間の手で陸地と沿岸海域が一体的に総合管理されるので，さまざまなものの循環《じゅんかん》機能が適切に保たれ，豊かで多様な生態系と自然環境を保全することになる。それがそこに暮らす人間に多くの恵みをあたえてくれるのである。つまり，かつてあった塩田や伝統的な塩づくりを残していくことは，自然と人間が共生し，高い生物生産性と生物多様性を保ち，自然環境を保全することにもつながるという社会的意義があり，また，このような製法で塩がつくられていたことを知ることで，塩が自然の恵みであることを私たちに意識させ，その恵みをもたらす自然環境の保全に対する関心を高めるきっかけにもなりうるだろう。なお，「ユネスコエコパーク」とは，ユネスコ(国連教育科学文化機関)が自然と人間の共生をめざして指定した保護地域(生物圏保存地域)のことで，日本では世界自然遺産に登録されている屋久島(鹿児島県)のほか，大台ヶ原(奈良県と三重県の境)，大峯山《おおみねさん》(奈良県)，大杉谷(三重県)など数件が認定されている。

理　科　(40分)　＜満点：60点＞

解　答

1　**問１**　解説の図を参照のこと。　**問２**　う　**問３**　(例)　室温が低いと，熱が空気中へ逃げる割合が多くなるから。　**問４**　う　**問５**　あ／理由…(例)　氷の量が増えると，氷がすべてとけるまでの０℃が続く時間が長くなり，湯が失う熱の量は多くなる。さらに，０℃の水の量が少し増えるため，水温の上がり方は実験２よりゆるやかになり，一定となる水温は低くなる。　**2** **問１**　断層　**問２**　（例）地層ができた当時，海に注ぐ川で洪水などが繰り返し起こったから。　**問３**　え　**問４**　Ｂ／理由…（例）石は川の流れに押されて，下流側へとかたむくから。　**問５**　（例）違い…火山灰の粒は角ばっているが，砂粒は丸みを帯びている。／理由…砂粒は川の流れで運ばれるときにぶつかり合うなどして角がとれるが，火山灰は流れる水のはたらきを受けずにたい積するから。　**問６**　（例）地層アの泥岩の層ができた当時は深い海底であったが，川の流れが大きく変わるような気象の変動が繰り返し起きて地層イができ，その後は，砂の層の地層ウ，れきの層の地層エの順に層ができていることから，以前よりも海底が浅くなっていった。そして，近くの火山がふん火して火山灰がたい積し，地層オができた。
3 解説を参照のこと。

解　説

1 水の温度変化についての問題

問１　表の室温10℃のときの水温の値を点で打ち，それらの点をなめらかに結ぶ曲線を実線でかく。このとき，たて軸《じく》の水温は１目もりが10℃なので，一の位は目分量で点を打つ。すると，右の図のようなグラフになる。

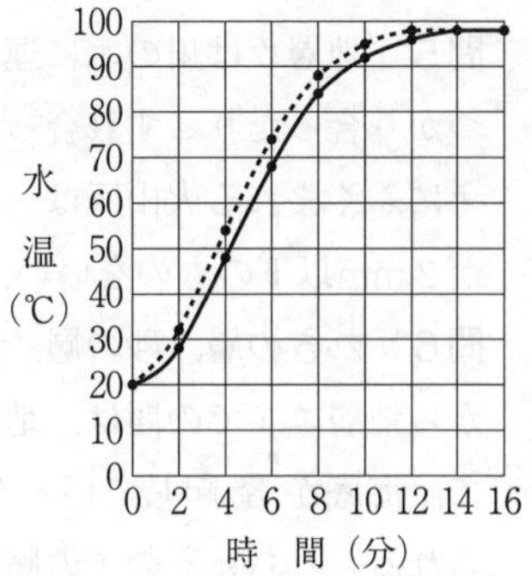

問２　図の装置を加熱すると，ガスバーナーの炎《ほのお》の熱は，金網《かなあみ》，ビーカー，ビーカー内の水の順に伝わり，水が温まっていく。加熱し始めてから数分は，金網やビーカーなどが温まるために熱が使われ，それらがある程度温まるまでは，水に伝わる熱の量が少なくなるため，温度の上がり方はゆるやかになる。その後ビーカーなどが温まると，加えた熱の多くが水に伝わるようになる。

問３　熱は温度の高いものから低いものへと移動する。このとき，温度の差が大きいほど，一定時間に移動する熱の量は多くなる。そのため，室温が低い場合は高い場合に比べて，加熱器具から供給される熱のうち，まわりの空気へ逃げる割合が大きくなり，水温の上がり方がゆるやかになる。

問４　水温が高いほど，一定時間に水面などから空気中へ逃げる熱の量が多くなるので，水温ははやく下がる。水温が低くなると，まわりの空気との温度差が小さくなるので，熱の移動がゆるやかになり，温度は下がりにくくなる。そして，水温が室温と等しい10℃になると熱の移動が止まり，水温は一定となる。

問５　実験２で，はじめに０℃の状態が続くのは，ビーカーの湯から受けとる熱が氷をとかすためだけに使われ，容器中の水温が０℃のまま変化しないためである。氷がすべてとけ終わると，容器中の水温は上がり始め，ビーカーの湯の温度は下がり，やがて容器中の水とビーカーの湯の温度が等しくなると熱の移動が止まり，水温は一定となる。氷の量だけを２倍に増やして同じ実験を行った場合，氷をすべてとかすのに必要な熱の量も２倍になるため，氷がすべてとけ終わるまでの時間，つまり０℃が続く時間は実験２よりも長くなる。そして，氷がすべてとけたとき，容器中の０℃の水の量は実験２よりも少し増え，ビーカーの湯のもつ熱の量は実験２より少なくなっているため，水温の上がり方は実験２よりもゆるやかになり，一定になる水温は実験２よりも低くなる。

2 地層や岩石のようすについての問題

問1　地層が水平方向から大きな力を受け，ある面を境にしてずれた地形を断層という。

問2　れきや砂，泥《どろ》などが洪水などで一度に大量に流されて河口から海に注ぐと，下かられき，砂，泥の順にわかれたそれぞれ薄《うす》い層がたい積する。そして，洪水が比かく的短期間に繰《く》り返し起こると，これらの層の積み重なりが繰り返され，それが固まると，れき岩，砂岩，泥岩《でいがん》の薄い層の繰り返しが形成される。

問3　地層ウは砂の層で，アサリの化石がふくまれていたことから，浅い海底にたい積した層とわかる。したがって，この層ができた当時，この場所に生きていた生物は浅い海にすむ生物で，ここではヒトデがあてはまる。なお，クジラはふつうアサリのすむような浅い海では生活せず，コイやザリガニ，サンショウウオ，タニシはすべて淡水にすむ生物である。

問4　川底などにある石は，流れる川の水から力を受けて，下流側に向かってたおれ，下流側の石の上に上流側の石がおおいかぶさるようにかたむいている場合が多い。したがって，川底の石や川原にある石のようすから，川の流れの向きを知ることができる。

問5　地層ウは川の水に運ばれた砂がたい積してできたもので，流れる水に運ばれるとちゅうでぶつかり合ったりこすれ合ったりして角がとれ，地層をつくる砂粒《すなつぶ》は丸みを帯びている。一方，地層オにふくまれる火山灰は，火山のふん火でふき出されたふん出物が冷えてできたもののうち，直径が2mm以下のものをいい，流れる水のはたらきをほとんど受けていないため，粒が角ばっている。

問6　れきの層，砂の層，泥岩の層は，この順に河口から遠ざかったところにたい積する。地層アから地層エまでの間は，地層イをのぞき，下から泥岩の層，砂の層，れきの層の順にたい積していて，海底が隆起《りゅうき》していった，または海面が下がっていったことで河口へと近づいていったと考えられる。とちゅうのイの層ができたときは，この場所が河口に近づきつつあったころに，問2で述べたように洪水がたびたび起こったことを示している。そして，地層エができた後に近くで火山のふん火が起こり，地層オの火山灰の層ができたと考えられる。

3 ネジの観察についての問題

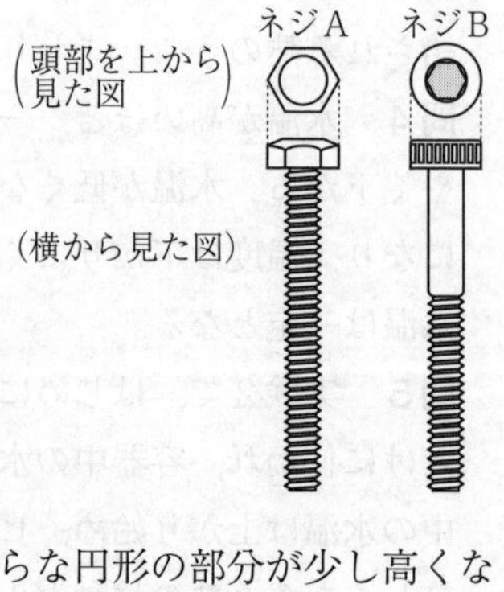

配布された2種類のネジは，一方が六角ボルト，もう一方が六角穴付きボルトとよばれる金属製のネジである(どちらのネジも，頭部の厚さは4mmほど，頭部の幅《はば》(直径)は8～9mmほど，頭部につながる棒状の部分の全長は4cmほど，棒状の部分の直径は5mmほどの大きさ)。ここでは，前者をネジA，後者をネジBとする。それぞれのネジの頭部側から見た図(頭部を上から見た図とする)と，それを横向きにして頭部と頭部につながる棒状の部分を見た図(横から見た図とする)をかくと，右の図のようになる。ネジAは頭部を上から見ると正六角形をしているが，中央の平らな円形の部分が少し高くなっていて，正六角形のふちに向かって少し低くなっている。そして，頭部の側面には溝《みぞ》がなく，それぞれの面が平らである。一方，ネジBは頭部を上から見ると円の中に正六角形の穴が開いたような形をしている。そして，頭部の側面には溝がある。また，それぞれのネジの頭部につながる棒状の部分を見ると，ネジAは全体にネジの溝があるのに対して，ネジBでは頭部側にネジの溝がなく，頭部と反対側には溝がある。なお，ネジAは頭部の側面をスパナなどではさんで回してしめたりあ

けたりする。ネジBは頭部の正六角形の穴にぴったりと入る断面が正六角形のL字形の金属棒(六角レンチとよばれる)などをはめて回すことで，ネジをあけたりしめたりできる。また，どちらのネジも先端《せんたん》がとがってなく平らで，ふつう，ネジとそのネジと合う溝がほられているナットではさみこんでしめて使う。

国語 (50分) ＜満点：100点＞

解答

問1 ① (オ) ② (キ) ③ (イ) ④ (ウ) ⑤ (カ) **問2** (右から)奈緒，千夏，行雄，健斗 **問3** (例) おばあちゃんの家におとうさんと三人で泊まることで，おとうさんとおかあさんが仲なおりをするきっかけになるかもしれないと期待したから。 **問4** (例) おとうさんは初めからおばあちゃんの家にくるつもりはなくて，おかあさんや健斗にウソをついたのではないかと，おかあさんが疑ったこと。 **問5** (例) おばあちゃんの意識が回復して，もう一度，お茶をたててもらいたいという本心をおかあさんに見すかされたために照れくさかったから。 **問6** (例) 若いころはおばあちゃんと仲が悪く，反発ばかりしていた千夏おばさんが，おばあちゃんと仲が良かったおかあさんと同じようなきもちで看病にあたってくれていることを実感したから。 **問7** 下記を参照のこと。

●漢字の書き取り

問7 ケントウ…検討　マコトに…誠(真，実)　ヘンシュウ者…編集　ショチ…処置　カイフク…回復　オン着せがましい…恩

解説

出典は佐川光晴《さがわみつはる》の『大きくなる日』による。病気のために意識を失い，自宅療養《りょうよう》をすることになったおばあちゃんの介護《かいご》を通じて，親と子，姉と妹など，それぞれが家族のきずなの大切さを再確認していく姿が，小学校三年生の「ぼく」の視線を通じてえがかれている。

問1 ① 「拳《こぶし》を握《にぎ》りしめる」は，手に力をこめて，握りこぶしをつくること。いかりや不満のきもちなどを，ぐっとこらえるようなときのしぐさ。ここでは，おとうさんがこなかったらという不安をうちけすように，おとうさんは絶対にきてくれると強く願う「ぼく」のようすを表している。 ② 「頭があがらない」は，立場が弱く，相手に逆らうことができないということ。 ③ 「肩《かた》をすくめる」は，はずかしさを感じたり，困ったと感じたりしたときにするしぐさ。 ④ 「手がすく」は，仕事などがひと段落して，ひまができること。 ⑤ 「胸をはる」は，得意げなきもちを表すしぐさ。「ほらね，やっぱり」と言っているように，自分の言ったことが正しかったことをほこりたかったのである。

問2 おばあちゃんの家に着いたとき，「ぼく」は千夏おばさんに「こんにちは，健斗《けんと》くん」とむかえられているので，「ぼく」の名前は「健斗」だとわかる。また，千夏おばさんとおかあさんのあいだには「行雄《ゆきお》おじさん」がいるとあること，「千夏おばさんの子どもは奈緒《なお》さんひとり」と書かれていること，「行雄おじさんのところには高校生と中学生の男の子がいる」とあることなどから，相関図がとらえられる。

問3　おばあちゃんが入院中,「おかあさんは付き添《そ》いのため病院に泊《と》まり込むことがつづき，そのことが原因でおとうさんと不仲になっていた」ことをおさえる。「ぼく」は，おとうさんとおかあさんが「仲なおり」をしてくれないことに心を痛め,「運動会が行われる来週の土曜までには，なんとかして仲なおりをしてほしい」とおもっている。おばあちゃんの家に，おかあさんと自分だけでなくおとうさんも泊まったら,「仲なおり」のきっかけになるのではないかとおもいつき，それが「いいアイディア」のように感じられたので,「ウキウキ」したきもちになったのだと読み取れる。

問4　「ぼく」はおとうさんからのメールを読んだとき,「何時になったとしても，おとうさんはおばあちゃんの家にきてくれるのだ」と「ホッと」しており，おとうさんが約束を守ってくれると信じている。それに対して，おかあさんは「おとうさんは初めからおばあちゃんの家にくるつもりはなくて，おかあさんやぼくにウソをついてた」のではないかと疑ってしまったのである。千夏おばさんが「あんたは小さいころから疑《うたぐ》りぶかかったのよね。田中さんが聞いたらおこるわよ」と言っていることや，おとうさんが帰った後に,「おとうさんには疑ったことは言わないでね」とおかあさんが言っていることに注目する。

問5　おばあちゃんの枕《まくら》もとに，おばあちゃんがたいせつにしていた「抹茶《まっちゃ》をすくう茶しゃくを入れておく」「竹の筒《つつ》」がおかれているのを見て，おかあさんは「そんなこと言っても，お姉ちゃんはおかあさんにもう一度，お茶をたててもらいたいんじゃないの」と言っている。千夏おばさんは,「お医者さんから，もう意識はもどりそうにないって言われたときに，わたしはそれなら看病ができるっておもったの」などと言っているものの，本心ではおばあちゃんのカイフクをいのっているのである。そのことを，おかあさんに見すかされたようにおもい照れくささを感じたので，千夏おばさんは「てきとうに選んだだけ」と「あわてて弁解した」のである。

問6　千夏おばさんは，おばあちゃんとは「とても仲が悪かった」だけでなく,「顔を見るのもイヤだった」し,「いっそのこと縁《えん》を切りたかった」とまでおもったこともある。それに対して，おかあさんは「千夏おばさんが家を出ていったときの悲しさや，おばあちゃんがさみしそうにしていたので，お茶をおしえてもらうことにしたといった話」をしているように，おばあちゃんに寄り添うようにして過ごしてきたのである。おばあちゃんとの関係がこのようにちがっていたために，千夏おばさんは表面上では,「薄情《はくじょう》なようだけど，おかあさんが意識があったらたいへんよ」「なにも話してないわ。だって，おかあさんへの文句ばかりになっちゃうもの」「夜になってから長年にわたるうらみつらみを話していたら，とりかえしのつかないことをしでかしちゃうかもしれないじゃない」などと悪態をついている。しかし，本心ではおかあさんと同じように，おばあちゃんのカイフクを娘として強く願っていることをおかあさんは理解しているので,「こんなふうに悪態をついてばかりいますけど，千夏お姉ちゃんが一番よく看病をしているんですよ～感謝してくださいね」とおばあちゃんに語りかけたのである。つまり，関係性こそちがうが，ともに娘として母親のことを気づかい，カイフクを願うきもちは同じであることを実感し，やはり「きょうだいなんだ」というおもいを強くしているのだと推測できる。「おばあちゃんが顔をおかあさんたちのほうにかたむけた」ときに,「千夏おばさんは両手の指先を畳《たたみ》につけて，深々とおじぎをした。ぼくのおかあさんも，千夏おばさんと同じようにおじぎをした」とあることからも，千夏おばさんもおかあさんも，母親であるおばあちゃんに，娘として感謝するきもちのあることが伝わってくる。

問7　「検討」…いろいろな面からよく調べて，判断すること。　「誠」…音読みは「セイ」で，

「誠実」などの熟語がある。なお，「真」「実」とも書く。　「編集」…資料や原稿《げんこう》などを選んで，本や雑誌をまとめること。　「処置」…病気や傷の手当てをほどこすこと。　「回復」…悪い状態だったものが，もとにもどること。　「恩着せがましい」…相手に恩をあたえたことを，いかにもありがたくおもわせようとする態度のこと。

Dr.福井の 入試に勝つ！脳とからだのウルトラ科学

記憶に残る“ウロ覚え勉強法”とは？

人間の脳には，ミスしたところが記憶に残りやすい性質がある。順調にいっているときの記憶はあまり残らないが，まちがえて「しまった！」と思うと，その部分がよく記憶されるんだ（これは，脳のヘントウタイという部分の働きによる）。その証拠に，おそらくキミたちも「あの問題を解けたから点数がよかった」ことよりも，「あの問題をまちがえたから点数が悪かった」ことのほうをよく覚えているんじゃないかな？

この脳のしくみを利用したのが“ウロ覚え勉強法”だ。もっと細かく紹介すると，テキストの内容を一生懸命覚え，知識を万全にしてから問題に取り組むのではなく，テキストにざっと目を通した程度（つまりウロ覚えの状態）で問題に取りかかる。もちろんかなりまちがえると思うが，それを気にすることはない。まちがえた部分はよく記憶に残るのだから……。言いかえると，まちがえながら知識量を増やしていくのが“ウロ覚え勉強法”なのである。

ここで，ポイントが2つある。1つは，ヘントウタイを働かせて記憶力を上げるために，まちがえたときは「あ〜っ！」とわざとらしく驚くこと。オーバーすぎるかな……と思うぐらいでちょうどよい。

もう1つのポイントは，まちがえたところをそのままにせず，ここできちんと見直すこと（残念ながら，驚くだけでは覚えられない）。問題の解説を読んで理解するのはもちろんだが，必ずテキストから見直すようにする。そうすれば，記憶力が上がったところで足りない知識をしっかり身につけられるし，さらにその部分がどのように出題されるかもわかってくる。頭の中の知識を実戦で役立てられるようにするわけだ。

Dr.福井（福井《ふくい》一成《かずしげ》）…医学博士。開成中・高から東大・文Ⅱに入学後，再受験して翌年東大・理Ⅲに合格。同大医学部卒。さまざまな勉強法や脳科学に関する著書多数。

Memo

Memo

平成28年度　武　蔵　中　学　校

〔電　話〕 (03) 5984－3741
〔所在地〕 〒176－8535　東京都練馬区豊玉1－26
〔交　通〕 西武池袋線－「江古田駅」より徒歩7分
西武有楽町線－「新桜台駅」より徒歩7分

【算　数】 (50分) 〈満点：100点〉

1 □にあてはまる数を書き入れなさい。

(1) $\frac{16}{21}$ と $\frac{14}{15}$ を同じ分数で割ったところ，いずれも整数となりました。この分数として考えられるもののうち最も大きいものは□です。

(2) 右の図で四角形ABCDは平行四辺形で，AE：ED＝3：2，BF：FC＝3：5です。三角形CEGの面積が15 cm^{2}のとき，三角形AGEの面積は□cm^{2}です。

また，台形ABCEの面積は□cm^{2}です。

(空いているところに計算などを書いてもかまいません)

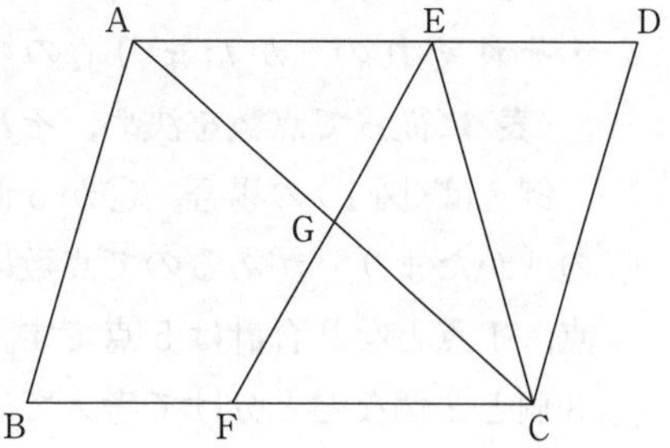

2 3つの容器A，B，Cにそれぞれ食塩水が400gずつ入っています。A，Bに入っている食塩水の濃《のう》度はそれぞれ5％，7.5％です。Aから100g取り出してBに入れ，次にBから100g取り出してCに入れ，さらにCから100g取り出してAに入れました。最後にCに0.6％の食塩水を100g加えると，AとCに入っている食塩水の濃度が等しくなりました。

次の問に答えなさい。(式や考え方も書きなさい)

(1) Bに入っている食塩水の濃度は何％になりましたか。

(2) 最初にCに入っていた食塩水の濃度は何％ですか。

3 水泳大会に出場する生徒は学校から先生の運転する車でプールまで行きました。一度に全員は乗れないので男女別に次のように分かれて行くことにしました。

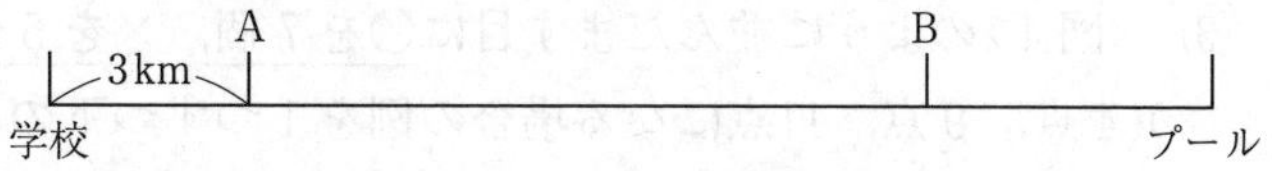

男女とも学校を同時に出発しました。男子はまず車で途《と》中のB地点まで時速45kmで行き，そこで車を降りて，その後プールまで歩きました。車は男子を降ろした後，時速60kmで引き返しました。女子は学校を歩いて出発し，3km進んだA地点で車と出会いました。その後，女子は車に乗り時速45kmでプールへ向かったところ，男子よりも18分早くプールに着きました。男女とも歩く速さは時速4.5kmでした。

ただし，A地点とB地点で車の乗り降りをするときには1分ずつかかり，その後，車と乗り降りした生徒はその場から同時に動き出すものとします。

次の問に答えなさい。(式や考え方も書きなさい)

(1) AB間の道のりを求めなさい。

(2) 女子を乗せた車が男子に追いつくのは学校を出発してから何分後ですか。

(3) 学校からプールまでの道のりを求めなさい。

4 〈図1〉のように，長方形に並べたます目のそれぞれに○か×のどちらかを書き入れます。このとき，次の[規則]で点数の合計を考えます。

[規則]

・○が縦，横にひとつながりになっている「かたまり」を考える。

(点だけで接するものはつながっていないとする)

・それぞれの「かたまり」の中の○の数によって〈表〉に従って点数を決め，それらを合計する。

例えば〈図1〉の場合，○が5個，2個，1個，1個の「かたまり」があるので点数は順に0点，3点，1点，1点となり合計は5点です。(○が5個の「かたまり」を3個と2個などと分けて考えてはいけません)

下の問に答えなさい。

〈図1〉

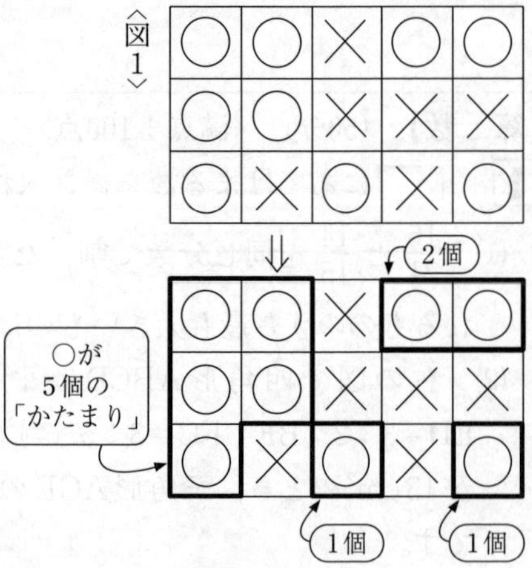

〈表〉

○の数	1	2	3	4以上
点　数	1	3	6	0

〈図2〉

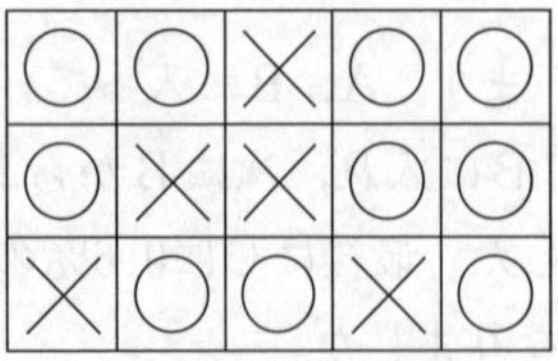

〈図3〉

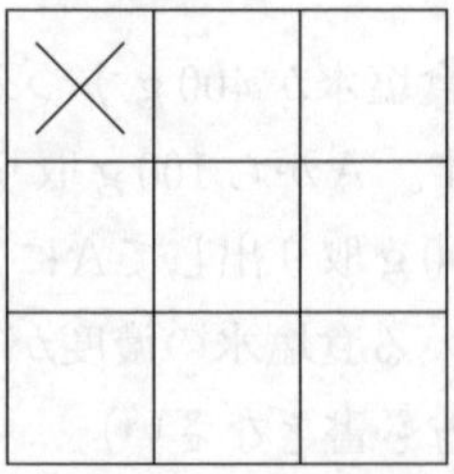

〈図4〉

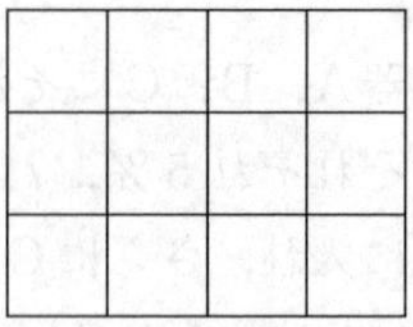

(1) 〈図2〉の点数の合計は何点ですか。

(2) 〈図3〉の空いたます目に○か×を書き入れて，点数の合計を最も大きくするにはどうすればよいですか。〈図3〉に書き入れなさい。

(3) 〈図4〉のように並んだます目に○を7個，×を5個書き入れる場合を考えます。点数の合計が4点，9点，11点になる場合の例を1つずつ下の〈図5〉，〈図6〉，〈図7〉に書き入れなさい。

4点の場合

〈図5〉

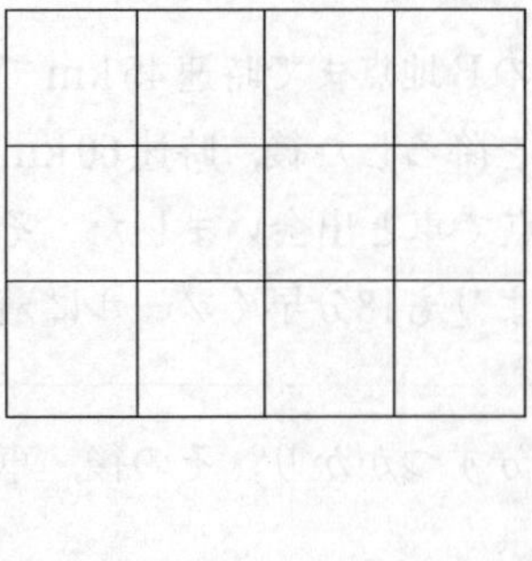

9点の場合

〈図6〉

11点の場合

〈図7〉

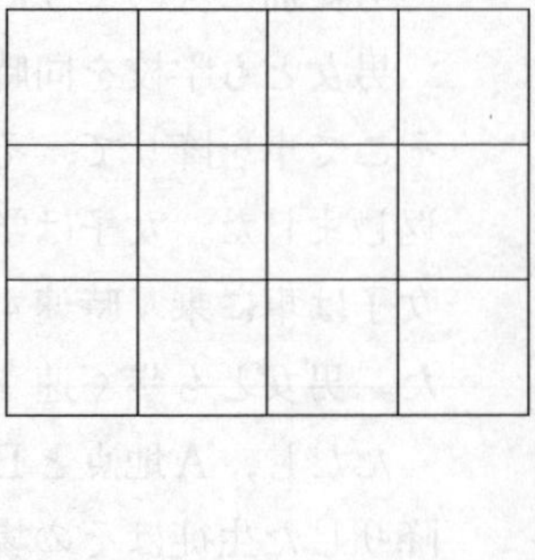

【社　会】（40分）〈満点：60点〉

次の問題文を読んで，後の問いに答えなさい。

みなさんはある小学校6年のあるクラスに属していますね。そのクラスでさまざまな事を決める時，話し合いの場を持つことが多いでしょう。そこでは，全員が参加して意見を述べる権利があります。しかし，みなさんの住んでいる市町村や都道府県ひいては国でさまざまな事を決める時はどうでしょう。その場合は，住民や国民の中から選ばれた代表者が議会を開いて決定するのが一般的《いっぱんてき》です。そのしくみを代議制といいます。今日は，これまでの日本における政治参加について，議会を中心に考えてみましょう。

明治時代の初めに，政府に対する抵抗《ていこう》や政府が導入した新しい土地税などをめぐる対立を解決するために，民会というものをつくる地域もあらわれ，これが近代的な地方議会の始まりとなりました。また，人びとの自由と権利を求める自由民権運動が起こり，政府も人びとの政治への参加を考え，府や県に議会を設置しました。こうした中，ヨーロッパやアメリカの政治や思想を参考に，国のことも選挙によって人びとが選んだ代表者が決めるべきという意見もさらに強くなり，国会開設を要求する動きが高まりました。この時代の思想家である福沢諭吉《ふくざわゆきち》は，国王がいるにも関《かか》わらず議会を中心に政治が行われていたイギリスのあり方こそが理想であると主張していました。

自由民権運動をになった人びとは，運動を行うために政治結社という団体を各地につくっていきました。さらに1880年には，国会期成同盟《こっかいきせいどうめい》という国会開設を求めるための全国的政治結社がつくられ，自ら憲法の案を考える人びともたくさんあらわれました。植木枝盛《うえきえもり》もその一人です。植木は，自由民権運動の代表的人物の演説を聞いて政治に目覚め，近代西洋思想を学び，自由民権運動に参加するようになりました。植木が1881年に発表した憲法案は220条からなっていました。**資料1**はその一部です。

一方，明治政府は1881年に国会開設を宣言した後，憲法の作成にとりかかりました。そうして1889年に大日本帝国《ていこく》憲法が制定されました。**資料2**はその憲法の一部です。しかし，その内容は植木らが考えたものとは大きく異なっていました。政府は地方でも市町村制度を本格的に始めましたが，植木はこの制度のとくに選挙権について，等級を導入したこと，女性が対象外になっていることなどを批判しています。

政府が開設を約束した国会の方はどうかというと，憲法発布の翌年にあたる1890年に帝国議会という名で開かれ，貴族院議員のほか，第1回衆議院議員総選挙で選ばれた議員が参加しました。植木はこの選挙に立候補して当選しています。はじめは選挙権を持っている人(有権者)の数はかなり限られていましたが，選挙権に関する法律は1900年，1919年，1925年と改正され，有権者数は増加していきました。議会は当初，予算などをめぐってしばしば政府と激しく対立することもありました。やがて選挙で多くの議席を獲得《かくとく》した政党が政治を行うようになりました。しかし，1930年代にはそうした政治のあり方は行われなくなりました。

第二次世界大戦での日本の敗戦を受けて，1946年に戦後初の衆議院議員総選挙が行われました。1947年には日本国憲法が施行《しこう》され，帝国議会は国会へと生まれかわりました。新しい国会は，日本国憲法によって「国権の最高機関」と位置づけられ，国会の多数派となった政党もしくは政党の連合が内閣を組織して政治を行うことも規定されました。1955年には，憲法に対する考え方やアメリカとの付き合い方などによって政党が合併《がっぺい》し，その状況《じょうきょう》が近年まで続いてきました。国会を中心として政治が行われてきましたが，その国会の役割や存在感も変化してきています。

みなさんも近い将来政治に参加することになります。その時，みなさんはどのように政治に関わりますか。

資料１　植木枝盛の憲法案(一部)

わかりやすい言葉に直しています

第１条　日本国は憲法にしたがう。

第２条　日本国に立法院《りっぽういん》，行政府《ぎょうせいふ》，司法庁《しほうちょう》を置く。

第42条　日本の人民は法律上において平等である。

第43条　日本の人民は法律以外で自由権利をおかされない。

第49条　日本人民は思想の自由を持つ。

第114条　日本に関する立法権は人民全体にある。

第165条　日本に関する行政権は天皇にある。

資料２　大日本帝国憲法(一部)

わかりやすい言葉に直しています

第３条　天皇は神聖《しんせい》であってそれをけがしてはならない。

第５条　天皇は帝国議会の同意にもとづき法律をつくる権利をもつ。

第29条　国民は法律の範囲《はんい》内で言論・著作・出版・集会・結社の自由をもつ。

資料３　日本国憲法(一部)

わかりやすい言葉に直しています

第11条　国民は，すべての基本的人権を生まれながらにしてもつことをさまたげられない。この憲法が国民に保障する基本的人権は，おかすことのできない永久の権利として，現在および将来の国民に与えられる。

第14条　すべて国民は，法の下に平等であって，人種，信念，性別，社会的身分または家柄《いえがら》により，政治的，経済的または社会的関係において，差別されない。

第19条　思想および良心の自由は，これをおかしてはならない。

第21条　集会，結社および言論，出版その他一切の表現の自由は，これを保障する。

第41条　国会は，国権の最高機関であって，国の唯一《ゆいいつ》の立法機関である。

表１　有権者数のうつりかわり

注１ 選挙法の改正年	選挙年	有権者数(万人)	人口に対する有権者の比率
1889年	1890年	45	1.1%
1900年	1902年	98	2.2%
1919年	1920年	307	5.5%
1925年	1928年	1241	20.0%
1945年	1947年	4091	52.4%
1950年	2014年	10425	83.1%

総務省選挙部「目で見る投票率」(平成27年６月)と総務省「第47回衆議院議員総選挙発表資料」および人口推計から作成。

注１　選挙権が変更された年。1889年から1945年は衆議院議員選挙法，1950年は公職選挙法をさす。

図1　衆議院議員総選挙における投票率のうつりかわり

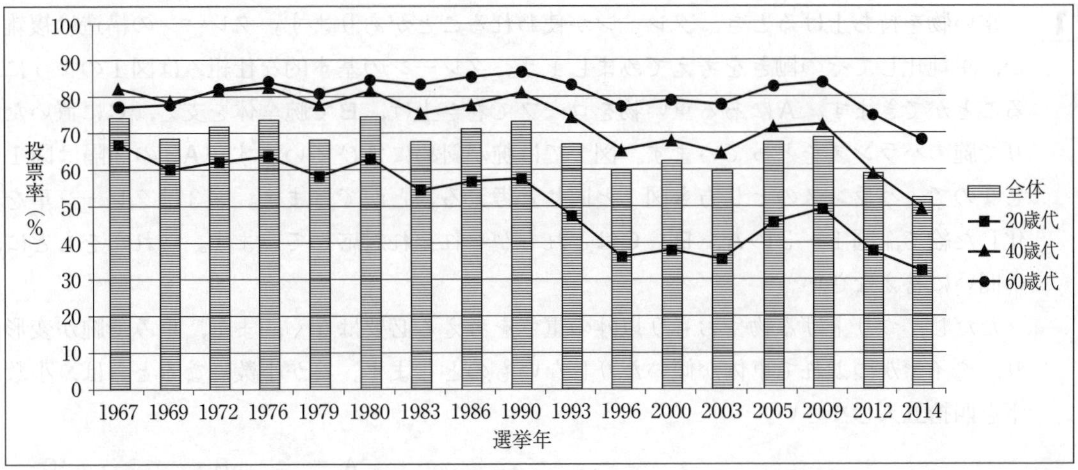

総務省「衆議院議員総選挙における年代別投票率の推移」から作成。

問1　代議制をとらない例として古代ギリシアの都市アテネが挙げられます。アテネでは，政治に参加する権利を持ったすべての市民(約4万人)による集会で，政治に関わることが決められていました。これと比べて，現代の議会による代議制にはどのような良い点がありますか。

問2　明治時代の初めには反乱というかたちで政府へ抵抗する人びともいました。1877年に起こった大きな反乱は何ですか。

問3　明治政府が導入した新しい土地税とは何ですか。

問4　自由民権運動の代表的人物で，後に自由党をつくったのは誰ですか。

問5　植木枝盛が憲法案をつくった1881年は他の年に比べて憲法案がたくさんつくられました。その理由を書きなさい。

問6　**資料1**に示した植木枝盛の憲法案について特徴《とくちょう》を書きなさい。その際，実際に制定された大日本帝国憲法(**資料2**)，現在の日本国憲法(**資料3**)を参考にすること。

問7　**表1**を見ながら，第1回衆議院議員総選挙以来の有権者数のうつりかわりについて次の問いに答えなさい。

(あ)　1925年に選挙権に関する法律が改正され，有権者数が大きく増えました。変更《へんこう》された有権者の条件はどのようなものですか。

(い)　1928年より1947年の有権者数が多い最大の理由は何ですか。

(う)　2014年の人口に対する有権者の比率は，1947年のそれと比べて大きくなっています。その理由は何ですか。

(え)　2015年に選挙権に関する法律が改正され，有権者の条件が変更されました。その変更はどのようなものですか。

問8　(あ)　日本国憲法の三原則は，基本的人権の尊重，平和主義ともう一つは何ですか。

(い)　**図1**は，最近50年間に実施された衆議院議員総選挙における投票率を示しています。1990年代以降，投票率の低下がしばしば指摘《してき》されています。投票率の低さはどのような問題を持つと思いますか。年代別の投票率にも注目し，(あ)で答えた原則と関連づけて説明しなさい。

【理　科】（40分）〈満点：60点〉

1　重い物を持ち上げるとき，クレーンが使われることがあります。クレーンの構造は複雑ですが，単純化してその働きを考えてみましょう。クレーンの基本的な仕組みは図1のように考えることができます。Aにある重い物をロープで巻き上げ，Bで腕《うで》全体を支え，Cに置いたおもりで腕のバランスをとっています。図2では腕が斜《なな》めに延びていますがABの間隔《かく》は図1と同じなので，バランスのとり方も図1と同じと考えることができます。図3はクレーン車を単純化した絵で，図1～3のA，B，Cはどれもがそれぞれ対応しています。これらをもとに，次の問いに答えなさい。

ただし，つり上げる物やおもり以外の重さを考える必要はなく，また，重みで腕が変形したり，タイヤがつぶれて車体が傾《かたむ》いたりしないものとします。答が小数になるときは，小数点以下を四捨五入しなさい。

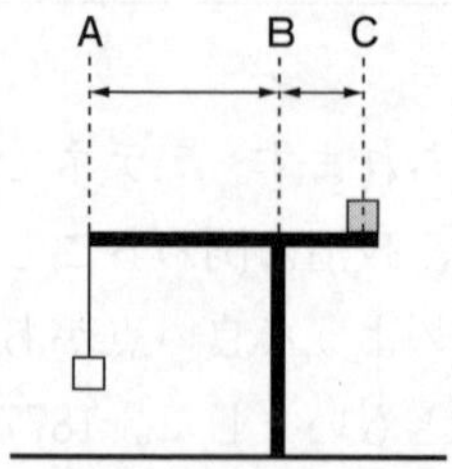

図1

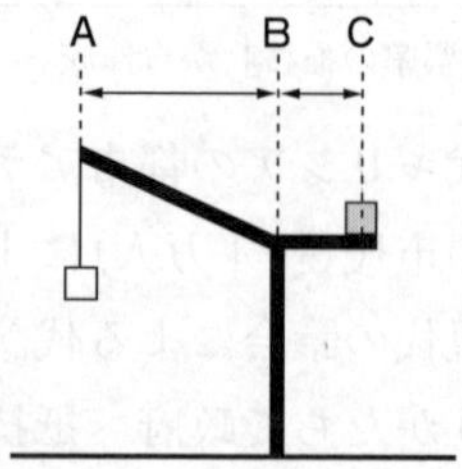

図2

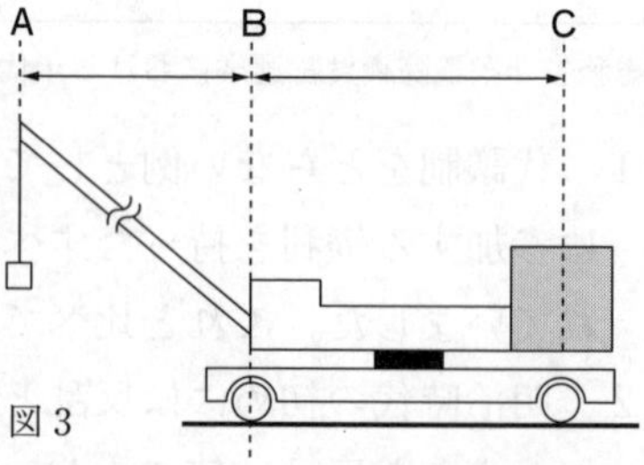

図3

問1　図2のクレーンで，ABとBCの間隔はそれぞれ8mと3mです。6t《トン》の物をつり上げるとき，腕がちょうどつり合うためには，Cに何tのおもりを置けばよいですか。

問2　図3のクレーン車は，AB間の腕の長さが10m，ABとBCの間隔はそれぞれ7mと4.2mです。ここでは安全のために，ちょうどつり合う物の半分の重さまでしかつり上げてはいけないことにします。Cに40tのおもりを置いたとき，何tの物までつり上げてよいですか。

問3　クレーン車は，車体の向きを変えずにクレーンを回転させることができます。下図は，クレーンを車体に対して真横に向けたものを，車の後ろから見たものです。図中に，図1～3のBにあたる線を点線でかき入れなさい。

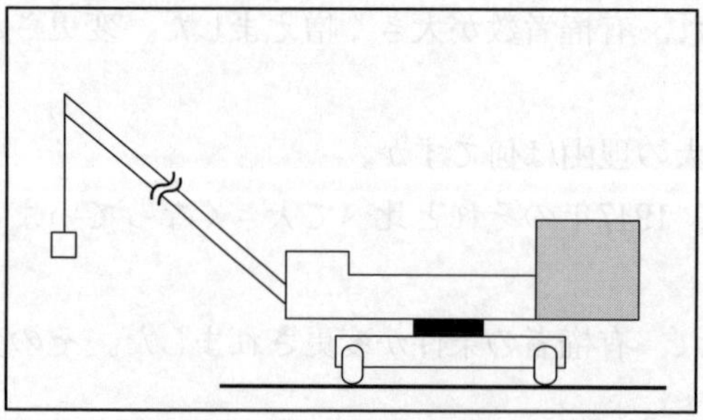

問4　ここでも，ちょうどつり合う物の半分の重さまでしかつり上げてはいけないことにします。次ページの図4は，問3の図にタイヤの間隔などを加えたものです。おもりの重さが30tのとき，つり上げてよい物の重さは11tまででした。実際のクレーン車では，支えを車体の横に張り出してさらに重い物をつり上げることができます。図4の状態から，次ページの図5のように支えを1.5m張り出すと，何tの物までつり上げてよいですか。考え方と式も書きなさい。

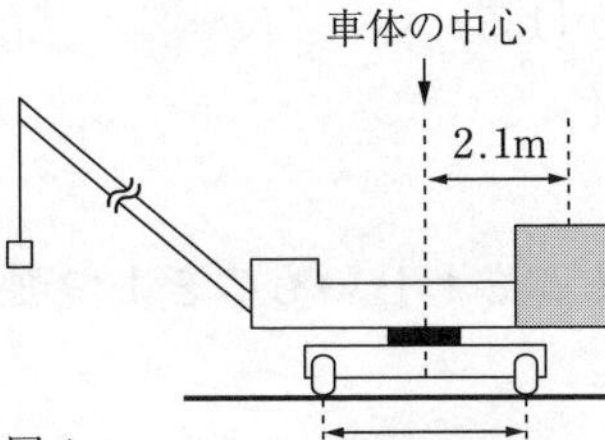

図4

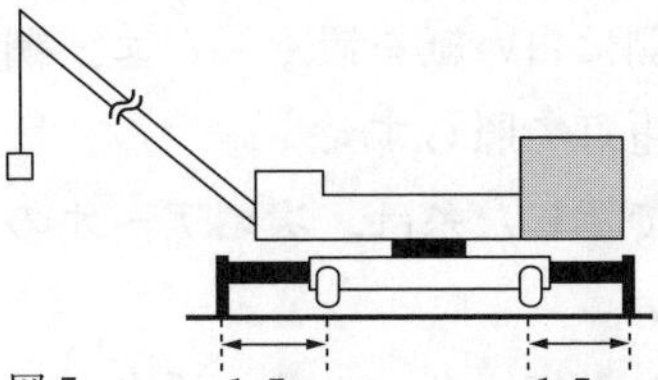

図5

2　クモの巣は実際には「巣」ではなく，虫を捕《と》らえるための「網《あみ》」です。クモはどのように網を張っているのでしょうか。

円形の網を張るクモは，枝から空中に細い糸を風にのせて何本か出して網を造り始めます（図1）。糸のどれかが何かに引っかかると，それをたぐりよせてピンと張り，枝に固定します。その後，端《はし》を枝に固定した太い糸を出しながら張った糸をたどっていき（図2），反対側にたどり着いたら，そこでも糸を枝に固定します。このように糸を出しながら何度か往復して丈夫《じょうぶ》な「橋糸」にします。

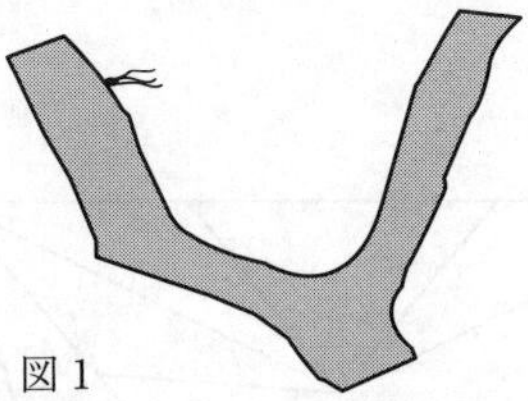
図1

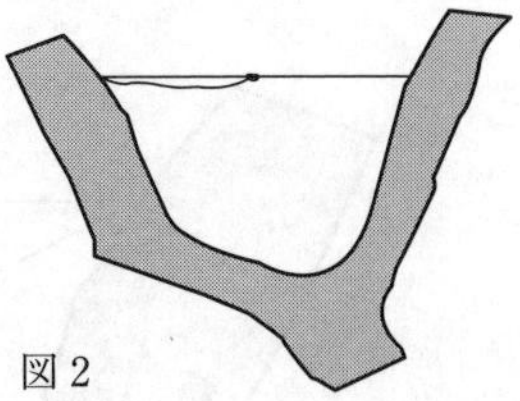
図2

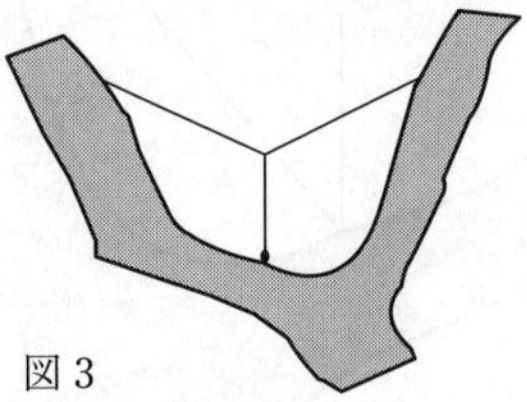
図3

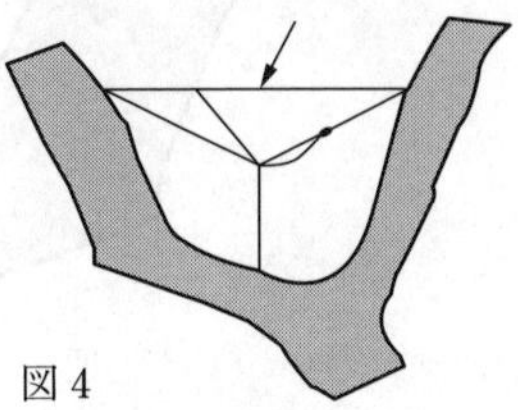
図4

「橋糸」がしっかりしたら，クモは「橋糸」の中ほどに来て一度「橋糸」を切ります。切った糸の片方を脚《あし》で持ち，もう片方を尻《しり》から出る糸にくっつけます。尻から糸をのばして，クモの体の重みでV字形に「橋糸」が垂れ下がっていきます。ある位置まで来ると，脚で持っていた「橋糸」と尻から出してきた糸をくっつけてそのまま垂れ下がり，どこかに着くとそこに糸を固定します（図3）。このようにしてV字形だったものがY字形に変化します。Y字形の糸は網を張るための基礎《そ》となり，Y字の真ん中の部分は「こしき」と呼ばれる網の中心部となります。

その後，網の外枠《わく》となる「枠糸」と，「こしき」から「枠糸」まで放射状に広がる「タテ糸」を張っていきます（図4）。続いて「こしき」から「枠糸」に達するまで渦《うず》巻き状に「足場糸」を張っていきます。最後に「足場糸」を逆にたどって，伸《の》び縮みしやすく粘《ねん》着性のある「ヨコ糸」を張り，同時に「足場糸」も回収しながら「こしき」まで戻《もど》ってきます。このようにして，クモの網が完成します。

問1　クモと昆《こん》虫には，共通する特徴《ちょう》と異なる特徴があります。次のア～オについて，クモだけの特徴を**A**，昆虫だけの特徴を**B**，クモと昆虫に共通する特徴を**C**，どちらの特徴でもないものを**D**として，当てはまる記号を答えなさい。

ア．脚が節に分かれている　　イ．脚が4対ある
ウ．脱皮《だっぴ》しない　　エ．体のつくりが3つに分けられる
オ．さなぎになる

問2　クモの網は見えにくく，そのままでは観察しにくいことがあります。クモがいない網を観察するとき，どのような工夫をすると観察しやすくなりますか。次のア～オの中からふさわしいものをすべて選び，記号で答えなさい。

ア．網に霧吹《きりふ》きで水をかける　　イ．網に白い粉をふりかける

ウ．網の後ろ側に白い紙を置く　　エ．網をうちわであおぐ

オ．網を懐《かい》中電灯で照らす

問3　図4に矢印で示した糸は，次のア～オのどれですか。最も ふさわしいものを1つ選び，記号で答えなさい。

ア．始めに出した細い糸　　イ．橋糸　ウ．枠糸

エ．タテ糸　　オ．ヨコ糸

問4　図4からさらに何本かの糸が張られたものが下の図です。本文を参考にして，完成したクモの網をこの図にかき込みなさい。

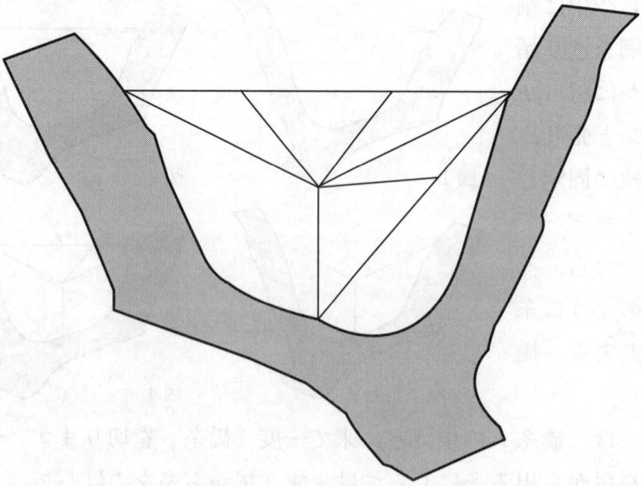

問5　実際にクモを観察すると，網の上を移動するときは主にタテ糸を使い，ヨコ糸は避《さ》けてほとんど使わないことがわかりました。このことから，確実にわかることを次のア～カの中から1つ選び，記号で答えなさい。

ア．クモはヨコ糸に掛《か》かった虫を捕らえるときだけヨコ糸を歩く

イ．クモはヨコ糸とタテ糸を交互《ご》に歩く

ウ．クモはヨコ糸とタテ糸を区別している

エ．クモはヨコ糸を歩いても糸にくっつかない

オ．クモはヨコ糸を歩くと糸にくっつく

カ．クモはヨコ糸を歩くと糸が伸びて歩きにくい

問6　クモが虫を捕らえるのに役立つのは主にヨコ糸です。その理由を，ヨコ糸の特徴と役割がわかるように説明しなさい。

3 袋《ふくろ》の中に，窓がある黒い円が印刷された透《とう》明シートと，星座がかかれた紙が１枚ずつ入っています(次のページの**写真**参照)。星座の紙の上に透明シートを重ねて，それぞれの周囲にある目盛の月日と時刻を合わせると，星座早見として使うことができます。明るく見える星ほど大きい黒丸で表し，１等星は星印(☆)で表しています。この星座早見を使って，以下の問いに答えなさい。**ただし，星座早見は机の上に置いて使いなさい。持ち上げて使ってはいけません。**

(試験が終わったら，星座早見は袋に入れて持ち帰りなさい。)

問１　次のア～エのうち，夜の０時に１等星が最も多く見える日はいつですか。記号で答えなさい。

ア．３月20日　　イ．６月21日　　ウ．９月22日　　エ．12月21日

問２　夜の０時に北の空を見ると，図のような星座が見つかりました。このように見えるのはいつですか。次のア～カの中から選び，記号で答えなさい。

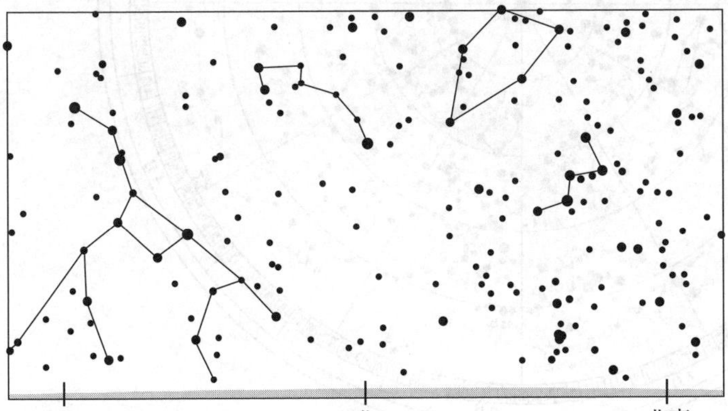

ア．１月１日　　イ．３月１日　　ウ．５月１日

エ．７月１日　　オ．９月１日　　カ．11月１日

問３　９月12日20時から13日０時までの間，次の星座とその近くにある暗い天体の写真を撮影《さつえい》しようと思います。ひとつの星座を撮影するのに，ちょうど１時間必要です。それぞれの星座をどのような順番で撮影すればよいですか。そう考えた理由とともに答えなさい。もし，この時間では見られない星座があれば，それがどの星座かわかるように書きなさい。

うしかい座　　ぎょしゃ座　　しし座　　はくちょう座

問４　ある日の夜23時のときと同じ星空になるのは，１ヶ月後の何時頃《ごろ》ですか。

問５　この星座早見の目盛は，東経135度の兵庫県明石市を通る子午線を基準にしてつくられています。東経140度の東京と明石では，同じ日でも日の出の時刻が異なるように，同じ時刻でも見える星空が異なります。この星座早見を東京でより正確に使うためには，明石からの経度のずれを考えて目盛を合わせる必要があります。

12月15日23時の東京での星空をより正確に表すには，月日と時刻のどの目盛を合わせればよいですか。２通りの方法を考え，それぞれの方法ごとに合わせる目盛を答えなさい。また，そのように考えた理由を計算とともに書きなさい。(問１～４は，経度のずれを考える必要はありません。)

方法１［　　月　　日］と［　　時　　分］を合わせる。

方法２［　　月　　日］と［　　時　　分］を合わせる。

〈配られた「透明シート」と「星座がかかれた紙」の写真〉

星座早見は机の上に置いて使いなさい。
持ち上げて使ってはいけません。

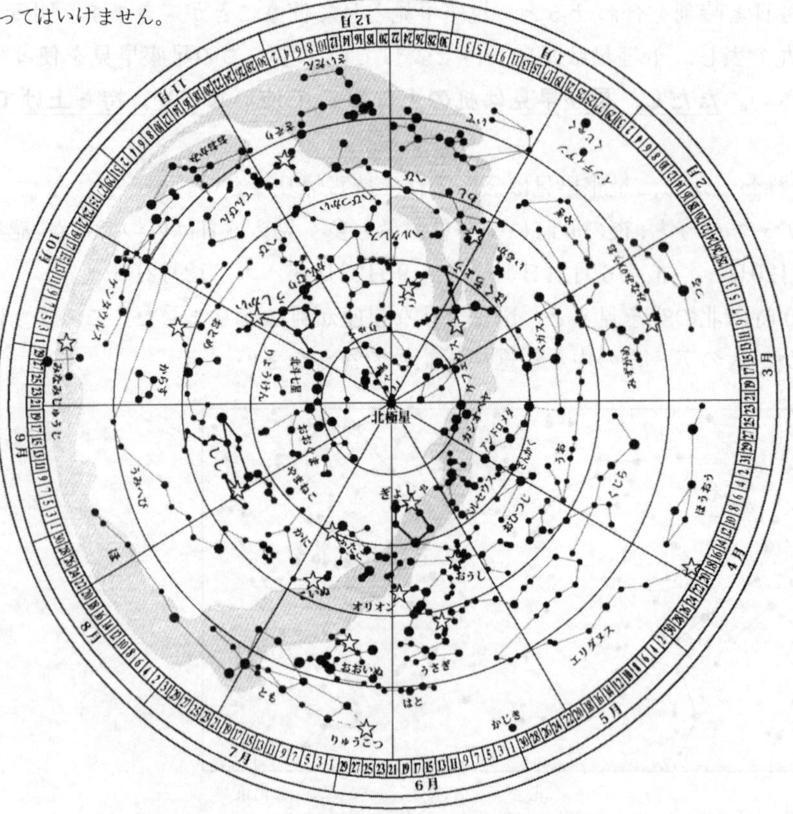

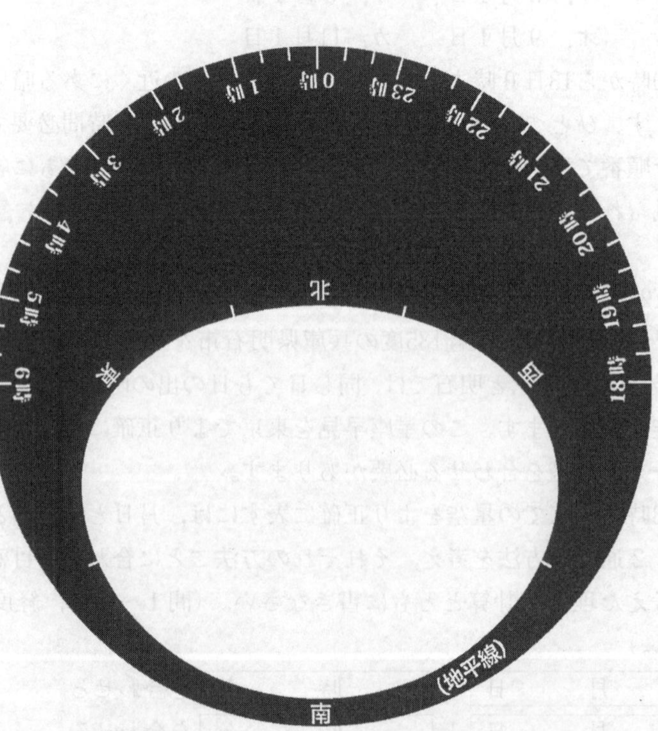

い今し方の叔父の荒い足音に驚いて逃げだしたのだろうとぼくは思った。

　ぼくはそれから朝方まで天井を眺めて過した。これからは祖母がきっと一番辛《つら》いだろう。「じつはそろそろ帰ってもらわなくちゃ……」というやな言葉をいつ口に出したらいいかとそればかり考えていなくてはならないからだ。店の大時計が五時を打つのをしおに起き上って、ぼくは祖母あてに書き置きを記した。ごく簡単な文面だった。

「大事なことを忘れていました。今夜、ぼくら孤児院のハーモニカ・バンドは米軍キャンプで慰問《いもん》**エンソウ**をしなくてはならないのです。そのために急いで出発することになりました。ばっちゃ、お元気で」

　書き置きを机の上にのせてから、ぼくは弟を揺り起した。

「これから孤児院に帰るんだ」

　弟は頷《うなず》いた。

「ばっちゃや叔父さんが目を覚ますとまずい。どんなことがあっても大声を出すなよ」

「いいよ」

　弟は小声で言って起き上った。

　ぼくらはトランクとボストンバッグを持って裏口から外へ出た。裏の畑にはもう朝日がかっと照りつけていた。足音を忍《しの》ばせて庭先へ廻った。

（井上《いのうえ》ひさしの文による）

（注）＊蚊やり…煙《けむり》で蚊を追い払うために燃やすもの。
＊箱膳…一人分の食器を入れておく箱。食事の時は料理をのせる台とする。
＊お櫃…めしびつ。ごはんを入れておく木製の器。おはち。
＊蚊帳…蚊を防ぐために四隅をつって寝床《ねどこ》をおおうもの。目のあらい布で作る。
＊ナフタリン…独特のにおいを持つ防虫・防臭剤《ぼうしゅうざい》。
＊薬九層倍…薬の値段というのは原価に比べて不当な利益を得るものだ、という世間の見方。

問一　「ぼくも時間の檻《おり》の中から急に外へ連れ出され戸惑っていたのだ」とあるが、「時間の檻」とは何を表していますか。二十五字以内で書きなさい（句読点も字数に含む）。

問二　「弟は孤児院の箍《たが》を外せないで困っているようだった」とあるが、「孤児院の箍を外せないで困っている」とは、ここではどういうことですか。

問三　「弟の素速い手の動きを見ていた祖母が悲しそうな声で言った」とあるが、「悲しそうな声で言った」のはなぜですか。

問四　「持ってきた本を机に並べて、座敷を自分の部屋らしくしようと思ったのだ」とあるが、「ぼく」がこのように思ったのはなぜですか。

問五　文中には三か所「蛍」が登場します（□で囲ってある）。この「蛍」の、現れて消える描《えが》かれ方には、時間の経過を表すほかに、どのようなことが暗示されていると考えられますか。

問六　「……ぼくたちは孤児院に慣れてるけど、ばっちゃは養老院は初めてだよね」「そんなら慣れてる方が孤児院に戻ったほうがいいよ」とあるが、このときの「ばっちゃ」に対する「弟」の気持ちを説明しなさい。

問七　「ぼくは祖母あてに書き置きを記した」とあるが、この「書き置き」の内容は事実ではないと思われます。なぜこのような書き置きを記したのか、理由を説明しなさい。

問八　文章中の**カタカナ**を漢字に直しなさい。

くは眠ってしまった。

どれくらい経《た》ってからかわからないが、叔父の声で目を覚した。螢がまだ蚊帳の上で光っていたから、どっちにしてもそう長い間ではなかったことはたしかだった。

「……いいかい、母さん、おれは母さんが、親父《おやじ》が借金を残して死んだから学資が送れない、と言うから学校を中途《ちゅうと》で止《よ》してここへ戻ってきたんだ……」

叔父の声は震えていた。

「店を継いでくれないと食べては行かれないと母さんが頼むから薬種業の試験を受けて店も継いだ。借金をどうにかしておくれと母さんが泣きつくから必死で働いている。これだけ言うことをきけば充分《じゅうぶん》じゃないか。これ以上おれにどうしろというんだよ」

「大きな声を出さないでおくれ。あの子たちに聞えるよ」

「とにかく母さんの頼みはもう願いさげだよ」

叔父の声がすこし低まった。

「今年の**クレ**は裏の畑を手離さなくちゃ年が越せそうもないっていうのに、どうしてあの二人を引き取る余裕《よゆう》なんかあるんだ」

祖父はだいぶ大きな借金を残したらしかった。それにしても裏の畑を手離すことになったら祖母の冷し汁の味もずいぶん落ちるにちがいないと思った。冷し汁に入れる野菜はもぎたてでないと美味《おい》しくないからだ。

「子ども二人の喰《く》い扶持《ぶち》ぐらいどうにかなると思うんだけどねぇ」

「そんなことを言うんなら母さんが店をやるんだな。＊薬九層倍《くすりくそうばい》なんていうけど、この商売、どれだけ儲《もう》けが薄《うす》いか母さんだって知ってるはずだよ。とくにこんな田舎じゃ売れるのはマーキュロか正露丸《せいろがん》だ。母さんと二人で喰って行くのがかっつかつだぜ」

「でも、長い間とはいわない。あの子たちの母親が立ち直るまででいいんだから」

「それがじつは一番腹が立つんだ」

叔父の声は前よりも高くなった。

「あの二人の母親は親父の、舅《しゅうと》の葬式《そうしき》にも顔を出さなかったような冷血じゃないか。そりゃあの二人の母親は親父や母さんに苛《いじ》められたかも知れない。でも相手がこの世から消えちまったんだ。それ以上恨《うら》んでもはじまらないだろ。線香《せんこう》の一本もあげにくればいいじゃないか。向うが親父を許さないのなら、そのことを今度はおれが許さない。おれはいやだよ。あの女の子どもの面倒など死んでも見ないよ」

「でもあの子たちはおまえの甥《おい》だろうが……」

箱膳のひっくり返る音がした。

「そんなにいうんなら、なにもかも叩き売って借金を払《はら》い、余った金で母さんが養老院にでも入って、そこへあの二人を引き取ればいいんだ。おれはおれでひとりで勉強をやり直す」

叔父の廊下《ろうか》を蹴《け》る音が近づき、座敷の前を通ってその足音は店の二階へ消えた。叔父は赤松が目の前に見える、店の二階の一番端《はし》の部屋で寝起きしているのだろう。

いまの話を弟が聞いていなければいいな、と思いながら、弟の様子を窺《うかが》うと、彼は大きく目を見開いて天井《てんじょう》を睨んでいた。

「……ぼくたちは孤児院に慣れてるけど、ばっちゃは養老院は初めてだよね」

弟はぼそぼそと口を動かした。

「そんなら慣れてる方が孤児院に戻ったほうがいいよ」

「そうだな」

とぼくも答えた。

「他に行くあてがないとわかれば、あそこはいいところなんだ」

蚊帳に貼《は》りついていた螢はいつの間にか見えなくなっていた。つ

「よく憶《おぼ》えているんだなあ」

「わたしが買ってやったんだもの」

祖母はトランクを指で撫《な》でていた。

「死んだ父さんが東京の学校へ出かけて行ったときだから、三十年ぐらい前のことかしらね」

トランクを撫でていた指を、祖母はこんどは折りはじめた。

「正しくは三十一年前だねえ」

「もうすぐお祭だね」

ぼくは太鼓の聞えてくる方を指さした。

「あれは獅子舞《ししま》いの太鼓だな」

「そう、あと七日でお祭」

「ぼくたち、祭まで居ていい？」

ほんの僅《わず》かの間だが祖母は返事をためらっていた。

「駄目《だめ》かな、やっぱり」

「いいよ」

返事をためらったことを恥《は》じているような強い口調だった。

「おまえたちはわたしの長男の子どもたちだもの、本当ならおまえがこの家を継ぐべきなのだよ。大威張《おおいば》りでいていいよ」

この祖母の言葉で勇気がついて、当分言わないでおこうと思っていたあのことを口に出す決心が出た。

「ばっちゃ、お願いがあります」

急にぼくが正坐《せいざ》したので祖母が愕《おどろ》いた眼をした。

「母が立ち直ってぼくと弟を引き取ることが出来るようになるまで、ぼくたちをここへ置いてください」

「……でも高校はどうするの」

「この町の農業高校でいいんだ。店の手伝いでもなんでもするから」

祖母はぼくと弟をかわるがわる眺《なが》め、やがて膝《ひざ》に腕《うで》を乗せて前屈《まえかが》みになった。

「孤児院はいやなのかね、やはり」

「あそこに居るしかないと思えばちっともいやなところじゃないよ。先生もよくしてくれるし、学校へも行けるし、友だちもいるしね」

「そりゃそうだねえ。文句を言ったら罰《ばち》が当るものねえ」

「で、でも、他に行くあてが少しでもあったら一秒でも我慢《がまん》できるようなところでもないんだ。ばっちゃ、考えといてください。お願いします」

店で戸締《とじま》りをする音がしはじめた。祖母はトランクの傍《かたわら》から腰《こし》を上げた。

「叔父さんの食事の支度をしなくっちゃ。今のおまえの話はよく考えておくよ」

祖母が出て行った後、ぼくはしばらく机の前に、ぼんやり坐っていた。この話をいつ切り出そうかとじつはぼくは迷っていたのに、それが思いがけなくすらすらと口から出たので自分でも驚《おどろ》いてしまったのだ。気が軽くなって、ひとりで笑い出したくなった。ぼくはその場に仰向《あおむ》けに寝転んで、ひょっとしたらぼくと弟が長い間寝起きすることになるかもしれない部屋をぐるりと眺め廻《まわ》した。そして何日ぐらいで、弟の孤児院流の茶碗の持ち方が直るだろうかと考えた。弟は蚊帳の中で**キソク**正しい寝息を立てている……。ぼくは蚊帳の中に這《は》っていって、出来るだけ大きく手足を伸《の》ばして、あくびをした。

縁側から小さな光がひとつ入ってきて、蚊帳の上に停《とま》った。それは蛍《ほたる》だった。

〽行手示す　明けの星
　船路《ふなじ》示す　愛の星
　空の彼方《かなた》で　我等《われら》守る……

孤児院で習った聖歌を呟《つぶや》いているうちに、光が暗くなって行き、ぼ

「どうもしないよ。店をいちいち閉めたりするのが面倒《めんどう》なんだろうねえ。それにいまはあんまりたべたくないそうだよ」

お菜《さい》は冷し汁《じる》だった。凍豆腐《こおりどうふ》や青豆や茄子《なす》などの澄《すま》し汁を常時穴倉に貯蔵してある氷で冷した食物で町の名物だった。

「おや、変な茶碗の持ち方だこと」

しばらく弟の手許《てもと》を見ていた祖母が言った。弟は茶碗を左手の親指、人さし指、中指の三本で摘《つま》むように持っていた。もっと詳《くわ》しくいうと、親指の先と中指の先で茶碗を挟《はさ》み、人さし指の先を茶碗の内側に引っかけて、内と外から茶碗を支えているわけである。

「それも孤児院流なんだ」

忙《いそが》しく口を動かしている弟に代ってぼくが説明した。

「孤児院では御飯茶碗もお汁茶碗も、それからお菜を盛る皿も、とにかく食器はみんな金物なんだ。だから熱い御飯やお汁を盛ると、食器も熱くなって持てなくなる。でも、弟のようにすればなんとか持てる。つまり生活の智恵……」

「どうして食器は金物なの?」

「瀬戸物《せともの》はこわれるからだよ」

祖母はしばらく箸《はし》を宙に止めたまま、なにか考えていた。それから溜息《ためいき》をひとつついて、

「孤児院の先生方もご苦労さまだけど、子どもたちも大変だねえ」

と漬物《つけもの》の小茄子を噛《か》んだ。

「……ごちそうさま」

弟が*お櫃《ひつ》を横目で睨《にら》みながら小声で箸を置いた。

「もうおしまい? お腹がいっぱいになったの」

弟は黙《だま》ったままである。ぼくは時間の箍《たが》が外れたので面喰《めんくら》ったが、弟は孤児院の箍を外せないで困っているようだった。ぼくは弟に手本を示すつもりで大声で、おかわりと言い、茶碗を祖母に差し出した。

弟は一度置いた箸をまた取って、小声で、ぼくもと言った。孤児院の飯は盛切りだった。弟はその流儀《りゅうぎ》が祖母のところでも行われていると考えて一膳だけで箸を置いたのにちがいなかった。食事の後に西瓜《すいか》が出た。そのときも弟は孤児院流を使った。どの一切れが最も容積のある一切れか、一瞬《いっしゅん》のうちに見較《みくら》べ**ハンダン**しそれを手で摑《つか》むのがあそこでの流儀なのだ。

弟の素速い手の動きを見ていた祖母が悲しそうな声で言った。

「ばっちゃのところは薬屋さんなんだよ。腹痛《はらいた》の薬は山ほどある。だからお腹の痛くなるほどたべてごらん」

弟はその通りにした。そしてお腹が痛くなって仏間の隣りの座敷に横になった。祖母は弟に*蚊帳《かや》をかぶせ、吊手《つりて》を四隅《よすみ》の鉤《かぎ》に掛けていった。ぼくは蚊帳をひろげるのを手伝った。蚊帳の、*ナフタリンと線香と蚊やりの混ったような匂いを嗅いだとき、ぼくは不意に、ああ、これは孤児院にない匂いだ、これが家庭の匂いだったのだな、と思った。思ったときから、夕方以来の妙《みょう》にいらついていた気分が消え失せて、どこか知らないがおさまるべきところへ気持が無事におさまったという感じがした。

前の川の河鹿の啼き声がふっと跡切《とぎ》れた。夜突《よづ》きに出ている子どもがいるらしい。籍《やす》で眠っている魚を突いて獲《と》るのだ。河鹿と申し合せでもしたように、すぐ後を引き継いでドドンコドンドコドンと太鼓《たいこ》の音が聞えてきた。途中のどこかで風の渡るところがあるのか、太鼓の音はときどき震《ふる》えたり弱くなったりしていた。

ぼくは座敷の隅の机の前にどっかりと坐ってトランクを縛《しば》っていた細紐《ほそひも》をほどいた。持ってきた本を机に並べて、座敷を自分の部屋らしくしようと思ったのだ。

「そのトランクは死んだ父さんのだろう」

祖母がトランクの横に坐った。

平成二十八年度
武蔵中学校

【国語】（五〇分）〈満点：一〇〇点〉

次の文章を読んであとの質問に答えなさい。

（注）高校一年生の「ぼく」と小学四年生の「弟」は、父の死後、旅館に住み込《こ》みで働き続ける母の稼《かせ》ぎだけでは暮らせないため、三年前からキリスト教系の孤児院《こじいん》（みよりのない子などを養育する施設《しせつ》）に預けられていました。夏休みに入り、「ぼく」と「弟」はふと思いついて、父が生まれ育った祖母の家に帰ってきました。

「さあ、夕餉《ゆうげ》の支度《したく》が出来るまで縁側《えんがわ》ででも涼《すず》んでいなさい」

祖母に背中を軽く叩《たた》かれて、ぼくと弟は縁側へ出た。

縁側に腰を下し、足をぶらぶらさせながらぼくと弟はいろんな音を聞いていた。表を通り過ぎて行く馬の蹄《ひづめ》の音、その馬の曳《ひ》く荷車の鉄輪が小石をきしきしと砕《くだ》く音、道の向うの川で啼《な》く河鹿《かじか》の声、軒《のき》に揺《ゆ》れる風鈴《ふうりん》の可憐《かれん》な音色、ときおり通り抜《ぬ》けて行く夕風にさやさやと鳴る松の枝、台所で祖母の使う**ホウチョウ**の音、それから、赤松の幹にしがみついてもの悲しく啼くカナカナ。

弟は庭下駄《げた》を突《つ》っかけて赤松の方へそっと近づいて行く。彼は昆《こん》虫《ちゅう》を捕《つかま》えるのが好きなのだ。

（……いまごろ孤児院ではなにをしているだろう）

ぼくは縁側の板の間の上に寝《ね》そべって肘枕《ひじまくら》をついた。

（……六時。お聖堂《みどう》で夕べの祈《いの》りをしているころだな。お祈りは六時二十五分まで、六時半から六時四十五分までが夕食。七時から一時間はハーモニカ・バンドの練習。八時から四十五分間は公教要理。八時四十五分から十五分間は就寝《しゅうしん》のお祈り……）

孤児院の日課を暗誦《あんしょう》しているうちに、ぼくはだんだん落ち着かなくなっていった。しみじみとして優しい田舎《いなか》のさまざまな音に囲まれているのだからのんびりできそうなものなのに、かえっていらいらしてくるのだった。生れたときから檻《おり》の中で育ったライオンかなにかがいきなり外に放たれてかえってうろたえるように、ぼくも時間の檻の中から急に外へ連れ出され戸惑《とまど》っていたのだ。

立ってみたり坐《すわ》ってみたり、表へ出たり裏へまわったりしながら、夕餉の出来あがるのを待った。

店の網戸《あみど》を引く音がして、それと同時に＊蚊《か》やりの匂《にお》いが家中に漂《ただよ》いだした。

「さあ、台所のお膳《ぜん》の前に坐って」

祖母がぼくらに声をかけながら店の方へ歩いて行った。叔父《おじ》にも食事を知らせに行ったのだろう。店と台所はぼくの歩幅《ほはば》にしてたっぷり三十歩は離《はな》れている。しかも店と台所との間には、茶の間に仏間に座《ざ》敷《しき》に納戸《なんど》といくつも部屋があって台所から店を見通すことはできない。だから叔父は食事のときは一旦《いったん》店を閉めなければならなかった。

店を閉めるのに三分や四分はかかりそうだった。ぼくと弟は台所の囲炉裏《いろり》の横の板の間に並べられた＊箱膳《はこぜん》の前に坐って叔父のくるのを待っていた。蚊やりの匂いが強《きつ》くなった。見ると囲炉裏に蚊やりがくべてある。

すぐに祖母が戻《もど》ってきた。

「叔父さんを待たなくてもいいよ」

祖母が茶碗《ちゃわん》に御飯《ごはん》をよそいだした。

「叔父さんは後でたべるっていっているから」

「どうかしたの？」

平成28年度

武蔵中学校　▶解説と解答

算数　(50分)＜満点：100点＞

解答

1　(1)　$\frac{2}{105}$　(2)　**三角形AGE**…14.4cm²，**台形ABCE**…78.4cm²　2　(1)　7％　(2)　6.5％　3　(1)　15km　(2)　65分後　(3)　22.5km　4　(1)　9点　(2)　解説の図②を参照のこと。　(3)　(例)　**4点**…解説の図③，図④を参照のこと。／**9点**…解説の図⑤を参照のこと。／**11点**…解説の図⑥を参照のこと。

解説

1　整数の性質，相似，辺の比と面積の比

(1)　求める分数を$\frac{B}{A}$とすると，$\frac{16}{21}\div\frac{B}{A}=\frac{16}{21}\times\frac{A}{B}$が約分されて分母が1になるから，$A$は21の倍数，$B$は16の約数である。同様に，$\frac{14}{15}\div\frac{B}{A}=\frac{14}{15}\times\frac{A}{B}$が約分されて分母が1になるので，$A$は15の倍数，$B$は14の約数である。よって，$A$は21と15の公倍数，$B$は16と14の公約数とわかる。また，最も大きい分数を求めるから，Aはできるだけ小さく，Bはできるだけ大きい方がよい。したがって，Aは21と15の最小公倍数の105，Bは16と14の最大公約数の2なので，求める分数は$\frac{2}{105}$とわかる。

$\frac{16}{21}\div\frac{B}{A}=\frac{16}{21}\times\frac{A}{B}=$(整数)，$\frac{14}{15}\div\frac{B}{A}=\frac{14}{15}\times\frac{A}{B}=$(整数)

(2)　右の図で，ADの長さとBCの長さは等しいから，これを，3＋2＝5と，3＋5＝8の最小公倍数の40にそろえると，AE：ED＝3：2＝(3×8)：(2×8)＝24：16，BF：FC＝3：5＝(3×5)：(5×5)＝15：25となる。また，三角形AGEと三角形CGFは相似であり，相似比は，AE：CF＝24：25なので，AG：GCも24：25となる。よって，三角形AGEと三角形CEGは，底辺の比が24：25で高さが等しいから，面積の比も24：25となり，三角形AGEの面積は，$15\times\frac{24}{25}=14.4(\text{cm}^2)$と求められる。次に，三角形ACEと台形ABCEの高さは等しいので，面積の比は底辺(の和)の比に等しく，24：(24＋40)＝3：8とわかる。さらに，三角形ACEの面積は，15＋14.4＝29.4(cm²)だから，台形ABCEの面積は，$29.4\times\frac{8}{3}=78.4(\text{cm}^2)$となる。

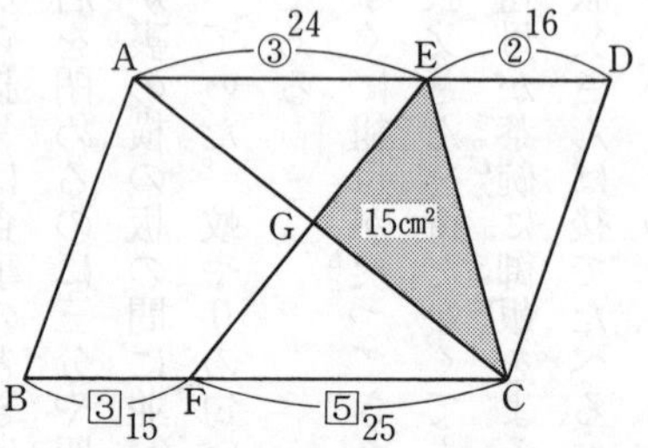

2　濃度《のうど》

(1)　やりとりのようすをまとめると，下の図1のようになる。①の混合で，混合前にBにふくまれていた食塩の重さは，400×0.075＝30(g)であり，AからBに入れた100gの食塩水にふくまれていた食塩の重さは，100×0.05＝5(g)だから，混合後にBにふくまれている食塩の重さは，30＋5＝35(g)になる。よって，この食塩水の濃度(イ)は，35÷500＝0.07，0.07×100＝7(%)なので，

図1

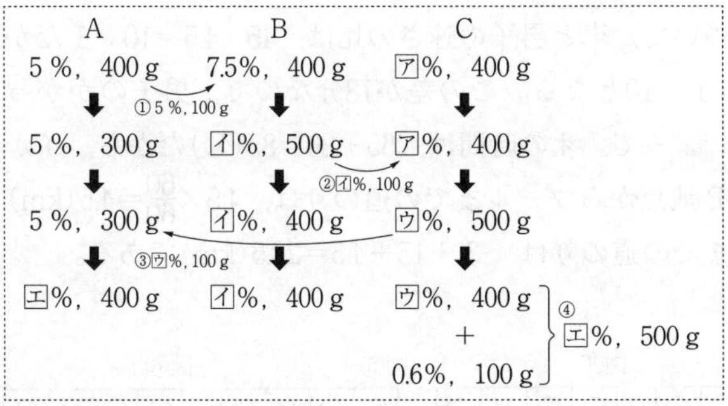

図2

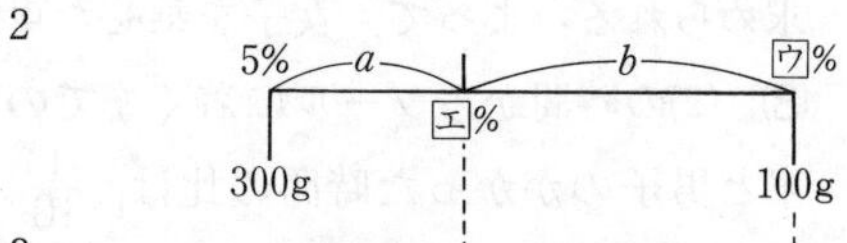

図3

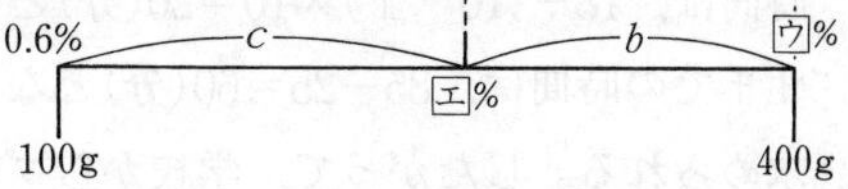

最後のＢの濃度も７％とわかる。

⑵　③の混合に注目すると上の図２，④の混合に注目すると上の図３のように表すことができる。図２で，$300\times a=100\times b$より，$a:b=\frac{1}{300}:\frac{1}{100}=1:3$となり，図３で，$400\times b=100\times c$より，$b:c=\frac{1}{400}:\frac{1}{100}=1:4$となるので，$b$の比をそろえると，$a:b:c=1:3:12$とわかる。また，$c$と$a$の差は，$5-0.6=4.4$(％)だから，比の１にあたる濃度は，$4.4\div(12-1)=0.4$(％)となり，$a=0.4\times1=0.4$(％)，$b=0.4\times3=1.2$(％)と求められる。よって，ウ＝$5+0.4+1.2=6.6$(％)とわかる。次に，②の混合に注目すると，混合後にＣにふくまれている食塩の重さは，$500\times0.066=33$(ｇ)であり，ＢからＣに入れた100ｇの食塩水にふくまれていた食塩の重さは，$100\times0.07=7$(ｇ)なので，混合前にＣにふくまれていた食塩の重さは，$33-7=26$(ｇ)と求められる。したがって，最初のＣの濃度(ア)は，$26\div400=0.065$，$0.065\times100=6.5$(％)である。

3　速さと比

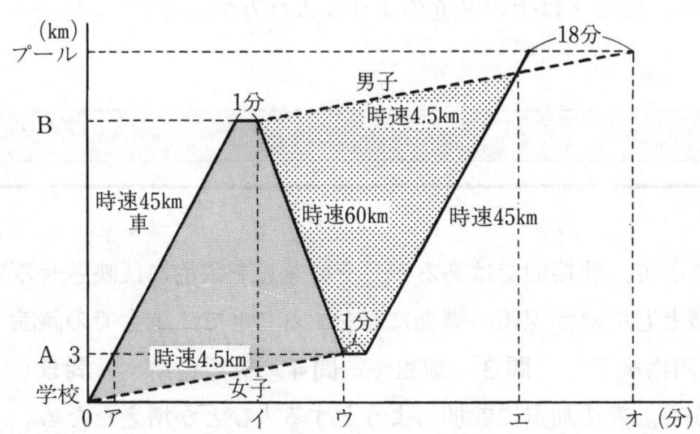

⑴　このときの進行のようすをグラフに表すと，左のようになる。車が学校からＡ地点まで行くのにかかった時間(ア)は，$3\div45\times60=4$(分)，女子が学校からＡ地点まで行くのにかかった時間(ウ)は，$3\div4.5\times60=40$(分)だから，車がAB間を往復するのにかかった時間は，乗り降りの時間をのぞくと，$40-4-1=35$(分)となる。このとき，行きと帰りの速さの比は，$45:60=3:4$なので，行きと帰りにかかった時間の比は，$\frac{1}{3}:\frac{1}{4}=4:3$となり，帰りにかかった時間(イからウまでの時間)は，$35\times\frac{3}{4+3}=15$(分)とわかる。よって，AB間の道のりは，$60\times\frac{15}{60}=15$(km)である。

⑵　車と女子が学校を出発してからＡ地点で出会うまでのそれぞれの速さと，車と男子がＢ地点を出発してから車が男子に追いつくまでのそれぞれの速さは等しい。つまり，グラフのかげをつけた２つの四角形は合同なので，出発してからウまでの時間と，イからエまでの時間は等しくなる。また，ウの時間は40分であり，イの時間は，$40-15=25$(分)なので，エの時間は，$25+40=65$(分)と

求められる。よって，女子を乗せた車が男子に追いつくのは，出発してから65分後である。

⑶　⑵の時間からプールに着くまでの間について，車と男子の速さの比は，45：4.5＝10：1だから，車と男子のかかった時間の比は，$\frac{1}{10}:\frac{1}{1}=1:10$となる。この差が18分なので，男子のかかった時間は，18÷(10－1)×10＝20(分)となる。よって，オの時間は，65＋20＝85(分)だから，イからオまでの時間は，85－25＝60(分)となり，B地点からプールまでの道のりは，$4.5\times\frac{60}{60}=4.5$(km)と求められる。したがって，学校からプールまでの道のりは，3＋15＋4.5＝22.5(km)である。

4　条件の整理

図①

○	○	×	○	○
○	×	×	○	○
×	○	○	×	○

図②

×	○	○
○	×	○
○	○	×

図③

○	○	○	○
×	×	×	×
○	○	×	○

図④

○	○	×	○
○	×	×	×
○	×	○	○

図⑤

○	○	×	○
×	×	○	×
○	○	×	○

図⑥

○	○	×	○
×	○	×	○
○	×	○	×

⑴　上の図①のように，5個のかたまり(0点)が1個，3個のかたまり(6点)が1個，2個のかたまり(3点)が1個あるから，点数の合計は，0＋6＋3＝9(点)になる。

⑵　上の図②のように，3個のかたまりを2個作ると，点数の合計は，6×2＝12(点)となり，この場合が最も大きくなる。

⑶　4点にするには点数を{1点，3点，0点}にすればよく，そのためには○の数を{1個，2個，4個}にすればよい。よって，上の図③や図④のような入れ方が考えられる(他にも多数ある)。また，9点にするには点数を{1点，1点，1点，3点，3点}にすればよく，そのためには○の数を{1個，1個，1個，2個，2個}にすればよいので，たとえば上の図⑤のような入れ方がある。同様に，11点にするには点数を{1点，1点，3点，6点}にすればよく，そのためには○の数を{1個，1個，2個，3個}にすればよいから，たとえば上の図⑥のような入れ方がある。

社 会　(40分) ＜満点：60点＞

解 答

問1　(例)　有権者が議員を選出することで，間接的ではあるが，その意思を政治に反映させることができる点や，議員が政治の専門職として政治課題の調査に専念することで，議会での議論を深めることができる点。　**問2**　西南戦争　**問3**　地租　**問4**　板垣退助　**問5**　(例)　政府が国会開設を宣言したことから，憲法制定に参加しようとする人びとが増えたため。　**問6**　(例)　国民の自由と権利を最大限に尊重しようとしており，立法権を人民全体にあるとしている点で，日本国憲法に近いといえる。また，天皇の権限を行政権に限定している点で，天皇を神聖化し天皇の権能を強くした大日本帝国憲法とは異なる。　**問7**　(あ)　(例)　満25歳以上のすべての男子。　(い)　(例)　女性の参政権も認められたから。　(う)　(例)　少子高齢化が進み，20歳未満の人口割合が低くなったから。　(え)　(例)　有権者の資格が，満20歳以上から満18歳以上に引き下げられた。　**問8**　(あ)　国民主権　(い)　(例)　選挙は国民主権を実現するための重要な機会であるが，投票率が低いということはそのぶん国民の意思が正しく政治に反映されなくなることを意味し，とくに若者の投票率の低さは，将来，国が乱れることにつながりかねない。また，年齢層が高くなるにしたがって投票率も高くなっていることから，年齢の高い人びとの意思ばかりが政治に反映され，若者の意思が反映されないなど，政治における世代間格差も生じてしまうと考えられる。

解　説

国民の政治参加と民主政治についての問題

問１　古代ギリシアの都市国家アテネの民主政治では，直接民主制が取り入れられており，すべての有権者が参加する集会で議論が行われ，政治に関することが決定された。ひとたび決定されたことはアテネ市民の総意とされ，少数意見の人びとも議論を行ったうえでのことなので，すべての市民がそれにしたがうことになる。このような直接民主制は，民主政治のあり方としては最も好ましい制度といえる。しかし，国の領域が広がり，機能が複雑に分化した現代社会において，有権者が一度に集まり，議論するということは事実上不可能である。そこで，有権者の選挙で選ばれた代表者が集まる議会を開き，そこで政治に関することについて審議し決定するという代議制(間接民主制)がとられる。有権者が自らの権力を代表者にあずけ，間接的に政治に参加することで，その意思を反映させるというしくみである。この制度では，代表者は政治の専門職として活動できるため複雑な政治課題の調査に専念でき，より濃密《のうみつ》な議論を行うことが可能である。

問２　西南戦争(1877年)は，征韓論(朝鮮を武力で開国させようという考え方)に敗れて政府を去っていた西郷隆盛《さいごうたかもり》を，鹿児島の不平士族がおし立てて起こした反乱である。しかし，西郷軍は近代的な装備を備えた政府軍に敗れ，隆盛は自害した。これにより士族の武力による反乱は終わりをつげ，政府に対する反抗は言論によるものへとうつっていった。このような士族の反乱は，佐賀や萩《はぎ》(山口県)など西日本各地で起こったが，西南戦争はその中で最大のものであった。

問３　明治新政府は，1873年に国の財政を安定させる目的で地租改正を行い，全国の土地を調査して地価を定め，土地の所有者に地券を発行し，地価の３％を税(地租)として現金で納めさせることにした。それ以前は収穫高に応じた現物納(年貢《ねんぐ》)であったため，豊作や凶作《きょうさく》などの自然現象によって収入が変動し，不安定なものであった。この政策によって国の財政は安定したが，地租の負担が大きかったために各地で地租改正反対一揆《いっき》が起こり，1877年には税率が2.5％に引き下げられた。

問４　板垣退助《いたがきたいすけ》は土佐藩(高知県)出身の政治家で，征韓論に敗れて政府を去ると，1874年に「民選議院設立建白書」を政府に提出して自由民権運動を指導した。その後，自由民権運動の高まりをおさえきれなくなった政府は，1881年，10年後の90年に国会を開設することを宣言し，国民に約束した。これに備えて，81年に板垣退助が自由党，82年には大隈《おおくま》重信が立憲改進党をつくった。

問５　政府は国会開設を宣言した翌年の1882年，伊藤博文をヨーロッパに派遣して各国の憲法を調査させ，その結果，君主権の強いドイツ(プロシア)憲法を参考にした大日本帝国憲法が1889年に発布された。このころ，民権派の人たちや民間の有志の人たちが憲法制定に参加しようと，それぞれの意見(憲法草案)を発表している。これらは「私擬《しぎ》憲法」と呼ばれ現在約50編が発見されているが，そのほとんどは1880～81年に作成されたもので，政府による国会開設の宣言に後押《あとお》しされたといえる。私擬憲法では，植木枝盛《うえきえもり》が起草した「東洋大日本国国憲按《あん》」や千葉卓三郎らが起草した「日本帝国憲法(五日市憲法)」がよく知られている。

問６　資料１の「植木枝盛の憲法案」を見ると，第１条で「日本国は憲法にしたがう」として立憲主義の考え方がのべられ，第42条で「日本の人民は法律上において平等である」，第49条では「日本人民は思想の自由を持つ」として，平等権と自由権を保障している。第43条には「日本の人民は法律以外で自由権利をおかされない」とあり，いいかえると自由権利は法律の範囲《はんい》内と規定しているが，第114条で「日本に関する立法権は人民全体にある」とのべているように，その法律が人民の意思にもとづくものとすることで，国民の権利を保障しやすいようにしている。また，統治機構については，第２条で「日本国に立法院，行政府，司法庁を置く」としており，この条文だけでは三権の関係ははっきりとしないが，三権分立の考え方が反映されていると考えられる。資料３の「日本国憲法」は，基本的人権をおかすことのできない永久の権利と規定し，平等権や自由権を保障しており，また国会を国の唯一《ゆいいつ》の立法機関・国権の最高機関としていることから，枝盛の憲法案に近いといえる。資料２の「大日本帝国憲法」では，天皇を神聖なものとし，立法権も天皇にあるとしているが，これに対し，枝盛の憲法案では第165条で「日本に関する行政権は天皇にある」とし，天皇の権限を行政権に限定しているという違《ちが》いがある。

問７　(あ)　選挙法が改正される1925年までは，選挙権に直接国税の納入金額による制限(財産制限)があり，1889年には15円以上，1900年には10円以上，1919年には３円以上とされていたため，人口に対する有権者の比率は低かった。しかし，1925年，普通選挙法が制定されて財産制限がなくなり，満25歳以上のすべての男子に選挙権が認められたことで，人口に対する有権者の比率が高くなり，有権者数が大きく増えた。　(い)　人口に対する有権者の比率が1928年の選挙では20.0％だったものが，1947年の選挙で52.4％と国民の半分以上になったのは，1945年12月の衆議院議員選挙法改正で投票年齢が満25歳以上から満20歳以上に引き下げられたこともあるが，最も大きな理由は女性の参政権が認められたことである。　(う)　1947年から2014年までの選挙において，有権者の資格に変更がないにも関わらず，「人口に対する有権者の比率」が2014年の選挙で83.1％と，1947年に比べて約30％も増加している。これは人口に占《し》める有権者の割合が高くなった，つまり，満20歳未満の人口割合が低くなったことを示す。これは1990年代から問題になっている「少子高齢化」の影響と考えられる。

(え)　2015年６月，国会で公職選挙法が改正され，有権者の資格がこれまでの満20歳以上から満18歳以上に引き下げられることになった。2016年６月に改正公職選挙法が施行されるため，2016年夏の参議院通常選挙から満18歳以上の男女を有権者とする選挙が実施される。

問８　(あ)　日本国憲法の三大原則は，「基本的人権の尊重」「平和主義」「国民主権」である。「国民主権」とは，政治を決める最高権力が国民にあることをいい，民主政治の根幹といえる原則である。大日本帝国憲法で神聖化され主権を持つとされた天皇の地位は，日本国憲法では日本国と日本国民統合の「象徴《しょうちょう》」とされ，その地位は主権を持つ国民の総意にもとづき，一切の政治権力を持たず，内閣の助言と承認によりごく限られた国事に関する行為(国事行為)を行うだけとなった。　(い)　図１「衆議院議員総選挙における投票率のうつりかわり」を見ると，年度によって上下の変動があるものの，おおむね下降傾向にあるといえる。とくに20歳代の投票率はどの年度も他の年齢層に比べて低いが，その下降傾向が著しく，1967年の総選挙では70％近かったものが，2014年の総選挙では30％の前半という低さになっている。40歳代の投票率の下降傾向もそれに近いものがある。一方，60歳代の投票率は常に高く，2014年に70％を切ったものの，おおむね80％前後で推移している。投票率が低くなったということは，この間に政治に対する関心がなくなった，あるいは関心が薄《うす》くなったということを表しており，この傾向は年齢が下がるほどはっきりしている。選挙は国民主権を実現するための重要な機会であるにも関わらず，投票率が低くなることは，そのぶん国民の意思が政治に反映されなくなることを意味し，投票率の低い若年層ほどその傾向が強い。したがって，選挙では投票率の高い年齢層，とくに高齢者の利益になるような政策をかかげた政党や立候補者が当選しやすくなり，明るい未来をめざすような政策よりも，「お年寄りに厚く，若者に薄い」ような政策が進められ，いわば政治における世代間格差を生じかねない。もしそうなってしまうと，若者の政治への不信や無関心さがますます大きくなり，若年層の投票率がさらに下がるという悪循環《あくじゅんかん》をくり返すことになる。今回の公職選挙法改正で，投票年齢を満18歳以上に引き下げたのも，若者の意見をより多く取り入れるとともに，政治への関心を早くから持ってもらうことで，こうした問題を解消することが目的である。政治による幸福や利益は，年齢を超《こ》えて等しくすべての国民にもたらされるものでなければならない。将来の国民生活を豊かで安定したものにするには，若者の政治参加が絶対に不可欠であり，政治における制度や原則の持つ意味とその長所をしっかりと理解し，積極的に行動することが大切である。

理 科 (40分) ＜満点：60点＞

解 答

[1] **問1** 16ｔ　**問2** 12ｔ　**問3** 解説の図を参照のこと。　**問4** 24ｔ　[2] **問1** **ア** C　**イ** A　**ウ** D　**エ** B　**オ** B　**問2** ア，イ，オ　**問3** ウ　**問4** 解説の図を参照のこと。　**問5** ウ　**問6** (例) ヨコ糸は伸び縮みしやすいので，網にかかった虫があばれても糸が切れにくく，また粘着性もあるため，虫の体を捕らえてはなしにくくなっているから。　[3] **問1** ア　**問2** エ　**問3** (例) 9月12日20時の窓の中では，うしかい座が西の地平線近くに，はくちょう座が南の空にあり，ぎょしゃ座は東の地平線からのぼろうとしているので，この順に撮影すればよい。しし座はすでに西の地平線の下にしずんでいるため，見られない。　**問4** 21時頃　**問5** **方法1** 12月15日(と)23時20分(を合わせる。)／理由…解説を参照のこと。　**方法2** 12月20日(と)23時00分(を合わせる。)／理由…解説を参照のこと。

解 説

[1] クレーン車の力のつり合いについての問題

問1 腕《うで》がつり合うとき，てこを傾《かたむ》けようとするはたらき(モーメント)は左右で等しくなる。図2の左右のモーメントのつり合いは図1と同じように考えてよいため，Cに置くおもりは，$6 \times 8 \div 3 = 16$(ｔ)と求められる。

問2 図3では，Bの真下のタイヤが支点の位置となり，支点からの距離《きょり》は力のかかっている点と支点の間の水平距離にあたる。Cに40ｔのおもりを置いたとき，ちょうど腕がつり合ってつり上げられる物の重さは，$40 \times 4.2 \div 7 = 24$(ｔ)となるので，その半分の重さの，$24 \div 2 = 12$(ｔ)の物までつり上げてよいことになる。

問3 クレーンを車体に対して真横に向けたときは，図の左側のタイヤの位置が支点となる。したがって，右の図のように左側のタイヤを通る，水平面に垂直な線を引けばよい。

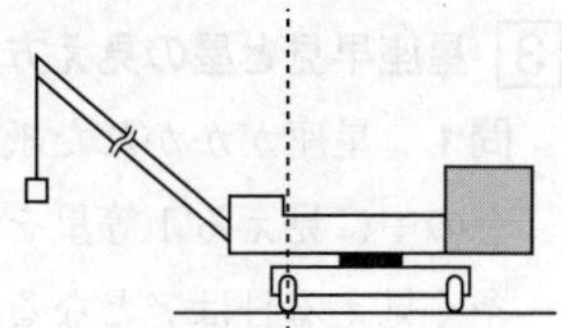

問4　図4で，左側のタイヤの位置を支点とすると，図1のBCにあたる距離が，2.4÷2＋2.1＝3.3(m)となる。おもり30tを置いてちょうどつり合う物の重さは，11×2＝22(t)なので，図1のABにあたる距離は，30×3.3÷22＝4.5(m)とわかる。図5では，左側のタイヤから張り出した支えが支点となり，図1のABにあたる距離が，4.5－1.5＝3(m)，BCにあたる距離が，3.3＋1.5＝4.8(m)となる。よって，図5でおもり30tを置いたとき，ちょうどつり合う物の重さは，30×4.8÷3＝48(t)と求められるから，その半分の重さの，48÷2＝24(t)の物までつり上げてよい。

2　クモの網《あみ》についての問題

問1　**ア**　クモと昆虫《こんちゅう》はどちらも節足動物のなかまで，脚《あし》が節に分かれている。　**イ**　クモは脚が4対(8本)あるが，昆虫の脚は3対(6本)である。　**ウ**　クモも昆虫も体がかたい殻《から》でおおわれているため，成長の過程で脱皮《だっぴ》することで体が大きくなる。　**エ**　昆虫の体は頭部，胸部，腹部の3つに分かれているが，クモは頭胸部と腹部の2つに分かれている。　**オ**　クモは成長の過程でさなぎになることはない。一方，昆虫には成長過程でさなぎになるものとならないものがいる。つまり，さなぎになるのは一部の昆虫にだけ見られる特徴《とくちょう》である。

問2　クモの網の糸は細く透明《とうめい》に近いので，観察するときには，霧吹《きりふ》きで水をかけて糸に細かい水《すい》滴《てき》をつけたり，白い粉をふりかけたりして，糸の位置を見えやすくする工夫をするとよい。また，網に懐中《かいちゅう》電灯などで光をあてると，糸が光を反射して見えやすくなる。なお，網の後ろに黒い紙を置けば見えやすくなるが，白い紙ではほとんど見えやすくはならない。網をうちわであおいでもほとんど変わらない。

問3　Y字形の網の基礎《きそ》ができた後に，外枠《そとわく》となる枠糸やY字の真ん中のこしきから枠糸までに放射状に広がるタテ糸が張られることが述《の》べられている。図4の矢印が示している糸は網の外枠にあたるので枠糸である。

問4　図の網の左側に1本枠糸を付け足して，その後Y字の真ん中の部分であるこしきから枠糸に向かって放射状に広がるタテ糸を数本ほどかき加える。そして，こしきから渦《うず》巻き状に足場糸(最終的にはクモは足場糸を逆にたどってヨコ糸に張りかえられる)を適当な間かくでかいていく。このとき，タテ糸とタテ糸の間はほぼ直線的に線をかき，タテ糸に達するごとに少しずつ角度を変えてかきつないでいく。すると，右の図のようなクモの網がかける。

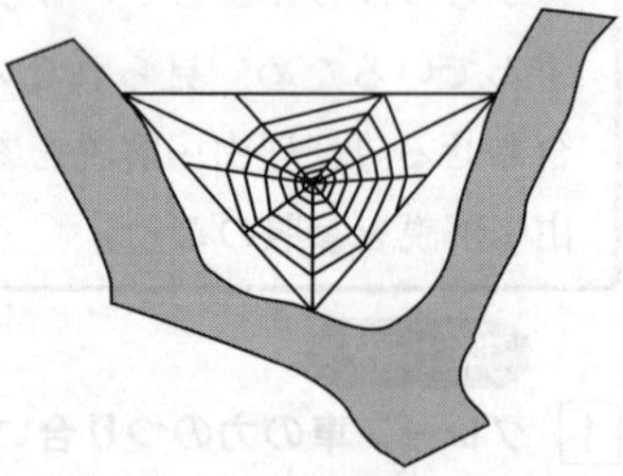

問5　クモが網の上で移動するときには主にタテ糸を使い，ヨコ糸はほとんど使わないことから，クモはタテ糸とヨコ糸を区別しているといえる。

問6　ヨコ糸は伸《の》び縮《ちぢ》みしやすいことから，網に引っかかった虫があばれても網はこわれにくいと考えられる。もし網がこわれてしまえば，虫に逃げられてしまうことになる。また，ヨコ糸には粘《ねん》着性《ちゃくせい》があるため，網にかかった虫は網から逃れにくくなる。これは，獲物《えもの》を捕《と》らえるには都合がよい。

3　星座早見と星の見え方についての問題

問1　星座がかかれた紙と透明シートをア～エのそれぞれの日付けと夜の0時の目盛を合わせて，窓の中に見える1等星を数える。すると，ア～エでは下の表のような1等星が見え，1等星が最も多く見える日はアとなる。

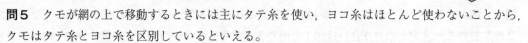

観察日	夜の0時に見える1等星
ア3月20日	ぎょしゃ座のカペラ，オリオン座のベテルギウス，ふたご座のポルックス，おおいぬ座のシリウス，こいぬ座のプロキオン，しし座のレグルス，おとめ座のスピカ，うしかい座のアルクトゥルス，さそり座のアンタレス，こと座のベガ，はくちょう座のデネブ［計11個］
イ6月21日	おとめ座のスピカ，うしかい座のアルクトゥルス，さそり座のアンタレス，こと座のベガ，はくちょう座のデネブ，わし座のアルタイル［計6個］
ウ9月22日	こと座のベガ，はくちょう座のデネブ，わし座のアルタイル，みなみのうお座のフォーマルハウト，おうし座のアルデバラン，ぎょしゃ座のカペラ，オリオン座のベテルギウス，オリオン座のリゲル［計8個］
エ12月21日	おうし座のアルデバラン，ぎょしゃ座のカペラ，オリオン座のベテルギウス，オリオン座のリゲル，ふたご座のポルックス，おおいぬ座のシリウス，こいぬ座のプロキオン，りゅうこつ座のカノープス，しし座のレグルス，はくちょう座のデネブ［計10個］

問2　星座早見の窓の中に，図のようにカシオペヤ座が北東の空に，おおぐま座が北西の空に見えるように星座早見を合わせると，夜の0時の目盛と一致する月日の目盛として7月1日が選べる。

問3　9月12日の20時に月日と時刻の目盛を合わせると，窓の中に，うしかい座が西の地平線付近，はくちょう座が南の空にあり，ぎょしゃ座が東の地平線からのぼろうとしている。したがって，この順に撮影すればよい。しし座はすでに西の地平線にしずんでいて見ることができない。

問4　星や星座は地球の公転により，空の同じ位置に見える時刻は1日に約4分ずつ，1か月では約2時間ずつ早くなる。したがって，1か月後には，23－2＝21より，21時頃に同じ星空が見える。また，これは，星座がかかれた紙と透明シートを合わせて，23時の目盛と一致している日付けを読み取り，その1か月後の日付けと時刻の目盛が重なるところを読み取っても確かめることができる。

問5　**方法1**　地球の自転により，同じ日に星を観測すると，24×60÷360＝4(分)で約1度ずつ星は東から西へ移動して見える。東京は明石より東へ経度が，140－135＝5(度)ずれているので，同じ星空が見える時刻は明石の方が，4×5＝20(分)遅い時刻となる。したがって，東京で12月15日の23時に見えている星空は，明石では同じ日の20分後の23時20分に見えることになる。　**方法2**　同じ地点で同じ星空が見える時刻は，1日に約4分ずつ早くなっていく。したがって，方法1で12月15日の23時20分に見える星空は，20÷4＝5(日)後の12月20日23時にも見える。また，この方法は，東京が明石より東へ経度が5度ずれていることから，明石である星空を見てから地球が5度公転したとき，つまり，360÷365×5＝4.93…より，5日後の同じ時刻に東京で同じ星空が見られることからもわかる。なお，明石で12月15日の23時20分に見えていた星空は，たとえば12月14日の23時24分に見えていた星空と同じであるが，星座早見の時刻の目盛は，いちばん小さな目盛が20分なので，4分後などのように20分より小さい時間で調整することはできないと考えられる。

国　語　(50分)＜満点：100点＞

解　答

問1　(例)　決められた時間どおりの日課に従う，孤児院での生活。　**問2**　(例)　食事は盛切りの飯が一膳だけという孤児院での生活が身についてしまっているため，祖母が「もうおしまい？」と聞いてくれても，おかわりしていいのかわからず迷っているということ。　**問3**　(例)　弟が，最も大きな西瓜の一切れを素速く摑んだことから，十分にはたべられず，大勢と競わなくてはならない，孤児院の食事の事情が察せられて，かわいそうに思ったから。　**問4**　(例)　はじめは孤児院での生活との違いに落ち着かなかったが，ようやく祖母の家になじみ，祭までここでゆっくり過ごしたいと思うようになったから。　**問5**　(例)「ぼく」の前に蛍の小さな光が現れて消える描き方には，このまま祖母の家で暮らせるかもしれないというささやかな希望の芽生えと，やはりここには居られないのかもしれないという失望が暗示されていると考えられる。　**問6**　(例)　慣れない養老院で辛い思いをするであろうばっちゃのことを思えば，孤児院に慣れている自分たちががまんしたほうがいいという，ばっちゃを気づかう気持ち。
問7　(例)「ぼく」たちに「帰れ」と言うときの辛さや，叔父との口論を聞いて「ぼく」たちが出て行ったと知ったときの負い目を，祖母には感じさせたくなかったから。　**問8**　下記を参照のこと。

●漢字の書き取り

問8　ホウチョウ…包丁　ハンダン…判断　キソク…規則　クレ…暮　エンソウ…演奏

解説

出典は井上《いのうえ》ひさしの『四十一番の少年』所収の「あくる朝の蝉《せみ》」による。孤児院《こじいん》で暮らす「ぼく」と弟は，夏休みに祖母の家に来たが，叔父《おじ》が「ぼく」たちの滞在《たいざい》をいやがっていることを知り，孤児院へ帰ろうと決める。

問1　直前の部分に，祖母の家で「のんびり」できず，「孤児院の日課」を「暗誦《あんしょう》」する「ぼく」の様子が描《えが》かれている。日課はすべて時間が定まっており，それに従う孤児院の生活を「時間の檻《おり》」と言っている。「檻」は，動物や罪人などを入れる囲いや部屋で，比喩《ひゆ》的に，きまりにしばられた生活などを表している。

問2　「箍《たが》」は，桶《おけ》や樽《たる》の形を保つために，周囲にはめる金属や竹の輪。比喩的に，感情や行動を律するものを表し，「孤児院の箍」とは，孤児院での流儀《りゅうぎ》やきまりをたとえている。「ぼく」にとって，祖母の家に来たことで思いがけず外れてしまった「箍」は，細かく「時間」が決まっている孤児院の日課である。弟にとっての「箍」は，祖母に「もうおしまい？　お腹がいっぱいになったの」と聞かれても，「黙《だま》ったまま」でいる様子に表れている。孤児院での食事のきまりは，「盛切り」の飯「一膳《いちぜん》だけ」というものだったため，「おかわり」していいものか迷っているのである。

問3　弟の「素速《すばや》い手の動き」とは，西瓜《すいか》の「最も容積のある一切れ」を「一瞬《いっしゅん》のうちに見較《くら》べハンダン」して手で摑《つか》んだことをさす。その「孤児院流」のしぐさを見た祖母は，「お腹の痛くなるほどたべてごらん」とすすめているので，孤児院の食事事情を察し，かわいそうに思ったからという内容でまとめればよい。

問4　問1で見たように，「ぼく」は祖母の家で「のんびり」できず，孤児院との違《ちが》いにとまどって「いらいら」していた。その「いらいら」が，「蚊帳《かや》」の匂《にお》いに「家庭」を感じて「おさまった」ことに注目する。また，「ぼく」はこの後，「ぼくたち，祭まで居ていい？」と祖母に聞いている。つまり，「自分の部屋らしくしよう」と思ったのは，孤児院と違う状態にとまどっていた「ぼく」が，家庭らしい雰囲気《ふんいき》になじみ，祭までここでゆっくりしたいと考えるようになったからだと推測できる。

問5　「蛍《ほたる》」は，「ぼく」が祖母に「ここへ置いてください」と頼《たの》んだ後に現れ，「ぼく」たちの滞在の件で，叔父が祖母を責めた直後に消えている。「ぼく」は「蛍」が消えた理由を，「ぼく」たちの滞在に反対する叔父の「荒《あら》い足音」に「驚《おどろ》いて逃《に》げだした」と考えている。また，問4で見たように，「蛍」が停《とま》った「蚊帳」は「家庭」の象徴《しょうちょう》である。つまり，蚊帳の上で小さく光る「蛍」には，祖母の家に居たい，居られるかもしれないという，「ぼく」たちのささやかな希望，期待が重ねられている。これをふまえ，「蚊帳の上に見つけた『蛍』の光には，孤児院に帰らずにすむかもしれないという『ぼく』たちのささやかな希望が重ねられている。しかし，叔父の強い反対を知り，『蛍』とともに希望も消えたことを暗に示している」，「『ぼく』の目の前に蛍の光が現れ，消える描き方には，祖母の家で暮らせるかもしれないという小さな希望の芽生えと，やはりだめかもしれないという失望が暗に示されている」のような内容でまとめればよい。

問6　「ぼく」たちはこの後，「そろそろ帰ってもらわなくちゃ……」という「辛《つら》い」言葉を祖母に言わせたくなくて，そっと家を出ている。ぼう線をふくむ場面でも，慣れない「養老院」へ祖母を行かせるくらいなら，「孤児院に慣れてる」自分たちが帰ると決めたのだから，同じように祖母を気づかったことがわかる。

問7　「書き置き」の内容は，慰問《いもん》エンソウのために帰るという作り話である。問5で見たように，祖母は「ぼく」たちを置いておきたくとも，叔父に反対されている。それを知った「ぼく」たちが，「そろそろ帰ってもらわなくちゃ……」という「辛い」言葉を祖母が言わずにすむように気づかい，祖母の気持ちの負担にならないように作り話をしたという内容でまとめる。

問8　「包丁」…料理に用いる刃物。　「判断」…ものごとについて自分の考えをまとめること。「規則」…きまり。　「暮」…音読みは「ボ」で，「暮色」などの熟語がある。「年の暮」「年の暮れ」両方の書き方がある。　「演奏」…音楽を奏でること。

Dr.福井の
入試に勝つ！脳とからだのウルトラ科学

睡眠時間や休み時間も勉強!?

みんなは寝不足になっていないかな？　もしそうなら大変だ。睡眠時間が少ないと，体にも悪いし，脳にも悪い。なぜなら，眠っている間に，脳は海馬《かいば》という部分に記憶をくっつけているんだから。つまり，自分が眠っている間も頭は勉強しているわけだ。それに，成長ホルモン（体内に出される背をのばす薬みたいなもの）も眠っている間に出されている。昔から言われている「寝る子は育つ」は，医学的にも正しいことなんだ。

寝不足だと，勉強の成果も上がらないし，体も大きくなりにくく，いいことがない。だから，睡眠時間はちゃんと確保するように心がけよう。ただし，だからといって寝すぎるのもダメ。アメリカの学者タウブによると，10時間以上も眠ると，逆に能力や集中力がダウンしたという研究報告があるんだ。

睡眠時間と同じくらい大切なのが，休み時間だ。適度に休憩するのが勉強をはかどらせるコツといえる。何時間もぶっ続けで勉強するよりも，50分勉強して10分休むことをくり返すようにしたほうがよい。休み時間は，散歩や体操などをして体を動かそう。かたまった体をほぐして，つかれた脳を休ませるためだ。マンガを読んだりテレビを見たりするのは，頭を休めたことにならないから要注意！

頭の疲れに関連して，勉強の順序にもふれておこう。算数の応用問題や理科の計算問題，国語の読解問題などを勉強するときには，脳のおもに前頭葉という部分を使う。それに対して，国語の知識問題（漢字や語句など）や社会などの勉強では，おもに海馬《かいば》という部分を使う。したがって，それらを交互に勉強すると，１日中勉強しても疲れにくい。

Dr.福井（福井《ふくい》一成《かずしげ》）…医学博士。開成中・高から東大・文Ⅱに入学後，再受験して翌年東大・理Ⅲに合格。同大医学部卒。さまざまな勉強法や脳科学に関する著書多数。

Memo

Memo

平成27年度　武蔵中学校

〔電　話〕（03）5984－３７４１
〔所在地〕〒176－8535　東京都練馬区豊玉１－26
〔交　通〕西武池袋線－「江古田駅」より徒歩７分
西武有楽町線－「新桜台駅」より徒歩７分

【算　数】（50分）〈満点：100点〉

1　次の各問に答えなさい。（式や考え方も書きなさい）

(1)　太郎君と次郎君は学校の帰りに駅で待ち合わせることにしました。２人の歩く速さは，太郎君は時速５km，次郎君は時速３kmです。２人は同時に学校を出ました。太郎君は一度駅を通り過ぎて，駅から250m先にある自分の家にかばんを置いてからすぐに駅へもどりました。次郎君は太郎君と同じ道を通って駅へ向かい，太郎君より１分早く駅に着きました。学校から駅までは何mですか。

図１

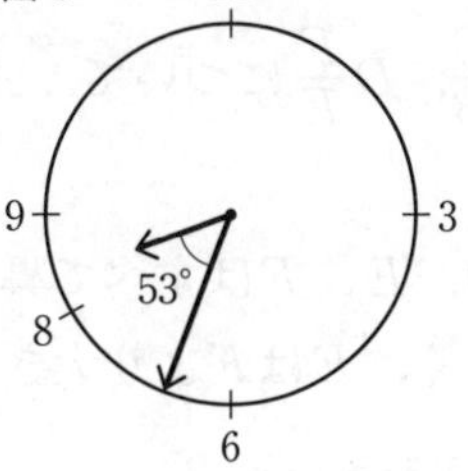

図２

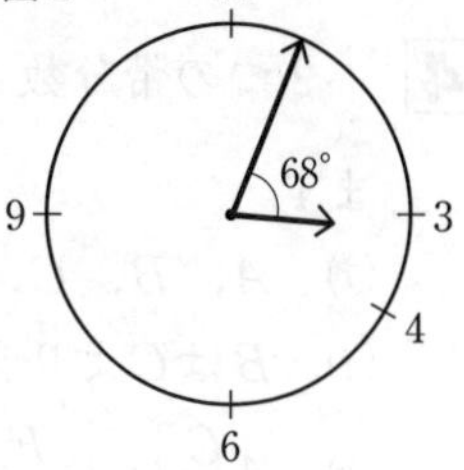

(2)　１日にある決まった時間だけ遅《おく》れる時計があります。ある日の８時30分には図１，15時10分には図２のようになっていました。この時計が正しい時刻をさしていたのは，この日の何時何分ですか。

2　あめとチョコレートが同じ個数ずつあります。ある日，クラスの生徒にあめを配りました。あめを全員に12個ずつ配るには71個足りないので，男子に９個ずつ，女子に11個ずつ配ったところ，６個余りました。また，男子は女子より７人多いそうです。

次の問に答えなさい。（式や考え方も書きなさい）

(1)　クラスの生徒の人数は何人ですか。

(2)　次の日，チョコレートを配ろうとしたら，欠席した生徒が４人以上いました。何人かの生徒に８個ずつ配り，残りの生徒に10個ずつ配ったところ，55個余りました。チョコレートを８個もらった生徒の人数は何人ですか。考えられる場合をすべて答えなさい。

3　図１で，四角形ABCDと四角形DCEFはどちらも長方形で，AD＝10cm，DF＝８cm，AH＝６cmです。また，三角形AHGと三角形DHIの面積の差は９cm²です。

次の問に答えなさい。（式や考え方も書きなさい）

(1)　ABの長さを求めなさい。

(2)　図１にいくつかの線をかき加えたものが次ページの図２です。三角形CLJと三角形DLFの面積の和は47.6cm²です。BKの長さを求めなさい。

図１

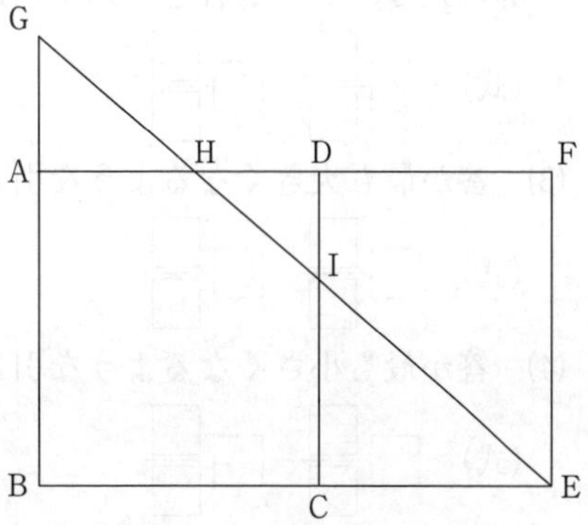

図2

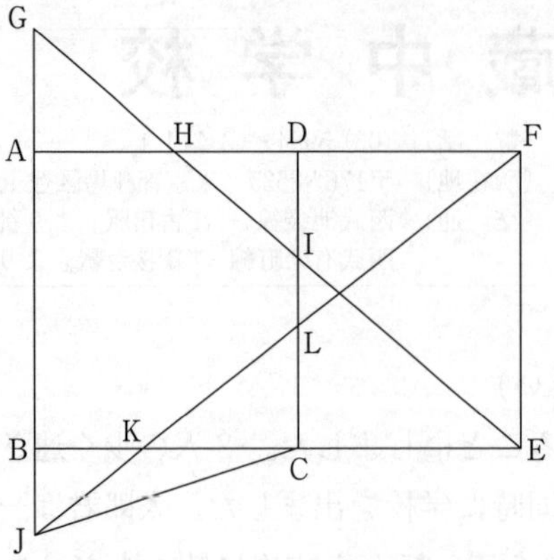

4　2つの帯分数 $A\frac{C}{B}$，$D\frac{F}{E}$ について，A から F に次の規則で1から6までの整数をあてはめます。

(ア)　A，B，C，D，E，F はすべて異なる。

(イ)　B は C より大きく，E は F より大きい。

(ウ)　$A\frac{C}{B}$ は $D\frac{F}{E}$ より大きい。

ただし，$1\frac{2}{4}$ のように約分ができるようなあてはめ方もよいことにします。ここで，2つの帯分数について引き算の式 $A\frac{C}{B}-D\frac{F}{E}$ を考えます。例えば，$6\frac{4}{5}-3\frac{1}{2}$ や $5\frac{1}{2}-3\frac{4}{6}$ などが考えられます。

次の問に答えなさい。

(1)　$6\frac{\square}{5}-\square\frac{\square}{\square}$ となる引き算の式は何通りできますか。

次に，引き算の式を実際に計算した答を考えます。例えば，$6\frac{4}{5}-3\frac{1}{2}$ の答は $3\frac{3}{10}$ です。

(2)　答が整数となる引き算の式を1通り見つけて，下に書きなさい。また，答が整数となる引き算の式は，この場合を含めて何通りありますか。

(式)　$\square\frac{\square}{\square}-\square\frac{\square}{\square}$

(3)　答が最も大きくなるような引き算の式を，下に書きなさい。

(式)　$\square\frac{\square}{\square}-\square\frac{\square}{\square}$

(4)　答が最も小さくなるような引き算の式を，下に書きなさい。

(式)　$\square\frac{\square}{\square}-\square\frac{\square}{\square}$

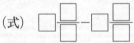

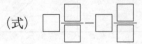

【社　会】（40分）〈満点：60点〉

次の問題文を読んで，後の問いに答えなさい。

皆《みな》さんは，「すべての道はローマに通じる」という言葉を知っていますか。今から約2000年前に地中海周辺の各地域を統一したローマ帝国《ていこく》はその後400年にわたって大国であり続けましたが，この国の特徴《とくちょう》の一つが都のローマから帝国の全土に伸《の》びる道路網《もう》を築き上げたことです。上にあげた言葉は，ローマ帝国の支配が道路網と深く関係していたことをよく表しています。ローマ帝国に限らず，世界各地で栄えた多くの大国は，その領土にまたがる道路網を建設し，支配のために利用していました。これらの道路網は基本的に政治や軍事上の目的のために建設されましたが，それらは同時に，国内での人びとの移動やさまざまな品物の流通に利用され，経済などの面でも大いに役立っていました。もちろん，世界各地では道路のような陸上交通だけでなく，古くから河川や海を通じた水上交通も発達し，社会の発展に貢献《こうけん》してきました。そこで今日は，陸上交通を中心にこれまでの日本における交通網の整備とその今後について考えてみましょう。

日本では7世紀から8世紀にかけての時期に法律や土地制度，税制などが制定されて天皇を中心とする政治体制がつくられました。日本全土は多くの国に分かれ，それらは都の近くの5か国（畿内《きない》）と地域別に7つの道（七道）に区分されました。そして都から七道のそれぞれに伸びる同じ名前の幹線道路（駅路）が建設されましたが，これらの駅路は地形が複雑であってもなるべく直線状に通るようにつくられ，いずれも30里（約16 km）ごとに駅家が置かれ5～20頭の馬が用意されていました。駅路の遺構は各地で発掘《はっくつ》されていますが，それらによると幅《はば》が約6～12 mで両側に側溝《そっこう》が設けられていました。これらの駅路は役人や兵士たちの移動や，各国からの品物を都に運ぶのに利用されましたが，中でも都と北九州の大宰府《だざいふ》を結ぶ山陽道はただ一つの「大路《たいろ》」として特に重視されていました（図1）。

写真　古代に山陽道が通っていた跡《あと》（兵庫県明石市）
奥《おく》の住宅地の所からは2001年に道路遺構が発見されました。

図1　平安時代前期の幹線道路
参考：岸本道昭『山陽道駅家跡』同成社，2006年

中央政府による駅路の整備は平安時代中ごろからしだいに行われなくなりましたが，かつての駅路は一部で経路が変更《へんこう》されながらその後も幹

線道路としての役割を果たしていました。その一方で，駅路以外のさまざまな道路も開かれ，それらを通じた陸上交通も発達していきました。さらに，河川交通や海上交通も各地で盛んになり，日本における国内交通は，時代とともにしだいに発展していったのです。

江戸《えど》時代になると，幕府は交通網の整備に力を入れました。幕府は五街道を中心に江戸を起点とする幹線道路を整備して陸上交通網をつくり上げる一方，大坂《おおさか》や江戸と各地を結ぶ海上交通網も整備しました。こうした幕府の政策もあって日本国内での人の移動や物の流通はいっそう盛んになっていきました。しかし幕府は五街道を直接の管理下に置くなど交通に対する厳しい統制も行っていました。

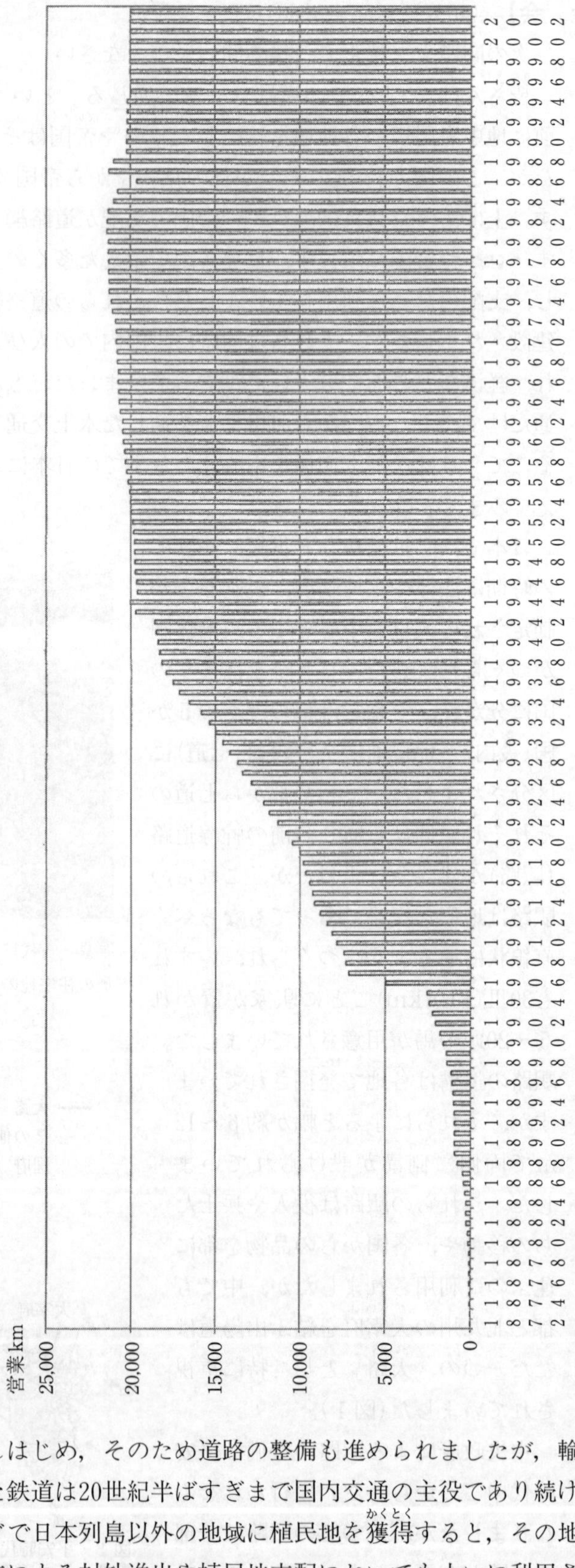

図2　鉄道（国鉄およびJR）の総延長，1872～2003年

明治時代になると，政府が主導する形で近代化のための改革が行われましたが，その一つが交通に関するものでした。明治政府によって陸上交通の柱と位置づけられたのは鉄道で，最初は政府の投資による建設で1872（明治５）年に営業運転が開始され，その後は民間企業《きぎょう》による建設で各地の鉄道が開通していきました。1906（明治39）年に鉄道国有法が制定されて国内の主要鉄道は原則として政府によって運営されることになり（国鉄），民間の鉄道会社は主に東京や京阪神《けいはんしん》などの大都市圏《けん》での鉄道経営にあたりました（私鉄）。20世紀に入ってしばらくすると自動車が普及《ふきゅう》しはじめ，そのため道路の整備も進められましたが，輸送力や所要時間などの面ですぐれていた鉄道は20世紀半ばすぎまで国内交通の主役であり続けました。また，日清戦争や日露《にちろ》戦争などで日本列島以外の地域に植民地を獲得《かくとく》すると，その地でも鉄道が建設されました。鉄道は日本による対外進出や植民地支配においても大いに利用され

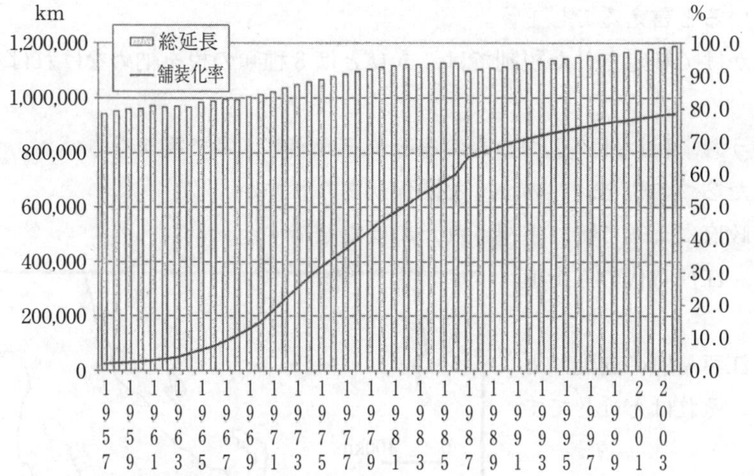

図3　道路の総延長と舗装化《ほそうか》率，1957～2004年

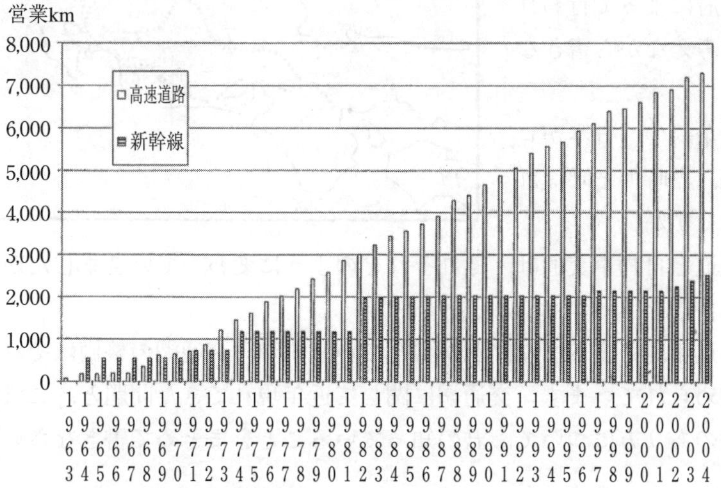

図4　新幹線と高速道路の総延長，1963～2004年

（図2～4　総務省統計局「日本の長期統計系列」などにより作成）

たのです。

第二次世界大戦後になると，日本国内の交通のあり方はしだいに変わっていきました。鉄道はしばらく陸上交通の中心でしたが，自動車の普及がさらに進み自動車産業も発展したために自動車交通の重要性が高まりました。また，高度経済成長とともに，鉄道交通と自動車交通のどちらでも新しい動きが起こりました。さらには，航空機の発達や，日本と国際社会との関係が深まっていったことなどにより航空交通の占《し》める割合も増大し，国内各地の空港の整備も進められました。しかし，こうして発展してきた日本の国内交通も，1970年代ごろからさまざまな問題が現れてきました。たとえば鉄道に関しては，経営が行きづまっていた国鉄は1987年に分割・民営化され，JR各社に移行しました。数十年前から計画が立てられた新幹線や高速道路の建設なども，21世紀に入ってからは一部で見直す動きがでてきています。それでも交通網の建設は計画通りに進められており，交通網のさらなる進化を追い求める動きすら見られます。さらに現代は，いちど建設した交通網は維持《いじ》・管理し続けなければなりません。こうしたことをふまえ，直面する諸問題を解決しながら必要な交通網の整備を続けるためにどうすべきかが，

現在の私たちに問われていると言えるでしょう。

問１　７世紀から８世紀にかけて制定された税制では，人びとは３種類の税を納めなければなりませんでした。

㈠　上の３種類の税のうち，租以外の２つのものをそれぞれ漢字１字で書きなさい。

㈡　駅路は，㈠で答えた２つの税と，どのような関係がありますか。

問２　山陽道が古代の中央政府によって特に重視されたのはなぜですか。

問３　右の地図のア・イは，江戸時代の五街道のうちの何ですか。

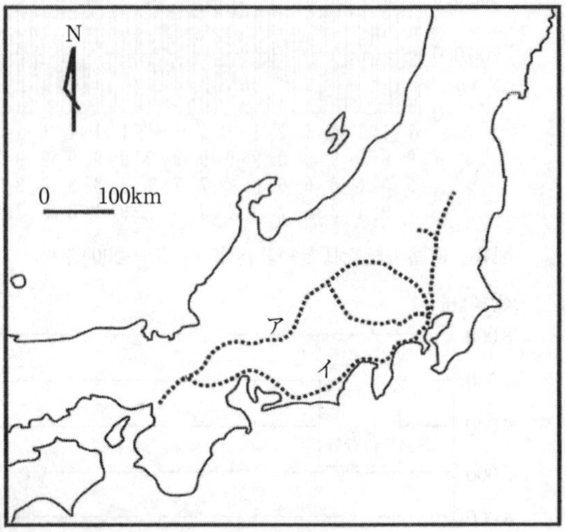

問４　幹線道路の整備は，江戸幕府の支配にとって必要なものでした。それはどうしてですか。

問５　明治政府が鉄道を陸上交通の柱と位置づけたのはなぜですか。政府によって行われた近代化政策との関連を考えながら書きなさい。

問６　日露戦争後に結ばれた条約で，日本がロシアから獲得した鉄道は，当時何と呼ばれていた地域にあったものですか。

問７　第二次世界大戦後，鉄道と自動車交通は，それぞれどのように変わっていきましたか。図２・３・４を参考にして書きなさい。

問８　問題文にあるように，近年，さまざまな問題が現れていますが，交通網の整備はそれまでと変わらないやり方で進められています。交通網に関して近年現れてきた問題と，これから求められる交通網の整備のあり方について，君の知っていることをまとめて書きなさい。

【理　科】 （40分）〈満点：60点〉

1　水溶《よう》液の性質と反応について，以下の問いに答えなさい。

問１　リトマス紙の色を変化させる水溶液のうち，液をすべて蒸発させると何も残らないものをA～Eの中からすべて選び，記号を○で囲みなさい。

A．アンモニア水　B．うすい塩酸　C．食塩水　D．石灰水　E．炭酸水

問２　スチールウールの入っている試験管とアルミニウム片の入っている試験管にうすい塩酸を加えたところ，どちらも気体が発生し，金属はすべてとけました。２つの試験管の液をそれぞれ別の蒸発皿に移し，穏《おだ》やかに加熱して液をすべて蒸発させました。蒸発皿に残った固体の色をA～Fの中から選び，それぞれ記号で答えなさい。何も残らない場合は×と答えなさい。

A．銀色　B．黒色　C．赤紫《あかむらさき》色　D．黄色　E．青色　F．白色

スチールウール □　　アルミニウム片 □

問３　アルミニウム片を入れたビーカーにうすい塩酸を加え，気体の発生が止まるまで待ちました。アルミニウム片が残っていた場合は取り除いてから，液をすべて蒸発皿に移しました。それを穏やかに加熱して液をすべて蒸発させ，蒸発皿に残った固体の重さをはかりました。

実験は，同じ重さのアルミニウム片に対して，加えるうすい塩酸の量を5mL，15mL，25mL，35mL，45mLと変えて行いました。下のグラフは，加えたうすい塩酸の量と蒸発皿に残った固体の重さの関係を表しています。この結果から，加えるうすい塩酸の量が20mLのときと30mLのときについて考えてみましょう。

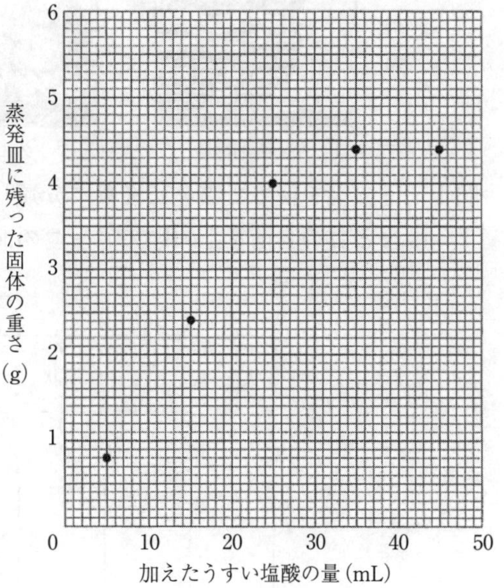

(1)　右のグラフをもとに，蒸発皿に残る固体の重さを答えなさい。

20mLのとき　　　g

30mLのとき　　　g

(2)　気体の発生が止まった後のビーカーの中の様子について，A～Dの中からふさわしいものを選び，記号で答えなさい。

A．アルミニウム片も塩酸もある。

B．アルミニウム片はあるが，塩酸はない。

C．アルミニウム片はないが，塩酸はある。

D．アルミニウム片も塩酸もない。

20mLのとき　　　30mLのとき

2　空を見上げてみると，様々な雲が見られます。雲は，大きく分けて10種類に分類され，これを十種雲形と呼びます。十種雲形の名前のつけ方には，高さ，形，雨の有無を組み合わせた簡単な決まりがあります。まず，およその高さで3つの層に分けます。上層の雲には名前の先頭に「巻《けん》」の字がつき，中層の雲には名前の先頭に「高」の字がつき，下層の雲には名前の先頭に「巻」も「高」もつきません。次に形については，パンのようなかたまり状の雲には「積」の字がつき，水平に広がり一枚の板のような雲には「層」の字がつきます。そして，雨を伴《ともな》う厚い雲には「乱」の字がつきます。下の図は，十種雲形の大まかな雲の様子を表しています。

上層の雲

中層の雲

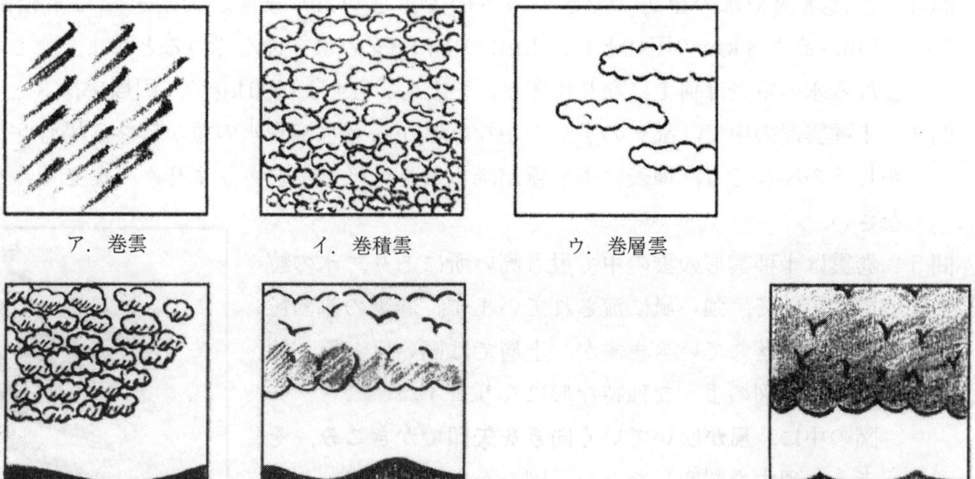

ア．巻雲　イ．巻積雲　ウ．巻層雲

エ．高積雲　オ．高層雲　カ．乱層雲

下層の雲

キ．層積雲　　ク．層雲　　ケ．積雲　　コ．積乱雲

問１　下の図を使って雲を10種類に分類しようと思います。層積雲の例にならって，空欄《らん》に当てはまる雲の名前を上の図のア～コの記号で答えなさい。

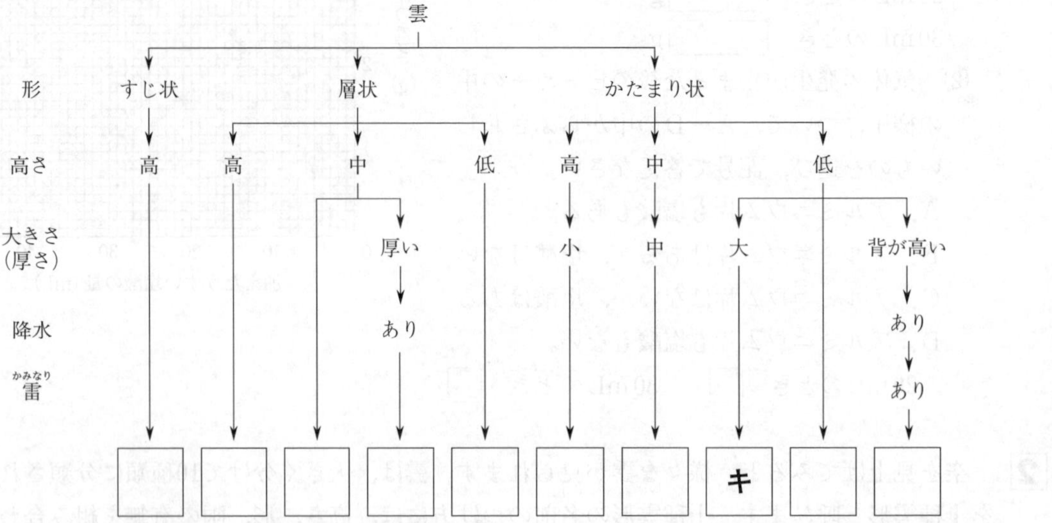

問２　雲ができるときと同じ現象が身の回りでも起きています。そのような現象を次の中からすべて選び，記号で答えなさい。

ア．お湯が沸騰《ふっとう》する　　イ．ドライアイスの周りに白い煙《けむり》のようなものが見える

ウ．冬に，吐《は》く息が白く見える　　エ．つららがのびる

オ．洗たく物が乾《かわ》く　　カ．寒い朝，ガラスに霜《しも》がつく

問３　雲は水滴《てき》や氷の粒《つぶ》からできているので重さがあります。大雨を降らす積乱雲を，直径５km，高さ８kmの円柱とし，１m^{3}の中に３gの水を含《ふく》んでいるとします。この積乱雲に含まれる水の重さは何t《トン》になりますか。ただし，１tは1000kgで，円周率は３としなさい。

問４　十種雲形の中で「乱」の字がつかない雲からも水滴や氷の粒が落ちる場合があります。しかしその場合でも，地表に雨や雪が降ることはほとんどありません。なぜそうなるのか答えなさい。

問５　巻雲は十種雲形の雲の中で最も高い所にあり，氷の粒でできていて，強い風に流されています。巻雲の氷の粒は少しずつ落ちていきますが，上層では高いほど風が強いため，右図のような独特な形になります。

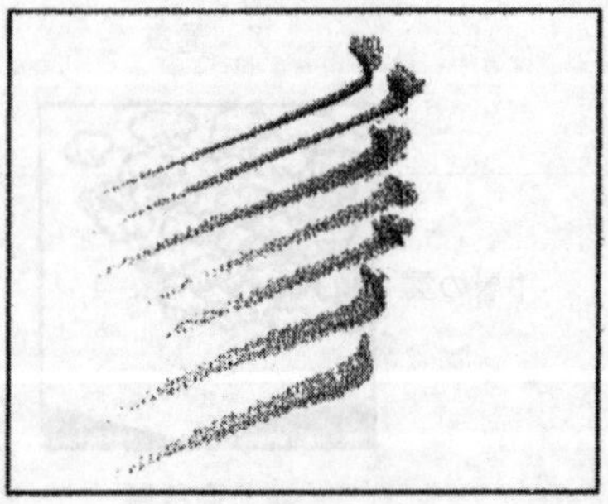

図の中に，**風が吹《ふ》いていく向きを矢印でかきこみ**，そう考えた理由を説明しなさい。図をかいてもかまいません。

3　袋《ふくろ》の中に，**ア**と書かれた普《ふ》通の紙と，**イ・ウ・エ**と書かれた※複写に使う３種類の紙が，それぞれ１枚ずつ入っています。ここでは，**ア**～**エ**と書いてある面を表，書いていない面を裏と呼び，作業はすべて表を上にして行うことにします。まず，**ウ**の上に**イ**を重ね，**イ**の表に何か文字を書いてみましょう。すると下にある**ウ**の表にも同じ文字が青く写りますが，**イ**の裏には文字が写っていないことがわかるでしょう。

ア～**エ**の紙を重ねる組み合わせを変えて文字を書き，複写の仕組みについて考えてみましょう。（試験が終わったら，すべて袋に入れて持ち帰りなさい）

※　複写…文字などを別の紙に写すこと

問１　「**ウ**の上に**イ**」と重ねたときのほかにも，**ア**～**エ**のうち２枚の紙を使って複写できる組み合わせがあります。「**ウ**の上に**イ**」であれば例のように書き，複写できる組み合わせをすべて答えなさい。

例：$\frac{\text{イ}}{\text{ウ}}$

問２　**イ**～**エ**の表と裏には，複写するために面を加工してあるものがあります。下の空欄《らん》に，加工してあると考えられる面には○を，加工していないと考えられる面には×を，書き入れなさい。

	ア	**イ**	**ウ**	**エ**
表	×			
裏	×			

問３　以上のことから，これらの複写に使う紙の「文字が写る仕組み」はどのようになっていると思いますか。そう考えた理由とともに答えなさい。図をかいてはいけません。

＜袋の中の紙の写真＞

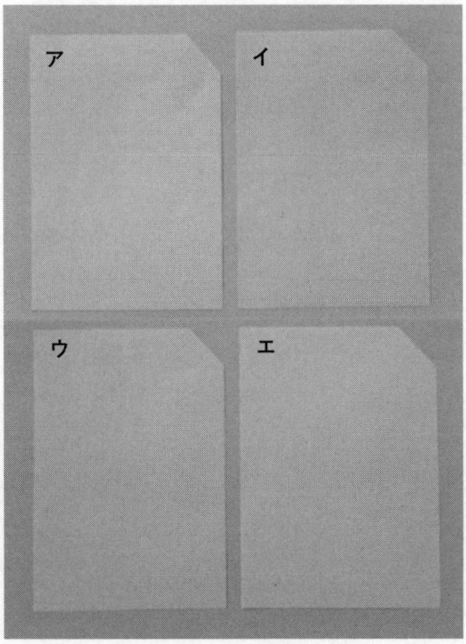

問二 「この新しい意味の和は近代化が進むにつれて徐々《じょじょ》に幅《はば》を利かせ、今や本来の和は忘れられようとしている」とあるが、「この新しい意味の和」とは、どのようなものですか、説明しなさい。

問三 「それはひとえに花というもののもつ偶然の要素をかけがえのないものとしてどれだけ生かしているかどうかにかかっている」とあるが、「花というもののもつ偶然の要素をかけがえのないものとして」生かすとは、どういうことですか、説明しなさい。

問四 「芝居《しばい》や音楽では声や音のしない沈黙《ちんもく》の時間のことを間という」とあるが、音楽における「間」は、西洋と日本でどのように違うと筆者は考えていますか。八十字以内で説明しなさい。(句読点も文字数に含む)

問五 「この和が誕生するためになくてはならない土台が間なのである」とは、どういうことですか、説明しなさい。

問六 文章中の**漢字**をひらがなに、**カタカナ**を漢字に直しなさい。

の絶え間というものがいたるところにあって長閑《のどか》なものだ。その音の絶え間では松林を吹く風の音がふとよぎることもあれば、谷川のせせらぎが聞こえてくることもあるだろう。ときには、この絶え間があまりにも長すぎて、一曲終わってしまったかと思っていると、やおら次の節がはじまるということも珍しくない。そんなふうに、いくつもの絶え間に断ち切られていても日本の音曲は成り立ってしまう。

空間的、時間的な間のほかにも、人やものごととのあいだにとる心理的な間というものもある。誰でも自分以外の人とのあいだに、たとえ相手が夫婦や家族や友人であっても長短さまざまな心理的な距離《きょり》、間をとって暮らしている。このような心理的な間があってはじめて日々の暮らしを円滑《えんかつ》に運ぶことができる。

こうして日本人は生活や文化のあらゆる分野で間を使いこなしながら暮らしている。それを上手に使えば「間に合う」「間がいい」ということになり、逆に使い方を誤れば「間違い」、間に締《し》まりがなければ「間延び」、間を読めなければ「間抜《まぬ》け」になってしまう。間の使い方はこの国のもっとも基本的な掟《おきて》であって、日本文化はまさに間の文化ということができるだろう。

では、この間は日本人の生活や文化の中でどのような働きをしているのだろうか。そのもっとも重要な働きは異質なもの同士の対立をやわらげ、調和させ、共存させること、つまり、和を実現させることである。早い話、互いに意見の異なる二人を狭《せま》い部屋に押しこめておけば喧嘩《けんか》になるだろう。しかし、二人のあいだに十分な間をとってやれば、互いに共存できるはずだ。狭い通路に一度に大勢の人々が殺到《さっとう》すれば、たちまち身動きがとれなくなってパニックに陥《おちい》ってしまうが、一人ずつ間遠に通してやれば何の問題も起こらない。

和とは異質のもの同士が調和し、共存することだった。この和が誕生するためになくてはならない土台が間なのである。和はこの間があってはじめて成り立つということになる。

（長谷川《はせがわ》　櫂《かい》の文による）

（注）＊やまとうたは、〜慰《なぐさ》むるは歌なり。…「和歌は、人の心を種として、多くの言葉となったものである。世の中に生きている人は、関わり合う事がらが多いので、心に思うことを、見るものや聞くものに託《たく》して、歌にするのである。花に鳴く鶯《うぐいす》や水に住む蛙《かえる》の声を聞くと、すべて命あるものは、歌を詠《よ》まないことなどあるだろうか。力を入れないで天地を動かし、目に見えない鬼神を感動させ、男女の仲を和らげて、荒々しい武士の心をも慰めるのは、歌である。」

＊偶像《ぐうぞう》…ここでは「人々が由来や根拠《こんきょ》のわからぬまま、ただあこがれる対象」の意味。

＊ダイナミック…力強く、生き生きとしているさま。

＊変幻《へんげん》…姿かたちや状態がすばやく変わること。

問一　「和は倭と同じ音でありながら、倭とはまったく違《ちが》う誇り高い意味の漢字」について、次の問いに答えなさい。

(1)「和」を用いた次の四字熟語について、空欄《くうらん》部分にあてはまる漢字一字を記しなさい。

□和雷《らい》同

和魂《こん》洋□

和洋□衷《ちゅう》

(2)「倭」と「和」は、どのような意味の漢字ですか。文中よりそれぞれ十一字と十四字で抜き出しなさい。

「倭」＝□□□□□□□□□□□という意味

「和」＝□□□□□□□□□□□□□□という意味

(3)「和」は「倭」と比べて、どうして「誇り高い意味の漢字」だといえるのですか、説明しなさい。

いちばん好きな姿になりなさいと呼びかけるかのように揺《ゆ》らし、枝を広げてやる。ライブは**コウソウ**ビルの林立する東京の真ん中で開かれているのだが、その松の枝のあった空や桜の花を吹いていた風を感じているようでもある。まるで童女が広々とした野山で花と遊んでいるような自由自在さであって観客の目にはそれがすがすがしいものに映る。

こうして生けられた花は枝の一本一本、花の一輪一輪がみなのびのびとしているばかりではなく、花の生けられた空間、東京のとあるホールの無機質な空間が、どこからか風が通い、命を宿したかのようにいきいきと輝《かがや》きはじめるのだ。

生け花は花を生かすと書くのだから花を生かすのはいうまでもないが、「フラワーアレンジメントとどこが違うのか」という私の疑問に対する「花によって空間を生かす」という即答《そくとう》は花を生かすことによって空間を生かし、その花によって生かされた空間が今度は逆に花を生かすということなのだろう。

このように日本の生け花では空間は花によって生かすべきものであって、フラワーアレンジメントのように花で埋め尽《つ》くすものではない。花とそのまわりの空間は敵対するものではなく、互いに引き立てあうものとしてある。その花の生けられる空間とはいうまでもなく私たちが呼吸をし、生活をしている空間である。それはそのまま、間《ま》といいかえていいものなのだ。

日本語の間という言葉にはいくつかの意味がある。まずひとつは空間的な間である。「すき間」「間取り」というときの間であるが、基本的には物と物のあいだの何もない空間のことだ。絵画で何も描《えが》かれていない部分のことを余白《よはく》というが、これも空間的な間である。

日本の家は本来、床《ゆか》と柱とそれをおおう屋根でできていて、壁《かべ》というものがない。これは部屋を細かく区分けし、壁で仕切り、そのうえ、鍵《かぎ》のかかる扉《とびら》で**ミッペイ**してしまう西洋の家とは異なる。西洋の個人主義はこのような個室で組み立てられた家に住んできたからこそ生まれたというのはよくわかる話である。

それでは、壁や扉で仕切る代わりに日本の家はどうするかというと、障子《しょうじ》や襖《ふすま》や戸を立てる。「源氏物語絵巻」などに描かれた王朝時代の宮廷《きゅうてい》や貴族たちの屋敷《やしき》を見ると、その室内は板戸や蔀戸《しとみど》、襖や几帳《きちょう》などさまざまな間仕切りの**建具**で仕切られてはいるものの、いたるところすき間だらけである。西洋の**ジュウコウ**な石や煉瓦《れんが》や木の壁に比べると、何という軽やかさ、はかなさだろうか。

しかも、このような建具はすべて季節のめぐりとともに入れたりはずしたりできる。冬になれば寒さを防ぐために立て、夏になれば涼《りょう》を得るためにとりはずす。それだけでなく、住人の必要に応じて、ふだんは座敷、次の間、居間と分けて使っていても、いざ、大勢の客を迎《むか》えて祝宴《しゅくえん》を開くという段になると、すべてをつないで大広間にすることもできる。このように日本人は昔から自分たちの家の中の空間を自由自在につないだり切ったりして暮らしてきた。

次に時間的な間がある。「間がある」「間を置く」というように、こちらは何もない時間のことである。芝居《しばい》や音楽では声や音のしない沈《ちん》黙《もく》の時間のことを間という。

バッハにしてもモーツアルトにしても西洋のクラシック音楽は次から次に生まれては消えてゆくさまざまな音によって埋め尽くされている。たとえば、モーツアルトの「交響曲《こうきょうきょく》二十五番」などを聞いていると、息を継《つ》ぐ暇《ひま》もなく、ときには息苦しい。モーツアルトは沈黙を恐《おそ》れ、音楽家である以上、一瞬たりとも音のない時間を許すまいとする衝動《しょうどう》に駆《か》られているかのように思える。

それにひきかえ、日本古来の音曲は琴《こと》であれ笛《ふえ》であれ鼓《つづみ》であれ、音も活発に働く本来の和が次々にみえてくる。

二

日本には昔から生け花がある。今では海外でもイケバナという日本語がそのまま通じるが、英語にしてフラワーアレンジメントということもある。しかし、日本の生け花と外国でフラワーアレンジメントと呼ばれるものは、どこか違うのではないかと前々から思っていた。そこで、いつだったか、福島光加《ふくしまこうか》という草月《そうげつ》流の花道家に会ったとき、「生け花とフラワーアレンジメントはどう違うのですか」と尋《たず》ねてみた。

福島は日本在住の多くの外国人に生け花を教えているだけでなく、しばしば外国に出かけて指導もしている人なので、きっとこういうことに詳《くわ》しいだろうと思ったのだ。すると、たちどころに、

「フラワーアレンジメントは花によって空間を埋《う》めようとするのですが、生け花は花によって空間を生かそうとするのです」という明快な答えが返ってきた。

そのとき、この答えは生け花とフラワーアレンジメントの違いをいいえているだけでなく、日本の文化と西洋の文化の違いにも触《ふ》れているのではないかと思ったことを今でも覚えている。

福島は「花のライブ」というショーを開くことがあって、ときどき妻と見に出かけることがある。ふつう生け花といえば、すでに花瓶《かびん》に生けて飾《かざ》ってある花を眺《なが》めるものだが、このライブでは目の前のステージで花を生けて見せてくれるので、花がどのようにして生けられるのか、目の当たりにすることができて門外漢《もんがいかん》の私などにはおもしろい。ライブでは二、三人の弟子もステージに上がって生けることがある。それを見ていて師匠《ししょう》と弟子はこうも違うものかと思ったことがあった。というのは、師匠の福島の生ける花はどれも堂々として大きく見えるのに、弟子が生けた花は、たしかに上手にちがいないのだが、どこか小ぢんまりしてしまう。なぜ、師匠と弟子でこんな違いが出てしまうのか。それはひとえに花というもののもつ偶然の要素をかけがえのないものとしてどれだけ生かしているかどうかにかかっている。

一口に松、一口に桜といっても一枝ごとに枝ぶりや花や葉のつき方、色合いがみな違っていて同じものなどひとつもない。もちろん本番の前に花材《かざい》を調べたり、リハーサルをしたりするのだろうが、ステージに上がって実際、その花を目の前にすると、リハーサルでは気づかなかったところが急に見えてきたり、あるいは、同じ枝かと思うほどまったく違うものに見えたりすることもあるにちがいない。

弟子はステージの上でこの＊変幻《へんげん》する花を手にしたとき、もちろん緊張《きんちょう》もあるだろうし、師匠から教わったいろいろの約束事に縛《しば》られることもあるだろうが、そのため花のそのときの姿が見えない。弟子が自分では見ていると思っている花はリハーサルのときに見た花であって、もはやそこにある花ではない。そうなると、目の前にある花の姿がほんとうは見えていないわけだから、花を生かそうとしても生かすことなどできないわけだ。その結果、生けられた花はどこかぎこちなく型にはめられているような窮屈《きゅうくつ》な感じがし、小ぢんまりしたものになってしまう。

一方、福島の生け方を眺めていると、片時もとどまらない雲や水のように刻々と変幻する花をどう生かすか、どこをどう切り、どこにどう生ければ、その花がもっとも生きるかということだけを考えている。百人を超《こ》す観衆の目の前で自分の手にある一本の枝、一輪の花の今の姿を一瞬《いっしゅん》にして見極めると、その花の姿に応じてまさに臨機応変《りんきおうへん》に鋏《はさみ》を入れ、生けてゆく。生け花の難しい約束事などもはや眼中になく、すべてを忘れて花のそのときの姿を生かすことに夢中になっている。

ときには背丈《せたけ》より高い松や桜の枝を手にし、見上げ、まるで自分の

「男女の中をも和らげ」というところに和の字が見えるが、それだけが和なのではない。「力をも入れずして天地を動かし、目に見えぬ鬼神をもあはれと思はせ、男女の中をも和らげ、猛き武士の心をも慰むる」というくだり全体が和歌の和の働きである。和とは天地、鬼神、男女、武士のように互いに異質なもの、対立するもの、荒々《あらあら》しいものを「力をも入れずして……動かし、……あはれと思はせ、……和らげ、……慰むる」、こうした働きをいうのである。これが本来の和の姿だった。

明治時代になって、西洋化が進むと江戸時代以前の日本の文化とその産物をさして和と呼ぶようになった。着物を和服といい、畳《たたみ》の間を和室というのがそれである。この新しい意味の和は進んだ西洋に対して遅《おく》れた日本という卑下《ひげ》の意味を含《ふく》んでいた。

歴史を振《ふ》り返ると、はるか昔、中国の人々が貢物《みつぎもの》を捧《ささ》げにきた日本人をからかいと侮蔑をこめて倭と呼んだ。それをある天才が一度は和という誇り高い言葉に書き替《か》えたにもかかわらず、その千年後、皮肉なことに今度は日本人みずから自分たちの築いてきた文化を和と呼んで卑下しはじめたことになる。この新しい意味の和は近代化が進むにつれて徐々《じょじょ》に幅《はば》を利かせ、今や本来の和は忘れられようとしている。

身のまわりを見わたせば、近代になってから私たちが和と呼んできたものはみな生活の隅《すみ》っこに押しこめられてしまっている。現代の日本人はふだん洋服を着て、洋風の食事をし、洋風の家に住んでいる。ふつうの人にとって和服は特別のときに引っ張り出して着るだけである。和食といえば、すぐ鮨《すし》や天ぷらを思い浮かべるが、鮨にしても天ぷらにしても、多くの人にとって、むしろ、ときどき食べにゆくものにすぎない。和室はどうかといえば、一戸建てにしろマンションにしろ一室でも畳の間があればいいほうである。こうして片隅《かたすみ》に押しこめられ、ふつうの日本人の生活からかけ離《はな》れてしまったものが和であるなら、私たち日本人はずいぶんあわれな人々であるといわなければならない。

ところが、この国には太古の昔から異質なものや対立するものを調和させるという、いわば＊ダイナミックな運動体としての和があった。この本来の和からすれば、このような現代の生活の片隅に追いやられてしまっている和服や和食や和室などはほんとうの和とはいえない。たしかにそれは本来の和が生み出した産物にはちがいないが、不幸なことに近代以降、固定され、＊偶像《ぐうぞう》とあがめられた和の化石であり、残骸《ざんがい》にすぎないということになる。

では、異質なもの、対立するものを調和させるという本来の和は現代において消滅《しょうめつ》してしまったか。決してそんなことはない。それは今も私たちの生活や文化の中に脈々と生きつづけているのだが、私たちは和の残骸を懐《なつ》かしがってばかりいるものだから、本来の和が目の前にあるのに気づかないだけなのだ。

近代化された西洋風のマンションの中に一室だけ残された畳の間。ふつうその畳の間だけを和の空間と呼ぶのだが、本来の和はそれとは別のものである。むしろ西洋化された住宅の中に畳の間が何の違和感《いわかん》もなく存在していること、これこそ本来の和の姿である。同じようにパーティで洋服の中に和服の人が立ち交じっていようと何の不思議もない。逆に結婚披露宴《ひろうえん》で和服の中に洋服の人がいても違和感はない。あるいは、西洋風の料理の中に日本料理が一皿あっても何の問題もない。白人の中に日本人がいても、あるいは逆に有色人の中に白人がいても少しも目障《めざわ》りではない。

畳の間や和服や和食そのものが和なのではなく、こうした異質のもののなごやかな共存こそが、この国で古くから和と呼ばれてきたものなのである。少し見方を変えるだけで、この国の生活や文化の中で今

平成二十七年度　武蔵中学校

【国　語】（五〇分）〈満点：一〇〇点〉

次の[一]・[二]は、いずれも『和の思想』という文章の一部です。これらを読んであとの質問に答えなさい。

[一]

この国の人々ははるかな昔から自分のことを「わ」と呼んできた。ただ、それを書き記す文字がなかった。中国から漢字が伝わる以前のことである。これは今でも「われ」「わたくし」「わたし」という形で残っている。

日本がやがて中国の王朝と交渉《こうしょう》するようになったとき、日本の使節団は自分たちのことを「わ」と呼んだのだろう。中国側の官僚《かんりょう》たちはこれをおもしろがって「わ」に倭《わ》という漢字を当てて、この国を倭国、この国の人を倭人と呼ぶようになった。倭という字は人に**委**ねると書く。身を低くして相手に従うという意味である。中国文明を築いた漢民族は黄河の流れる世界の中心に住む自分たちこそ、もっとも優れた民族であるという誇《ほこ》りをもっていた。そこで周辺の国々をみな蔑《さげす》んでその国名に侮蔑《ぶべつ》的な漢字を当てた。倭国も倭人もそうした蔑称《べっしょう》である。

ところが、あるとき、この国の誰かが倭国の倭を和と改めた。この人物が天才的であったのは和は倭と同じ音でありながら、倭とはまったく違《ちが》う誇り高い意味の漢字だからである。和の左側の禾は軍門に立てる**ヒョウシキ**、右の口は誓《ちか》いの文書を入れる箱をさしている。つまり、和は敵対するもの同士が和議を結ぶという意味になる。

この人物が天才的であったもうひとつの理由は、和という字はこの国の文化の特徴《とくちょう》をたった一字で表わしているからである。というのは、この国の生活と文化の根底には互《たが》いに対立するもの、相容《あいい》れないものを和解させ、調和させる力が働いているのだが、この字はその力を暗示しているからである。

和という言葉は本来、この互いに対立するものを調和させるという意味だった。そして、明治時代に国をあげて近代化という名の西洋化にとりかかるまで、長い間、この意味で使われてきた。和という字を「やわらぐ」「なごむ」「あえる」とも読むのはそのためである。「やわらぐ」とは互いの敵対心が解消すること。「なごむ」とは対立するもの同士が仲良くなること。「あえる」とは白和《しらあ》え、胡麻和《ごまあ》えのように料理でよく使う言葉だが、異なるものを混ぜ合わせてなじませること。

この国の歌を昔から和歌というのは、もともとは中国の漢詩に対して、和の国の歌、和の歌、自分たちの歌という意味だった。しかし、和歌の和は自分という古い意味を響《ひび》かせながらも、そこには対立するものを和ませるというもっと大きな別の意味をもっていた。九〇〇年代の初めに編纂《へんさん》された『古今和歌集《こきんわかしゅう》』の序に、編纂の中心にいた紀貫之《きのつらゆき》は次のように書いている。

＊やまとうたは、人の心を種として、万《よろず》の言《こと》の葉《は》とぞなれりける。世の中にある人、ことわざ繁《しげ》きものなれば、心に思ふ《う》ことを、見るもの聞くものにつけて、言ひ《い》出《いだ》せるなり。花に鳴く鶯《うぐいす》、水に住む蛙《かわず》の声を聞けば、生きとし生けるもの、いづ《ず》れか歌をよまざりける。力をも入れずして天地《あめつち》を動かし、目に見えぬ鬼神《おにがみ》をもあは《わ》れと思は《わ》せ、男女の中をも和らげ、猛《たけ》き武士《もののふ》の心をも慰《なぐさ》むるは歌なり。

平成27年度

武 蔵 中 学 校 ▶解説と解答

算 数 (50分) ＜満点：100点＞

解 答

[1] (1) 625m (2) 11時10分 [2] (1) 35人 (2) 3人，8人 [3] (1) 10.8cm (2) 4.5cm [4] (1) 12通り (2) (例) $5\frac{1}{2}-4\frac{3}{6}$／8通り (3) $6\frac{3}{4}-1\frac{2}{5}$ (4) $3\frac{1}{6}-2\frac{4}{5}$

解 説

[1] 旅人算，時計算。

(1) 太郎君の速さは分速，$5000\div60=\frac{250}{3}$(m)だから，右の図で，次郎君が駅に着いたときの太郎君と駅の間の距離《きょり》(図のアの距離)は，$\frac{250}{3}\times1=\frac{250}{3}$(m)である。よって，このときまでに2人が歩いた距離の差(図のイの距離)は，$250\times2-\frac{250}{3}=\frac{1250}{3}$(m)とわかる。また，このときまでに太郎君と次郎君が歩いた距離の比は，速さの比と同じで5：3だから，この比の，$5-3=2$にあたる距離が$\frac{1250}{3}$mとなる。したがって，このときまでに次郎君が歩いた距離，つまり，学校から駅までの距離は，$\frac{1250}{3}\times\frac{3}{2}=625$(m)と求められる。

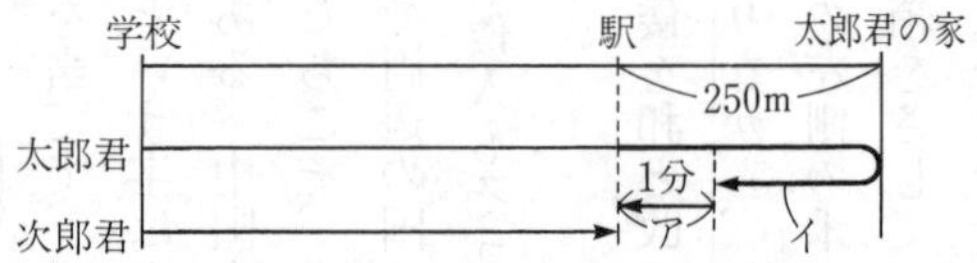

(2) 時計の長針は1分間に，$360\div60=6$(度)，短針は1分間に，$360\div12\div60=0.5$(度)進む。8時には長針は短針よりも，$30\times8=240$(度)後ろにあるので，問題の図1のとき，この時計がさしている時刻は，$(240-53)\div(6-0.5)=34$(分)より，8時34分である。また，15時には長針は短針よりも，$30\times3=90$(度)後ろにあるので，問題の図2のとき，この時計がさしている時刻は，$(90-68)\div(6-0.5)=4$(分)より，15時4分である。つまり，図1のとき，この時計は，8時34分－8時30分＝4分進んでいて，図2のとき，この時計は，15時10分－15時4分＝6分遅《おく》れている。よって，正しい時間で，15時10分－8時30分＝6時間40分＝400分たつと，この時計は，$4+6=10$(分)遅れることがわかる。この時計が正しい時刻をさすのは，図1のときから，あと4分遅れたときだから，正しい時間で，$400\times\frac{4}{10}=160$(分)たったときである。したがって，その時刻は，8時30分＋160分＝11時10分である。

[2] 過不足算，つるかめ算。

図1

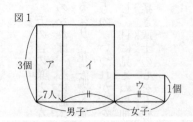

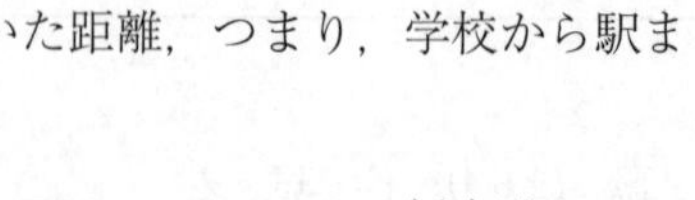

(1) 全員に12個ずつ配るときと，男子に9個ずつ，女子に11個ずつ配るときに必要な個数の差は，$71+6=77$(個)なので，男子に配る個数を，$12-9=3$(個)ずつ減らし，女子に配る個数を，$12-11=1$(個)ずつ減らすと，必要な個数が77個減ることになる。つまり，男子に3個ずつ，女子に1個ずつ配ると，必

要な個数は77個になるから，上の図1のように表すことができ，ア，イ，ウの部分の個数の和は77個である。このとき，アの部分の個数は，3×7＝21(個)なので，イとウの部分の個数の和は，77－21＝56(個)となる。よって，女子の人数は，56÷(3＋1)＝14(人)となるから，男子の人数は，14＋7＝21(人)より，クラスの生徒の人数は，21＋14＝35(人)と求められる。

(2)　あめの個数は，12×35－71＝349(個)なので，チョコレートの個数も349個である。次の日に出席した生徒は，35－4＝31(人)以下で，配った個数の合計は，349－55＝294(個)だから，右の図2のように表すことができる。よって，図2のエの部分の個数は，10×31－294＝16(個)以下となるが，エの部分の個数と294個の合計が10の倍数になるので，エの部分の個数は6個，または，16個とわかる。したがって，チョコレートを8個もらった生徒の人数として考えられるのは，6÷(10－8)＝3(人)と，16÷(10－8)＝8(人)である。

図2

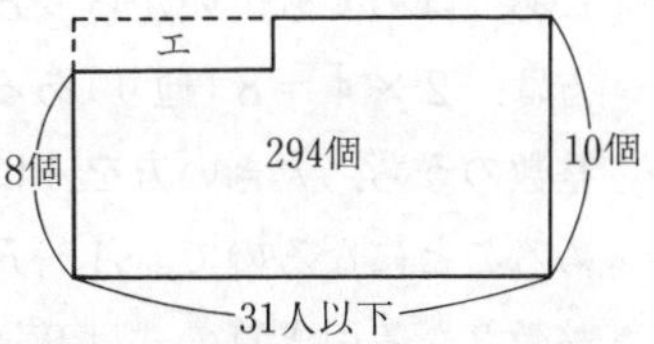

3　平面図形―相似，長さ。

(1)　右の図Iで，三角形AHGと三角形DHIは相似で，AH＝6cm，DH＝10－6＝4(cm)より，相似比は，6：4＝3：2だから，面積の比は，(3×3)：(2×2)＝9：4となる。この比の，9－4＝5にあたる面積が9cm^{2}なので，三角形DHIの面積は，$9\times\frac{4}{5}$＝7.2(cm^2)となる。よって，DI×4÷2＝7.2より，DI＝7.2×2÷4＝3.6(cm)とわかる。また，三角形DHIと三角形FHEの相似比は，4：(4＋8)＝1：3だから，FE＝DI×$\frac{3}{1}$＝3.6×3＝10.8(cm)である。したがって，ABの長さは10.8cmとわかる。

図I

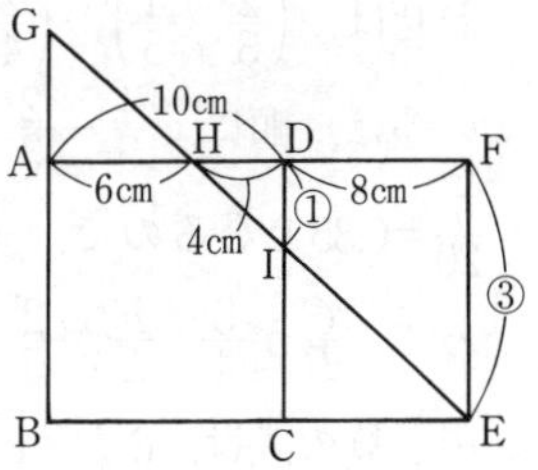

(2)　右の図IIのように，直線BLとLEを引くと，三角形CLJと三角形CLBの面積は等しいので，三角形CLBと三角形DLFの面積の和は47.6cm^{2}である。また，三角形CLEと三角形DLFの面積の和は，長方形DCEFの面積の半分だから，10.8×8÷2＝43.2(cm^2)である。これより，三角形CLBの面積は三角形CLEの面積よりも，47.6－43.2＝4.4(cm^2)大きいとわかる。ここで，CLの長さを□cmとすると，□×10÷2－□×8÷2＝4.4になるので，□×(10－8)÷2＝4.4，□×2÷2＝4.4より，□＝4.4(cm)と求められる。よって，DL＝10.8－4.4＝6.4(cm)より，三角形CLKと三角形DLFの相似比は，4.4：6.4＝11：16となるから，CK＝DF×$\frac{11}{16}$＝8×$\frac{11}{16}$＝5.5(cm)となる。したがって，BK＝10－5.5＝4.5(cm)と求められる。

図II

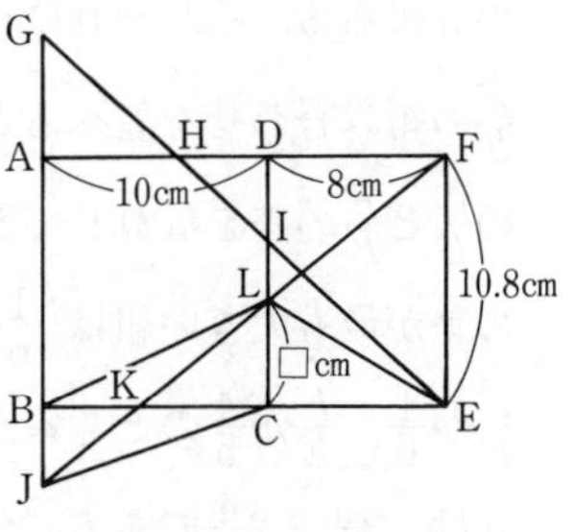

4　分数の性質，場合の数，調べ。

(1)　引き算の式を，$6\frac{C}{5}-D\frac{F}{E}$とすると，$C$は5より小さく，$D$は6より小さいので，$C$と$D$は1から4までの整数すべてがあてはまる。また，$E$と$F$は，$E$が$F$より大きければよい。よって，$C$～$F$にあてはまる数の組み合わせは，$C$が1のとき，右上の図のように3通りある。$C$が2，3，4のときも$D$は3通りずつあり，$E$，$F$の組み合わせはそれぞれ1通りに決まるから，$C$が1のときと同様に3通りずつある。よって，

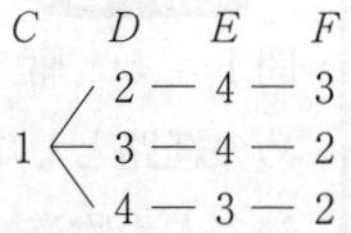

C～Fにあてはまる数の組み合わせは，全部で，$3\times4=12$(通り)あるから，引き算の式は12通りできる。

(2)　$A\dfrac{C}{B}-D\dfrac{F}{E}$が整数となるのは，$\dfrac{C}{B}$と$\dfrac{F}{E}$が等しくなるときである。約分すると等しくなる分数の組み合わせは，$\left(\dfrac{1}{2},\ \dfrac{3}{6}\right)$，$\left(\dfrac{2}{4},\ \dfrac{3}{6}\right)$，$\left(\dfrac{1}{3},\ \dfrac{2}{6}\right)$，$\left(\dfrac{2}{3},\ \dfrac{4}{6}\right)$の4組で，2つの分数は$\dfrac{C}{B}$と$\dfrac{F}{E}$のどちらにあてはめてもよいから，$B$，$C$，$E$，$F$のあてはめ方は，$2\times4=8$(通り)ある。よって，残った2つの整数のうち，大きい方をAに，小さい方をDにあてはめることになるので，A～Fのあてはめ方も8通りとなり，答が整数となる引き算の式は8通りあるとわかる。また，8通りの式は右上の図のようになるから，これらのうちどれか1つを書けばよい。

$5\dfrac{1}{2}-4\dfrac{3}{6}$，$5\dfrac{3}{6}-4\dfrac{1}{2}$，$5\dfrac{2}{4}-1\dfrac{3}{6}$，$5\dfrac{3}{6}-1\dfrac{2}{4}$
$5\dfrac{1}{3}-4\dfrac{2}{6}$，$5\dfrac{2}{6}-4\dfrac{1}{3}$，$5\dfrac{2}{3}-1\dfrac{4}{6}$，$5\dfrac{4}{6}-1\dfrac{2}{3}$

(3)　Aを6，Dを1とし，$\dfrac{C}{B}$と$\dfrac{F}{E}$の差が最も大きくなる場合を調べる。残りの2，3，4，5で作ることのできる$\dfrac{C}{B}$と$\dfrac{F}{E}$の組み合わせは，$\left(\dfrac{2}{3},\ \dfrac{4}{5}\right)$，$\left(\dfrac{2}{4},\ \dfrac{3}{5}\right)$，$\left(\dfrac{2}{5},\ \dfrac{3}{4}\right)$の3通りあり，2つの数の差は，順に，$\dfrac{4}{5}-\dfrac{2}{3}=\dfrac{2}{15}=0.13\cdots$，$\dfrac{3}{5}-\dfrac{2}{4}=\dfrac{1}{10}=0.1$，$\dfrac{3}{4}-\dfrac{2}{5}=\dfrac{7}{20}=0.35$となるので，差が最も大きいのは，$\left(\dfrac{2}{5},\ \dfrac{3}{4}\right)$である。よって，$\dfrac{C}{B}$が$\dfrac{3}{4}$，$\dfrac{F}{E}$が$\dfrac{2}{5}$と決まるから，答が最も大きくなるような引き算の式は，$6\dfrac{3}{4}-1\dfrac{2}{5}$である。

(4)　$A-D=1$となる場合を調べると，AとDの組み合わせは，$(A,\ D)=(6,\ 5)$，$(5,\ 4)$，$(4,\ 3)$，$(3,\ 2)$，$(2,\ 1)$の5組ある。それぞれについて，残りの4つの数字で作れる$\dfrac{C}{B}$と$\dfrac{F}{E}$の組み合わせを調べると，右の表のようになる。それぞれの組の$\dfrac{C}{B}$と$\dfrac{F}{E}$の差を計算して調べると，表のようになるので，$\dfrac{C}{B}$と$\dfrac{F}{E}$の差が最も大きい組は$\left(\dfrac{1}{6},\ \dfrac{4}{5}\right)$である。よって，$A$が3，$D$が2，$\dfrac{C}{B}$が$\dfrac{1}{6}$，$\dfrac{F}{E}$が$\dfrac{4}{5}$のとき答が最も小さくなり，そのような引き算の式は，$3\dfrac{1}{6}-2\dfrac{4}{5}$である。

A，D	$\dfrac{C}{B}$，$\dfrac{F}{E}$	$\dfrac{C}{B}$と$\dfrac{F}{E}$の差
6，5	$\dfrac{1}{2}$，$\dfrac{3}{4}$	$\dfrac{1}{4}$(=0.25)
	$\dfrac{1}{3}$，$\dfrac{2}{4}$	$\dfrac{1}{6}$(=0.16…)
	$\dfrac{1}{4}$，$\dfrac{2}{3}$	$\dfrac{5}{12}$(=0.41…)
5，4	$\dfrac{1}{2}$，$\dfrac{3}{6}$	0
	$\dfrac{1}{3}$，$\dfrac{2}{6}$	0
	$\dfrac{1}{6}$，$\dfrac{2}{3}$	$\dfrac{1}{2}$(=0.5)
4，3	$\dfrac{1}{2}$，$\dfrac{5}{6}$	$\dfrac{1}{3}$(=0.33…)
	$\dfrac{1}{5}$，$\dfrac{2}{6}$	$\dfrac{2}{15}$(=0.13…)
	$\dfrac{1}{6}$，$\dfrac{2}{5}$	$\dfrac{7}{30}$(=0.23…)
3，2	$\dfrac{1}{4}$，$\dfrac{5}{6}$	$\dfrac{7}{12}$(=0.58…)
	$\dfrac{1}{5}$，$\dfrac{4}{6}$	$\dfrac{7}{15}$(=0.46…)
	$\dfrac{1}{6}$，$\dfrac{4}{5}$	$\dfrac{19}{30}$(=0.63…)
2，1	$\dfrac{3}{4}$，$\dfrac{5}{6}$	$\dfrac{1}{12}$(=0.08…)
	$\dfrac{3}{5}$，$\dfrac{4}{6}$	$\dfrac{1}{15}$(=0.06…)
	$\dfrac{3}{6}$，$\dfrac{4}{5}$	$\dfrac{3}{10}$(=0.3)

社　会　(40分)　<満点：60点>

解　答

問1　(あ)　庸，調　　(い)　(例)　庸と調は自分たちで都まで運ばなければならず，駅路はそのための経路として利用された。　　問2　(例)　山陽道は，行政・外交の拠点である大宰府と都を結ぶ人や物資，情報の伝達経路であり，都へ向かう外国使節の経路でもあった。また，九州北部には防衛のため防人が置かれたが，そうした兵士の派遣にも利用されるなど，軍事面でも重要な経路であったから。　問３　ア　中山道　　イ　東海道　　問４　(例)　江戸幕府が大名に義務づけた参勤交代の経路として利用されるものであったため。　　問５　(例)　明治政府は殖産興業を進めるため，各地に官営工場を建てるなどして近代工業の育成をはかったが，そのためには鉄道により大量の原料や製品を短時間に輸送する必要があったから。　　問６　満州　　問７　(例)　鉄道については，総延長はあまり変化していないが，新幹線については増加が続いている。自動車交通については，道路の総延長は増加を続けており，特に1970年代以降は舗装化率と高速道路の総延長が著しく増えている。こうした変化は，自動車が輸送手段の中心となったことと，鉄道・自動車ともに高速化が進んだことを示している。　　問８　(例)　自動車輸送の急速な発達は，特に都市部で交通渋滞や騒音，排気ガスによる大気汚染などの問題を引き起こした。こうした問題に対応するためには，燃料電池自動車などのエコカーの開発と普及に力を入れるとともに，地球温暖化の原因とされる二酸化炭素を大量に排出する自動車の利用を制限するような政策が求められる。また，高速道路のトンネルの天井板が落下して死傷者が出る事故が起きたように，交通網の施設の老朽化が問題となっているが，近い将来の大地震の発生が予想される中，安全を確保するため，そうした施設の補修は最優先の課題といえるだろう。

解　説

日本の交通網《もう》の発達を題材とした総合問題。

問１　(あ)　７世紀から８世紀にかけては，律令制度が整備された時代である。この時期には班田収授法にもとづき，口分田を支給された農民には租《そ》・庸《よう》・調などの税と，さまざまな労役や兵役が課せられた。このうち，租は収穫した米の約３％を納めるもので，口分田を支給されたすべての男女に課せられた。庸と調は成年男子に課せられた税で，庸は労役の代わりとして布を納めるもの，調は地方の特産物を納めるものである。　　(い)　租はその地方の役所(国衙《こくが》)に納めたが，庸と調は納税者自身の手で都まで運ばなければならなかった。この運搬《うんぱん》をするために選ばれた者を運脚《うんきゃく》といい，往復の食料などは自分で用意しなくてはならなかったため，人びとにとって大きな負担となった。こうした運搬に，駅路が利用されたのである。

問２　図１に見られる大宰府は九州北部に置かれた朝廷の出先機関であり，九州地方の支配と外国使節の接待などを業務としていた。山陽道が重要であったのは，そのような行政・外交上の拠点《きょてん》であった大宰府と都の間における人や物資，情報の伝達経路であり，都へ向かう外国使節の経路でもあったからである。さらに，九州北部には防衛のための兵士(防人《さきもり》)が置かれたが，そうした兵士の派遣に利用されるなど，軍事面にとっても重要な経路であった。

問３　江戸時代，江戸日本橋を起点として東海道・中山道《なかせんどう》・甲州街道・日光街道・奥州《おうしゅう》街道の「五街道」が整備され，幕府は江戸を守るため街道の重要なところに関所を設け，「入り鉄砲に出女」といわれるように，江戸に武器が入ってくることと大名の妻が江戸を出ていくことを厳しく監視した。

ア　中山道は江戸日本橋から高崎(群馬県)，下諏訪《しもすわ》(長野県)，木曽谷(長野県)を経て草津(滋賀県)にいたる街道で，その間に67の宿場が置かれた。碓氷《うすい》(群馬県)と木曽福島(長野県)には関所が設けられ，草津で五街道の一つである東海道に合流した。　　イ　東海道は江戸日本橋から太平洋沿岸部を通って京都の三条大橋にいたる街道で，品川～大津間に53の宿場が置かれ，箱根(神奈川県)と新居《あらい》(静岡県)に関所が設けられていた。

問4　江戸幕府が幹線道路の整備に力を注いだのは，それらが，幕府が大名に義務づけた参勤交代に利用されたからである。そのため，五街道などの主要な街道には宿駅が設けられ，人足や馬が用意されたほか，本陣や脇本陣，旅籠《はたご》などの宿泊施設が整備されたが，やがてそうした地域には宿場町が形成されていった。

問5　明治政府は殖産《しょくさん》興業の方針のもと，各地に官営工場を設立するなど近代工業の発展に努めたが，そのために原料や製品などの輸送手段として鉄道の整備が進められた。また，日清・日露戦争を通して，兵士や軍需《ぐんじゅ》物資の輸送手段としての必要性も高まり，全国各地を結ぶ鉄道網の整備にいっそう力が注がれた。

問6　1905年，日露戦争で日本はいちおうの勝利をおさめ，アメリカ大統領セオドア＝ルーズベルトの仲だちにより，日露戦争の講和会議がアメリカの軍港ポーツマスで開かれた。この会議で結ばれたポーツマス条約により，ロシアは韓国に対する日本の指導権を認め，樺太《からふと》の南半分を日本にゆずり渡すこと，遼東《りょうとう》半島南部の大連《だいれん》と旅順《りょじゅん》の租借権，南満州鉄道およびそれにともなう権利を日本にゆずり渡すことなどが取り決められた。なお，満州とは現在の中国東北地区の当時の名称である。

問7　鉄道については，図2から，第二次世界大戦後，総延長はあまり変化していないことがわかる。1980年代にやや減少しているが，これは，国鉄(日本国有鉄道)時代の末期から1987年の分割・民営化の前後にかけて，地方の赤字路線が廃止されたり，第3セクター(国や地方公共団体と民間企業の共同出資により設立された経営体)へ管理が移されたりしたことなどによる。また，図4からは，1964年の東海道新幹線の開業以来，新幹線の総延長が増加を続けていることがわかる。自動車交通については，図3から道路の総延長と舗装《ほそう》化率が増え続けていることが，図4からは，特に1970年代以降，高速道路の総延長が著しく増加を続けていることがわかる。これらは自動車が広く普及《ふきゅう》し，輸送手段の中心となっていったことと，国もそのための体制の整備に力を注いできたことを表している。また，新幹線と高速道路の総延長が伸びたことは，交通手段の高速化が進んだことも示している。

問8　自動車輸送の普及は，わが国の産業・経済の発展に大きく貢献《こうけん》してきたが，その一方で交通渋滞《じゅうたい》や騒音《そうおん》，排気ガスによる大気汚染などの環境問題を引き起こしてきた。こうした問題に対処するためには，燃料電池自動車などのいわゆるエコカーの開発と普及に力を注ぐことや，貨物輸送において鉄道や船を利用する割合を増やすモーダルシフト，都市部での自動車の利用を制限するパークアンドライドといった方法をおし進める必要がある。また，高速道路のトンネルで天井板が落下し，死傷者が出る事故が起きたように，高速道路などで施設の老朽《ろうきゅう》化の問題が生じており，大地震への備えが求められる中で，そうした施設の補修は安全確保のために最優先して行うべき事業である。さらに，新幹線や高速道路の建設は今後も進められることになっているが，それらは莫大《ばくだい》な費用のかかる事業であるので，採算がとれる事業であるかどうかという点や，環境への影響なども考え，慎重に計画を進める必要があるといえるだろう。一方，過疎《かそ》化が進む地域では鉄道が廃止されたり，バスの便が減らされたりして住民の生活に不都合が生じていることが多く，高齢化により自家用車の運転が難しくなっている人びとも増えている。こうした問題に対応するためには，コミュニティバスを巡回《じゅんかい》させるなど，きめ細かい交通網の整備が求められる。以上のような点をふまえ，問題点を整理して自分の考えをまとめる。

理　科　(40分)＜満点：60点＞

解　答

1　問1　A，B，E　　問2　スチールウール…D，アルミニウム片…F　　問3　(1)　20mLのとき…3.2ｇ，30mLのとき…4.4ｇ　　(2)　20mLのとき…B，30mLのとき…C

2　問1　(左から順に)ア，ウ，オ，カ，ク，イ，エ，(キ)，ケ，コ　　問2　イ，ウ，カ　　問3　450000ｔ　　問4　(例)　高いところから落下する間に蒸発するから。

問5　図…右の図1／理由…(例)　雲のかたまりが高いところの強い風で流され，雲から落下する粒がとり残されてすじ状の尾のように見えるから。

図1 →

3　問1　$\frac{イ}{エ}$，$\frac{ウ}{エ}$　　問2　右下の図2　　問3　(例)　上に重ねる紙の裏と下に重ねる紙の表に加工がしてあるときに文字が写るので，紙を重ねて上の紙の表に文字を書くと，その圧力で加工がはたらき合って，文字を書いた場所だけ色が変化して，その結果文字が写るような仕組みになっている。

図2

	ア	イ	ウ	エ
表	×	×	○	○
裏	×	○	○	×

解　説

1　水溶液《すいようえき》の性質と反応についての問題。

問1　リトマス紙の色を変化させるのは，アルカリ性または酸性の水溶液である。このうち，気体や液体のとけた水溶液であれば，加熱して液を蒸発させると，水にとけていた気体や液体が水と一《いっ》緒《しょ》に空気中に逃げるので，あとには何も残らない。A～Eのうち，Aのアンモニア水はアルカリ性，Bのうすい塩酸とEの炭酸水は酸性の水溶液であり，いずれも気体がとけた水溶液である。アンモニア水にはアンモニア，塩酸には塩化水素，炭酸水には二酸化炭素がとけている。なお，Cの食塩水は固体の食塩がとけた中性の水溶液，石灰水は固体の水酸化カルシウムがとけたアルカリ性の水溶液である。

問2　スチールウール(鉄)が塩酸と反応すると，水素が発生し，塩化鉄という黄色の固体ができる。また，アルミニウムが塩酸と反応すると，水素を発生しながら，アルミニウムは塩化アルミニウムという白色の固体に変化する。塩化鉄も塩化アルミニウムも水にとけるので，反応後は水にとけこんでいるが，水分を蒸発させるとあとに残る。

問3　(1)　グラフより，加える塩酸が５mL，15mL，25mLのときは，蒸発皿に残った固体は0.8ｇ，2.4ｇ，4.0ｇとなっていて，加えた塩酸の量と蒸発皿に残った固体の重さ(以下，固体の重さという)は比例している。このとき，塩酸の量を５mL増やすごとに固体の重さが0.8ｇずつ増えていて，加えた塩酸はすべて反応しており，アルミニウム片が一部残っていることになる。次に，塩酸の量が35mL，45mLのときは，固体の重さが4.4ｇで一定になっていて，アルミニウム片がすべて反応してなくなっている。このアルミニウム片がちょうど反応したときの塩酸の量は，$5\times\frac{4.4}{0.8}=27.5$(mL)と求められる。これらのことより，塩酸の量が20mLのときは，塩酸がすべて反応して，$0.8\times\frac{20}{5}=3.2$(ｇ)の固体が残る。また，塩酸の量が30mLのときは，アルミニウム片がすべて反応して塩酸が残っているので，残る固体の重さは4.4ｇとなる。　(2)　(1)で述べたように，塩酸の量が27.5mLよりも少ない20mLの場合，アルミニウム片が残り，塩酸はすべて反応してなくなる。また，塩酸の量が27.5mLよりも多い30mLの場合，アルミニウム片は残らず，塩酸があまる。

2 雲の形とでき方についての問題。

問1　高さが高いところにできる上層の雲のうち，すじ状の雲はアの巻雲《けんうん》(すじ雲ともいう)である。また，水平に広がり一枚の板のような雲には「層」の文字が名前につくので，層状のグループのうち高さが「高」のところにあてはまるのはウの巻層雲，パンのようなかたまり状の雲には「積」の文字がつくので，かたまり状のグループのうち「高」のところにあてはまるのがイの巻積雲となる。次に，高さが中層の雲のうち，層状の雲にはオの高層雲とカの乱層雲がある。乱層雲は雨を伴《ともな》う厚い雲につく「乱」の文字があるように，雨雲とも呼ばれ雨を降らせることが多い。したがって，降水がありの方にカの乱層雲，もう一方にオの高層雲があてはまる。エの高積雲はかたまり状のグループで高さが「中」のところとなる。低いところにできる下層の雲で層状のものはクの層雲である。かたまり状の雲のグループで高さが低いもののうち，背が高く降水も雷《かみなり》もあるのはコの積乱雲(入道雲ともいう)になる。したがって，高さが「低」の残る空欄《くうらん》にはケの積雲があてはまる。

問2　雲は，上空で大気中の水蒸気が冷えて水滴《すいてき》や氷の粒《つぶ》に変化することによりできる。ドライアイスの周りに白い煙《けむり》のようなものが見えたり，冬に吐《は》く息が白く見えたりするのも，空気中や息に含まれる水蒸気が冷やされて水滴や氷の粒になるからである。また，寒い朝にガラスにつく霜《しも》は，空気中の水蒸気が冷えて細かい氷の粒になり，ガラスの表面に付着することで見られる。

問3　積乱雲の円柱の底面積は，2500×2500×３(m^2)，高さは8000mである。よって，この雲に含まれる水の重さは，３×2500×2500×３×8000÷1000÷1000＝450000(ｔ)と求められる。

問4　高いところにある雲から落ちる水や氷の粒は，落下するにしたがって気温がより高い空気の中を通るため，蒸発して水蒸気になることが多い。そのため，地表に雨や雪となって降ることがほとんどない。

問5　高いところでは強い風が吹いていて，上層の雲で氷の粒からできている巻雲の雲のかたまりはその強い風で流される。巻雲からは少しずつ氷の粒が落下しているが，下に落ちるほど風の強さは弱くなるので，落下する粒が取り残されていき，右の図のように地表から見ると尾のようにたなびいて見える。

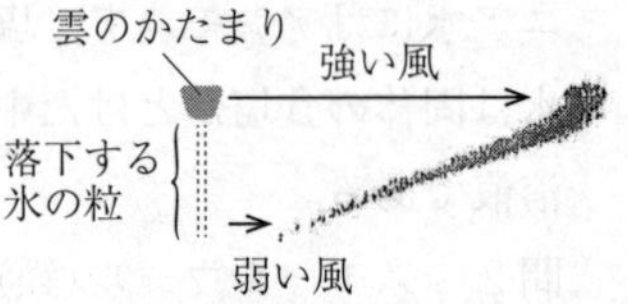

3 観察と記述についての問題。

問1　イ，ウ，エの上にそれぞれアをのせて，アの上に字を書いてみる。たとえば，イの上にアをのせたときは，$\frac{\text{ア}}{\text{イ}}$のように書いて，その結果も○，×で同時に書いておけばよい。アを上にした組み合わせではいずれの場合も複写できない。次に，ア，ウ，エの上にそれぞれイをのせて，イの上に字を書いてみる。このときは，$\frac{\text{イ}}{\text{ウ}}$，$\frac{\text{イ}}{\text{エ}}$の組だけ複写できる。ウ，エを上に重ねる組み合わせについても同様に行うと，複写できたのは$\frac{\text{ウ}}{\text{エ}}$の組のときだけである。

問2　普通の紙であるアの下にウとエを重ねて文字を書いても何も写らないことから，文字が写るとき，上に重ねた紙には，その裏に複写のための加工がしてあると考えられる。イの下にウやエを重ねたときは文字が写るので，イの裏には加工がしてあると考えてよい。ウの下にエを重ねた場合も文字が写るので，ウの裏にも加工がしてあるとわかる。次に，裏に加工してあるイやウを普通の紙であるアの上に重ねた場合には文字が写らなかったことから，複写ができる場合，下に重ねた紙の表にも加工がしてあると考えられる。よって，イの下に重ねたとき複写ができたウとエは，表にも加工がしてあると考えてよい。エをウの上に重ねた場合，イをウの下に重ねた場合には文字が写らなかったので，エの裏，イの表には加工がされていないことがわかる。

問３　問２の結果から，上に重ねる紙の裏と下に重ねる紙の表のそれぞれに加工がしてあるときに複写ができる。このことから，紙を重ねて上の紙に文字を書いて力を加えると，上の紙の裏と下の紙の表にある加工が混じり合って同時にはたらき合い，色が変化して文字が写る仕組みになっていると考えられる。ウのように表と裏に加工してある紙をイとエの間にはさめば，３枚の紙を重ねていちばん上の紙に字を書くと，下の２枚に同時に文字が写るようにすることができる。

※　配られたイ～エの紙はノーカーボン紙といい，申込書や宅配便の伝票，３枚つづりの納品書・請求書(文ぼう具店や100円ショップなどで購入できる)などに使われている。たとえば３枚つづりの納品書・請求書の場合，１枚目の裏と２枚目の裏には薬液(Ａとする)の非常に小さなカプセルが，また，２枚目の表と３枚目の表にはＡとは異なる薬液(Ｂとする)が，それぞれ紙の表面にぬりつけられている。そして，１枚目の上からえん筆などで文字を書くと，その圧力でカプセルがこわれ，薬液Ａと薬液Ｂが反応して，青色などを示す。

国　語　(50分) ＜満点：100点＞

解　答

問１　⑴　付(和雷同)，和魂洋(才)，和洋(折)衷　⑵「倭」＝身を低くして相手に従う(という意味)　「和」＝敵対するもの同士が和議を結ぶ(という意味)　⑶（例）「倭」が日本を蔑んだ侮蔑的な漢字であるのに対して，「和」は互いに対立するもの，相容れないものを和解させ，調和させるという日本の優れた文化の特徴を表しているから。　問２　（例）江戸時代以前の日本の文化とその産物をさして，進んだ西洋に対して遅れた日本という卑下の意味を含んでいるもの。　問３　（例）刻々と変幻する枝や花の今の姿を一瞬にして見極め，生け花の難しい約束事などすべてを忘れて，花のそのときの姿を生かすことだけを考えて臨機応変に生けてゆくこと。　問４　（例）西洋では「間」は音のない時間として許されず，音で埋め尽くされてしまうが，日本では音楽と，音楽以外に聞こえてくる音を調和させる役割を果たし，音曲を成り立させている。　問５　（例）間のもっとも重要な働きは，異質なもの同士の対立をやわらげ，調和させ，共存させること，つまり和を実現させることであり，和は間があってはじめて成り立つということ。　問６　書き取りは下記を参照のこと。　委ねる…ゆだ(ねる)　建具…たてぐ

●漢字の書き取り

問６　ヒョウシキ…標識　コウソウ…高層　ミッペイ…密閉　ジュウコウ…重厚

解　説

出典は長谷川櫂《はせがわかい》の『和の思想―異質のものを共存させる力』による。日本の本来の文化の特徴《とくちょう》は，異質なもの同士の対立をやわらげ，調和させ，共存させる「和」にあり，その実現のためには「間」というものが重要であると説明している。

問１　(1)「付和雷同《ふわらいどう》」は，自分の意見をもたず，他人の意見にすぐ同調すること。「和魂洋才《わこんようさい》」は，日本の伝統的な精神をもちつつ，西洋の文化を学んでいこうとすること。「和洋折衷《わようせっちゅう》」は，日本風のものと西洋風のものをうまく取り合わせること。　(2)　三の第二段落で「倭《わ》」の文字について，第三段落で「和」の文字について解説している。「倭という字は人に委ねると書く」漢字なので，「身を低くして相手に従う」という意味であり，「和」という漢字は「左側の禾は軍門に立てるヒョウシキ，右の口は誓《ちか》いの文書を入れる箱」であることを示し，「敵対するもの同士が和議を結ぶ」という意味であると，二つの漢字を対比させて説明している。　(3)「倭」という漢字は，中国の王朝によって「蔑《さげす》んでその国名に侮蔑《ぶべつ》的な漢字」が当てられた結果の「蔑称《べっしょう》」であったことを押《お》さえる。それに対して，「和」という漢字は，漢字の意味としても侮蔑的な意味を表すものではないだけでなく，「互《たが》いに対立するもの，相容《あいい》れないものを和解させ，調和させる」という，日本が本来もっているすばらしい「文化の特徴をたった一字で表わしている」から「誇《ほこ》り高い意味の漢字」であると筆者はのべている。

問２　「この新しい意味の和」とは，明治時代になってからつけくわえられた意味ということ。「本来の和」とは，「互いに対立するものを調和させるという意味」であり，「誇り高い意味の漢字」である。ところが，明治時代になると「江戸時代以前の日本の文化とその産物をさして和と呼ぶように」なり，「進んだ西洋に対して遅《おく》れた日本という卑下《ひげ》の意味を含《ふく》んで」いる漢字とされたのである。そのような意味が「和」という漢字につけくわえられたことを，筆者は「日本人みずから自分たちの築いてきた文化を和と呼んで卑下しはじめた」と批判している。

問３　「師匠《ししょう》」である「福島」の花の生け方をまとめていく。「花というもののもつ偶然《ぐうぜん》の要素」とは，「一枝ごとに枝ぶりや花や葉のつき方，色合いがみな違《ちが》っていて同じものなどひとつもない」ということだけでなく，「リハーサルでは気づかなかったところが急に見えてきたり，あるいは，同じ枝かと思うほどまったく違うものに見えたりする」ということでもある。このように「刻々と変幻《へんげん》する花」のようすを「偶然」と表現している。そして，「弟子」の場合は，「花のそのときの姿が見えない」ために，生けられた花は「小ぢんまりしたもの」になってしまうとのべている。それに対して，「福島」の場合は，「手にある一本の枝，一輪の花の今の姿を一瞬《いっしゅん》にして見極め」，「臨機応変に鋏《はさみ》を入れ」，「すべてを忘れて花のそのときの姿を生かすことに夢中になって」生けていくというのである。だからこそ，「堂々として大きく見える」と筆者は考えている。

問４　西洋の音楽の場合の「間」については，「モーツアルトの『交響曲《こうきょうきょく》二十五番』」を例にあげ，「沈黙《ちんもく》を恐《おそ》れ，音楽家である以上，一瞬たりとも音のない時間を許すまい」と考えているかのようだとのべている。つまり，西洋の音楽では「間」ができることは許されず，その結果，「間」は「さまざまな音によって埋《う》め尽くされている」のである。それに対して，「日本古来の音曲」の場合，「音の絶え間というものがいたるところ」にあり，その絶え間では，音曲ではなく「松林を吹《ふ》く風の音」や「谷川のせせらぎ」が聞こえてくるというのである。そうであっても日本の音曲が成り立ってしまうのは，「間」が「異質なもの同士の対立をやわらげ，調和させ，共存させる」働きをもっているからである。

問５　「土台」は，ものごとの基礎《きそ》となるもの。つまり，「土台」となる「間」がなければ，「和」は誕生しないとのべているのである。「間」について，「もっとも重要な働きは異質なもの同士の対立をやわらげ，調和させ，共存させること，つまり，和を実現させることである」「和はこの間があってはじめて成り立つ」とのべていることに注目する。

問６　「委」の音読みは「イ」で，「委員」などの熟語がある。　「標識」は，目じるしや道しるべ。「高層」は，何層にも高く積み重なっていること。　「密閉」は，すきまなく，ぴったりと閉めること。　「建具」は，ふすまや障子など，開閉できるしきり。　「重厚」は，どっしりと落ち着いていて，重々しいようす。

Dr.福井の
入試に勝つ！脳とからだのウルトラ科学

勉強が楽しいと，記憶力も成績もアップする！

みんなは勉強が好き？　それとも嫌い？――たぶん「好きだ」と答える人はあまりいないだろうね。「好きじゃないけど，やらなければいけないから，いちおう勉強してます」という人が多いんじゃないかな。

だけど，これじゃダメなんだ。ウソでもいいから「勉強は楽しい」と思いながらやった方がいい。なぜなら，そう考えることによって記憶力がアップするのだから。

脳の中にはいろいろな種類のホルモンが出されているが，どのホルモンが出されるかによって脳の働きや気持ちが変わってしまうんだ。たとえば，楽しいことをやっているときは，ベーターエンドルフィンという物質が出され，記憶力がアップする。逆に，イヤだと思っているときには，ノルアドレナリンという物質が出され，記憶力がダウンしてしまう。

要するに，イヤイヤ勉強するよりも，楽しんで勉強したほうが，より多くの知識を身につけることができて，結果，成績も上がるというわけだ。そうすれば，さらに勉強が楽しくなっていって，もっと成績も上がっていくようになる。

でも，そうは言うものの，「勉強が楽しい」と思うのは難しいかもしれない。楽しいと思える部分は人それぞれだから，一筋縄に言うことはできないけど，たとえば，楽しいと思える教科・単元をつくることから始めてみてはどうだろう。初めは覚えることも多くて苦しいときもあると思うが，テストで成果が少しでも現れたら，楽しいと思えるきっかけになる。また，「勉強は楽しい」と思いこむのも一策。勉強が楽しくて仕方ない自分をイメージするだけでもちがうはずだ。

Dr.福井（福井一成《ふくいかずしげ》）…医学博士。開成中・高から東大・文Ⅱに入学後，再受験して翌年東大・理Ⅲに合格。同大医学部卒。さまざまな勉強法や脳科学に関する著書多数。

当社発行物の無断使用は固くお断りいたします。御使用の前はまずご相談ください。

当社発行物には500点余の首都圏中・高過去問をはじめ、６点の学校案内、そのほかいくつかの情報誌などがございます。その多くが年度版で、限られたスタッフが来るべき受験シーズン前に余裕を持って受験生へ届けられるよう、日夜作業にあたり出版を重ねております。

その中で、最近、多くの印刷物やネット上において当社発行物からの無断使用が見受けられ、一部で係争化しているところもございます。事例といたしましては、当社の新刊発行を待ち、それを流用して毎年ネット上に新改訂として掲載していたＡ社、当社過去問から三百箇所をはぎ合わせ「自社制作につき無断転載禁止」とし、集客材としてホームページに掲載していたＢ社、当社版誌面を無断スキャンし、記述式解答は一部殆ど丸取りして動画を制作していた家庭教師グループＣ社、当社発行物の表紙を差し替え、内容を複製し配布していた塾のＤ社などほか数社がございます。

当社発行物の全部もしくは一部を無断使用することは固くお断りいたします。

当社コンテンツの中にはリーズナブルな設定でご提供している事例もたくさんございますので、ご利用されたい方はまずは、お気軽にご相談くださいますようお願いします。同時に、当社発行物を無断で使用している媒体などにつきましての情報もお寄せいただければ幸いです（呈薄謝）。

株式会社 声の教育社

2025年度用

中学スーパー過去問

■編集人 声の教育社・編集部

■発行所 株式会社 声の教育社

〒162-0814 東京都新宿区新小川町8-15

☎03-5261-5061(代) FAX03-5261-5062

https://www.koenokyoikusha.co.jp

※本書の内容についての一切の責任は当社にあります。内容・解説・解答・その他は当社ホームページよりお問い合わせ下さい。

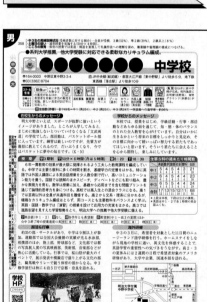

カコを追いかけ
ミライをつかめ
「今の説明、もう一回」を何度でも
web過去問
ストリーミング配信による入試問題の解説動画
もっと古いカコモンないの?
カコ過去問
「さらにカコの」過去問をHPに掲載(DL)
声の教育社
詳しくはこちらから

よくある解答用紙のご質問

01

実物のサイズにできない

拡大率にしたがってコピーすると，「解答欄」が実物大になります。配点などを含むため，用紙は実物よりも大きくなることがあります。

02

A3用紙に収まらない

拡大率164％以上の解答用紙は実物のサイズ（「出題傾向＆対策」をご覧ください）が大きいために，Ａ３に収まらない場合があります。

03

拡大率が書かれていない

複数ページにわたる解答用紙は，いずれかのページに拡大率を記載しています。どこにも表記がない場合は，正確な拡大率が不明です。

04

１ページに２つある

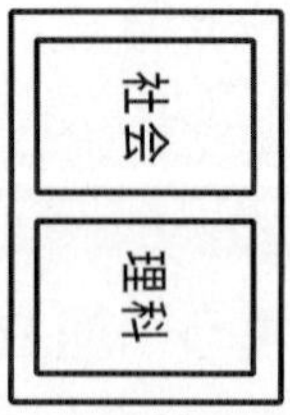

１ページに２つ解答用紙が掲載されている場合は，正確な拡大率が不明です。ほかの試験回の同じ教科をご参考になさってください。

武蔵中学校

【別冊】入試問題解答用紙編

●入試結果表

— は非公表

年度	項目	国語	算数	社会	理科	4科合計	合格者
2024（令和６）	配点(満点)	100	100	60	60	320	最高点
	合格者平均点	66.3	74.1	45.5	34.4	220.3	—
	受験者平均点	59.8	59.5	42.0	30.1	191.4	最低点
	キミの得点						206
2023（令和５）	配点(満点)	100	100	60	60	320	最高点
	合格者平均点	66.8	70.5	25.7	37.2	200.2	—
	受験者平均点	61.9	52.9	21.5	32.1	168.4	最低点
	キミの得点						182
2022（令和４）	配点(満点)	100	100	60	60	320	最高点
	合格者平均点	67.7	70.9	35.7	43.7	218.0	—
	受験者平均点	61.5	51.4	33.3	39.3	185.5	最低点
	キミの得点						202
2021（令和３）	配点(満点)	100	100	60	60	320	最高点
	合格者平均点	69.6	58.4	36.3	37.1	201.4	—
	受験者平均点	61.7	42.0	33.4	32.8	169.9	最低点
	キミの得点						183
2020（令和２）	配点(満点)	100	100	60	60	320	最高点
	合格者平均点	67.8	71.9	28.1	37.0	204.8	—
	受験者平均点	61.6	54.5	24.1	32.7	172.9	最低点
	キミの得点						187
2019（平成31）	配点(満点)	100	100	60	60	320	最高点
	合格者平均点	74.1	55.2	38.2	37.7	205.2	—
	受験者平均点	65.6	39.4	33.4	32.2	170.6	最低点
	キミの得点						185
2018（平成30）	配点(満点)	100	100	60	60	320	最高点
	合格者平均点	82.3	66.9	35.8	36.5	221.5	—
	受験者平均点	75.9	46.3	33.4	31.3	186.9	最低点
	キミの得点						201
平成29	配点(満点)	100	100	60	60	320	最高点
	合格者平均点	68.4	54.9	34.1	38.5	195.9	—
	受験者平均点	61.1	40.4	29.8	34.2	165.5	最低点
	キミの得点						180
平成28	配点(満点)	100	100	60	60	320	最高点
	合格者平均点	51.3	68.1	43.5	39.1	202.0	—
	受験者平均点	45.2	48.6	39.0	34.3	167.1	最低点
	キミの得点						184
平成27	配点(満点)	100	100	60	60	320	最高点
	合格者平均点	66.2	65.3	36.1	42.7	210.3	—
	受験者平均点	59.0	43.5	31.9	38.5	172.9	最低点
	キミの得点						188

※ 表中のデータは学校公表のものです。ただし、４科合計は各教科の平均点を合計したものなので、目安としてご覧ください。

声の教育社

2024年度　　武蔵中学校

算数解答用紙　No.1

番号		氏名		評点	／100

1 (1)

個

(2) (ア)

時間　　分

(イ)

時間　　分

2 (式や考え方も書きなさい)

(1)

(2)

(3)

２０２４年度　　武蔵中学校

算数解答用紙　No.２

3 （式や考え方も書きなさい）

(1)

(2)

(3)

(4)

２０２４年度　　武蔵中学校

算数解答用紙　No.３

4　(1)

(2)

(3)

(4)

（注）実際の試験では、問題用紙の中に設けられた解答欄に書く形式です。
この解答用紙は使いやすいように小社で作成いたしました。

〔算　数〕100点(推定配点)

1, 2　各７点×6　3　(1), (2)　各７点×2　(3)　各４点×2　(4)　８点＜完答＞　4　各７点×4
＜(2), (3)は完答＞

２０２４年度　武蔵中学校

社会解答用紙

番号		氏名		評点	／60

問１

(あ)

(い)

問２

問３

問４

(あ)

(い)

問５

問６

(あ)

(い)

問７

(注) 実際の試験では、問題用紙の中に設けられた解答欄に書く形式です。
この解答用紙は使いやすいように小社で作成いたしました。

〔社　会〕60点(推定配点)

問１　(あ)　４点　(い)　６点　問２　４点　問３　８点　問４　各４点×２　問５　８点　問６　(あ)　８点　(い)　６点　問７　８点

２０２４年度　　武蔵中学校

理科解答用紙　No.１

番号		氏名		評点	／60

1

問１　　　　問２

問３（１）　　（２）

問４（１）

（２）

（３）

2

問１

問２

問３（１）　　g

（２）

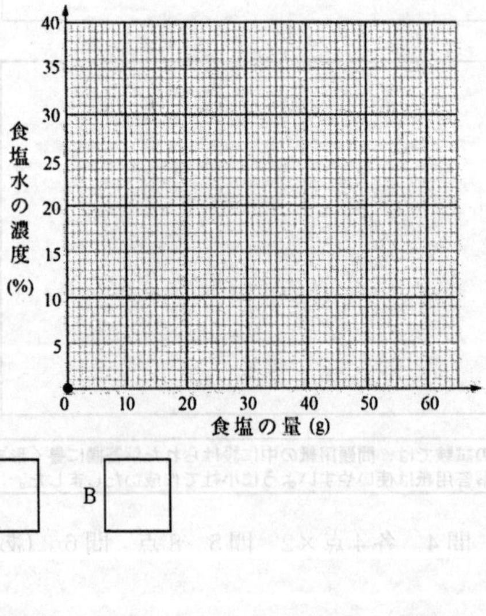

問４

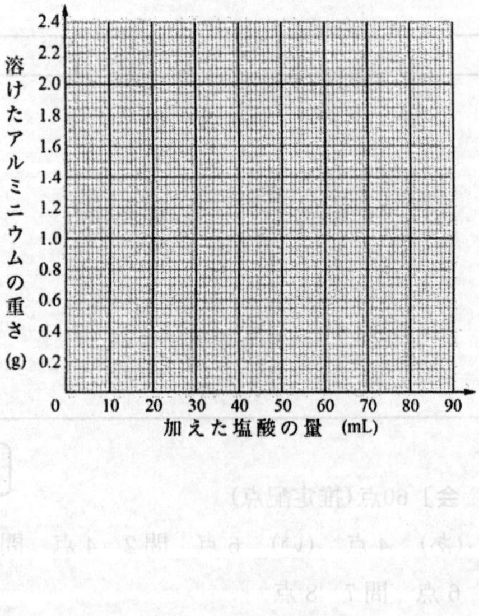

問５　A　　B

２０２４年度　　武蔵中学校

理科解答用紙　No.２

3

問１

部品の名前	部品の形や構造の特徴
筒	
台	
回転軸	

問２

(注)　実際の試験では、問題用紙の中に設けられた解答欄に書く形式です。
この解答用紙は使いやすいように小社で作成いたしました。

〔理　科〕60点(推定配点)

1　問１〜問３　各３点×4<問１，問２，問３の(2)は完答>　問４　(1)，(2)　各４点×2　(3)　６点　2　問１，問２　各４点×2　問３　(1)　２点　(2)　４点　問４　４点　問５　各２点×2　3　問１　各２点×3　問２　６点

2024年度　武蔵中学校

国語解答用紙

番号		氏名	

評点	/100

一

問一

問二

問三

問四

A		B		C	

問五

問六

二

①		②		③		④	
⑤		⑥	がって	⑦		⑧	

（注）実際の試験では、問題用紙の中に設けられた解答欄に書く形式です。
この解答用紙は使いやすいように小社で作成いたしました。

〔国　語〕100点(推定配点)

一　問1，問2　各15点×2　問3　16点　問4　各2点×3　問5，問6　各16点×2　二　各2点×8

２０２３年度　　武蔵中学校

算数解答用紙　No.1

番号		氏名		評点	／100

1　次の□にあてはまる数を書き入れなさい．

(1)　2023は2つの素数A，Bを用いて，A×B×B＝2023と表せます．このとき

A＝□，B＝□です．また，2023の約数のうち，Aの倍数である数すべて

の和は□です．

(2)　6人が，松，竹，梅の3つの部屋に2人ずつ泊《と》まります．ただし，兄弟は同じ部屋には泊まらないものとします．6人が2組の3人兄弟のとき，泊まり方は□通りあります．

また，6人が3組の2人兄弟のとき，泊まり方は□通りあります．

2023年度　武蔵中学校

算数解答用紙　No.2

2　(式や考え方も書きなさい)

3　(式や考え方も書きなさい)

(1)

(2)

２０２３年度　　武蔵中学校

算数解答用紙　No.3

4 (1)

答

(2)(Ⅰ)

答

(Ⅱ) ㋐

㋑

答

答

（注）実際の試験では、問題用紙の中に設けられた解答欄に書く形式です。
この解答用紙は使いやすいように小社で作成いたしました。

〔算　数〕100点(推定配点)

1　各7点×4　2　12点　3, 4　各10点×6＜4は各々完答＞

2023年度　武蔵中学校

社会解答用紙

番号		氏名		評点	／60

問1

問2

問3

問4

（あ）

（い）

問5

問6

問7

（注）実際の試験では、問題用紙の中に設けられた解答欄に書く形式です。
この解答用紙は使いやすいように小社で作成いたしました。

〔社　会〕60点(推定配点)

問1　各4点×2　問2　8点　問3　4点　問4　（あ）　8点　（い）　5点　問5　8点　問6　9点　問7　10点

２０２３年度　　武蔵中学校

理科解答用紙　No.１

番号		氏名	

評点	／60

1

問１　　問２　　問３

問４　　m

問５

問６

問７

2

問１　(1)　　(2)

問２　(1)

(2)

2023年度　武蔵中学校

理科解答用紙　No.2

問3 (1)

(2)

3

問1 (1) ゲートが閉じている状態

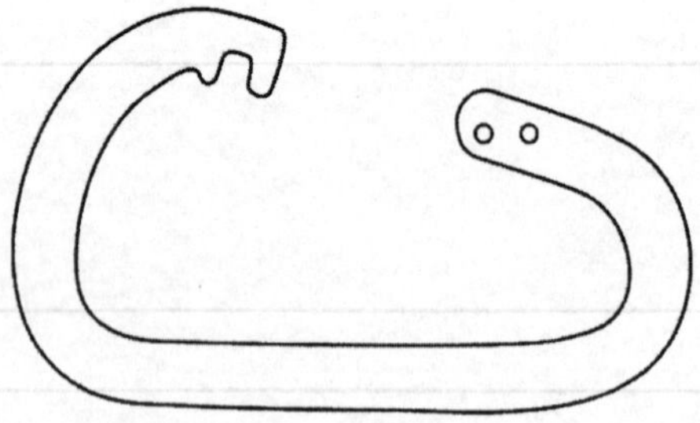

(2) 環の反対側に当たるまでゲートを押《お》し込《こ》んだ状態

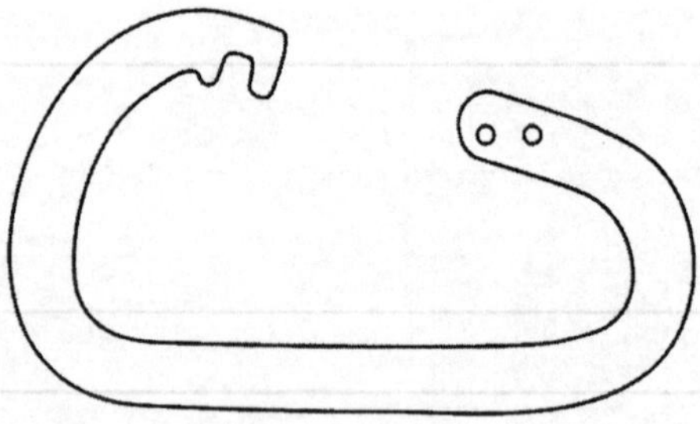

問2

（注）実際の試験では、問題用紙の中に設けられた解答欄に書く形式です。
この解答用紙は使いやすいように小社で作成いたしました。

〔理　科〕60点(推定配点)

1　問1　3点＜完答＞　問2　2点　問3～問5　各3点×4＜問3は完答＞　問6　4点　問7　5点　2　問1　各2点×2　問2　(1)　2点　(2)　3点　問3　(1)　3点　(2)　4点　3　問1　各4点×2　問2　各5点×2

二〇二三年度　武蔵中学校

国語解答用紙

番号		氏名		評点	/100

一

問一　①　②　③　④　⑤

問二

問三

問四

問五

問六

二

①	②	③　きない	④　む
⑤	⑥	⑦	⑧

（注）実際の試験では、問題用紙の中に設けられた解答欄に書く形式です。この解答用紙は使いやすいように小社で作成いたしました。

〔国　語〕100点(推定配点)

一　問1　各1点×5　問2　15点　問3～問6　各16点×4　二　各2点×8

２０２２年度　　武蔵中学校

算数解答用紙　No.1

番号		氏名		評点	／100

1

(1) ㋐ 　　㋑

(2)（式や考え方も書きなさい）

2 （式や考え方も書きなさい）

(1)

(2)

2022年度　　武蔵中学校

算数解答用紙　No.2

3 (式や考え方も書きなさい)

(1)

(2)

(3)

4 (式や考え方も書きなさい)

(1)

(2)

(3)

(注) 実際の試験では、問題用紙の中に設けられた解答欄に書く形式です。
この解答用紙は使いやすいように小社で作成いたしました。

〔算　数〕100点(推定配点)

1 (1) 各5点×2 (2) 10点　2, 3 各10点×5<3の(1)は完答>　4 (1), (2) 各10点×2
(3) 各5点×2

２０２２年度　　武蔵中学校

社会解答用紙

番号		氏名		評点	／60

問1

問2 (あ)

ア　　イ

(い)

問3

問4

問5

(あ)

(い)

問6

問7

(注) 実際の試験では、問題用紙の中に設けられた解答欄に書く形式です。
この解答用紙は使いやすいように小社で作成いたしました。

〔社　会〕60点(推定配点)

問1　5点　問2　各3点×3　問3, 問4　各8点×2　問5　(あ)　4点　(い)　8点　問6　8点　問7　10点

２０２２年度　　　武蔵中学校

理科解答用紙　No.１

番号		氏名	

評点	／60

1

(1)　　(2)　　(3)

(4)　　(5)　　(6)

(7)　　(8)　　(9)

(10)

2

問１　バッタ

コウモリ

問２　ア　　イ　　ウ

問３　(1)

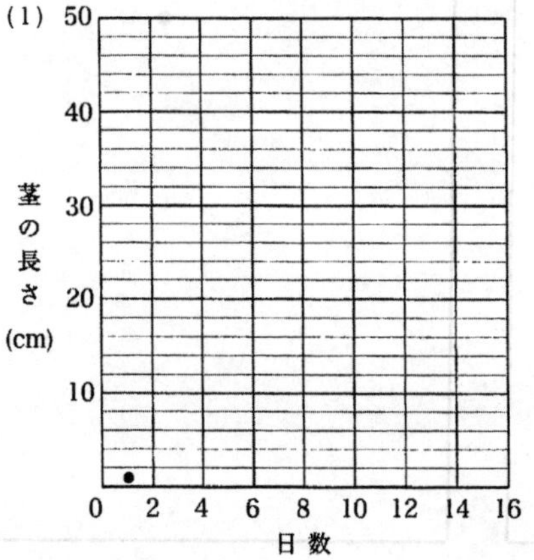

(2)

問４　ニワトリ　　ヒト

理科解答用紙　No.２

問５（1）

（2）

	９月下旬	１月下旬
成長段階		
主な行動		

（3）

３

問１　A　B

問２

問３　アが4.0cmのとき　　cm　　アが2.0cmのとき　　cm

（注）実際の試験では、問題用紙の中に設けられた解答欄に書く形式です。
この解答用紙は使いやすいように小社で作成いたしました。

〔理　科〕60点(推定配点)

１　各２点×10＜各々完答＞　２　問１　各３点×２＜各々完答＞　問２～問４　各２点×７　問５　各３点×３＜(2)は完答＞　３　問１　２点＜完答＞　問２，問３　各３点×３

二〇二三年度　武蔵中学校

国語解答用紙

番号		氏名		評点	/100

一

問一

問二

問三

問四

問五

問六

二

①	②	③ えない	④
⑤	⑥	⑦ って	⑧

（注）実際の試験では、問題用紙の中に設けられた解答欄に書く形式です。この解答用紙は使いやすいように小社で作成いたしました。

〔国　語〕100点（推定配点）

一　各14点×6　二　各2点×8

2021年度　武蔵中学校

算数解答用紙　No.1

番号		氏名		評点	／100

1 (1)

(2) (式や考え方も書きなさい)

(ア)

(イ)

2 (式や考え方も書きなさい)

(1)

(2)

(3)

(4)

２０２１年度　　武蔵中学校

算数解答用紙　No. 2

3 (式や考え方も書きなさい)

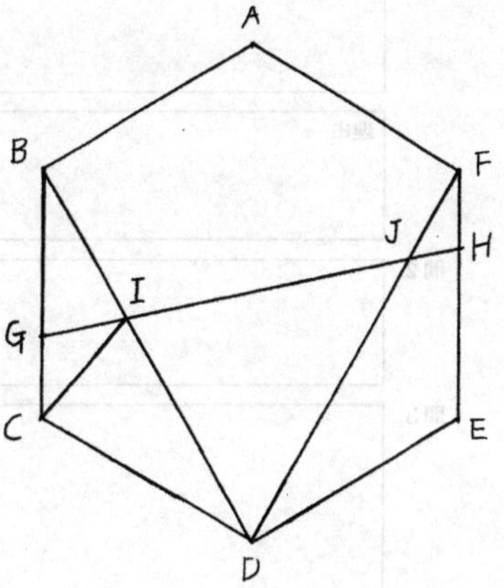

(1)

(2)

(3)

4 (1)

(答)

(2)

(ア)　(, , , , ,), (, , , , ,), (, , , , ,)

(イ)

(ウ)

(, , , , ,)

(注) 実際の試験では、問題用紙の中に設けられた解答欄に書く形式です。
この解答用紙は使いやすいように小社で作成いたしました。

〔算　数〕100点(推定配点)

1 (1)　5点 (2)　各10点×2 2 (1)～(3)　各5点×3 (4)　10点 3 (1)　5点 (2), (3)　各10点×2 4 (1)　5点＜完答＞ (2) (ア)　5点＜完答＞ (イ)　10点 (ウ)　5点

２０２１年度　武蔵中学校

社会解答用紙

番号		氏名		評点	／60

問１　種類

理由

問２

問３

問４　(あ)　(い)

問５

問６　(あ)

(い)

問７

（注）実際の試験では、問題用紙の中に設けられた解答欄に書く形式です。
この解答用紙は使いやすいように小社で作成いたしました。

〔社　会〕60点(推定配点)

問１　種類…２点，理由…５点　問２　各４点×２　問３　７点　問４　(あ)　４点　(い)　各２点×２　問５　７点　問６　各８点×２＜(い)は完答＞　問７　７点

2021年度　武蔵中学校

理科解答用紙 No.1

番号		氏名		評点	／60

1

問1

cm

問2

問3 (1)

cm

(2)

(3)

(4)

2

問1　問2　問3　現象　消えていた理由

問4　方角　見え方　問5

問6

(注) 実際の試験では、問題用紙の中に設けられた解答欄に書く形式です。
この解答用紙は使いやすいように小社で作成いたしました。

２０２１年度　　武蔵中学校

理科解答用紙　No.２

問７

（１）

（２）

（３）

３　問１

問２

問３

〔理　科〕60点(推定配点)

1　問１, 問２　各２点×３　問３　(1)　２点　(2)～(4)　各３点×３　2　問１　２点　問２　３点＜完答＞　問３～問５　各２点×５　問６　４点　問７　(1)　２点　(2)　３点　(3)　４点　3　各５点×３

二〇二二年度　武蔵中学校

国語解答用紙

番号		氏名		評点	/100

一

問一

問二

問三

問四

問五

問六

二

① ジュシャ選択	② カンゴ	③ ムゲに
選択		に
④ ガイロジュ	⑤ 編む	⑥ コにして
	む	にして

（注）実際の試験では、問題用紙の中に設けられた解答欄に書く形式です。この解答用紙は使いやすいように小社で作成いたしました。

〔国　語〕100点（推定配点）

一　問1〜問4　各16点×4　問5　8点　問6　16点　二　各2点×6

2020年度　　武蔵中学校

算数解答用紙　No.1

番号		氏名		評点	／100

1 (式や考え方も書きなさい)

(1)

(2)

2 (式や考え方も書きなさい)

(1) DE：ECを求めなさい。

(2) DF：FBを求めなさい。

(注) 実際の試験では、問題用紙の中に設けられた解答欄に書く形式です。
この解答用紙は使いやすいように小社で作成いたしました。

２０２０年度　　　武蔵中学校

算数解答用紙　No. 2

3 (1)

(2)

(3) (ア) (解答欄《らん》に書きなさい)

(イ) (解答欄は必要なだけ使いなさい)

〈解答欄〉

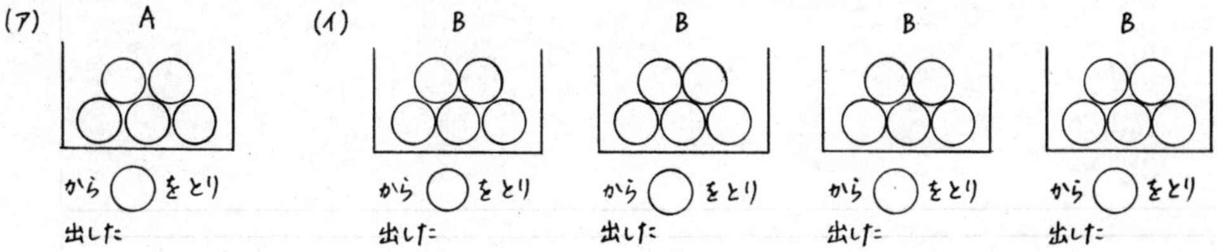

4 (式や考え方も書きなさい)

(1)

(2)

(3)

〔算　数〕100点(推定配点)

1 (1) 5点 (2) 10点 **2** 各10点×2 **3** (1) 5点 (2), (3) 各10点×3＜(2)は完答, (3)は各々完答＞ **4** (1) 5点 (2) 10点 (3) 15点＜完答＞

２０２０年度　　武蔵中学校

社会解答用紙

番号		氏名	

評点	／60

問１

問２

問３ (1)

(2)

問４

問５

問６ (1)

(2)

問７ (1)

(2)

（注）実際の試験では、問題用紙の中に設けられた解答欄に解答を書く形式です。この解答用紙は使いやすいように小社で作成いたしました。

〔社　会〕60点(推定配点)

問１　６点　問２　４点　問３　(1)　４点　(2)　７点　問４, 問５　各７点×２　問６　(1)　５点　(2)　７点　問７　(1)　５点　(2)　８点

２０２０年度　武蔵中学校

理科解答用紙　No. 1

番号		氏名		評点	／60

1

(1) 共通点　　　記号

(2) 共通点　　　記号

(3) 共通点　　　記号

(4) 共通点　　　記号

(5) 共通点　　　記号

(6) 共通点　　　記号

(7) 共通点　　　記号

2

問１

℃　　　%

問２

問３　正しい図　　酸素を多く含む血液が流れる血管　　色

問４　①　②　③　④

問５　　回

問６　(1) ヒトの肺　鳥の肺　(2) ヒトの肺　鳥の肺　(3) ヒトの肺　鳥の肺

問７

２０２０年度　　武蔵中学校

理科解答用紙　No.２

３

つき方がわかる図（糸をかいてはいけません）	つき方の説明

（注）実際の試験では、問題用紙の中に設けられた解答欄に書く形式です。
この解答用紙は使いやすいように小社で作成いたしました。

〔理　科〕60点(推定配点)

1　各２点×7＜各々完答＞　2　問１　各３点×2　問２　２点　問３　３点＜完答＞　問４　各２点×4　問5，問６　各３点×4＜問６は各々完答＞　問７　５点　3　10点＜完答＞

二〇二〇年度　武蔵中学校

国語解答用紙

番号		氏名		評点	/100

問一

問二

問三

問四

問五　①　②　③　④　⑤

問六

問七

問八

ヌむ	マイバン	キタイ	ハブいて
む			いて

キョウミ	タイソウ	スイソク

（注）実際の試験では、問題用紙の中に設けられた解答欄に書く形式です。この解答用紙は使いやすいように小社で作成いたしました。

〔国　語〕100点（推定配点）

問1，問2　各10点×2　問3，問4　各12点×2　問5　各3点×5　問6　12点　問7　15点　問8　各2点×7

２０１９年度　　武蔵中学校

算数解答用紙　No.1

番号		氏名	

評点　／100

1

(1)　㋐　　㋑　　㋒　　㋓

（この下に計算などを書いてもかまいません）

(2)　（式や考え方も書きなさい）

2

（式や考え方も書きなさい）

(1)

(2)

(3)

算数解答用紙　No.２

3 （式や考え方も書きなさい）

(1)

(2)

(3)

4 (1)

(2)(ア)

(イ)

(3)(ア) 最も大きくなる場合

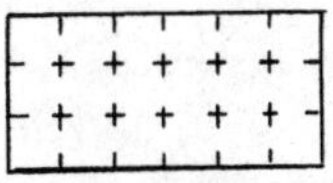

最も小さくなる場合

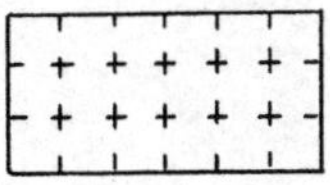

(イ)

（注）実際の試験では、問題用紙の中に設けられた解答欄に書く形式です。
この解答用紙は使いやすいように小社で作成いたしました。

〔算　数〕100点(推定配点)

1 (1) 各５点×４　(2) ７点　2 各６点×３　3, 4 各５点×11＜3の(1), (3)はそれぞれ各５点×２, 4の(1), (2)の(ア)は完答＞

２０１９年度　　武蔵中学校

社会解答用紙

番号		氏名		評点	／60

問１　(1)

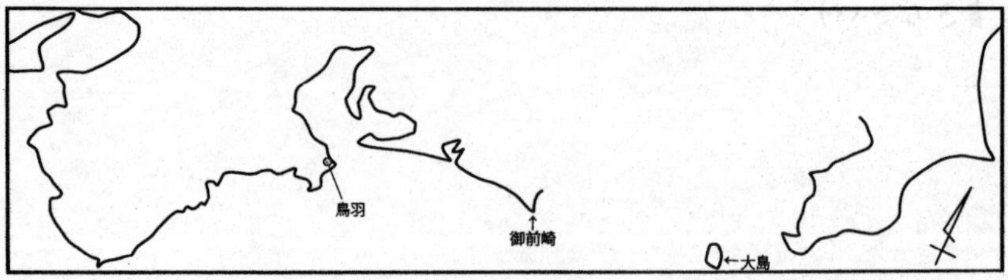

(2)

問２　(1)　　(2)

問３

問４　(1)

(2)

問５　(1)

(2)

問６

問７

問８

(注) 実際の試験では、問題用紙の中に設けられた解答欄に書く形式です。
この解答用紙は使いやすいように小社で作成いたしました。

〔社　会〕60点(推定配点)

問１　(1)　５点　(2)　７点　問２　(1), (2)　各２点×２　問３　７点　問４　(1)　６点　(2)　２点　問５　各５点×２　問６　２点　問７　８点　問８　９点

２０１９年度　　武蔵中学校

理科解答用紙

番号		氏名	

評点	／60

1

問１　1　　性　2　　3　　性　4

問２

問３

問４

問５　注目していた気体　　試験管A　　試験管B　　試験管C　　試験管D

2

問１　　時間　　分　問２　　時　　分　問３　月の位置　　見える形

問４

問５

問６

3

問１
（1）
（2）

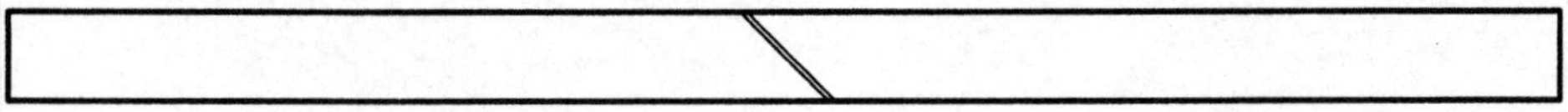

図３　栞をほどいたときの紙テープ

問２

（注）実際の試験では、問題用紙の中に設けられた解答欄に解答を書く形式です。この解答用紙は使いやすいように小社で作成いたしました。

〔理　科〕60点(推定配点)

1　問１　各２点×４　問２　３点＜完答＞　問３　４点　問４　５点　問５　各１点×５　**2**　問１～問３　各２点×４　問４　３点　問５　各２点×２　問６　各３点×２　**3**　問１　各２点×２　問２　10点

二〇一九年度　武蔵中学校

国語解答用紙

番号		氏名		評点	/100

問一 ①

②

問二

問三

問四

問五

問六

問七

タガヤされた	ヒダネ	オサナく
された		く
カコむ	カガミ	ミジュク
む		

〔国　語〕100点（推定配点）

問1　各8点×2　問2～問4　各14点×3　問5，問6　各15点×2　問7　各2点×6

２０１８年度　　武蔵中学校

算数解答用紙

番号		氏名		評点	／100

1 (1)

答

(2)

答

2 (式や考え方も書きなさい)

答

3 (式や考え方も書きなさい)

(1)

答

(2)

答

4 (1)

119 → □ → □ → □ → □

(2)

答

(3) ①

答

②

答

（注）実際の試験では、問題用紙の中に設けられた解答欄に書く形式です。
この解答用紙は使いやすいように小社で作成いたしました。

〔算　数〕100点(推定配点)

1 各10点×2　2 各8点×3　3 各10点×2＜(1)は完答＞　4 (1) 6点＜完答＞ (2), (3) 各10点×3＜(2)は完答, (3)は各々完答＞

２０１８年度　　　武蔵中学校

社会解答用紙

番号		氏名		評点	／60

問１　別子　足尾　阿仁

問２

問３　(あ)

(い)

問４　(あ)

(い)

問５

問６

問７　(あ)

(い)

(注) 実際の試験では、問題用紙の中に設けられた解答欄に書く形式です。
この解答用紙は使いやすいように小社で作成いたしました。

〔社　会〕60点(推定配点)

問１　各２点×３　問２　３点　問３　(あ)　５点　(い)　６点　問４　各５点×２　問５, 問６　各９点×２
問７　(あ)　５点　(い)　７点

２０１８年度　　武蔵中学校

理科解答用紙　No.1

番号		氏名		評点	／60

1

	液体の組み合わせ		解答欄《らん》	
	試験管A	試験管B	問1	問2
①	アンモニア水	水		ア　イ　ウ　エ　オ　カ　キ
②	塩酸	食塩水		ア　イ　ウ　エ　オ　カ　キ
③	石灰水	炭酸水		ア　イ　ウ　エ　オ　カ　キ
④	食塩水	石灰水		ア　イ　ウ　エ　オ　カ　キ
⑤	炭酸水	塩酸		ア　イ　ウ　エ　オ　カ　キ

2

問１『手応えが大きいほど［　　］。その結果、空気が［　　］、前玉が飛び出した後に［　　］、という２つの理由でよく飛んだ。』

問２　風船の様子

ア．すばやく小さくなる

イ．徐々《じょじょ》に小さくなる

ウ．そのまま変わらない

エ．徐々に大きくなる

オ．すばやく大きくなる

理由

カ．風船の中の空気が徐々に少なくなるから

キ．風船の中の空気がすぐに多くなるから

ク．風船の中の空気の温度が徐々に下がるから

ケ．風船の中の空気の温度が徐々に上がるから

コ．風船の中の空気が徐々に縮むから

サ．風船の中の空気がすぐに膨らむから

シ．風船の中の空気は影響《えいきょう》を受けないから

問３

違い

理由

3

問１　あ　い　う　え　お　か　き　く　け　こ　さ　し　す

問２　あ　い　う　え　お　か　き　く　け　こ　さ　し　す

問３

2018年度　　武蔵中学校

理科解答用紙　No.2

3 問4 (1)

A−黄	A−紫	A−緑	B−白	B−黄	B−赤
C−白	C−黄	C−紫	D−白	D−赤	D−緑

(2) あ. 同じ形の黄色い造花と赤い造花を用意すると、アゲハは赤い造花に集まることが多い。

い. 黄色い台紙と赤い造花を用意すると、アゲハは赤い造花に集まることが多い。

う. 蜜《みつ》をしみこませた赤い台紙と、何もしみこませていない白い台紙を用意すると、アゲハは赤い台紙に集まることが多い。

え. 蜜をしみこませた白い台紙と、何もしみこませていない赤い台紙を用意すると、アゲハは赤い台紙に集まることが多い。

お. 花の香《かお》りのする水をしみこませた黄色の台紙と、何もしみこませていない赤い台紙を用意すると、アゲハは赤い台紙に集まることが多い。

か. 花の香りのする水をしみこませた赤い台紙と、何もしみこませていない紫の台紙を用意すると、アゲハは赤い台紙に集まることが多い。

4 問1

問2

（注）実際の試験では、問題用紙の中に設けられた解答欄に書く形式です。
この解答用紙は使いやすいように小社で作成いたしました。

〔理　科〕60点(推定配点)

1 各5点×2＜各々完答＞　2 問1　4点＜完答＞　問2　各2点×2　問3　違い…2点，理由…3点　3 問1，問2　各4点×2＜各々完答＞　問3　6点　問4　各4点×2＜(2)は完答＞　4 問1　5点　問2　10点

二〇一八年度　武蔵中学校

国語解答用紙

番号		氏名		評点	/100

問一 (1)

(2)

問二 ⓐ 直接的 ↔ □□的　ⓑ 絶対的 ↔ □□的

ⓒ 上昇《じょうしょう》 ↔ □□

問三

問四

問五 A　B　C　D　E

問六 (1) □□□□□□□□□□□□ という考えを捨てること。

(2)

問七

ハツキ	ウラハラ	[illegible]い
		い
チヂまって	アイチャク	イトナみ
まって		み

(注) 実際の試験では，問題用紙の中に設けられた解答欄に書く形式です。
この解答用紙は使いやすいように小社で作成いたしました。

〔国　語〕100点(推定配点)

問１　各10点×2　問２　各３点×3　問３，問４　各14点×2　問５　各３点×5　問６　(1)　６点　(2)　10点　問７　各２点×6

平成29年度　　　武蔵中学校

算数解答用紙

番号		氏名		評点	／100

1　(式や考え方も書きなさい)

答

2　(式や考え方も書きなさい)

(1)

答

(2)

答

3　(式や考え方も書きなさい)

(1)

答

(2)

答

(3)

答

4　(1)

答

(2)

答

(3)

(4)

答

(注) 実際の試験では、問題用紙の中に設けられた解答欄に書く形式です。
この解答用紙は使いやすいように小社で作成いたしました。

〔算　数〕100点(推定配点)

1～4　各10点×10＜1, 4の(3), (4)は完答＞

平成29年度　武蔵中学校

社会解答用紙

番号		氏名		評点	／60

問１　糸魚川市 [　]　松本市 [　]　塩竈市 [　]

問２

問３

問４

問５

問６

問７
(1)
(2)

問８

（注）実際の試験では、問題用紙の中に設けられた解答欄に書く形式です。この解答用紙は使いやすいように小社で作成いたしました。

〔社　会〕60点(推定配点)

問１　各２点×３　問２～問４　各６点×３　問５　３点　問６　各４点×２　問７　(1)　６点　(2)　９点　問８　10点

平成29年度　　武蔵中学校

理科解答用紙　No. 1

番号		氏名		評点	／60

1

問1

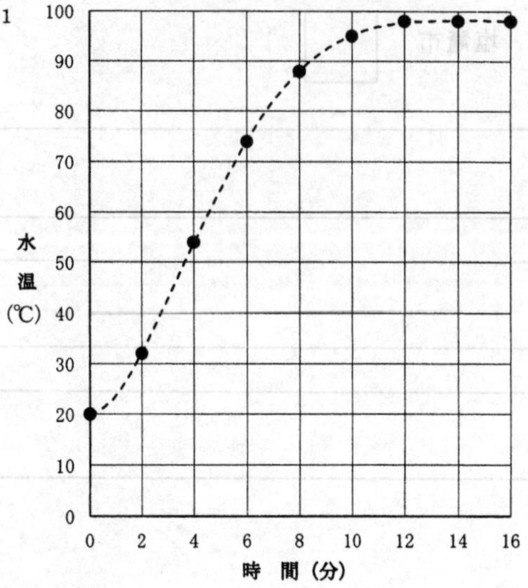

問2　あ　　い　　う　　え

問3

問4　あ　　い　　う　　え　　お

問5　あ　　い　　う　　え　　お　　か

2

問1

問2

問3　あ　　い　　う　　え　　お　　か

（注）実際の試験では、問題用紙の中に設けられた解答欄に書く形式です。
この解答用紙は使いやすいように小社で作成いたしました。

平成29年度　　　武蔵中学校

理科解答用紙　No.2

2

問4

記号

理由

問5

違い

理由

問6

3

〔理　科〕60点(推定配点)

1 問1　4点　問2　3点　問3　4点　問4　3点　問5　記号…3点，理由…5点　2 問1　3点　問2　4点　問3　3点　問4　記号…2点，理由…4点　問5　各3点×2　問6　6点　3　10点

平成二十九年度　武蔵中学校

国語解答用紙

番号		氏名		評点	/100

問一　①　②　③　④　⑤

問二

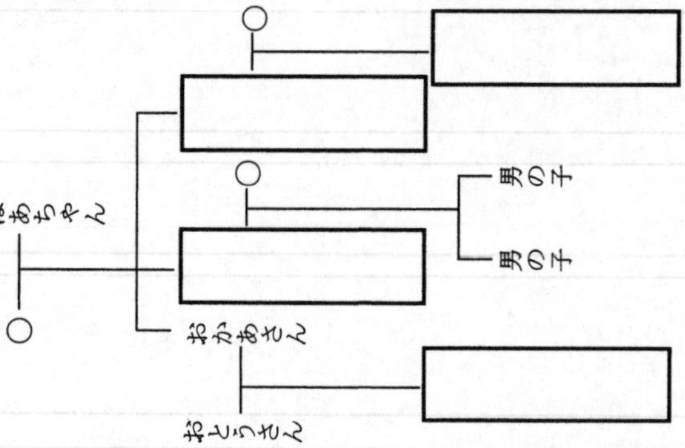

問三

問四

問五

問六

問七

ケントウ	マトに	ヘンシュウ者
ショキ	カイフク	オシ着せがましい

（注）実際の試験では、問題用紙の中に設けられた解答欄に書く形式です。
この解答用紙は使いやすいように小社で作成いたしました。

〔国　語〕100点(推定配点)

問1　各2点×5　問2　各3点×4　問3, 問4　各16点×2　問5, 問6　各17点×2　問7　各2点×6

平成28年度　武蔵中学校

算数解答用紙

番号		氏名		評点	／100

1

(1)

答

(2)

答　三角形AGE　　台形ABCE

2　(式や考え方も書きなさい)

(1)

答

(2)

答

3　(式や考え方も書きなさい)

(1)

答

(2)

答

(3)

答

4

(1)

答

(2)

〈図3〉

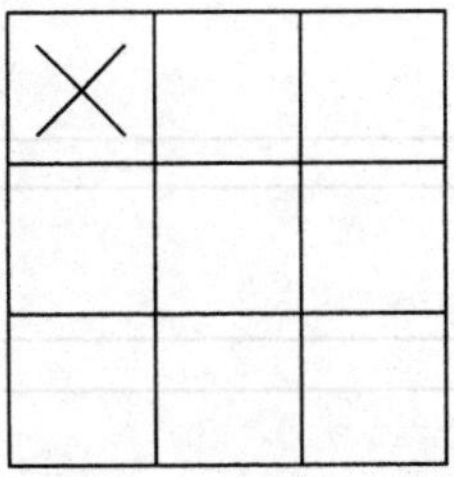

(3)

4点の場合

〈図5〉

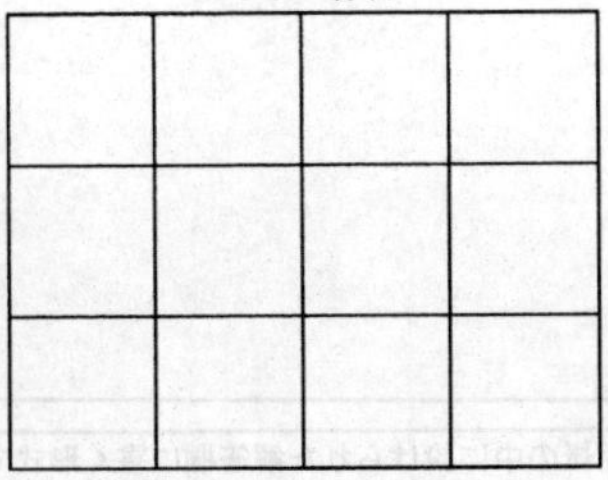

9点の場合

〈図6〉

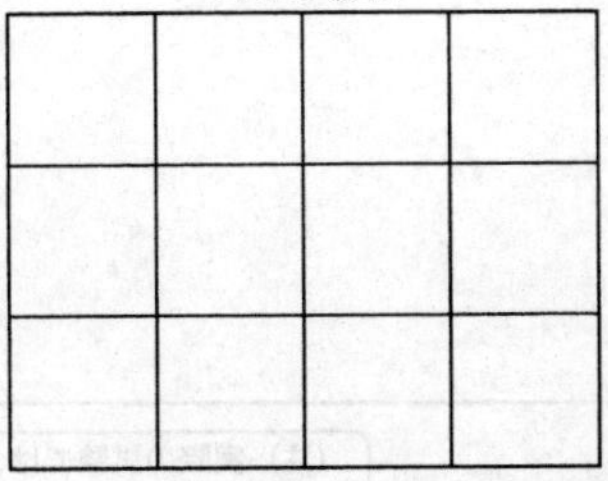

11点の場合

〈図7〉

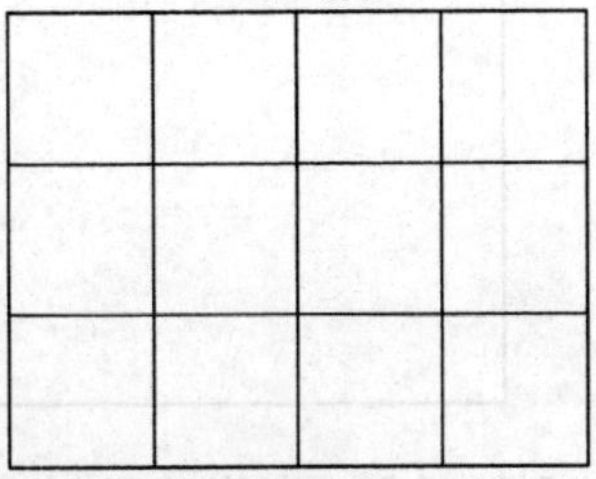

(注) 実際の試験では、問題用紙の中に設けられた解答欄に書く形式です。
この解答用紙は使いやすいように小社で作成いたしました。

〔算　数〕100点(推定配点)

1 (1) 8点　(2) 各6点×2　2, 3 各10点×5　4 各6点×5

平成28年度　　武蔵中学校

社会解答用紙

番号		氏名	

評点	／60

問１

問２

問３

問４

問５

問６

問７　(あ)

(い)

(う)

(え)

問８　(あ)

(い)

（注）実際の試験では、問題用紙の中に設けられた解答欄に書く形式です。
この解答用紙は使いやすいように小社で作成いたしました。

〔社　会〕60点(推定配点)

問１　7点　問２～問４　各２点×３　問５　5点　問６　7点　問７　各５点×４　問８　(あ)　2点　(い)　13点

平成28年度　　武蔵中学校

理科解答用紙　No.1

番号		氏名		評点	／60

1

問1　　t

問2　　t

問3

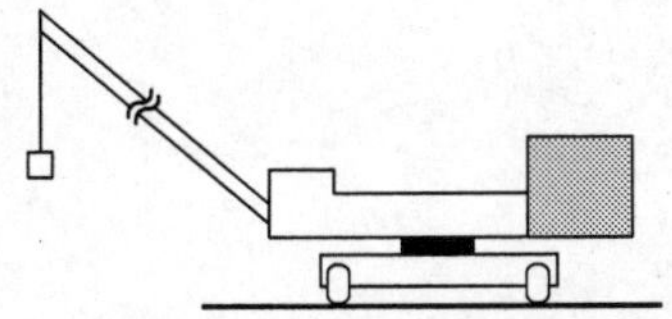

問4

考え方と式

答　　t

2

問1

ア.　　イ.

ウ.　　エ.

オ.

問2

問3　　問5

問4

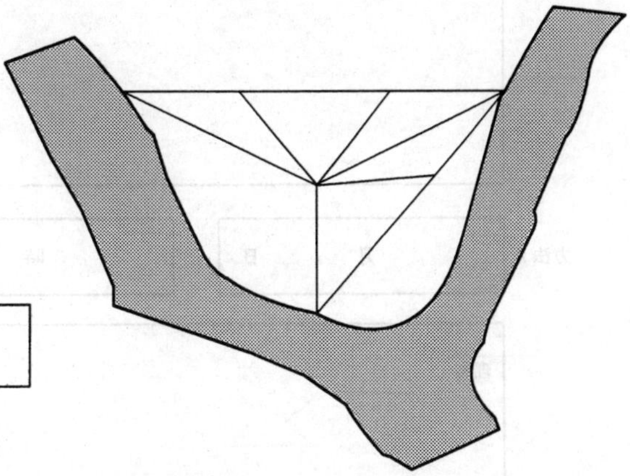

問6

3

問1　　問2

問3

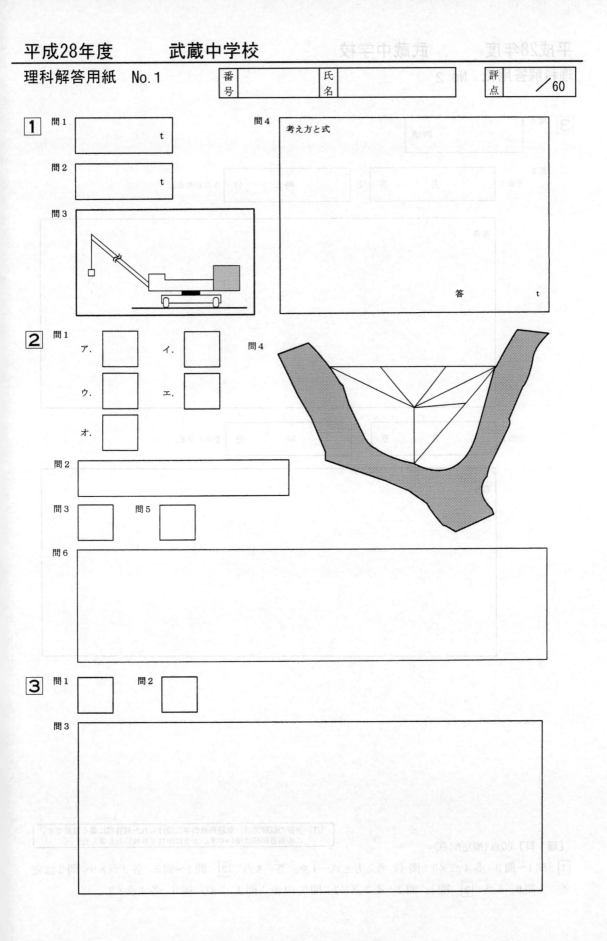

平成28年度　　武蔵中学校

理科解答用紙　No. 2

3

問4
時頃

問5

方法1　[　　月　　日]と[　　時　　分]を合わせる。

理由

方法2　[　　月　　日]と[　　時　　分]を合わせる。

理由

（注）実際の試験では、問題用紙の中に設けられた解答欄に書く形式です。この解答用紙は使いやすいように小社で作成いたしました。

〔理　科〕60点（推定配点）

1　問1～問3　各4点×3　問4　考え方と式…4点，答…4点　2　問1～問5　各2点×9＜問2は完答＞　問6　4点　3　問1，問2　各2点×2　問3　4点　問4　2点　問5　各4点×2

平成二十八年度　武蔵中学校

国語解答用紙

番号		氏名	

評点	/100

問一

問二

問三

問四

問五

問六

問七

問八

ホウチョウ	ハンダン	キンク
クレ	エンソウ	

（注）実際の試験では、問題用紙の中に設けられた解答欄に書く形式です。この解答用紙は使いやすいように小社で作成いたしました。

〔国　語〕100点（推定配点）

問１　12点　問２～問７　各13点×6　問８　各２点×5

平成27年度　武蔵中学校

算数解答用紙

番号		氏名		評点	／100

1　(式や考え方も書きなさい)

(1)

答

(2)

答

2　(式や考え方も書きなさい)

(1)

答

(2)

答

3　(式や考え方も書きなさい)

(1)

答

(2)

答

4

(1)

答

(2)

□ $\frac{□}{□}$ − □ $\frac{□}{□}$

(式)

答

(3)

□ $\frac{□}{□}$ − □ $\frac{□}{□}$

(式)

(4)

□ $\frac{□}{□}$ − □ $\frac{□}{□}$

(式)

(注) 実際の試験では、問題用紙の中に設けられた解答欄に書く形式です。
この解答用紙は使いやすいように小社で作成いたしました。

〔算　数〕100点(推定配点)

1〜3　各12点×6＜2の(2)は完答＞　4　(1)　6点　(2)　各5点×2　(3)，(4)　各6点×2

平成27年度　武蔵中学校

社会解答用紙

番号		氏名		評点	／60

問1（あ）

（い）

問2

問3 ア　　イ

問4

問5

問6

問7

問8

（注）実際の試験では、問題用紙の中に設けられた解答欄に書く形式です。
この解答用紙は使いやすいように小社で作成いたしました。

〔社　会〕60点（推定配点）

問1　（あ）　各2点×2　（い）　5点　問2　10点　問3　各2点×2　問4　5点　問5　10点　問6　2点　問7，問8　各10点×2

平成27年度　武蔵中学校

理科解答用紙　No.1

番号		氏名		評点	／60

1 問１　A　B　C　D　E

問２　スチールウール　　　　アルミニウム片

問３　（１）　20mL のとき　　g　30mL のとき　　g

（２）　20mL のとき　　30mL のとき

2 問１

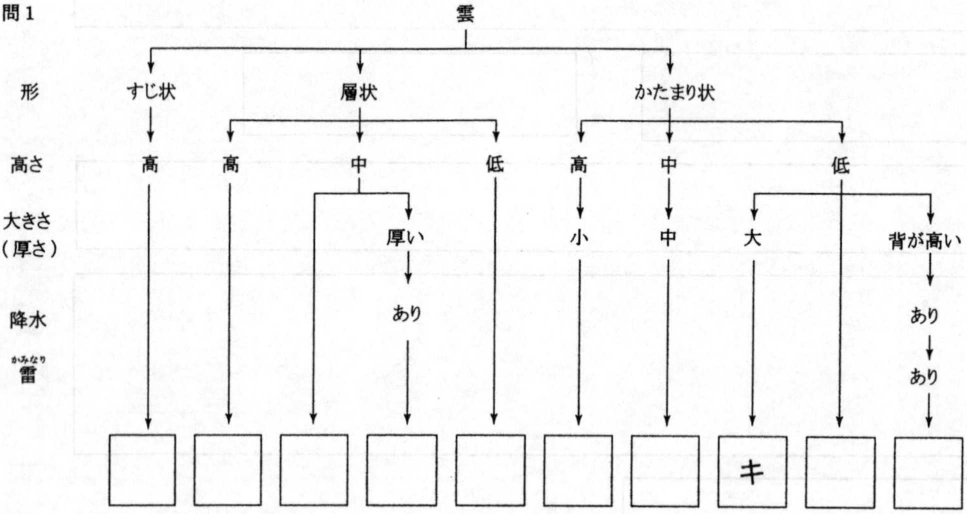

問２

問３　　t

問４

問５

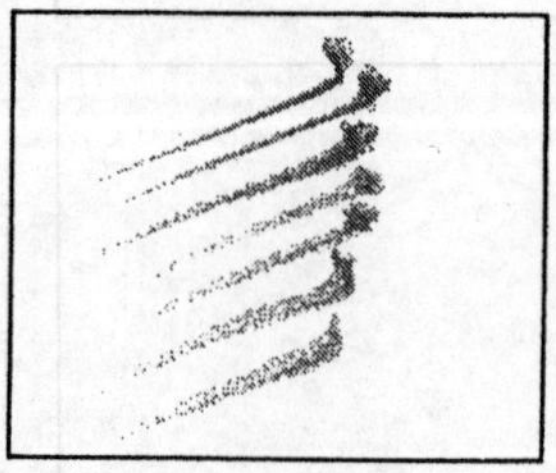

理由

平成27年度　武蔵中学校

理科解答用紙　No.2

3　問１

例：$\frac{イ}{ウ}$

問２

	ア	イ	ウ	エ
表	×			
裏	×			

問３

（注）実際の試験では、問題用紙の中に設けられた解答欄に書く形式です。
この解答用紙は使いやすいように小社で作成いたしました。

〔理　科〕60点(推定配点)

1　各３点×7＜問１は完答＞　2　問１～問３　各３点×3＜問１，問２は完答＞　問４　４点　問５　風が吹いていく向き…３点，理由…５点　3　問１　４点＜完答＞　問２　各１点×6　問３　８点

平成二十七年度　武蔵中学校

国語解答用紙

番号		氏名		評点	/100

問一

(1) □和雷《らい》同　和魂《こん》洋□　和洋□衷《ちゅう》

(2) 「倭」＝□□□□□□□□□□□という意味

「和」＝□□□□□□□□□□□□□□という意味

(3)

問二

問三

問四

80字

問五

問六

委ねる	ヒョウシキ	コウソウ
ねる		
ミッペイ	建具	ジュウコウ

（注）実際の試験では、問題用紙の中に設けられた解答欄に書く形式です。
この解答用紙は使いやすいように小社で作成いたしました。

〔国　語〕100点(推定配点)

問1　(1)　各2点×3　(2)　各3点×2　(3)　12点　問2～問5　各16点×4　問6　各2点×6

Memo

Memo